湖北省学术著作出版专项资金
Hubei Special Funds for Academic Publications

大 数 据 环 境 下 的 信 息 管 理 方 法 技 术 与 服 务 创 新 丛 书

面向出版流程的
学术期刊质量控制研究

Research on the Quality Control of Scholarly Journals from
the Perspective of Publishing Process

杨丹丹 著

WUHAN UNIVERSITY PRESS
武汉大学出版社

图书在版编目(CIP)数据

面向出版流程的学术期刊质量控制研究/杨丹丹著.—武汉:
武汉大学出版社,2024.7
大数据环境下的信息管理技术与服务创新丛书
湖北省学术著作出版专项资金资助项目
ISBN 978-7-307-23923-4

Ⅰ.面… Ⅱ.杨… Ⅲ.学术期刊—质量控制—研究—中国
Ⅳ.G237.5

中国国家版本馆 CIP 数据核字(2023)第 153502 号

责任编辑:胡国民   责任校对:李孟潇   版式设计:韩闻锦

出版发行:**武汉大学出版社** (430072 武昌 珞珈山)
   (电子邮箱:cbs22@whu.edu.cn 网址:www.wdp.com.cn)
印刷:武汉中远印务有限公司
开本:720×1000 1/16 印张:27.75 字数:408 千字 插页:2
版次:2024 年 7 月第 1 版 2024 年 7 月第 1 次印刷
ISBN 978-7-307-23923-4 定价:128.00 元

前　言

文化强国与科技强国建设离不开自主建设的一流学术期刊体系，我国在走向文化强国和科技强国的过程中，早期或尚可借助国际学术交流系统，但终究离不开自主建设的世界一流的学术期刊体系。新冠疫情暴发充分体现了学术期刊作为社会生产力的重要一面，这一重要功能目前发展还较不充分。同时在全球范围内，学术出版领域进入一个发展相对静止的状态，这是我国学术期刊高质量发展绝佳的历史机遇。

本书内容分三个部分。第一部分为第一、第二、第三章，展开学术期刊质量控制相关理论、国内外研究进展及影响学术期刊高质量发展的外部生态因子研究，为开展面向出版流程的学术期刊质量控制研究打下理论基础。第一章"学术期刊质量控制理论研究"，分析学术期刊质量控制的背景、理论依据、必要性、可行性，探讨建立面向出版流程的学术期刊质量控制体系的意义与价值，梳理本书研究开展的理论依据脉络，涉及马克思主义中国化时代化相关理论、质量控制理论、业务流程再造理论、赫茨伯格"激励的双因素"理论、传播学相关理论、编辑学与期刊编辑学相关理论。第二章从学术期刊质量控制历史，同行评议，开放获取期刊、巨型期刊与掠夺性期刊，技术变革下的学术出版变革与创新，编辑工作困境

5 个学术期刊质量控制的核心议题开展综述研究。第三章着力梳理我国学术期刊外部生态环境中的政策环境、科研及诚信环境、评价环境、三大体系与一流期刊建设。

第二部分为第四、第五、第六章，展开面向出版流程的学术期刊质量控制内涵、影响因素及体系构建研究，是本书的主体部分。第四章主要内容包括：（1）获取稿源环节的质量控制，解决稿源获取途径及其质量控制内涵、稿源质量的影响因素及其相互间的结构性关联两个问题；（2）审稿环节的质量控制，解决审稿方式及其质量控制功能、审稿功能发挥的影响因素及其相互间的结构性关联两项问题；（3）编校环节的质量控制，解决编校质量内涵、编校质量的影响因素及其结构性关联两项问题；（4）传播环节的质量控制，解决数字环境下用户对传播质量的基本需求和新需求、传播质量的影响因素及其相互间的结构性关联两项问题。第五章主要内容包括：（1）学术期刊质量控制过程，即了解学术期刊质量行为的可能性空间、明确学术期刊质量控制目标、改变/创造条件实现目标转化；（2）学术期刊质量的维度与原则：系统性、规范化、动态性、树立学习意识和标杆意识、个性化、循序渐进逐步优化、全员参与、制度保障；（3）各出版环节质量控制间内在关联，即各出版环节质量控制涉及的学术期刊质量控制主体、学术期刊质量控制对象、机制与环境；（4）形成面向出版流程的学术期刊质量控制体系。第六章开展了"面向出版流程的学术期刊质量控制问卷调查"，获取数据后围绕获取数据开展 3 个方面的分析：学术期刊质量控制主体对学术期刊质量控制的理解、认知、改进与优化，主体激励机制与期待，以及学术期刊主体责任落实情况。

第三部分为第七、第八章，提出我国学术期刊高质量发展路径及研究不足与展望。第七章首先定位我国学术期刊质量建设 4 个基本现状，发展存在多重不平衡；其次梳理我国学术期刊高质量发展取得的 3 个方面的成绩，包含国家层面的重视与推动引领学术期刊高质量发展、一流期刊建设进展良好及已有的期刊资助与编辑人才建设项目等，并在这些方面作出了有益探索；再次，剖析我国学术期刊高质量发展存在的 4 个主要问题，包括学术期刊高质量发展的定义需进一步厘定、高质量论文数量不足、编辑职业发展困境亟待破解、学术期刊高质量发展的生态环境有待进一步完善。最后，尝试提出面向出版流程的我国学术期刊高质量的 5 条发展路径，包括确立科学、系统、明确、规范的高质量发展目标；充分发挥各编辑主体在学术期刊高质量发展中的主导作用；着力质量控制对象的优选与传播加工，充分发挥微笑曲线理论作用；系统优化出版流程中的出版管理机制；在学术期刊高质量发展生态环境优化建设中主动作为。同时，还需建立质量反馈机制，为下一步建立质量数据管理打下坚实基础。第八章是研究不足与展望，指出本书存在的 3 点不足和 6 个方面的展望。研究不足：一是未能进一步从生态环境视角揭示学术期刊质量控制问题的深层次原因；二是本书仍缺少一定的数据基础和充分的研究案例；三是本书展开的前提条件是学术期刊以当前形式得以稳定地存续下去。研究展望：一是生态环境建设应引起进一步关注；二是学术期刊质量评价方式与评价产品的进一步丰富；三是平台建设应进一步扩充、丰富；四是我国学术期刊出版创新应有进一步探索；五是编辑职业研究应拓展创新精神和工作主动性的内涵；六是主编作为学术期刊出版工作的研究主体、出版主体应进一步凸显。

本书从学术期刊出版流程视角深入解决学术期刊质量控制问题，试图从以下几个方面着手。

概念上：本书将学术期刊质量概念作出界定，认为学术期刊质量涉及微观和宏观两个层面。微观上，学术期刊质量控制是指学术期刊通过注册、把关、传播、存档的固有特性满足读者获取时效性强、具有创新价值的文章和作者快速发表文章、广泛传播已完成学术资本转化的需求。宏观上，学术期刊质量控制需在微观基础上，协调自身情况、时代使命和社会责任以及可持续发展问题。个体微观层面确定期刊收录与排名目标。宏观层面上应将三大体系建设与一流期刊建设纳入学术期刊高质量发展目标的内涵。

主体上：作为当前我国学术期刊的主要从业人员，编辑的职业发展问题不容忽视。经调查与研究发现，编辑主体目前陷入职业发展两难困境。一方面，编辑工作压力大、要求高、工作量超负荷、报酬低；高情感与技术投入低工作认可与认证，职业发展机会与职业关怀缺乏造成我国学术期刊编辑陷入职业发展困境;另一方面,从主编群体的反馈来看,编辑群体亟待在工作主动性、创新性和价值增值上有所成长,需尽快寻求从繁重的编辑工作向有价值的编辑工作转化上的突破。

流程上:在学术期刊出版流程的小过程质量控制研究的基础上,分析其内涵、影响因素及各环节间质量控制主体、质量控制对象、机制与环境的关联,构建学术期刊质量控制体系,并着力质量控制对象的优选与传播加工。获取优质稿源和学术期刊内容传播工作处于微笑曲线两端,可以着力加强,如围绕国家重大方针决策、重要时间节点、行业热点难点问题开展选题策划;锁定同类期刊高被引论文作者,建立高水平作者组稿数据库;实地走访国内重点高校、研究所及各级重点实验室,深入科研一线组稿;应用国际主流传播技术增强数字内容身份识别;加强数字内容加工意识,提升数字内容质量。

机制上:系统优化出版流程中的出版管理机制。如建立对优质稿件更具吸引力的用稿机制、认证和奖励明晰的审稿机制和审稿工作机制,以及责权利明晰的三审三校机制。

生态环境建设上:在学术期刊高质量发展生态环境优化建设中主动作为。积极融入主流期刊质量评价体系,彰显期刊影响力。建立新型作者关系,重塑学术生产主体地位,通过嵌入学术生产过程、跟踪学术前沿、了解专家的研究动态、主动约稿来建立互惠共赢的新型作者关系。通过开展优秀论文评比遴选优秀研究成果、优秀编辑形成更加丰富的学术期刊质量评价体系和编辑激励机制。完善学术不端防控与追惩机制以净化学术环境。

此外,需补充建立学术期刊质量反馈机制,包括各项路径建设的数据记录、数据反馈及定期质量检测与分析,实现学术期刊质量控制的可持续改进。

本书的学术价值在于,运用质量控制理论和业务流程再造理论,在对学术期刊用户、学术期刊质量控制主体广泛、深入调研的基础上,以学术期刊出版流程的过程控制为基础,构建学术期刊质量控制体系、质量控制规范和质量反馈机制,突破学术期刊质量控制领域已有研究在系统性、应用性和学术期刊质量控制方面的内涵认知局限这一缺陷，其研究成果将充实和完善我国学术期刊质量控制的理论体系。

本书的应用价值主要体现于：其一，有益于我国学术期刊通过流程再造实现数字化转型与升级。其二，研究成果能直接应用于学术期刊质量控制工作实践。本书开展的学术期刊质量控制原理分析与路径建议，其研究成果能直接应用于各种学术期刊质量控制工作实践。其三，能为我国期刊管理部门制定学术期刊质量管理规定、学术期刊评价办法提供理论参考与科学依据。

本书力图从学术期刊质量控制理论与实践、个体与整体、期刊发展与其生态环境多重复合维度提供学术期刊高质量发展解决方案和顶层设计提供线索。从学术期刊质量控制的概念上构建我国期刊个体与宏观、期刊发展与其生态环境统筹协调高质量发展的方向引导，到为我国近 6000 种中英文学术期刊开展质量控制和高质量发展提供实操性较强的解决思路与方法，再到为我国学术期刊办刊主体提供国内外办刊创新发展的启示，最后为我国学术期刊出版管理部门优化学术期刊高质量发展和一流期刊建设的顶层设计提供线索，形成从学术期刊质量控制理论到解决方案和顶层设计的研究闭环。

本书系国家社会科学年度基金项目"面向出版流程的学术期刊质量控制研究"结项成果，同时也是《基于出版流程的学术期刊质量控制研究》的修订版。尽管研究工作力图在内容深化、趋势捕捉、国内外视野涵盖上完成新的超越，但由于笔者水平所限，以及我国学术期刊不断变化、高速发展的现实，使得本书仍有较多力有不逮之处。最后，要特别感谢武汉大学信息管理学院方卿教授、徐丽芳教授，项目组成员湖北大学胡小洋博士（负责撰写 4.1.3 节"优质稿源获取案例研究"）、武汉理工大学占莉娟研究员（负责撰写 4.2.3 节"国内外同行评议新趋势"）、武汉大学信息管理学院胡雪敏硕士（持续负责项目所需资料及数据的搜集整理工作）、武汉大学信息管理学院苏珊硕士、李佰珏硕士（负责 C 刊新媒体建设状况数据调研、搜集与整理工作），以及武汉大学出版社詹蜜女士，没有他们的促成与支持，项目及成果难以顺利立项和落地。

CONTENTS 目 录

1 学术期刊质量控制理论研究

1665 年，世界上第一本学术期刊《哲学会刊》(*Philosophical Transactions of the Royal Society*)诞生。该学术期刊一经诞生，迅速奠定其在科学交流系统中的核心地位。截至 2022 年 11 月，根据乌利希期刊库网站统计，全球已注册 90326 种学术期刊。[①]

1792 年，我国《吴医汇讲》创刊，中国学术期刊的发展正式拉开了序幕。目前，我国学术期刊约有 6500 种，数量居于全球前列。但由于种种原因，我国能跻身世界一流的人文社科学术期刊和自然科学学术期刊数量不足；前者是体现国家文化软实力、推进中国特色哲学社会科学建设的重要载体，后者是记录和反映科技成果的主要载体，也是促进知识汇聚、推动科技进步的重要力量。因此，学术期刊在文化强国、科技强国建设中的作用发挥尚不充分。

一流期刊具有掌握学术创新的发言权、集全球智慧为我所用和呵护原始创新、探索支持创新的发表模式的特殊意义和价值。[②] 党中央高度重视学术期刊建设，近年来，多部门先后发布《关于深化改革培育世界一流科技期刊的意见》《关于推动学术期刊繁荣发展的意见》等政策文件，习近平总书记多次作出重要指示，为学术期

[①] Pippa Smart. The past, present and future of publishing: Observations to celebrate ALPSP's 50th year[J]. Learned Publishing, 2022, 35: 432-440.

[②] 詹媛. 29 种科技期刊进入国际前 10% 意味着什么[N]. 光明日报, 2021-05-17.

刊出版工作指明了方向。建设高质量的学术期刊，推动更多期刊走向世界一流行列，是当前我国学术期刊出版工作的历史使命和时代要求。

1.1 学术期刊质量控制研究的背景及意义

1.1.1 研究背景

从科研竞争力匹配程度、社会生产力影响来看，当下，开展学术期刊质量控制以实现我国学术期刊高质量发展具有紧迫性和重要意义。同时，从当前全球学术期刊的发展格局和境况来看，我国学术期刊迎来了一轮机遇期。

第一，文化强国与科技强国建设离不开自主建设的一流学术期刊体系。目前，数量上我国是名副其实的学术期刊大国，但观其国际影响力，总体实力不强。截至2022年6月，2021年度JCR共收录科技期刊9626种，中国大陆地区有273种期刊被收录，占比2.83%[①]，与英美科技期刊收录分别占比超30%、超20%相比，尚存在不可忽视的差距；人文社会科学学术期刊的收录则屈指可数。在Scopus收录的来自120余个国家和地区5000余个出版机构的24516种各类期刊中，中国收录563种，占比2.30%；其中，美国收录6124种，占比24.98%；英国收录5692种，占比23.22%。[②]我国科技论文产出及其国际影响力与上述国家相比，客观上还存在较大差距。我国科技论文产出量已达世界第一，科技论文影响力也处于逐年提升的状态。[③] 在我国走向文化强国和科技强国的过程中，早期或尚可借助国际学术交流系统，但终究离不开自主建设的

---

① 任胜利.2021年度我国SCI收录期刊引证指标概览[EB/OL].[2022-08-02]. https://blog. sciencenet. cn/blog-38899-1344958. html.

② 任胜利.培育世界一流科技期刊背景下我国学术期刊国际竞争力的提升[J]. 2019, 64(33)：3393-3398.

③ CSCD. STM全球简报(2021)：经济与市场规模[EB/OL].[2022-11-13]. https://mp. weixin. qq. com/s/8Xot3kmLI05gMIIyMWjtag.

世界一流的学术期刊体系。从 2015 年的"幽灵粒子"——"外尔费米子之争"可见端倪。2015 年 2 月,中国科学院物理所与美国普林斯顿大学的科学家分别对外宣称,独自发现了困扰物理学家近一个世纪的"幽灵粒子"——"外尔费米子"。对于这一物理学界的重大研究发现,《科学》杂志在线发表了普林斯顿大学科学家的论文,拒绝了来自中国科学院科学家的投稿。①

第二,新冠疫情的暴发充分体现了学术期刊作为社会生产力的重要一面②,这一重要功能目前发展还较不充分。在这次全球新冠疫情大流行中,社会各界和世界各国科学家对新冠肺炎病毒的溯源、研究进展的评判更加信赖《柳叶刀》(The Lancet)、《科学》(Science)、《自然》(Nature)等全球顶尖学术期刊,学术出版在社会生活中的重要性因此凸显。③ 我国学术期刊在疫情防控期间主要存在整体上反应不够迅速、数字化出版能力不强、网络首发平台应用不充分、行动力区域性不平衡等问题。④ 学术期刊还与科技革命、高科技产业密切相关,高质量的学术期刊对生态保护、经济发展、人类生活、社会治理方式甚至政府部门决策均有重要影响。作为重要的创新平台,学术期刊高质量发展以实现将研究成果发表在祖国大地上、在努力成为世界主要科学中心和创新高地的道路上作出应有的历史贡献还任重道远。目前,我国学术期刊达到智库水平、能提供智力支持的期刊数量尚有限,作为生产力的功能还未得到充分发挥。因此,推动学术期刊质量控制研究以加快高质量学术期刊建设步伐,在我国具有较好的科研基础、强大的内生动力和紧迫的时

---

① 罗昕,邢春燕.中国科学院被《科学》拒稿,让普林斯顿"先"发现了外尔费米子? [EB/OL]. [2015-07-28]. http://www.thepaper.cn/newsDetail_forward_ 1357619_ 1.

② 朱邦芬.高质量发展中国科技期刊是中国科技界和期刊界的使命:在"2020 中国学术期刊未来论坛"的发言[J].编辑学报,2020,32(6):591-592.

③ 邬书林.坚持高质量发展服务创新型国家战略加快推进出版强国建设[J].中国出版,2021(1):5-9.

④ 王景周,崔建英,谭春林,等.COVID-19 研究成果在中国知网网络首发状况的调查与思考[J].中国科技期刊研究,2020,31(4):483-489.

代责任感。

第三，全球范围内，学术出版领域进入一种发展相对静止的状态，这是我国学术期刊高质量发展的绝佳历史机遇。具体表现在 3 个方面：一是传播机制的快速变化与相对稳定：由于社交媒体在时间成本、质量和信任问题上的客观存在，因此科研人员对于文献阅读的方式并没有产生显著改变，对于大多数研究人员来说，"真正"的工作仍然是在笔记本电脑或 PC 上完成的。① 二是科技期刊与人文社科期刊在技术快速渗透出版领域时存在失衡现象。STEM 期刊好似在高速公路上奔驰，多语种的人文社科期刊则好似行走在乡村小路上，且这种分化正在扩大。三是学术期刊出版进入一种相对静止的状态。学术交流的核心动机与学术期刊对其功能的恪守二者高度匹配，学术出版进化速度比人们预想的要慢，在技术高速发展的环境下，学术出版在某种程度上进入一种相对静止的状态。ALPSP 在成立 50 周年之际，对学术出版的相对静止状态议题邀约国际学术出版领域顶尖资深专家作了专题讨论②，《学术出版》(*Learned Publishing*)前主编莎莉·莫里斯(Sally Morris)认为部分原因可能是学者和他们所在的机构仍然需要在高地位的期刊上发表文章而获得"奖励"("brownie point")的方式没有发生改变；《浙江大学学报(英文版)》前总编张月红认为从文章的撰写格式到期刊的权威认证过程，学术出版的元素已经被视作科学传播的权威形式；领英(LinkedIn)和 Scite 的创始人乔什·尼科尔森(Josh Nicholson)认为学术出版专注其各项职能是其岿然不倒的秘密所在；在英国皇家化学学会工作 37 年、曾任该协会首席执行官 10 年的罗伯特·帕克(Robert Parker)则言，如果它没有变坏，就不要去修复它。

加强对学术期刊质量控制的研究，是提升我国学术期刊质量、加快推动我国学术期刊高质量发展的基础性工作；它能为优秀的学

---

① Rob Johnson, Anthony Watkinson, Michael Mabe. The STM Report: An Overview of Scientific and Scholarly Publishing 1968-2018[R]. 2018: 9.

② Pippa Smart. The Past, Present and Future of Publishing: Observations to Celebrate ALPSP's 50th Year[J]. Learned Publishing, 2022, 35: 432-440.

术期刊保持期刊质量、为发展不足的学术期刊提高质量提供系统的理论框架，具有重要的理论与实践意义。

1.1.2 研究意义及价值

（1）理论意义

首先，充实和拓展了我国学术期刊质量控制理论。已有文献或限于通过实证研究进行质量控制理论的构建，在实践中应用性不强①；或是进行简单的因素分析②，缺少理论自觉，存在理论构建的不足。本书在已有研究成果的基础上，运用规范分析法和质量控制理论，有效弥补了其应用性不足和缺少理论支撑的缺憾，并将数字环境下新的变化予以充分考量，进一步充实与拓展了已有研究成果。

其次，能为我国学术期刊展开质量控制提供系统的理论支持。美国著名质量管理专家朱兰（J. M. Juran）博士曾指出："将要过去的 20 世纪是生产率的世纪，将要到来的 21 世纪是质量的世纪。"③就世界范围来看，20 世纪着眼于产量和生产效率，处于粗放型生产阶段；21 世纪则着眼于质量及其产生的效益，处于集约型生产阶段。我国学术期刊目前正处于数量增长为主要特征的阶段向以优质高效为主要特征的阶段的转型期④，本书的研究成果与已有相关文献，能为我国学术期刊向优质高效为特征的高质量发展提供理论支持。

（2）实践指导意义

首先，有益于我国学术期刊通过流程再造实现数字化转型与升级。本书在对学术期刊出版流程 4 个基本环节质量控制的分析与论述中，分别在不同环节引入大量国外主流学术期刊在数字环境下采

---

① 蓝华. 基于过程的科技学术期刊质量控制问题研究[D]. 哈尔滨：哈尔滨工业大学，2009：36-38.

② 冯蓓. 开放存取期刊质量控制研究[D]. 武汉：武汉大学，2010：1.

③ 郎志正. 质量与标准漫谈[J]. 中国标准化，2000（5）：4-5.

④ 周传敬. 借鉴 ISO9000 的管理思想加强科技期刊全面质量管理[J]. 中国科技期刊研究，2001，12（4）：254-255.

用的先进技术与出版模式，如阅读与引用跟踪技术、元数据标识技术、论文传播推广应用、最新审稿模式、数种第三方服务平台等，对我国学术期刊实现数字化转型与升级、实现融合出版具有极强的借鉴意义。

其次，能直接应用于学术期刊质量控制工作，提升我国学术期刊整体影响力。本书基于对出版流程基本环节质量控制的研究，从影响因素分析到影响因素的二维体系建立，再到单一影响因素，结构细致完整，并针对每个环节存在的问题进行小过程的质量控制与提升。因此，在实践应用中，具有可参考性、可借鉴性以及可操作性的特点。

最后，能为我国期刊管理部门制定质量管理规定提供理论参考与依据，进而补充并完善出版管理理论。《科学技术期刊质量要求》(1992)和《社会科学期刊质量管理标准》(1995)虽然对我国学术期刊质量管理具有指导意义，但在管理对象的针对性、质量管理内容的与时俱进方面，却不能较好地满足现有的学术期刊质量管理与评估的需求。2010年年底，原国家新闻出版总署颁布《〈报纸期刊出版质量综合评估办法(试行)〉的通知》(2011年1月1日起施行)，对于各地新闻出版部门开展期刊综合质量评估活动具有直接指导意义，对于建立全面反映报刊出版活动全流程的质量与效果评价指标体系、形成报纸期刊出版优胜劣汰机制、鼓励和扶持优秀报纸期刊做优做强具有重要意义，但由于缺少具体指标，不利于各地新闻出版管理部门推广、施行。本书对学术期刊质量的影响因素既建构了二维体系，又细分到单一因素，可为我国质量管理规定的更新提供参考的理论依据。

1.2　理论依据

本书研究的理论依据涉及两条线索，一是全书展开的逻辑架构基于马克思主义中国化时代化相关理论、控制论、质量控制理论以及流程再造理论；二是本书主体各部分涉及的理论，包括稿源环节和编校环节过程控制中涉及辩证唯物主义中认识论的主体、客体及主体性，编辑学理论，期刊编辑学相关理论，赫茨伯格"激励的双因素"理论，传播环节质量控制涉及的传播学相关理论。

1.2.1 马克思主义中国化时代化相关理论

党的十八大以来，我国提出并贯彻新发展理念，着力推进高质量发展，推动构建新发展格局，并开辟了马克思主义中国化时代化新境界，本书始终坚持其中的问题导向和系统观念。

坚持问题导向。问题是时代的声音，回答并指导解决问题是理论的根本任务。[①] 本书立足我国学术期刊质量控制实践中存在的问题、在一流期刊建设中存在的困难及矛盾，通过系统深入剖析，提出我国学术期刊高质量发展策略。

坚持系统观念。万事万物是相互联系、相互依存的。只有用普遍联系的、全面系统的、发展变化的观点观察事物，才能把握事物发展规律。本书坚持系统观念，主要体现在如下三个方面：一是出版流程质量控制的系统性分析，关注具有增值价值的获取稿源、审稿环节、编校环节、传播环节四个基本环节及其质量控制的影响因素；二是研究对象主体的系统性分析，本书较为系统地分析了相关主体包括主编、编委、编辑的岗位职责、主观能动性以及职业发展困境问题，较为系统地分析了期刊在声望、服务、用稿机制和读者群方面作为主体对优质稿源的吸纳性影响；三是关注学术期刊生态环境，对我国学术期刊发展的政策环境（高速发展和高质量发展、全国的科技和社科期刊产业及资助政策）、科研及诚信环境、学术期刊评价环境及三大话语体系建设、一流期刊建设的时代任务做了较为全面、细致的分析。

1.2.2 质量控制理论

1948年，《控制论：或关于在动物和机器中控制和通讯的科

---

① 习近平. 高举中国特色社会主义伟大旗帜 为全面建设社会主义现代化国家而团结奋斗：在中国共产党第二十次全国代表大会上的报告[M]. 北京：人民出版社，2022：20.

学》(*Cybernetics Or Control and Communication in the Animal and the Machine*)一书由美国数学家诺伯特·维纳(Norbert Wiener)出版,标志着控制论这一新兴学科的诞生。① 20世纪以来,控制论作为一门新兴的横断科学,对现代社会和科学技术的发展产生了重大影响,被广泛应用于工程领域(工程控制论)、生物领域(生物控制论)以及社会、经济、人工智能等多个学科与领域。控制论在管理学领域的质量管理方面也得到了广泛应用。

维纳认为,"一个闭合系统,总是存在着组织程度降低的自然趋势,即存在着熵值增加的趋势"②。长期以来,人们将质量控制视为质量管理中的一项具体工作。实际上,现代质量控制理论是用控制论的观点与方法对质量系统实施控制,是控制论对于质量管理工作的理论渗透。应用这一观点,可将质量系统的控制视为为了使质量系统能稳定地保持在某一标准或达到所需的质量等级状态,必须对该系统施加一定的作用,同该系统的组织程度降低的自然趋势进行斗争,以克服质量系统的不稳定,达到质量系统目标。

从工业发达国家的质量管理实践来看,质量控制思想大致经历了质量检验、统计质量管理、全面质量管理、标准化管理和数字化管理5个发展阶段。③

随着计算机技术和信息技术的迅猛发展及其在企业生产和管理中的广泛应用,现代化技术被引入质量控制,质量控制进入数字化管理阶段。④ 数字化质量管理丰富了质量控制理论,推动质量控制向更高级阶段发展。⑤

----

① [苏]А.Я.列尔涅尔.控制论基础[M].刘定一,译.北京:科学出版社,1980:85.

② [苏]А.Я.列尔涅尔.控制论基础[M].刘定一,译.北京:科学出版社,1980:1.

③ 郭钧.整车制造企业生产过程质量控制及评价方法研究[D].武汉:武汉理工大学,2012:21.

④ 李欣午.工程概论[M].北京:首都经济贸易大学出版社,2013:167.

⑤ 哀锋,谢里阳,易刚.CIMS环境下车间级集成质量系统研究[J].计算机工程与应用,2006(31):24-26.

1.2.3 业务流程再造理论

业务流程再造（Bushiness Process Reengineering，BPR）通常被称为业务流程重组，最早由美国的迈克尔·哈默（Michael Hammer）和詹姆斯·钱皮（James Champy）提出，是继全面质量管理运动后的第二次管理革命。

迈克尔·波特认为，企业之间的竞争并非发生在企业与企业之间，而是发生在企业各自的价值链之间①，企业的业务流程则构成其价值链②。只有对价值链的各个环节——业务流程进行有效管理的企业，才有可能真正获得市场上的竞争优势。

成功进行流程再造，需注意以下几点：一是标杆管理在流程再造中必不可少；二是在恰当的流程施行流程再造；三是广泛学习借鉴，反对简单照搬。流程再造没有固定的模式，流程再造实施方案的设计须由企业主导，这样方案才具有针对性和可操作性。

面对数字环境带来的冲击，学术期刊的出版环节发生了巨大变化。要在转型升级中立于不败之地，进行学术期刊出版流程再造是提升学术期刊竞争力的一项基本策略。

1.2.4 赫茨伯格"激励的双因素"理论

美国心理学家赫茨伯格（Fredrick Herzberg）于20世纪50年代提出"激励的双因素"理论。赫茨伯格将影响人们行为的因素分为两类，一是保健因素，二是激励因素。与工作条件相关的因素被称为保健因素，保健因素适当能有效消除员工的不满情绪。与工作内容关联的因素则被称为激励因素。激励因素有助于充分有效、持久地调动积极性。③ 与马斯洛的需求层次理论相比，保健因素相当于

---

① ［美］迈克尔·波特. 波特竞争三部曲之竞争优势［M］. 陈小悦，译. 北京：华夏出版社，2005：36-43.

② ［美］J. 佩帕德，［美］P. 罗兰. 业务流程再造［M］. 高俊山，译. 北京：中信出版社，1999：9-10.

③ ［美］费雷德里克·赫茨伯格，［美］伯纳德·莫斯纳，［美］巴巴拉·斯奈德曼. 赫茨伯格的双因素理论［M］. 张湛，译. 北京：中国人民大学出版社，2009：98-103.

生理需要、安全需要、归属和爱需要等较低层次的需要；激励因素相当于尊重的需要、自我实现的需要等较高层次的心理需要。

1.2.5 传播学相关理论

本书在"传播环节的质量控制"中涉及传播学的相关理论应用，包括传播活动的定义与构成、数字环境下传播活动的特征以及传播学的新媒体理论模型中的技术接纳模型。

根据传播学的定义，传播是指社会信息的传递或社会信息系统的运行①，其过程由 5 个要素构成：传播者、受传者、信息、媒介和反馈，拉斯韦尔的"5W"传播过程模型是具有代表性的传播模式。②

按照传播媒介与手段进行划分，根据媒介产生和发展的历史脉络，人类的传播活动经历了 4 个发展阶段，即口语传播阶段、文字传播阶段、印刷传播阶段和数字传播阶段，这个历程并非媒介依次取代的过程，而是依次叠加的进程。③ 在数字传播阶段，一方面用户可以直接迅速地反馈信息，发表意见；另一方面用户接受信息时有很大的自由选择度，可以主动选取、点击自己感兴趣的内容。交互性成为数字传播时代显著的特征。数字传播突破了传统传播方式中一对一的局限，呈现多对多的网状传播模式。④ 同时，数字传播还具有更新速度快、信息容量大、检索便捷等特点。数字传播的模式和特征使得传统的传播理论与传播效果遭受了空前的挑战。⑤

学术传播则以美国南加州大学博格曼（Borgman）教授界定的概念广为人接受，即任何领域的研究者通过正式和非正式渠道使用和

---

① 郭庆光. 传播学教程[M]. 北京：中国人民大学出版社，1999：5.

② D McQuail, S Windahl. Communication Models[M]. London & New York 1981：10.

③ 郭庆光. 传播学教程[M]. 北京：中国人民大学出版社，1999：28.

④ 匡文波. 网络传播学概论[M]. 北京：高等教育出版社，2015：17-24.

⑤ 匡文波. 网络传播学概论[M]. 北京：高等教育出版社，2015：17-24.

散布信息①，并通过计算机、电子邮件、文字处理软件、电子出版、数字图书馆、互联网、万维网、移动手机、无线网络等技术和工具来完成。② 学术传播在数字环境下，同样具有数字传播的上述特征与传播模式。

技术接纳模型（Technology Acceptance Model，TAM），是由美国学者戴维斯（Davis）于 1989 年在菲什拜因（Fishbein）和埃捷（Ajzen）的理性行为基础上提出的用以研究用户对新媒体接受的模型，也是目前被国际学术界认可并广泛采用的新媒体理论模型。该模型被广泛应用于新媒体研究，尤其是用户的行为意向研究。按照技术接纳模型，用户使用新媒体的行为意向受到其态度（Attitude）、有用性感知（Perceived Usefulness）和易用性感知（Perceived Ease of Use）的共同影响。③

1.2.6　编辑学与期刊编辑学相关理论

本书涉及的编辑学与期刊编辑学的相关理论包括：其一，编辑活动的相关概念，包括编辑活动、编辑活动主体、编辑活动客体及其相互间的关系；其二，期刊编辑有别于图书编辑等其他类别出版物的编辑，其素养要求也不相同。

（1）相关概念

编辑活动是编辑活动主体能动地作用于编辑活动客体，对编辑活动客体进行策划、选择、优化并反馈给编辑活动主体的活动。④主体是指具有认识能力的从事社会实践活动的人；客体是指进入主

---

① C. L. Borgman. Scholarly communication and bibliometrics［M］. Newbury Park：Sage，1990.

② ChristineL. Borgman，Jonathan Furner. Scholarly Communication and Bibliometrics［J］. Annual Review of Information Science and Technology，2001（36）：2.

③ Martin Fishbein，Icek Ajzen. Predicting and Changing Behavior：the Reasoned Action Approach［M］. Psychology Press，2010：43.

④ 邵益文，周蔚华. 普通编辑学［M］. 北京：中国人民大学出版社，2011：144.

体视野的那部分客观事物，是主体认识和实践的对象。①

编辑活动主体是从事编辑活动的实践者和实施者，即在编辑实践中从事编辑活动的人。② 编辑活动客体是指编辑活动过程中的编辑对象，它与编辑主体相对应，是编辑主体影响和作用的对象。③对于编辑活动客体范围的界定，目前国内编辑学领域持有 3 种不同观点，一是认为文稿是唯一的编辑客体④；二是认为文稿和作者是编辑客体⑤；三是认为作品、作者、读者都是编辑活动的客体⑥。本书认为，第三种观点更为全面、客观。编辑活动主体具有主体性，即指编辑主体在编辑实践活动中产生和表现出来的本质属性，包括自觉能动性、创造性和自主性。⑦

编辑活动的主体与客体之间是相互联系、相互依存的关系，同时又是相互矛盾、相互制约的关系，二者既对立又统一，既依存又斗争，从而构成编辑活动主客体矛盾运动的常态。

（2）期刊编辑素养具有特殊性

编辑职业和编辑工作早在殷商时代已经出现，但经过"收藏编辑—著述编辑—出版编辑"的时代演变，现代编辑工作分化为图书编辑、期刊编辑以及报纸编辑，更有数字时代出现的网络编辑。将期刊编辑作为研究对象的期刊编辑学，也已成为一门正式学科。⑧期刊编辑学对于期刊编辑的界定，一方面区别于书籍编辑、报纸编辑；另一方面，在规模较大的编辑部，期刊编辑还可能细分为文字

① 张积玉. 编辑学新论[M]. 西安：陕西师范大学出版社，2003：114.

② 邵益文，周蔚华. 普通编辑学[M]. 北京：中国人民大学出版社，2011：144.

③ 邵益文，周蔚华. 普通编辑学[M]. 北京：中国人民大学出版社，2011：174.

④ 徐柏容. 编辑创意论[M]. 天津：天津古籍出版社，1999：106.

⑤ 吴平. 编辑本论[M]. 武汉：武汉大学出版社，2005：120.

⑥ 向新阳. 编辑学概论[M]. 武汉：武汉大学出版社，1995：91-92；阙道隆.《编辑学理论纲要》构想[J]. 出版科学，1999（1）：6-16；邵益文，周蔚华. 普通编辑学[M]. 北京：中国人民大学出版社，2011：174.

⑦ 张积玉. 编辑学新论[M]. 西安：陕西师范大学出版社，2003：120.

⑧ 徐柏容. 期刊编辑学概论[M]. 沈阳：辽海出版社，2005：16.

编辑、美术编辑和技术编辑。① 各类编辑职业的要求与素养存在差异，学术期刊编辑的职业素养不同于从事其他出版物的编辑，具有其特殊性。② 从不同的维度来看，卓越的学术期刊编辑(以责任编辑为研究对象)综合素养包括：①基本素养，如政治素养、学术素养、职业道德和工匠精神；②职业技能，如文字编校能力、学术不端鉴别能力、出版服务技能和评价分析能力；③卓越能力，如学术组织能力、数字化服务能力、创新引领能力和国际参与能力。③ 新时代对学术期刊编辑核心素养的根本要求是又红又专，政治素养和职业情怀体现"红"，科学素养和业务素质体现"专"。④

1.3 相关概念厘定

本节对基于出版流程的学术期刊质量控制的两组基本概念进行界定，包括：①学术期刊、学术期刊质量、学术期刊质量控制；②学术期刊出版流程。

1.3.1 学术期刊

目前，对于学术期刊的概念，国内尚没有明确和统一的界定。本节试图将具有代表性的官方机构、学术期刊质量评价机构、学术期刊专题研究对学术期刊概念的界定，作为参照对象，综合拟定学术期刊的概念。

(1)"行政认定'8条'"说

我国正式开始对学术期刊进行界定与认证始于2013年。在原国家新闻出版广电总局的认证中，将学术期刊的认定标准具体规定

---

① 徐柏容. 期刊编辑学概论[M]. 沈阳：辽海出版社，2005：71-72.

② 王振铎，赵运通. 编辑学原理[M]. 北京：中国书籍出版社，1997：33-43.

③ 杨保华，伍锦花，陈灿华."卓越计划"背景下中文科技期刊编辑能力建设[J]. 编辑学报，2020，32(5)：581-584.

④ 张之晔，张品纯，李伟. 新时代科技期刊编辑的核心素养要求是又红又专[J]. 编辑学报，2021，33(3)：237.

为 8 条：①经国家新闻出版行政部门批准，持有国内统一连续出版物号(CN)，领取期刊出版许可证，符合《出版管理条例》和《期刊出版管理规定》等要求。②主办单位具有学术出版资质和专业背景，出版单位具备必需的办刊条件。③办刊宗旨及业务范围以开展学术研究，发布学术创新成果，交流学术经验等为主。④拥有相应学科领域一定数量的专职编辑人员，主编和编辑人员取得国家规定的岗位培训合格证书。⑤组建有编委会并定期进行换届改选，编委会能有效指导编辑出版工作。⑥执行严格规范的组稿、审稿及同行评议制度，保持一定的稿件退稿率。⑦刊发文章具有严谨的编排格式规范，内容质量符合国家相关标准要求。⑧刊发文章以学术论文、文献(原创论文、述评、综述文章等)为主。[①] 其中，第一条和第二条属于一般性规范；第四至第七条属于学术期刊资质认定的条件；第八条则属于学术期刊的具体认定条件，但"为主"的界定依然有主观和模糊的色彩。以上八条是剔除非学术期刊的全部标准，也对什么是"学术期刊"进行了全面界定。从概念界定的角度来看，缺点是不够精练。

（2）"学术论文发表总量 50%"说

邱均平等人(2011)将学术期刊进行定量界定：凡学术论文数超过期刊论文总数的 50% 即学术期刊。[②] 他们以此为标准进行人工判断，通过对万方数据库、中国知网数据库以及期刊编辑部等途径，筛选出 6400 种学术期刊。这一概念的突破之处在于大胆将学术期刊的"学术性"进行定量界定，从而能够准确判断一种期刊是否为学术期刊，进而得出准确的学术期刊数量；缺陷在于概念的界定缺乏专家、行政主管部门的认证，导致在权威性上打了折扣。

（3）"'学术'+'期刊'的概念组合"说

余树华(2013)在其专著《学术期刊转型导论》中提出，学术期

---

① 湖北省新闻出版广电局．关于开展学术期刊认定和清理工作的通知［EB/OL］．［2022-12-28］．http：//www.hbnp.gov.cn/wzlm/zwdt/tzgg/gsgg/12057.htm.

② 邱均平，燕今伟，刘霞，等．中国学术期刊评价研究报告：RCCSE 权威期刊、核心期刊排行榜与指南［M］.北京：科学出版社，2011：10-11.

刊是一种经过同行评审，以展示特定学科或领域研究成果的期刊，其内容主要以原创研究、综述文章、书评等形式的文章为主。[1] 这一概念侧重点同样落脚于"学术"。蓝华(2009)将"科技学术期刊"与"学术期刊"的概念等同，指出所谓科技学术期刊，是指：具有固定名称，每年至少出版一期，有卷、期或年、月等表示连续出版的序号，以刊载反映科学技术和学术研究论文为主要内容的连续出版物。[2] 这一概念的界定，既明确"学术"又包含"期刊"，不足之处在于将"科技学术期刊"与学术期刊混为一谈，有值得商榷之处。

综上，本书在有关"学术期刊"概念界定的基础上，结合我国学术期刊的特点，认为学术期刊是指具有固定名称，符合国家新闻出版有关期刊的法律法规，以刊载反映科学技术发展的文章和学术研究论文为主要内容的连续出版物。

1.3.2 学术期刊质量控制

学术期刊质量控制概念下含学术期刊质量、学术期刊质量控制。

(1)学术期刊质量的概念

21世纪以来，质量的重要性已转而取代20世纪生产效率的重要性。GB/T19000—2008《质量管理体系 基础和术语》对于质量的定义为："一组固有特性满足要求的程度。"[3]因此，学术期刊质量可界定为：学术期刊的固有特性满足用户(读者与作者)需求的程度。

①学术期刊的固有特性。即学术期刊的功能定位，注册、把关、传播、存档是学术期刊固有的功能，这些功能整体上受到严格的传承。随着数字环境的到来，传播功能产生了部分创新。国内外均有接受度较为广泛的关于学术期刊功能定位的界定。1915年，

① 余树华. 学术期刊转型导论[M]. 北京：世界图书出版公司，2013：1.

② 蓝华. 基于过程的科技学术期刊质量控制系统研究[D]. 哈尔滨：哈尔滨大学，2009：21.

③ 中华人民共和国国家标准 GB/T 19000—2008/ISO 9000：2005·质量[GB]. [2022-01-27]. http：//www.doc88.com/p-749820135213.html.

《中华医学杂志》首任总编辑伍连德就在创刊词中指出："觇国之盛衰，恒以杂志为衡量。杂志发达，国家强盛。"①"对科研工作来讲，科技期刊工作既是龙头，又是龙尾。"②《哲学会刊》创始人奥登伯格（Oldenburg）认为期刊是"科学的记录"。"科学的记录"存在4项标准，后来发展成为学术期刊的4项基本功能：①注册登记功能，即表明特定作者的研究成果具有优先权（首发权）和所有权；②评估鉴定即把关，通过同行评议、退稿来保证文章质量；③传播，即通过期刊的途径向其他学界同仁传递作者的观点；④存档，即永久记录作者的研究成果。③ 学术期刊的基本功沿袭至今，但是传播功能在数字环境到来时，内涵和外延发生了较大变化：传播机制从印刷转变为数字出版、在线出版，同时衍生了一种新型的功能——导航，即在海量文献中为科研人员提供相关度高的文献。④ 在从文稿到通过同行评议后正式发表、传播和存档的过程中，学术期刊通过自身的功能为作者提供服务，同时也帮助作者完成学术资本的转换。

②用户需求。学术期刊的用户包括作者、读者以及采购商，如图书馆、科研机构，后者更多面向大型出版商、数字出版集成平台等，本书不做讨论，仅对作者与读者的用户需求展开分析。读者的需求相对简单、直接，即在全世界范围内获取自己所在科研领域最新的学术信息，以使自己能跟上科学研究的步伐。这里的"新"包括时效性强⑤和内容具有创新性两重含义。作者的需求包含发表和

---

① 伍连德医学杂志之关系［J］. 中华医学杂志，1915，1(1)：1.

② 卢嘉锡. 既是"龙尾"也是"龙头"：要重视并做好科技期刊工作［J］. 中国科技期刊研究，1990，1(1)：2.

③ 松林. 英皇家学会《哲学会刊》：世界最早同行评议期刊［N］. 中国社会科学报，2011-11-11.

④ Rob Johnson，Anthony Watkinson，Michael Mabe. The STM Report：An Overview of Scientific and Scholarly Publishing 1968-2018［R］. 2018：14.

⑤ Jamie Cameron. Watersheds in Scientific Journal Publishing［M］//A Century of Science Publishing：ACollection of Essays. Amsterdam：IOS Press，2001：254.

广泛传播两重含义。① 作者发表文章是为了传播其研究成果，同时建立个人的学术声誉、确认优先权和想法所有权，进而获得学术资助、促进职业生涯发展。在数字环境下，科学研究在研究方式、资料查阅、存储以及获取方式等研究过程中随着社会与科技环境而发生变化，用户对学术期刊的需求也随之发生了转变。学术期刊质量控制即学术期刊通过注册、把关、传播、存档的固有特性满足读者获取时效性强、具有创新价值的文章和作者快速发表文章、广泛传播以完成学术资本转化的需求。

在数字环境下，作者及时发表研究成果与最大范围的传播成果的基本需求没有变化，但他们对发表速度与传播范围有了更高期待。与此同时，满足作者学术交流的途径有所拓宽，除了传统的学术期刊外，还有更多途径如开放获取期刊、开放存取仓储、学术社交网站、搜索引擎、第三方审稿平台、第三方论文传播推广平台等满足作者在发表和广泛传播上的需求。在读者需求方面，则从在全世界范围内获取所在科研领域最新的学术信息②，转变为更加快速、更加便利且能进行互动的信息获取与交流③，从而对学术期刊的传播能力提出了更高的标准与要求。

学术期刊质量涉及两个层面，一是宏观的学术期刊整体业态质量，二是个体刊物的质量发展。④ 在整体业态层面，学术期刊高质量发展需观照不同办刊起点的期刊、时代使命和社会责任以及可持续发展问题；在个体刊物层面，需观照期刊自身情况、各环节

① Jamie Cameron. Watersheds in Scientific Journal Publishing [M]//A Century of Science Publishing：A Collection of Essays. Amsterdam：IOS Press，2001：254.

② Jamie Cameron. Watersheds in Scientific Journal Publishing [M]//A Century of Science Publishing：A Collection of Essays. Amsterdam：IOS Press，2001：254.

③ 刘岭. 学术交流需求变化环境下的科技期刊服务趋势及策略[J]. 中国科技期刊研究，2015，26(3)：252-257.

④ 张志强. 高质量发展视域下核心期刊评价体系完善之我见[J]. 河南大学学报(社会科学版)，2020(4)：145.

质量。

（2）学术期刊质量控制

质量控制是指根据控制者所选定的质量目标，改变和创造各种调节手段，使质量系统沿着质量行为的可能性空间内某一确定的方向或状态发展的过程。[①] 因此，学术期刊质量控制的概念可界定为：根据学术期刊编辑部选定的质量目标，改变和创造各种调节手段，使学术期刊质量系统沿着质量行为的可能性空间内某一确定的方向或状态发展的过程。

需要指出的是，学术期刊质量控制活动不是封闭的、静止的、孤立的，而是开放的、动态的、关联的。具体来说，学术期刊质量控制不能脱离国内外同行和自身发展实际，质量控制方案也不能照搬照抄、一成不变，更不能抛开外部生态环境而片面地追求学术期刊质量控制的成效。因此，本书第二章专设"国内外学术期刊质量问题及研究进展"，以探讨我国学术期刊开展质量控制的行业和自身目标定位问题；第三章专设"我国学术期刊高质量发展的生态环境"，以呈现和揭示我国学术期刊质量控制所处的外部生态环境；第七章则从整体业态考量出发，提出我国学术期刊高质量发展路径。

1.3.3 学术期刊出版流程

"流程"是指一个或一系列连续有规律的行动，这些行动以确定的方式发生或执行，导致特定结果的出现；一个或一系列连续的操作（operation）。[②] 基本流程由一系列单独任务组成。学术期刊出版流程包括获取稿源、审稿、编校、印制、传播环节，其中，获取稿源环节是满足读者获取时效性强、具有创新价值的文章需求的基础和关键；审稿环节旨在满足读者阅读具有创新价值的文章、作者

---

① 孙中一．新编质量管理学［M］．北京：中国经济出版社，1990：131.

② The Oxford English Dictionary（8 Ed）［M］. Oxford：The Clarendon Press，1978：1408.

快速发表文章需求；编校环节弥合了作者文稿与正式发表后成为学术交流系统中被广泛认可的论文成果之间的差距，是作者学术资本转化的助产环节；印制环节在传统出版时期发挥了期刊注册、传播和存档功能，在数字时代，这一功能仍然存在；传播环节则通过注册、传播、存档功能的实现，满足读者获取时效性强的文章和作者广泛传播论文的需求，且在数字时代，其功能趋于融合、增强。根据迈克尔·波特的价值链理论，本书对学术期刊价值增值影响趋弱的印制环节暂不作讨论，而集中对具有增值价值的获取稿源、审稿、编校、传播4个环节开展其质量控制研究。

1.4 研究内容与方法

1.4.1 研究内容

本书主要从8个方面展开：①学术期刊质量控制理论研究；②国内外学术期刊质量问题及研究进展；③我国学术期刊高质量发展的生态环境；④学术期刊出版流程的质量控制；⑤面向出版流程的学术期刊质量控制体系构建；⑥面向出版流程的我国学术期刊质量控制问卷调研及数据分析；⑦我国学术期刊高质量发展路径；⑧研究不足与展望。

①学术期刊质量控制理论研究。这一部分包括4项研究内容：一是分析学术期刊质量控制的背景、理论依据、必要性、可行性，探讨建立面向出版流程的学术期刊质量控制体系的意义与价值。二是本书开展的理论依据脉络，包括马克思主义中国化时代化相关理论、质量控制理论、业务流程再造理论、赫茨伯格"激励的双因素"理论、传播学相关理论、编辑学与期刊编辑学相关理论。三是相关概念的厘定，包括学术期刊、学术期刊质量、学术期刊质量控制以及学术期刊出版流程。四是研究内容与方法。

②国内外学术期刊质量问题及研究进展。国内外研究在期刊数量与质量的均衡之间展示出高度一致：从不同视角、维度和层面出发，致力于提升学术期刊在质量上的表现。此部分重点关注5个领

域的质量问题及其研究进展：一是学术期刊质量控制历史；二是同行评议；三是开放获取期刊、巨型期刊与掠夺性期刊；四是编辑工作困境；五是技术变革下的学术出版变革与创新。

③我国学术期刊高质量发展的生态环境。生态系统（生物圈）中的外部生态因子对学术期刊发展方向的主导和影响越来越明显。此部分着力梳理我国学术期刊外部生态环境中的政策环境、科研及诚信环境、评价环境、三大体系与一流期刊建设。

④学术期刊出版流程的质量控制。此部分包括 4 项研究内容：一是获取稿源环节的质量控制，解决稿源获取途径及其质量内涵、稿源质量的影响因素及其相互之间的结构性关联两个问题。二是审稿环节的质量控制，解决审稿方式及其质量控制功能、审稿功能发挥的影响因素及其相互间的结构性关联两项问题。三是编校环节的质量控制，解决编校质量内涵、编校质量的影响因素及其结构性关联两项问题。四是传播环节的质量控制，解决数字环境下用户对传播质量的基本需求和新需求、传播质量的影响因素及其相互间的结构性关联两项问题。

⑤面向出版流程的学术期刊质量控制体系研究。此部分包括 4 项研究内容：一是学术期刊质量控制过程，即了解学术期刊质量行为的可能性空间、明确学术期刊质量控制目标、改变/创造条件实现目标转化；二是学术期刊质量基于质量控制理论视角和业务流畅再造视角的控制原则；三是各出版环节质量控制间内在关联，即各出版环节质量控制涉及的学术期刊质量控制主体、学术期刊质量控制对象、机制与环境；四是形成面向出版流程的学术期刊质量控制体系。

⑥面向出版流程的我国学术期刊质量控制问卷调研及数据分析。近年来，学术期刊质量控制的问题、目标与环境发生了新的变化，为使本书研究立足实际，笔者团队于 2022 年 12 月中旬开展了"面向出版流程的学术期刊质量控制问卷调查"，调查设置 AB 卷，分 5 个主题展开，获取数据后开展分析：一是编辑、编辑部主任对出版流程质量控制的理解与认知质量控制的现状调研与分析；二是编辑、编辑部主任对出版流程质量控制的改进与优化调研与分析；

三是副主编、主编对出版流程质量控制的把控与认知调研与分析；四是学术期刊出版主体激励机制与期待调研；五是学术期刊主体责任落实情况调研。

⑦我国学术期刊高质量发展路径。此部分包括 4 项内容：首先，定位我国学术期刊质量建设 4 个基本现状，发展存在多重不平衡；缺乏质量把关、竞争力与影响力不强现象仍然存在；学术期刊质量评价体系多元互补，但仍需进一步健全；新媒体和新技术应用在传播工作中有进展，但尚未发生显著作用。其次，梳理我国学术期刊高质量发展取得的 3 个方面的成绩，包含国家层面的重视与推动引领学术期刊高质量发展、一流期刊建设进展良好、已有的期刊资助与编辑人才建设项目的有益探索。再次，剖析我国学术期刊高质量发展存在的 4 个主要问题，包括学术期刊高质量发展的定义需进一步厘定、高质量论文数量不足、编辑职业发展困境亟待破解、学术期刊高质量发展的生态环境有待进一步完善。最后，尝试提出面向出版流程的我国学术期刊高质量 5 条发展路径，包括确立科学、系统、明确、规范的高质量发展目标；充分发挥各编辑主体在学术期刊高质量发展中的主导作用；着力质量控制对象的优选与传播加工，充分发挥微笑曲线理论作用；系统优化出版流程中的出版管理机制；在学术期刊高质量发展生态环境优化建设中主动作为。同时，还需建立质量反馈策略，为下一步建立质量数据管理打下坚实基础。

⑧研究不足与展望。指出本书存在的 3 点不足和 6 个方面的展望。

1.4.2 研究方法

本书综合运用的研究方法主要包括：问卷调查法、访谈法、规范分析法以及数据分析法。

一是问卷调查法：本书涉及两项问卷调查。主调查系"面向出版流程的学术期刊质量控制研究调查问卷"。通过问卷星设置 AB 问卷来开展 5 个主题的调研，以获取较为全面的关于学术期刊出版流程质量控制的现状、认知、问题与解决思路。此次问卷获得全国

28个省市的255份问卷，有效问卷225份。调查结果与分析见第6章。辅助调查系"编辑职业的发展困境"，问卷通过24个问题的里克特量表、遴选32位编辑来解答关于职业困难、职业压力和职业倦怠的情况，调查结果与分析见4.3.3节。

二是访谈法：本书运用访谈法解决两个问题。一是对研究人员（读者身份、作者身份、专家身份）就数字环境下学术期刊质量内涵、用户需求、学术期刊质量控制现状和存在问题等基础前提进行半结构化访谈，获得定性意见和观点。二是综合问卷调查和半结构化访谈获取关于编辑职业发展困境的表现及成因。

三是规范分析法：规范分析法主要回答"事物的本质应该是什么"，为本书提出问题、认识问题和分析问题奠定基础。在解决学术期刊出版流程中4个基本环节质量的影响因素问题时，首先对文献成果进行梳理，梳理影响因素线索；然后形成各环节质量形成过程中影响因素的二维结构体系；最后对二维体系进行进一步切分与剖析，形成细粒度的单一影响因素的深入分析。

四是数据分析法：本书通过数据挖掘技术等辅助技术来获取社交媒体数据、政府治理数据和科学研究数据，较好地扩展了研究数据的来源和种类，为部分研究问题提供了数据支撑，通过对全样本数据的挖掘发现潜在的因果关系，剖析我国学术期刊发展的特征。本书获取的全样本数据包括：①CSSCI（2021—2022）585种来源期刊（不含台湾地区）的新媒体建设进展调研数据，包括微信公众号、微博、小程序、App应用程序相关数据以及知网独家授权、网络首发项目参与情况。②2000—2021年我国学术期刊国家层面完整的期刊资助数据，包括2大类8种大规模学术期刊资助起止时间数据：国家自然科学基金重点学术期刊专项资助起止时间数据、中国科协中文精品科技期刊建设计划项目资助起止时间数据、中国科技期刊国际影响力提升计划资助起止时间数据、中国科技期刊登峰行动计划起止时间数据、中国科技期刊卓越行动计划资助开始至2022年数据、教育部高校哲学社会科协"名刊工程"建设项目资助起止时间数据、教育部高校哲学社会科学学报名栏建设资助起止时间数据、国家社会科学学术期刊基金资助开始至2022年数据。③

2018—2021 年中国学术期刊影响因子年报各学科平均复合影响因子数据。其中，人文社会科学共 40 个学科；自然科学与工程技术共 65 个学科。④2019 年我国 314 种(拥有 CN 号)英文学术期刊国际国内影响因子。

2 国内外学术期刊质量问题及研究 进展

在期刊数量与期刊质量的均衡之间，国内外研究表现出高度一致：从不同视角、维度和层面出发，致力于提升学术期刊在质量上的表现。本书立足中国本土的学术期刊发展实际，围绕以下5个方面展开其实践和研究进展综述：①学术期刊质量控制历史；②同行评议；③开放获取期刊、巨型期刊与掠夺性期刊；④编辑工作困境；⑤技术变革下的学术出版变革与创新。

2.1 学术期刊质量控制历史

2.1.1 订阅时期(1665—20世纪90年代)

从学术期刊发展过程中发生的标志性事件来看，20世纪90年代以前的学术期刊发展经历了如下几次大的发展时期。[①]

第一次是学术期刊的早期发展阶段，其时间界限为1665年到19世纪上半叶，以1665年出现的世界上最早的两本学术期刊《学者杂志》(*Le Journal des Scavans*)和《哲学汇刊》(*Philosophical Transactions*)为标志。[②]

---

① He Xiaojun, Chen Zhenying, Shen Huiyun. Chinese Scientific Journals: How They Can Survive[J]. Learned Publishing, 2012, 25(3): 219.

② 徐佳宁. 数字环境下科学交流系统重组与功能实现[M]. 北京: 光明日报出版社, 2010: 37-55.

第二次是 19 世纪后半叶，由于西方社会从事专业工作的人群比例迅速增长，促使学术期刊从综合性向专业性转型，这一时期出现的著名的专业性学术期刊包括英国的《柳叶刀》，以及《哲学汇刊》A/B 辑，学术期刊数量大幅增长。①

第三次是 20 世纪上半叶综述性期刊的出现，学术期刊数量的迅速增长给科研工作者带来阅读效率的下降——那些活跃的学者和教师发现，在自己从事科研工作的领域，越来越难找到全面的相关论文。这一现象的出现，催生了综述性期刊的诞生，如美国物理学会 1929 年出版的《现代物理评论》杂志（*Reviews of Modern Physics*）和英国物理学会 1934 年出版的《物理学进展报告》杂志（*Reports on Progress in Physics*）。②

第四次则是"二战"以后至 20 世纪 90 年代。这一时期学术期刊的生态环境发生了巨大变化，处于压力与机遇并存的发展时期。③ 首先是生产成本上升，专事学术交流需要的学术期刊需要开始商业化运作，并与商业学术出版机构之间产生了激烈的市场竞争。其次，战后经济、教育以及科研全面复苏，尤其是科研和教育的复苏，为学术期刊带来了大量用户和购买力——各国对高等教育和科研的投入，使得图书馆拥有足够的采购资金；同时，从事教育与科研的群体本身就是学术期刊的直接用户，从而带来大量发表、传播以及阅读的需求。④ 战后经济复苏引起全球科研和教育产业的大力发展，从事科研活动的人群迅速增长。在教育科研领域，有效性和权威性尤为重要，从而给科研人员带来发表科研成果的压

①　Alan Cook. Academic Publications Before 1940[M]//A Century of Science Publishing：A Collection of Essays. Amsterdam：IOS Press，2001：15-24.

②　Alan Cook. Academic Publications Before 1940[M]//A Century of Science Publishing：A Collection of Essays. Amsterdam：IOS Press，2001：15-24.

③　Jamie Cameron. Watersheds in Scientific Journal Publishing [M]//A Century of Science Publishing：A Collection of Essays. Amsterdam：IOS Press，2001：245-256.

④　Alan Cook. Academic Publications Before 1940[M]//A Century of Science Publishing：A Collection of Essays. Amsterdam：IOS Press，2001：15-24.

力——在同行评议期刊上发表经过同行评议专家对有效性与权威性的研究成果，这一点直接带来西方国家科技医药类学术期刊以及人文社会科学学术期刊在数量和质量上的增长和提升。① 战后应用科学的大力发展，给西方国家带来工程技术类学术期刊的高速发展。

2.1.2 数字时期(20世纪90年代至今)

20世纪90年代末至今，由计算机、互联网和移动互联网带来"二战"后学术期刊新的发展机会，开启了学术期刊发展史上的数字出版新时代。②

由于政府对科研的经济资助，使得研究人员能够便捷地使用互联网资源，尤其是电子期刊。在此之前，不同学科的科研人员对学术期刊的使用方式大致相同。电子文献资源的出现，使得科研人员之间对文献需求的迥异性浮出水面：物理学家相比其他领域的专家，对非同行评审学术期刊以及论文预印本更加青睐；而生物医药领域的研究者，由于学科快速的发展节奏，对短小的资料片段存在极大需求，哪怕文章尚未发表，甚至还没有形成研究结论，也无伤大雅。③

数字时代，传统学术期刊的纸质本逐渐淡出研究人员的视野，其载体向数字化快速发展。2005年曾有学者预测，当网络技术与网络普及率不断成熟与提高以后，承载科学交流的载体结构将会产生重大调整，即新兴的互联网载体将接替传统的纸质载体的主流地位，转而成为新的主流载体；纸质载体将会退居辅助地位，部分地

---

① Jamie Cameron. Watersheds in Scientific Journal Publishing [M]//A Century of Science Publishing: A Collection of Essays. Amsterdam: IOS Press, 2001: 245-256.

② Jamie Cameron. Watersheds in Scientific Journal Publishing [M]//A Century of Science Publishing: A Collection of Essays. Amsterdam: IOS Press, 2001: 245-256.

③ Jamie Cameron. Watersheds in Scientific Journal Publishing [M]//A Century of Science Publishing: A Collection of Essays. Amsterdam: IOS Press, 2001: 248-249.

承担科学信息的发布功能以及"阅读"功能。① 全球范围内的学术期刊在线获取于 2008 年接近饱和。ALPSP 的学术出版实践报告显示，2008 年 96% 的 STM 和 87% 的艺术、人文和社会科学期刊（AHSS）可以在线访问；2013 年报告显示这组数字几无变化，表明在全球范围内，学术期刊在线出版于 2008 年已接近饱和。② 目前，所有的科技医药类（STM）学术期刊标题已经数字化，绝大部分社科类学术期刊也是如此。③

以数字出版的形态为依据，学术期刊的数字出版经历了 4 个阶段的转型升级：第一阶段是传统出版的数字化转型，第二阶段是提供信息产品和服务，第三次阶段是社会化出版，第四阶段是数据出版（见图 2-1）。④ 下文将国内外数字出版发展经历的四个阶段粗作描绘。

第一阶段，传统出版的数字化转型（1996—2004）。自 20 世纪 90 年代开始，欧美国家开始过刊数字化工程，完成内容数字化 1.0 阶段的工作。这项工作主要内容是建立具有回溯性的期刊数据库，以施普林格为代表的国际学术出版商率先开启数字化转型，利用数字技术进行传播质量的控制与提升。1996—2004 年，施普林格将其 2000 多种学术期刊完成包括过刊在内的数字转化工程；自然出

① 方卿，徐丽芳．科学信息交流研究：载体整合与过程重构［M］．武汉：武汉大学出版社，2005：107.

② Cox，J.，& Cox，L. Scholarly publishing practice：Academic journal publishers' policies and practices in online publishing. Third survey. ALPSP. Retrieved from http://www.alpsp.org/ngen_public/article.asp？id=0&did=0&aid=2446&st=scholarly%20publishing%20practice&oaid=0；Inger，S.，& Gardner，T.（2013）．Scholarly journals publishing practice：Academic journal publishers' policies and practices in online publishing.ALPSP.Retrieved from http://www.alpsp.org/Ebusiness/ProductCatalog/Product.aspx？ID=359.

③ Global publishing：Changes in Submission Trends and the Impact on Scholarly Publishers. Thomson Reuters，2012. http：//scholarone. com/media/pdf/GlobalPublishing_ WP. pdf.

④ 丛挺．技术与商业视角下数字出版发展阶段研究［J］．出版发行研究，2015（9）：34-38.

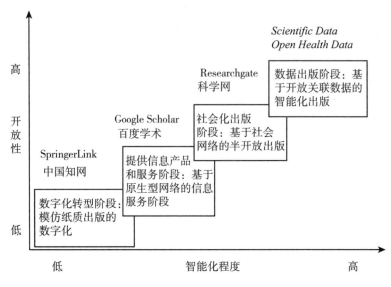

图 2-1　数字出版不同发展阶段演进特征及其代表产品

版集团在 1996 年推出在线期刊平台，提供电子版期刊；中国的中国知网、万方等也于 2000 年前后开始建立中文过刊与现刊数据库。在传统出版数字化转型阶段，出版机构通过数字权利管理技术（Digital Rights Management，DRM）来维系传统出版的盈利方式。

第二阶段，提供信息产品和服务（2004—2009）。以 2004 年谷歌学术（Google Scholar）推出为标志，数字出版进入第二阶段。随着网络传输速度的大幅提高，网站资源随之增加，与此同时，数字阅读也在快速普及。用户的需求从获取信息转变为精准获取内容，搜索引擎技术在技术上为用户的新需求提供了解决方案。搜索技术成为助推数字出版的重要动力。这一阶段的数字出版，学术传播主体从编辑转变为搜索引擎的算法推荐。[①] 为了应对这一阶段的数字出版发展，传统学术期刊越来越多地加入数字出版结构，包括多媒体（multimedia）、补充数据（supplemental data）、交叉引用链接

---

① 丛挺. 技术与商业视角下数字出版发展阶段研究[J]. 出版发行研究，2015(9)：36.

（cross reference linking）、3D 结构（3D structures ）等。

第三阶段，社会化出版（2010—2014）。在移动互联网迅速发展的同时，用户参与行为逐渐深入，交流与分享的要求逐渐趋于重要地位，信息传播的主导权也从编辑、搜索引擎转移到用户及社会网络。爱思唯尔在数字出版的第三阶段迅速出击，于 2013 年 4 月收购 Mendeley，形成集全文数据库（ScienceDirect）、摘要数据库斯高帕斯和文献管理与社交网络平台（Mendeley）于一体的、为科学家的研究全过程提供帮助的数字出版模式。这一阶段的特点，使非正式交流渠道得到迅速拓展，对正式学术交流形式形成重要补充。

第四阶段，数据出版（2015 年至今）。目前，数据出版的主要模式有三种①：一是数据仓储，如美国的 Dryad、德国的 PANGAEA、英国的 FigShare；二是机构库，如 Ecological Archives 机构库专门用于存储发表在由美国生态学会所创办期刊上的科学论文的相关科学数据，康奈尔大学、哈佛大学和普渡大学均拥有专属的数据出版机构库。② 三是数据期刊，包括纯粹的数据期刊与综合性数据期刊。前者的出版对象全部为数据论文，如《科学数据》（*Scientific Data* ）、*Earth System Science Data*、*Open Health Data* 等；后者出版数据论文的同时也出版其他类型的文献，如 *SpringerPlus*，*Biodiversity Data Journal*，*GigaScience* 等。截至 2019 年，全球共创办 168 种数据期刊，其中，162 种处于正常出版状态、102 种数据期刊被 SCI 收录，学科范围涵盖生物学、医学、生态学、环境科学以及地理与地质相关的 85 个学科。在出版周期上，只要作者的数据论文通过同行评审，即可随时在线发表。③

学术期刊在订阅时代经历的 4 次发展过程和数字时代经历的 4

① 何琳，常颖聪.国内外科学数据出版研究进展[J].图书情报工作，2014，58（5）：104-111.

② 何琳，常颖聪.国内外科学数据出版研究进展[J].图书情报工作，2014，58（5）：104-111.

③ 欧阳峥峥，青秀玲，顾立平，等.国际数据期刊出版的案例分析及其特征[J].中国科技期刊研究，2015，26（5）：437-445.

个发展阶段，都是在满足用户需求的基础上，运用技术变革、把握历史机遇，进行严格的质量控制，从而推动学术期刊向更优质的阶段发展。

在学术期刊的发展历史中，既经历了因满足用户需求、进而促进学术期刊大力发展的历史过程，也曾发生过因不能很好地满足用户需求而被抑制发展的阶段。

1920—1945 年，每个物理学家都能够从数量有限的学术期刊中得到他所需要的科学信息，这种学术期刊被称为档案性杂志（archival journals）；时间跨越到 20 世纪 70 年代，学术期刊的数量和容量都增加了，读者的要求与此同时也变得跨学科和综合性强，需要花大量时间从学术期刊上获得所需的信息，档案性杂志对于科研工作者来说越来越不方便，他们的需求不再是期刊本身，而是期刊上文章的拷贝。换言之，随着科学技术的发展、学科的成长变化以及科学文献的增长，学术期刊的功能从对科学信息的传播与传递转变为有效率、有精度的科学信息传播和传递功能。在这种背景下，科研工作者开始考虑建立文章选择性的积累，这是文摘杂志和目录索引诞生的实践基础。按照读者群的兴趣对档案性杂志进行重新分装（repackaging），形成了文摘杂志（user journals）。随着时间的推移，文摘杂志难以有效缓解科研工作者对信息精度的需求与科学文献不断增长之间的矛盾，学术期刊需要更加精细地"重新分装"工作，由此出现了现代学术期刊智能出版的雏形。①

20 世纪 50—70 年代，由于专业学会/协会出版的学术期刊对研究者的成果篇幅过于限制，而商业性学术期刊对此没有特别限制，从而导致科研工作者将论文发表大量迁徙到商业性学术期刊。商业性学术期刊由于在这一点上很好地满足了作者的发表篇幅需求，迅速赢得了作者市场，加上政府对科研事业的大力资助，使得版面费的收取具有极大可行性，商业性学术期刊从原本不甚明朗的

---

① 徐佳宁. 数字环境下科学交流系统重组与功能实现[M]. 北京：光明日报出版社，2010：37-55.

商业模式转而迎来发展的黄金阶段。①

学术期刊的发展证明，当学术期刊能够满足用户需求时，便能获得长足发展；反之，则裹足不前。解决痛点的新的学术交流方式将进入学术交流体系，成为学术交流体系中的有益补充与替代。

2.2 同行评议

2.2.1 同行评议溯源

16 世纪中叶，近代科学的发展将西方国家的科学交流带入新的历史时期。科学家和研究者之间的非正式交流骤增，并逐渐形成专业学会/协会。② 1662 年，伦敦皇家学会（Royal Society of London）诞生；1665 年，伦敦皇家学会会刊《哲学汇刊》创刊。③ 最初，由刊物的主编兼编辑挑选具有交流价值的信息和文稿编排其中。1752 年，《哲学汇刊》采纳了位于爱丁堡的皇家学会（Royal Society）选择文章的机制：将投稿文章送给能够判断其质量高低的专家进行审查，专家将反馈意见转达给编辑，其意见对于文稿能否刊用具有直接利害关系。这一过程被视为学术期刊同行评审的开端。④ 自此，同行评议制度被广泛采纳和应用于学术出版以及科研审批领域。美国是继英国之后第二个采用同行评议制度的国家，也

---

① Jamie Cameron. Watersheds in scientific journal publishing [M]//A Century of Science Publishing：A Collection of Essays. Amsterdam：IOS Press，2001：248-249.

② Alan Cook. Academic Publications before 1940[M]//A Century of Science Publishing：A Collection of Essays. Amsterdam：IOS Press，2001：16.

③ Alan Cook. Academic Publications before 1940[M]//A Century of Science Publishing：A Collection of Essays. Amsterdam：IOS Press，2001：16-17.

④ Ray Spier. The History of the peer-review process[J/OL].［2015-07-22］. doi：10.1016/S0167-7799(02)01985-6. Trends in Biotechnology，2002，20(8)：357-358.

是对同行评议制度应用最为广泛和深入的国家。①

随着投稿文章的日益专业和领域细分，期刊编辑开始从外部寻找评审专家，这个过程在不同的期刊之间发生的时间不尽一致。例如，《科学》和《美国医学会杂志》(*The Journal of the American Medical Association*)一直到 1940 年以后才从外部聘请评审专家。②

以布什报告的发布和预印本网站的诞生为标志，同行评议前后大致经历了个体化、制度化和社会化 3 个发展阶段。③ 在个体化阶段，由小部分早期学术期刊采用的同行评议尚不被科学共同体广泛认可；及至制度化阶段，同行评议被大量采用并得到广泛认可，成为学术文化的一部分；同行评议进入社会化阶段后，即步入创新变革的新时代。

2.2.2 同行评议的功能

同行评议的基本功能是评估研究和论文的质量，在同行评议实践中，至少用于 4 个密切相关的目的：一是检查稳健性，即是否按照适当的标准进行，以便于研究发现和研究结论被视为有效；二是帮助作者提高研究质量；三是评估创意、重要性和更广泛的兴趣；四是评估论文与期刊之间的契合度。④ 其中，第一个目的最为重要：努力确保只有优秀的科学或学术成果才能发表，不符合可接受标准的研究成果不会进入期刊文献，一些巨型期刊如 *Plos One* 仅对稳健性进行审查。

---

① Ray Spier. The History of the peer-review process[J/OL]. [2015-07-22]. doi：10.1016/S0167-7799(02)01985-6. Trends in Biotechnology，2002，20(8)：357-358.

② J. C. Burnham. The evolution of editorial peer review[J]. JAMA，1990 (263)：1323-1329.

③ 张彤，等. 学术期刊同行评议的历史演进[J]. 中国科技期刊研究，2019，30(6)：588.

④ The STM Report An overview of scientific and scholarly publishing 1968—2018[R]. 2018：9.

2.2.3　同行评议的形式

一是单盲评审。这是 STM 领域最常见的同行评议方式，在这些领域，作者的身份会向审稿人透露，但审稿人的身份是匿名的。

二是双盲评审。作者和同行评议专家的名字都被隐藏。双盲同行评议更多用于人文社会科学领域，但作者身份的线索可能很难隐藏。

三是开放评议。公开作者和同行评议专家的姓名，如 eLife 和 Frontiers 出版的期刊。调查表明，学术界对开放同行评议的看法参差不齐，最新的 Publons 调查表明，透露他们的身份将使 42% 的潜在同行评议专家拒绝接受同行评议任务。[1]

四是发表后同行评议。这是开放科学引发的新型同行评议形式，即从先审查后发布到先发布后审查的根本性转变。发表后同行评议推行的问题在于吸引评论的论文数量较少，忙碌的研究人员几乎没有参与的动机。[2]

传统的同行评议因其经过长期发展，积累了一定的弊端[3]，改良后的同行评议制度丰富了学术期刊质量控制的形式，使评议变得更加开放、透明和互动，涌现了一批第三方审稿平台、新的审稿制度，如戴维·开普勒(David Kaplan)等人提出同行评议前置的创新审稿制度。即作者投稿时，附上有同行评议专家签名和具体审稿意见的材料，作为投稿整体，编辑据此而决定是否录用稿件，从而一举解决审稿周期长、编辑部审稿负担重、审稿专家敷衍塞责等问题。

2.2.4　同行评议的工作回报

同行评议工作传统上被视为研究人员的专业义务的一个组成部

---

[1]　Publons. Global State of Peer Review. Retrieved from https://publons. com/community/gspr.

[2]　Rob Johnson, Anthony Watkinson, Michael Mabe. The STM Report: An Overview of Scientific and Scholarly Publishing 1968-2018[R]. 2018: 50-53.

[3]　Jefferson T., Wager E., Davidoff F. Measuring the Quality of Editorial Peer Review[J]. Journal of American Medical Association, 2002(287): 2786-2790.

分，也有人称其为对科学的志愿贡献①，其回报在从未支付费用和极微小费用之间。因此，对同行评议工作给予应有的回报引起广泛共鸣。任胜利认为，要鼓励中国科学家积极参与期刊的编委和审稿工作，并认可他们在这方面的科学贡献。②学术期刊同行在这方面通行的做法是：采取期刊列表的年度声明形式向当年度同行评议专家致谢。Publons、爱思唯尔等国际出版机构也有一些新的尝试与表彰机制的变革。③

2.3　开放获取期刊、巨型期刊与掠夺性期刊

2.3.1　开放获取期刊的质量控制

开放获取期刊因出版周期短而获得研究者的青睐，但由于部分开放获取期刊过于简化出版流程而导致质量问题。大量相关研究表明，开放获取期刊"内容质量良莠不齐"④；存在缺乏质量控制、体例规范不统一、知识产权纠纷案件不断等问题⑤。2014年，有多起开放获取期刊质量丑闻先后被曝光。哈佛大学的科学记者约翰·博安农（John Bohannon）用 SCIgen 软件生成一篇有明显错误的学术论文⑥，并提交给 340 个开放获取期刊，结果有 157 家接受出版。《自然》出版集团对一些经过同行评议的学术会议论文集

————————

①　张月红．eLife 引发"同行评审"革命？［EB/OL］．［2022-11-24］．https：//mp. weixin. qq. com/s/pE4fxsVNjxvqCGrH1KiANQ.

②　任胜利．培育世界一流科技期刊背景下我国学术期刊国际竞争力的提升［J］．科学通报，2019，64（33）：3393-3398.

③　Rob Johnson，Anthony Watkinson，Michael Mabe. The STM Report：An Overview of Scientific and Scholarly Publishing 1968-2018［R］. 2018：56.

④　邱均平，陶雯．国内外开放存取期刊质量研究现状探析［J］．情报杂志，2009（2）：155-159.

⑤　王丰年．论我国数字学术期刊的评价［J］．出版发行研究，2015（7）：61-63.

⑥　SCIgen 软件是一个计算机程序，能够自动生成无意义的科学研究论文，且包含图片、表格、流程图和参考文献等。

进行质量抽查时发现,122 篇造假论文被出版,这些存在质量问题的开放获取期刊甚至有不少来自学术出版巨头。[①]

开放获取期刊的质量问题不可一概而论,优秀者因保留了传统学术期刊的出版流程并拓展了新的审稿方式,因此而创办了一批高质量的开放获取期刊。如公共科学图书馆(Public Library of Science, PLoS)系列 7 种期刊,均被 ISI 收录;英国医学委员会(British Medical Council, BMC)开放获取期刊被多种国际检索机构收录,被 ISI 收录的学术期刊共 70 多种。

引起开放获取期刊质量问题的原因,已有研究呈现的结论趋同:由于弱化了传统学术期刊严谨的出版流程,一些未经同行评审和编辑加工的开放获取期刊大行其道,对开放获取期刊的质量问题带来负面影响。[②]为促进和提高开放获取期刊的质量,其有效途径是进行质量控制。

一是通过同行评审机制进行质量控制。为了保证开放获取期刊的质量,大多数开放获取期刊通过同行评议机制来实施严格的质量控制。例如,开放获取期刊目录(DOAJ)将是否经过同行评议作为收录开放获取期刊的标准。开放获取期刊的同行评议机制,又可以分为对传统同行评议的继承与对同行评议的创新。前者如《公共科学图书馆生物学期刊》(*PLoS Biology*)、《系统化学杂志》(*Journal of Systems Chemistry*),其审稿工作都是对传统同行评议机制的继承,十分严谨;后者如《公共科学图书馆·综合》(*PLoS ONE*)和英国医学委员会系列期刊,是在传统同行评议机制下,结合互联网的开放、互动特性进行拓展与创新,如轻触同行评议(Light-Touch Peer Review)、开放同行评议(Open Peer Review)、互动同行评议(Interactive Peer Review)等。[③]

---

① 任翔. 学术出版的开放变局:2014 年欧美开放获取发展评述[J]. 科技与出版,2015(2):18-25.

② 徐丽芳,方卿. 基于出版流程的开放存取期刊学术质量控制[J]. 出版科学,2011(6):78-81;冯蓓. 开放存取期刊质量控制研究[D]. 武汉:武汉大学,2010:1.

③ 徐丽芳,方卿. 基于出版流程的开放存取期刊学术质量控制[J]. 出版科学,2011(6):78-81.

　　二是通过减免版面费来保障"唯质量第一"的用稿标准。完全开放获取期刊的主要盈利模式是通过向作者收取版面费维持刊物的发展，公共科学图书馆系列期刊的版面费，《公共科学图书馆·综合》最低，需要1350美元，最高是《公共科学图书馆生物学期刊》，需要2900美元；英国医学委员会的版面费在1595—1805美元；英国医学委员会出版集团的"Unlocked Program"期刊的版面费达到3145美元之多；版面费达到3000美元的出版机构除国际4大商业学术出版集团所属期刊外，还有美国化学学会、欧洲分子生物学组织、牛津大学出版社、塞奇、英国皇家化学学会部分期刊。① 如此高昂的版面费，对于低收入国家和缺少经费资助的研究者来说，是一个不小的经济负担。为了在版面费和期刊质量之间取得平衡，公共科学图书馆、英国医学委员会、牛津大学出版社等，均表示论文质量不是由出版费用决定，而是决定论文能否刊发的关键因素；对于支付出版费有困难的作者，可以通过多种途径与出版政策来获取减免的机会。

　　三是基于流程管理和要素管理的双重质量控制。相关研究认为，除了要加强对出版流程的质量控制外，还要关注要素管理，并认为包括稿件、作者、编辑、评审人、读者、技术6大因素在内的要素控制比流程控制更有效。② 读者因素对于开放获取期刊的质量控制意义重大。读者通过点击、下载、转载、评论、内容补充等信息选择行为参与开放获取期刊的出版与评价活动，一改传统出版模式下被动的信息接受者地位，转化为信息传播者的角色。因此，开放获取期刊要树立核心读者概念，扩大核心读者规模。这一点对于数字环境下传统学术期刊同样适用。

　　综上，关于开放获取期刊质量控制的研究，研究人员关注的核心问题是学术质量控制。在控制路径上，主要的路径有两条，一是继承与创新同行评议机制，二是通过出版流程和要素来控制期刊质量。

---

　　① 李武. 开放存取的两种实现途径：OA期刊和OA知识库[M]. 上海：上海交通大学出版社，2012：65-68.
　　② 冯蓓. 开放存取期刊质量控制研究[D]. 武汉：武汉大学，2010：3.

2.3.2 巨型期刊

开放存取出版导致一种新型期刊的出现，即所谓的巨型期刊。巨型期刊有 3 个特点：一是完全开放存取，出版费用相对较低；二是快速同行评议；三是广泛的学科范围。[①] 2006 年，美国公共科学图书馆推出第一本巨型期刊 *PLoS One*。由于 *PLoS One* 取得显著成功，许多大型出版商推出类似期刊，其中包括美国物理学会旗下的 AIP Advances、英国医学杂志出版集团（BMJ）旗下的 BMJ Open、塞奇出版社（Sage Publications）旗下的 Sage Open、施普林格·自然集团（Springer Nature）旗下的《科学报告》（*Scientific Reports*）等。2017年，《科学报告》取代 *PLoS One* 成为巨型期刊的新兴代表。2020年，《科学报告》位列全球引用量最高的期刊第 6 位，引用超过 54万次。JCR 综合学科排名（2020）位于 Q1 区，2 年影响因子（2020）为 4.379，5 年影响因子（2020）为 5.133，影响因子排名高于全球85%的（已获得影响因子的）期刊。[②]

2.3.3 掠夺性期刊

近年来，科学社区最大的担忧来自掠夺性期刊及其数量的增长。2014 年，掠夺性期刊的数量大约有 8000 种，收入约 7500 万美元；截至 2018 年 8 月，这个数字被证实至少有 9179 种。[③]

对掠夺性期刊文章来源的地理分析表明，它们主要来自亚洲和非洲的发展中国家，如尼日利亚[④]、阿拉伯[⑤]，尽管这些作者声称

① Rob Johnson, Anthony Watkinson, Michael Mabe. The STM Report：An Overview of Scientific and Scholarly Publishing 1968-2018[R]. 2018：8.

② 龙道子.“巨型期刊”是什么？[EB/OL].[2022-11-24]. http://www.360doc.com/content/22/0825/09/75386022_1045206477.shtml.

③ Rob Johnson, Anthony Watkinson, Michael Mabe. The STM Report：An Overview of Scientific and Scholarly Publishing 1968-2018[R]. 2018：8.

④ Tella, A. Nigerian Academics Patronizing Predatory Journals Implications for Scholarly Communication[J]. Journal of Scholarly Publishing, 2020, 51 (3)：182-196.

⑤ Shehata, AMK and Elgllab, MFM. Where Arab Social Science and Humanities Scholars Choose to Publish：Falling in the Predatory Journals Trap[J]. Learned Publishing, 2018, 31 (3)：222-229.

自己在美国或英国。①

　　将文章主动或被诱导至发表在掠夺性期刊上，其动机可分为以下 5 种：发文更容易、更快；知名期刊发文难度过高；缺乏信息素养和辨别能力；社会身份威胁，声誉良好的西方期刊可能会对发展中国家作者产生偏见，在发展中国家的期刊上发表文章会让他们感到更自在；"发表或灭亡"（"publish or perish"）的危机使然。②

　　面对掠夺性期刊欺诈性质的黑市兴起，科学社区普遍对其保持警惕，采用的治理方式为黑名单、预警名单，发展中国家大多数大学开设了欺骗性期刊黑名单。③ 尽管黑名单是一种看似有效的制裁手段，但是背后存在法律隐患，因此一些黑名单项目因为涉及法律纠纷不得不短期出现后很快终止。④ 此外，黑名单的制裁对象存在仅针对学生而忽略教师群体的疏漏。⑤

————————

　　① Kurt, S. Why do Authors Publish in Predatory Journals？［J］. Learned Publishing, 2018, 31（2）：141-147.

　　② Kurt, S. Why do Authors Publish in Predatory Journals？［J］. Learned Publishing, 2018, 31（2）：141-147；Shehata, AMK and Elgllab, MFM. Where Arab Social Science and Humanities Scholars Choose to Publish：Falling in the Predatory Journals Trap［J］. Learned Publishing, 2018, 31（3）：222-229；Tella, A. Nigerian Academics Patronizing Predatory Journals Implications for Scholarly Communication［J］. Journal of Scholarly Publishing, 2020, 51（3）：182-196.

　　③ Matumba, L；Maulidi, F；(.)；Kaunda, E. Blacklisting or Whitelisting？Deterring Faculty in Developing Countries from Publishing in Substandard Journals ［J］. Journal of Scholarly Publishing, 2019, 50（2）：83-95.

　　④ Cyranoski, D.（2018）"China Introduces Sweeping Reforms to Crack down on Academic Misconduct."News. Nature. https：//doi. org/10. 1038/d41586-018-05359-8；Manley, S. Predatory Journals on Trial：ALLEGATIONS, RESPONSES, AND LESSONS FOR SCHOLARLY PUBLISHING FROM FTC V. OMICS［J］. Journal of Scholarly Publishing, 2019, 50（3）：183-200.

　　⑤ McQuarrie, FAE；Kondra, AZ and Lamertz, K. Do Tenure and Promotion Policies Discourage Publications in Predatory Journals？［J］. Journal of Scholarly Publishing, 2020, 51（3）：165-181.

2.4 技术变革下的学术出版变革与创新

2.4.1 语义出版

2009 年，牛津大学动物学系图像生物信息学研究小组大卫·香顿（David Shotton）首次较系统地提出了语义出版（Semantic Publishing）的概念。语义出版一经提出，不仅受到学术上的广泛关注，还受到许多知名学术出版机构和信息服务商的关注，如英国皇家学会实施了 Prospect 项目，爱思唯尔开展了 Article of the Future 和 Pensoft 项目，Plos 实施了 Semantic Enrichment 计划。[①] 语义出版是解决现有网络出版缺陷的有效方法，出版商利用语义技术可以为读者提供期望的信息质量和深度，是学术出版的未来发展之路。

2.4.2 网络首发

网络首发是一种以确保学术成果的首发权和快速传播为目标的新型出版方式。[②] 网络首发指先将论文网络出版，按出版网址和发布时间确认论文首发权，之后将论文全部在期刊印刷前出版的出版方式。网络首发需要依靠具有首发功能的软件系统来实现，系统通过智能标引技术对稿件内容进行结构化处理，并利用动态排版技术完成经结构化处理后的内容在各种终端上发布。以《中国农村水利水电》期刊 2021 年刊发的 184 篇论文为研究对象，对同步传播与延迟传播的效果进行量化分析，研究结果表明：网络首发可有效提高期刊下载量与被引量，对期刊传播效果具有提升作用，采用延迟传播策略（时滞为 6 个月）文献可在 1 年内保持较高的被检索概率，

---

① 中国科学技术协会. 中国科技期刊发展蓝皮书 2018[M]. 北京：科学出版社，2018：12.

② 中国科协. 中国科技期刊发展蓝皮书 2019[M]. 北京：中国科学出版社，2019：120.

传播效果最优。①

2.4.3 融合出版

技术与出版模式的融合不仅促进了出版模式的不断发展，还改变了用户获取期刊信息的方式，增强了用户获取期刊信息的能力，推动了期刊出版的繁荣。

"融合出版"（Convergence Publishing）概念源于传播学领域的媒介融合（Media Convergence）。② 作为一种还处于变化与发展中的新事物，目前尚无对"媒介融合"的统一界定。已有研究对其概念的界定，可以归纳为四个层面：第一层面是基于技术层面的融合，即各种媒介间的融合；第二层面是基于媒介产业层面的融合；第三层面是基于媒介形态、管理和监管部门的融合；第四层面最为宏观，是传媒、电信、IT、电子产业间的不同产业融合，被称为"大媒体"。③"媒介融合"被引入出版领域时，采用的是第一层面的含义。

融合出版的发展与语义技术、文本和数据挖掘技术以及大数据技术的进步密不可分。随着信息技术与出版融合程度进一步加深，以爱思唯尔、斯普林格等为代表的国际学术出版机构充分利用互联网和多种传播渠道实现转型升级，包括采用优先出版、增强出版、数据出版、按需出版、可视化出版和社交媒体，善于利用 XML 等技术对数据资源进行深度加工和结构化处理，持续加强学术期刊平台建设④，实现转型升级，进入高速发展的快车道。

---

① 卫晓婧．科技期刊传播力提升研究：以《中国农村水利水电》网络首发为例[J]．出版科学，2022，30(5)：75.

② 蔡雯，王学文．角度 视野 轨迹：试析有关"媒介融合"的研究[J]．国际新闻界，2009(11)：87-92；张聪．大牌期刊路在何方：国际著名期刊的融合发展战略[M]．北京：清华大学出版社，2016：1；蔡雯．"专家型"记者和"融合型"编辑：浅谈美国新闻人才培养模式的变化[J]．今传媒，2005(10)：2-3.

③ 蔡雯，王学文．角度 视野 轨迹：试析有关"媒介融合"的研究[J]．国际新闻界，2009(11)：87-92.

④ 中国科学技术协会．中国科技期刊发展蓝皮书 2018[M]．北京：科学出版社，2018：79-80.

党的十八大以来，以习近平同志为核心的党中央高度重视传统媒体和新兴媒体融合发展，习近平总书记在不同场合强调要利用新技术、新应用创新媒体传播方式。我国学术期刊在融合出版实践上不断转变观念①、摸索前进，在第三方平台如中国知网等大型数字全文数据库的助力下，取得了一些进展，但进展缓慢，与真正意义上的融合出版尚存在一定差距，整体表现处于初级阶段。②

以 2019 年 6 月科睿唯安发布的 SCI 收录的 213 种中国大陆期刊为研究对象，在 213 种 SCI 收录期刊中，仅有 124 种(58.22%)开通了微信公众平台且开通的微信公众号平台还存在一些运营及管理问题：①开通率处于低位，基本功能建设有待完善；②缺乏专业的运营团队，运营效果一般；③内容同质化依然严重。③

再以 XML/HTML 出版为例，作为科技期刊实现内容延伸、知识关联和知识重组的必要途径，XML/HTML 出版能够满足读者的碎片化阅读需求，有助于显著提高文章的显示度和传播力。研究人员以第三届百强中文科技期刊为样本(有效样本数为 70 种)调研发现，只有 17 种百强中文期刊网站推出了 HTML 全文阅读，仅占总样本数的 24%。④ 小程序和短视频是我国学术期刊融合出版的特色所在。⑤

尽管办刊一线人员均意识到开展融合出版工作十分有必要，但相关调研揭示了其中受阻的一些隐情。一份开展于 2018 年有效样本量为 943 的科技期刊融合出版调查问卷结果显示，专业技术人才

① 朱琳，张晓宇，刘静，等. 中国科学院科技期刊融合出版现状调研与分析[J]. 中国科技期刊研究，2019，30(6)：606-612.

② 朱琳，张晓宇，刘静，等. 中国科学院科技期刊融合出版现状调研与分析[J]. 中国科技期刊研究，2019，30(6)：606-612.

③ 杜焱，蒋伟，季淑娟，等. 中国高水平科技期刊微信公众号运营现状及提升策略[J]. 编辑学报，2020，32(2)：205-209.

④ 周小玲，侯春梅，黄爱华，等. 我国百强中文科技期刊 XML/HTML 出版现状调研与分析[J]. 中国科技期刊研究，2019，30(1)：40-45.

⑤ 中国科学技术协会. 中国科技期刊发展蓝皮书 2018[M]. 北京：科学出版社，2018：168-169.

稀缺、资金资助匮乏和体制机制制约是我国科技期刊融合出版的三大主要制约因素。① 另一份调查包括焦点小组访谈和一对一面谈，涉及 17 位较有影响力期刊（CSSCI 来源期刊、中文核心期刊）把关人（含总编、主编、副主编、编辑室主任、资深编辑），其开展的题为"学术期刊如何参与互联网时代的知识生产"和"您所在期刊采取了什么样的学术期刊传播模式"，结果显示：受当前我国学术期刊评价机制的影响。当下中国占主流的学术期刊评价体系中仅考虑在知网上的下载和被引数据；换言之，花更多力气采纳更多样的互联网技术，并不能明显提升期刊在学术评价体系中的排名，因而各刊普遍缺乏创新动力，或干脆暂时拒绝采纳，力图在人力物力有限的情况下首先确保期刊评价的好成绩。② 这一点从本书的 4.4.3 节关于 CSSCI（2021—2022）585 种来源期刊新媒体建设调研结果可以得到验证。

2.4.4　区块链

区块链技术起源于 2008 年化名为"中本聪"的学者在密码学评论组发表的论文《比特币：一种点对点电子现金系统》。区块链最初是指一种去中心化的数据库，代表着一种数据结构，因为其具备去中心化、开放性、可追踪性、不可篡改性和匿名性等特点被广泛应用于数字货币中。③

平台的激增和开放信息的丰富带来一个关键问题——对信任的需求。区块链为帮助解决信任问题带来了希望，但截至目前，人们对区块链的观望基于以下两点：一是区块链能否以足够的健壮和快速的速度解决信任问题，并确保其真实性；二是区块链技术要想获

---

① 中国科学技术协会. 中国科技期刊发展蓝皮书 2018[M]. 北京：科学出版社，2018：97.

② 郝丹. 学术期刊传播模式的变迁与重构[M]. 北京：中国社会科学科学出版社，2022：32-47.

③ 中国科协. 中国科技期刊发展蓝皮书 2019[M]. 北京：中国科学出版社，2019：121.

得学术期刊领域的投资，需要先在其他领域建立成功的样板。① 区块链虽然被广泛讨论，但尚未在实践中证明其有用性。目前，我国区块链技术在出版行业的应用主要体现在知识产权保护方面。

2.4.5 开放科学

从 e-science 到 science2.0 再到开放科学，新的科学研究和交流模式在提高科研水平、实现科研效益最大化、加快知识水平进步和传播的同时，也给学术期刊的发展带来了一些变革，集中体现于开放科学领域。国际科技出版趋势 2026(STM Trends 2026)预测，未来 3～5 年学术交流的主题将是"大规模开放之美(The Beauty of OPEN at SCALE)"，即学术交流中的开放访问将急剧上升，并对学术交流的生态系统产生重大影响。②

开放科学与开放获取的主要区别存在于两个维度：一是标准，二是内涵。开放科学运动通过一系列学术出版的标准与规范来保障开放内容的真正融通、共享。其中，较有代表性的有以 DOAJ 为代表的开放存储的行业标准规范和以 FAIR 数据原则为代表的科学数据开放共享的行业标准规范可发现[(findable)、可访问(accessible)、可互操作(interoperable)、可重用(reusable)]。开放科学比开放获取更广泛，因为开放科学关注整个研究周期的开放性，而不仅仅是研究结束时产生的出版物开放获取。它包括：①开放获取学术出版物；②开放数据，研究人员需培养的数据能力即达到数据管理 FAIR 原则(可查找、可访问、互操作和可重用)；③研究成果评价；④公众科学，由研究人员和更广泛的共同体协同推动；⑤科研诚信尤其是同行评议过程中的科研诚信。③

---

① Rob Johnson, Anthony Watkinson, Michael Mabe. The STM Report: An overview of scientific and scholarly publishing 1968-2018[R]. 2018：165.

② STM. STM Trends 2026 [EB/OL]. [2022-11-13]. https：//www.stm-assoc. org/standards-technology/stm-trends-26/.

③ Rob Johnson, Anthony Watkinson, Michael Mabe. The STM Report: An Overview of Scientific and Scholarly Publishing 1968-2018[R]. 2018：148.

2.5 编辑工作困境

2.5.1 "编辑"溯源

"编辑"一词既可做动词也可做名词。做动词指的是编辑工作或编辑活动；做名词指的是从事编辑工作的人，是一种专门职业，也是这一职业的专业技术职务名称。现代编辑工作的前身是文字档案整理工作，是从殷商时期主管占卜祭祀、记言记事、保管和整理政事档案的史官工作延伸发展而来的。殷商时代已有"编"字，它指的是串联龟册的皮筋或丝绳，引申义为"编次"。"辑"古通"缉"，泛指车子，引申义为聚集、收集。① "编缉"一词是从南北朝时期开始使用的。② 自唐高宗和武后时期以后，"编缉"逐渐为"编辑"所取代。唐代因为雕版印刷术的出现，成规模的图书生产成为可能。随着印刷技术越来越先进，对印刷业的要求也越来越高，于是产生了专门整理加工手稿编印成书的专业，现代意义上的编辑逐渐形成，编辑也就成为一种固定的职业。近代，编辑既指专门职业，也明确表示新闻出版工作的一个基本环节。本书根据上下文语境，编辑一词取"从事编辑工作的人"之意时，用编辑、编辑人员称谓；取"编辑工作"之意时，用"编辑工作"一词表述，以示区分。

2.5.2 数字环境下编辑工作内涵的变化

国内外的理论研究和资深行业从业人员对编辑工作的价值认同高度一致：编辑活动等无形成本远高于生产、销售和分销等有形成

---

① 吴平，钱荣贵. 中国编辑思想史（上）[M]. 北京：学习出版社，2014：6-7.
② 林穗芳. "编辑"词义从古到今的演变（上）[J]. 编辑学刊，2001（2）：13-18.

本，是文章成本的关键驱动因素，正是这些编辑活动产生了最大价值。① 近年来，期刊出版人需要做比以前多几倍的工作，不仅要迎头赶上数字创新的步伐，还要承担出版研究成果中科学求证的双重压力，职业风险日趋加大。②

2.5.3 工作要求不断提升与缺乏合理认可引发编辑职业疲劳

由北京师范大学出版研究院主持开展的样本量 2489 份的《出版人职业生存现状调查样本报告（2017—2018）》显示：98.4%的出版人认为当前的薪酬不合理，51%的出版人表示薪酬福利低带来较大工作压力，46%的出版人因不满意薪酬待遇而想跳槽。③ 中国科学院大学于 2019 年开展的"中文科技期刊困境与发展思考及对策建议"样本量为 2734 的调查显示，29.75%的中文科技期刊从业者表示"满意"或"基本满意"，29.11%的人表示"不满意"，整体满意度较低。④

"有怎样的编辑，就有怎样的期刊"是对编辑主体性的生动描绘。⑤ 编辑是学术期刊出版流程的执行者，也是编校工作的主要承担者。学术期刊编辑要胜任前者的工作，需要具备策划意识、现代化的传播意识、稿件管理、审稿专家管理等信息的组织与管理等综合能力，以保障和提升学术期刊出版流程中的质量控制；要胜任后者的工作，除要具备基本的编辑职业素养如思想道德修养、文化知识修养以及编校业务能力外，同时要具备和掌握一定的情报意识、

① PRC （2018a） Economics of Academic Publishing （CEPA）；Rob Johnson, Anthony Watkinson, Michael Mabe. The STM Report：An Overview of Scientific and Scholarly Publishing 1968-2018［R］. 2018：74.

② Pippa Smart. The Past, Present and Future of Publishing：Observations to Celebrate ALPSP's 50th Year［J］. Learned Publishing, 2022, 35：432-440.

③ 程晶晶，赵玉山. 出版业薪酬福利现状与影响因素调查分析［J］. 现代出版，2021（2）：89-97.

④ 刘天星，武文，任胜利，等. 中文科技期刊的现状与困境：问卷调查分析的启示［J］. 中国科学院院刊，2019, 34（6）：667-676.

⑤ 徐柏容. 期刊编辑学概论［M］. 沈阳：辽海出版社，2005：69-70.

逻辑学知识和成为编辑学家的志向与胸怀。① 一名优秀的学术期刊编辑，本身就是专业技术过硬、专业知识与出版技术更新及时、管理工作扎实的综合性人才。学术期刊编辑工作的高负荷、团队性、隐性特征、不断提高的工作要求与编辑工作付出不相称以及在道德选择与评价上的利他性②，同当前编辑工作评价机制的不健全等因素之间的矛盾，容易引发编辑群体大面积的职业倦怠与心理疲劳，③ 甚至陷入职业发展困境。④

① 曾彦修. 编辑的思想道德修养［M］//编辑工作二十讲. 北京：人民出版社，1986：21-36.

② 徐前进，彭国庆. 编辑"替人作嫁"精神探析［J］. 武汉科技大学学报（社会科学版），2000（3）：84-86.

③ 沈园园，仇瑶琴，袁长蓉. 上海市部分高校学报编辑职业倦怠与睡眠质量的相关性［J］. 中华医学图书情报杂志，2013，22(4)：75-78.

④ Zhiwu Xu, Dandan Yang, and Bing Chen. Career Difficulties That Chinese Academic Journal Editors Face and Their Causes［J］. Journal of Scholarly Publishing，2021(7)：212-232.

3 我国学术期刊高质量发展的生态环境

影响学术期刊运转的因素称为"环境"，学术期刊与环境共同作用形成类似于生态系统的生物圈。① 其中，政策环境、科研及诚信环境、评价环境直接构成学术期刊生态系统的外部生态因子，学术期刊及其办刊主体则是内部生态因子。学术期刊生态系统中的外部生态因子对学术期刊的发展有着至关重要的影响。随着外部生态因子的快速变化和学术期刊对外部环境的依赖，外部生态因子对学术期刊发展方向的主导和影响越来越明显。本章讨论学术期刊生态系统中的外部生态因子。

3.1 政策环境

政策环境是指能够对社会公共事务或某一行业领域起到制约或促进作用的因素综合，我国学术期刊发展受政策环境的影响和导向作用显著。

学术期刊高速发展得益于一系列政策的颁布施行。改革开放40 年间，是我国学术期刊高速发展的 40 年。1978 年制定颁发《关于办好高等学校哲学社会科学学报的意见》，指出"学报要在学校

---

① 蒋学东. 学术期刊生态系统构建与治理［M］. 北京：经济科学出版社，2022：11-13.

党委直接领导下，设立编辑部""学报编辑部一般应相当于系一级或校(院)研究所一级的学术机构""积极创造条件，按文、史、哲、经、教等专业配备一定数量的专职编辑以及必要的行政人员"，该意见发布，奠定了"一校一学报"的出版模式。[①] 10 年后，全国大学学报总数超过 1000 种，数量比 1978 年翻了一倍，占全国期刊总数的 1/6。[②]

我国学术期刊高质量发展转型以政策发布为转折点。经过一段时期的深化改革和持续发展，自 21 世纪以来，我国先后实施了教育部高校哲学社会科学"名刊""名栏"工程、国家自然科学基金重点学术期刊专项基金项目，我国学术期刊进入高质量发展的转型期。自 2018 年以来，国家层面和省一级较为密集地推出了培育世界一流科技期刊、推动学术期刊繁荣发展的政策文件，尤以中国科协、湖南省、广东省、陕西省和湖北省为先行者。其中，又以科技期刊政策的颁布和施行为绝对先锋。

3.1.1 宏观发展政策

国家层面的政策导向，有力助推了省级出版工作的部署。

(1)国家层面

本节集中以 2018 年以来一流期刊建设为核心的国家政策为分析对象，简要梳理重要政策的发布情况及主要精神。

①《关于深化改革培育世界一流科技期刊的意见》。2018 年 11 月 14 日召开的中央全面深化改革委员会第五次会议审议通过了《关于深化改革培育世界一流科技期刊的意见》，会议提出"要以建设世界一流科技期刊为目标，科学编制重点建设期刊目录，做精做强一批基础和传统优势领域期刊"。

---

① 姬建敏. 改革开放 40 年高校哲学社科学术期刊的分期、特征与经验[J]. 河南大学学报(社会科学版)，2018(6)：140-149.
② 宋应离. 中国大学学报简史[M]. 郑州：中州古籍出版社，1988：302.

②《关于深化改革 培育世界一流科技期刊的意见》。2019 年 8 月 5 日，中国科协、中宣部、教育部、科技部联合印发《关于深化改革 培育世界一流科技期刊的意见》，这是贯彻落实中央全面深化改革委员会第五次会议精神、推动我国科技期刊改革发展的纲领性文件，体现了国家意志。

③《关于推动学术期刊繁荣发展的意见》。2021 年 6 月 25 日，中宣部、教育部、科技部联合印发《关于推动学术期刊繁荣发展的意见》。该意见在加强出版能力建设、优化布局结构、加快融合发展、提升国际传播能力、完善学术期刊相关评价体系、加强人才队伍建设等方面提出了一系列扶持意见和措施。该意见还指出，加强学术期刊建设，对于提升国家科技竞争力和文化软实力，构筑中国精神、中国价值、中国力量具有重要作用。

（2）省级层面

①《湖南省培育世界一流湘版科技期刊建设工程实施方案(试行)》。2020 年 10 月，湖南省委宣传部和湖南省科技厅联合印发了《湖南省培育世界一流湘版科技期刊建设工程实施方案(试行)》。该方案中所涉及的工程是全国首个省级层面实施的支持科技期刊建设工程。2021 年 10 月，湖南省培育世界一流湘版科技期刊建设工程(2021—2022)项目立项 25 项，包括梯队期刊项目、高起点新刊项目、期刊集群项目(实施周期为 5 年)和科技期刊杰出中青年人才项目(实施周期为 3 年)。①

②《2020—2021 年度广东省高水平科技期刊建设项目指南》。2021 年 9 月，广东省委宣传部与广东省科技厅联合发布《2020—2021 年度广东省高水平科技期刊建设项目指南》，经省内期刊申报、专家评审，最终确定资助 24 项，其中"高水平英文科技期刊创办"项目 4 项、"高质量科技期刊建设"项目 19 项、"卓越科技期

---

① 余蓉. 湖南省培育世界一流湘版科技期刊建设工程项目立项 25 项[EB/OL]. [2022-10-04]. https：//baijiahao. baidu. com/s? id = 171350464 6703744890&wfr＝spider&for＝pc.

刊人才培训"项目1项，扶持资金达4200万元。①

③《关于推进陕西省学术期刊深化改革高质量发展的意见》。2021年1月，陕西省科学技术协会、陕西省委宣传部、陕西省教育厅、陕西省科技厅联合发布《关于推进陕西省学术期刊深化改革高质量发展的意见》，并在此意见指导下，重点实施"三秦卓越科技期刊发展计划"。2022年，陕西省共遴选出三秦卓越科技期刊23种，其中领军期刊3种、重点期刊5种、梯队期刊15种。②

④湖北省科技期刊楚天卓越行动计划。2022年5月，湖北省科学技术协会为深入贯彻中央全面深化改革委员会第五次会议精神，落实中国科协、中宣部、教育部和科技部联合印发的《关于深化改革培育世界一流科技期刊的意见》，推出湖北省科技期刊楚天卓越行动计划，该计划择优资助21种高水平科技期刊和1个科技期刊论文在线开放平台，总资助经费为100万元/年，资助周期为5年。③

3.1.2　产业政策

学术期刊资助政策是政府对文化出版事业和产业的基于财政资金资助的综合扶持政策，其制定和实施具有导向功能和协调功能。④自20世纪90年代开始，为促进我国学术期刊从高速发展向高质量发展转型，我国政府陆续制定实施各类学术期刊资助政策。目前在世界范围内，一些非英语国家如日本和韩国，期刊出版业尚

---

① 科学技术研究院. 华南理工大学4本期刊获批广东省高水平科技期刊建设项目［EB/OL］.［2022-10-03］. http：//news. scut. edu. cn/2021/1230/c41a45143/page. htm.

② 朱萍萍. 西安交大三种期刊入选首届三秦卓越科技期刊发展计划［EB/OL］.［2022-10-03］. http：//news. xjtu. edu. cn/info/1219/183521. htm.

③ 省科协学会部. 关于湖北省科技期刊楚天卓越行动计划项目评审结果的公示［EB/OL］.［2022-10-03］. http：//www. hbkx. org. cn/news/info？newsid＝36e13dc074c54f4b9178fdf08ba3a5d4.

④ 胡小洋. 国内学术期刊资助政策实施效果评价研究［D］. 武汉：武汉大学，2019：37.

在发展中的英语国家如加拿大则有较为系统的国家层面的学术期刊资助计划、杂志扶持基金。下面从被资助期刊的类别(分科技期刊和社科期刊两大类)开展国家层面上我国学术期刊重要资助体系的梳理。

(1)科技期刊资助

20世纪90年代以来,我国先后开展的科技期刊资助政策包括:国家自然科学基金重点学术期刊专项基金项目;中国科协中文精品科技期刊建设计划项目;中国科技期刊影响力提升计划;中国科技期刊登峰行动计划;中国科技期刊卓越行动计划。

①国家自然科学基金重点学术期刊专项基金项目。该项目资助方系国家自然科学基金委,由国家自然科学基金委员会于1999年设立,经费从自然科学基金年度总预算中安排。重点学术期刊专项基金资助额不分等级,根据获得资助的学术期刊的刊期决定资助额度,连续资助2年。首批对月刊、双月刊、季刊分别资助12万元、10万元、8万元;到2008年,对月刊、双月刊、季刊的资助额度分别达到24万元、20万元、16万元。该项目分别于2000年、2002年、2004年、2006年、2008年、2010年、2012年共资助7轮218种学术期刊(含被多轮资助),资助经费共计4868万元。资助范围限于已被SCI、SCI-E或在《中国科技期刊引证报告》年度排名Top50的中国科技期刊,这也是我国首次大规模对学术期刊的资助。

②中国科协中文精品科技期刊建设计划项目。该项目项目资助方为中国科协,系中国科协于1997年设立的学术期刊资助专项,项目起止时间为2000—2018年,共资助5期、24个子项目,立项639项,资助经费达1.385亿元,是目前我国学术期刊资助体系中大规模扶持中文科技期刊的重要项目。

③中国科技期刊国际影响力提升计划。该项目资助方系中国科协等6部委。为促进我国科技期刊国际化发展,提升英文科技期刊国际影响力与核心竞争能力,2013年11月,中国科学技术协会、财政部、教育部、国家新闻出版广电总局、中国科学院和中国工程

院联合实施"中国科技期刊国际影响力提升计划"。该项目资助对象系英文科技期刊，项目起止时间为 2013—2018 年，共启动两期、分 ABCD 四类开展资助①，第一、二期资助期刊数量和资助金额分别为 135 种 2.91 亿元、165 种 3.15 亿元，资助英文科技期刊共计 300 种次，资助总金额超过 6 亿元。

④中国科技期刊登峰行动计划。该项目资助方系中国科学技术协会。为落实中共中央办公厅印发的《科协系统深化改革实施方案》中关于"着力打造具有核心竞争力和国际影响力的一流科技期刊"的要求，推动一批科技期刊攀登世界一流科技期刊高峰，中国科学技术协会(以下简称"中国科协")决定从 2016 年起实施"中国科技期刊登峰行动计划"，入围期刊每年最高获得 250 万元资助。截至 2022 年，该项目于 2016 年启动 1 期，共资助 16 种期刊、2000 万元。

⑤中国科技期刊卓越行动计划。该项目资助方系中国科协等。2019 年 11 月，为进一步落实落地《关于深化改革 培育世界一流科技期刊的意见》，中国科协、财政部、教育部、科学技术部、国家新闻出版署、中国科学院、中国工程院七部委联合实施启动"中国科技期刊卓越行动计划"，该项目设立领军期刊、重点期刊、梯队期刊、高起点新刊、集群化试点以及建设国际化数字出版服务平台、选育高水平办刊人才 7 个子项目，对单刊建设、刊群联动、平台托举、融合发展进行系统布局，力图多点支撑、多点协同发力。② 截至 2022 年，共计 395 种期刊(含期刊集群)入选，其中，领军期刊 22 种、重点期刊 29 种、梯队期刊 99 种、高起点新刊 140 种(2019、2020、2021、2022)、集群化试点 5 家；选育高水平办刊人才子项目-青年人才支持项目入选 60 人(2021、2022)，资助总金

---

① A 类每年资助 200 万元，B 类每年资助 100 万元，C 类每年资助 50 万元，均连续资助 3 年；D 类一次性资助 50 万元。

② 央广网. 中国科协等七部门联合实施《中国科技期刊卓越行动计划》[EB/OL]. [2022-10-15]. https：//www. cast. org. cn/art/2019/10/10/art_90_102818. html.

额 2.44 亿元。①

（2）社科期刊资助

国家级层面社科期刊资助项目包括：教育部高校哲学社会科学"名刊工程"和"名栏工程"建设项目；②国家社会科学基金学术期刊资助项目。

①教育部高校哲学社会科学"名刊工程"和"名栏工程"。该项目资助方系教育部。为推动高校哲学社会科学发展，教育部于 2003 年、2004 年分别颁布《关于进一步发展繁荣高校哲学社会科学的若干意见》和《教育部高校哲学社会科学学报名栏建设实施方案》，启动教育部高校哲学社会科学名刊、名栏建设工程。名刊名栏工程是国家为繁荣哲学社会科学研究，改变高校学报千刊一面状况而实施的。② 名刊工程共立项 3 期（2003 年、2006 年、2011年），每个项目周期为 3 年，每刊共获得 25 万元资助，主办单位按 1：1 比例经费投入，共计 31 种高校学报被资助，资助总金额 775 万元。资助范围限于高校哲学社会科学期刊，以高校学报为主，该项目不重复资助。截至 2014 年 1 月，共评选出 62 个③高校学报特色栏目，其中 2004 年 16 个、2012 年 21 个、2014 年 25 个，每种期刊获得 10 万元资助，教育部共计资助名栏工程项目 620 万元。名刊名栏项目合计资助 93 刊次、1395 万元。名栏工程中有 8 家期刊后被列入名刊工程项目资助。

②国家社会科学基金学术期刊基金资助项目。该项目资助方系国家哲学社会科学工作办公室。国家社会科学学术期刊基金资助项

---

① 入选期刊数量经中国科协官方网站相关公示信息计算得来。其中，领军期刊资助、重点期刊、梯队期刊和集群化试点系 2019 年入选，高起点新刊为 2019—2022 年连续入选。资助额度依次为：100 万 ~500 万/年、60 万 ~100 万/年、40 万/年、500 万 ~576.25 万/年、50 万/年，资助周期为 5 年。

② 毛红霞. 教育部"名栏建设工程"的分布及未来建设走向分析[J]. 出版科学，2016，24（2）：44-46.

③ 该数目目前存在争议，有 65 个的说法，但根据教育部公开资料显示，2012 年共 21 家刊物入选，其余分别为 16 家、25 家。本书数据根据教育部公开数据统计所得。

目是继教育部高校哲学社会科学"名刊""名栏"工程之后,哲学社会科学界对提升办刊质量的又一重要举措,分别于 2012 年 6 月、2012 年 11 月遴选了两批、200 种(84 种期刊主办单位为高校)哲学社会科学类高质量学术期刊开展每年 40 万额度的资助,该项目实施逐年考核机制、动态淘汰机制,禁止被资助期刊收取版面费用,力图在"努力建成国际知名或国内一流的学术期刊"的同时,改变我国社科学术期刊的出版生态,以充分发挥哲学社会科学认识世界、传承文明、创新理论、资政育人、服务社会的功能。该项目每年资助金额约 1 亿元,截至 2022 年年底,项目资助总经费约 11 亿元;第一批、第二批被资助期刊中,共有 32 种期刊被剔除资助序列,淘汰比例达 16%。

(3) 我国学术期刊资助政策小结

我国学术期刊从 20 世纪的高速发展政策环境,到 21 世纪迅速向高质量发展转型。2000 年以来,我国学术期刊资助政策背靠相关国家主管机构施行。因此,在我国学术期刊资助政策具体执行时,学术期刊主体被鲜明地划分为社科学术期刊和科技期刊两大类,资助政策在具有共性的同时,也各具特色(见表 3-1)。

表 3-1 2000 年以来我国学术期刊资助情况汇总表

	项目名称	起止时间	资助对象	单刊每年资助金额	资助周期	资助总数(种)	资助总金额
社科期刊	教育部高校哲学社会科学"名刊工程"	2003—2011	高校哲学社会科学期刊	每刊共获得 25 万元资助	3 年	31	775 万元
	教育部高校哲学社会科学学报名栏建设工程	2004—2014	高校学报特色栏目	每刊获得 10 万元资助	—	62	620 万元

	项目名称	起止时间	资助对象	单刊每年资助金额	资助周期	资助总数(种)	资助总金额
社科期刊	国家社会科学学术期刊基金资助	2012—至今	被 ABC 核心收录的哲学社会科学期刊	每刊获得40万~60万元资助不等	10年及以上	200	约11亿元
	小计					293	约11.145亿元
科技期刊	国家自然科学基金重点学术期刊专项基金项目	2000—2012	SCI、SCOI-E收录/《中国科技期刊引证报告》Top50	根据刊期确定资助额度	2年	218	4868万元
	中国科协中文精品科技期刊建设计划项目	2000—2018	中文科技期刊	根据子项目类别确定资助额度	3年	639	1.385亿元
	中国科技期刊国际影响力提升计划项目	2013—2018	英文科技期刊	分A、B、C、D四类开展资助	3年	300	超过6亿元
	中国科技期刊登峰行动计划	2016	特定学科领域的科技期刊	每年最高250万元	—	16	2000万元
	中国科技期刊卓越行动计划	2019—至今	科技期刊等刊	根据7个子项目类别确定资助额度	5年	455	10.218亿元
	小计					1628	超过18.29亿元

第一，学术期刊资助政策具有一定的示范与带动作用。国家科研资助是受益性的行政行为，与一般的行政资助相比，它具有更加鲜明的竞争性、专业性、引导性、责任性等诸多特点。① 相关部门在遴选卓越期刊、一流期刊、优秀期刊的同时，也是对入选期刊办刊质量的认可；入选期刊将资助经费用在刀刃上，在期刊建设上投入更多、更优的资源，将对同行期刊具有良好的带动作用。同时，不少省市级相关主管单位也在国家资助政策的示范作用下，发动省部一级的学术期刊资助。湖南省委宣传部、省科技厅对标中国科技期刊卓越行动计划启动"湖南省培育世界一流湘版科技期刊建设工程"并于2020年启动实施；广东省委宣传部、广东省科学技术厅已开展2020—2021年、2023年度广东省高水平科技期刊建设项目；湖北省委宣传部、湖北省科协分别于2021年、2022年立项湖北省期刊发展扶持基金资助项目和湖北省科技期刊楚天卓越行动计划。

第二，项目资助已取得一定成效，个别期刊表现出色。《经济学(季刊)》2020年撰文指出，有学者利用2004—2014年810所高校学报数据，以教育部"名刊工程"为政策冲击，研究了政府支持及内部制度变革对高校学报学术质量提升的作用，研究发现："名刊工程"会显著提高入选学报的影响因子和总被引频次，分别提高了45.63%和108.15%；由于"名刊工程"改变了学报的原有运作体制，在政府经费支持结束后其学术质量提升效应仍会持续，是一种典型的"小投入、大回报"政策。② 另外，相类似的项目还有：国家自然科学基金重点学术期刊专项资金、中国科技期刊国际影响力提升计划中的大部分受资助期刊。

部分期刊受资助后，将被资助的经费用在刀刃上，并通过办刊人的努力奋进，期刊发展取得显著成效。如《浙江大学学报(英文版)》获得国家自然科学基金重点学术期刊资助项目后，将资助经

---

① 秦前红，陶军. 学术视域中的国家科研资助：以人文社会科学资助为主的考察[J]. 现代法学，2017，39(5)：184.

② 刘瑞明，赵仁杰. 政府支持、制度变革与学术期刊进步：来自中国"名刊工程"的经验证据[J]. 经济学(季刊)，2020，19(2)：473-498.

费用于国内率先投入国际标准、国际规范参与和建设工作中，树立了刊物良好的国际学术影响力，也使得该刊仅用 10 年时间完成从一种综合性大学学报发展成为三种专业期刊、三刊均被 SCI 收录的跨越式发展。① 程维红撰文指出，国家自然科学基金重点学术期刊专项资金强有力推动了《作物学报》的发展：该刊作为连续 4 次被该项目资助的期刊，在资助周期内，总被引频次和影响因子年均增长率分别为 25.5%、18.8%，并多次获得国家级期刊奖项，期刊的质与量均得到显著提升。②

第三，国家在学术期刊资助政策上取得显著成效的同时，也存在资助理念不清晰、资助政策体系有待完善等问题。目前，我国的资助政策可分为奖励式资助和滚动式资助。奖励式资助是指刊物达到资助要求即完成资助目标，待第二轮申报时重新满足申报目标即可进入新一轮资助，目前我国科技期刊领域的资助项目均可视为奖励式资助；滚动式资助是指期刊达到某一门槛即可被连续资助，如国家社会科学学术期刊基金资助，截至 2022 年，该项目已滚动资助 11 年，完成该项目的年度考核即可被持续资助。尽管资助周期在同类项目中最长、资助经费在国内所有期刊资助项目中数一数二，但存在个别管理指标导向不明晰的问题——经费管理上通过禁止收取版面费用来阻止版面交易、补偿办刊经费不足，项目管理目标从质量监测转移到经营规范、经营能力和主管职责之上，小小的错位将导致一系列意想不到的影响。一是导致被资助期刊发展滋生新的困难，在诸多年度考核目标之间，为保障完成目标，首选且中选的策略便是降低发文量以提升影响因子，从而维系被资助状态。③ 二是减少发文量带来的后续负面影响，如第一点所述，不仅

---

① 张月红. 科学家喜欢什么样的学术期刊：试以国家自然科学基金重点学术期刊资助项目—《浙江大学学报》(英文版)创办 10 周年为例[J]. 中国科学基金，2010(5)：296-299.

② 程维红. 国家自然科学基金重点学术期刊专项基金强有力推动《作物学报》发展[J]. 中国科学基金，2007(3)：184-186.

③ 朱剑，王文军. 国家社科基金资助学术期刊的作用与前景：基于 CSSCI 数据的分析[J]. 社会科学战线，2017(7)：239-249.

被资助期刊没有发现显著促进作用(入选期刊原本是我国社科学术期刊翘楚),且在降低发文量以换取影响因子举措的负面带动下,国内社科学术期刊不甘其后,纷纷效仿。据统计,我国中文核心期刊近10年来发文量整体降低20%,哲学、社会学、政治、法律、经济五个学科的期刊发文量降幅超过30%;与此同时,全球期刊发文量以每年3%~4%的速度增长①,我国学术期刊生产力与作者发文需求之间产生了巨大鸿沟。② 三是过长的滚动资助周期导致其余90%以上的社科学术期刊10余年以来基本处于与被资助绝缘的状态,难以从全局上激发发展活力。

3.1.3 人才政策

按照人才层次,可将学术期刊办刊人才分为高水平办刊人才和编辑队伍。高水平办刊人才是我国学术期刊繁荣发展、建设一流期刊的根本动力;广大编辑队伍则是学术期刊高质量发展的执行者,也是学术期刊高质量发展得以持续的保障。整体来看,我国在学术期刊高水平办刊人才政策上有所突破,形成了良好的学术期刊高端人才建设项目;在编辑队伍建设上,通过严格规范的职业资格制度的施行,对编辑队伍的准入制度建设打下了较好的基础,责任编辑登记注册制度一定程度上提高了编辑人才队伍的整体素质。两方面工作既对编辑人才建设有了较好提升、取得成绩,也存在尚待完善处。

一是高层次人才项目立项少,高水平办刊人才难以得到充分认可与激励。目前,国家级学术期刊高层次人才项目主要有中国科学院期刊出版领域引进优秀人才计划(2008年至今)和中宣部"文化名家暨'四个一批'人才工程"宣传思想文化青年英才(2019年至今)。前者集中于科协主管主办科技期刊系统;后者实施时间短,项目持

---

① Rob Johnson, Anthony Watkinson, Michael Mabe. The STM Report:An Overview of Scientific and Scholarly Publishing 1968-2018:Celebrating the 50th Anniversary of STM (Fifth edition) [R]. 2018:5.

② 发表记. 谁在发表中国学者的论文[EB/OL]. [2022-09-21]. https://mp. weixin. qq. com/s/6-3tBq3fKytsWHAex9VGzw.

续情况及效果有待观察。

二是由于体制建制的原因,以高校学术期刊为代表,其在所属单位内部多处于位置不清晰、边缘化明显的现状。一项对我国 137 所双一流高校主页上学术期刊机构设置情况的调研显示,近 60% 的样本高校在其主页菜单上将学术期刊归属于科学研究范畴,但是在机构设置中大部分样本高校却没有将其作为科学研究机构,而是将其作为直(附)属单位和教辅单位;13 所样本高校的网站上未查到学术期刊的相关信息①,这一调查数据较为直接地反映了双一流高校学术期刊在高校中的边缘化现状。

三是编辑工作的价值认可有待完善,职业发展空间广泛受挫,尤其体现在广大编辑职称晋升问题上。在编辑职称晋升过程中,工作业绩和科研成果是两项主要考核标准。由于编辑部所处的边缘地位,两项考核标准往往存在主观性、部分指标脱离实际的情况,从而造成编辑群体的职业发展隐痛。以中国社会科学院学术期刊的编辑为例,该群体是我国社科学术期刊规模最大、影响最广、水平最高的出版集群代表,具有较强的代表性。他们在工作中,遇到的困难体现于两个方面。一方面是编辑工作中最耗费心血的工作被无视,"编辑工作最重要的不是创新(虽然也有一些栏目、选题、设计等方面的创新),而是避免犯错。因此,编辑耗费大量时间、心血的工作,往往是默默无闻,不被'发现''看见'的,这是编辑的职业生涯中,最常见的'不平'"②。另一方面是科研成果评定处于弱势地位,"中国社会科学院是一个以科研为主的机构,这种倾向在各种考核中都有体现,尤其是在职称评定环节更为明显。按照研究系列参评,评委们并不会因为你是编辑就降低对学术成果和学术水平的要求,尽管繁重的编辑工作的的确确会使研究工作大大受

① 尚利娜,牛晓勇,刘改换.我国"双一流"建设高校学术期刊与一流学科建设关系分析[J].中国科技期刊研究,2019,30(9):929-936.

② 高超群.编辑还能为学术界做点什么[M]//崔建民."做嫁衣者"说.北京:社会科学文献出版社,2022:93.

限；按照编辑系列参评，现有评审标准主要是为中文期刊量身定制，而并未考虑到英文期刊的特点和现状，例如，'编辑的文章被《新华文摘》《高等学校文科学术文摘》《红旗文摘》转载'这种条件，英文期刊的编辑在当前环境下是不可能具备的。因此，英文期刊编辑人员在职称评定中常常处于劣势。在很长一段时期内，每年的职称评定都是我心中的痛"①。由此，以一斑可窥全豹。

3.2 科研及诚信环境

"学术不端"（plagiarism）作为专有名词最早出现于公元80年，罗马诗派的一位诗人指责另一位诗人毫不见外地向着人群背诵自己所作的诗歌②；具有现代意义的文本剽窃的概念则始于15世纪。③ 21世纪文本相似度检测软件（也称查重软件）的出现，在技术上为学术期刊辨识学术不端提供了功能强大的工具；但查重软件对于表格剽窃、数据剽窃、思想剽窃以及翻译剽窃（将他人作品翻译后署名更改）无能为力。④ 随着开放获取、预印本以及机构仓储等学术交流新渠道的广泛应用，使用查重软件得到的结果，需要针对实际情况给予多重辨识：高相似度部分是否为预印本书档、是否为会议摘要、是否为机构仓储文档、是否为有必要的方法说明、是否为文章所需的有必要的复制行为等。⑤ 面对日益复杂的学术不端行为，

① 梁泳梅. 风雨同舟共前行[M]//崔建民."作嫁衣者"说. 北京：社会科学文献出版社，2022：109.

② Elizabeth Wager. Defining and Responding to Plagiarism [J]. Learned Publishing，2014，27(1)：33-42.

③ Bailey J. The World's First Plagiarism Case [EB/OL]. [2013-10-02]. http：//www. plagiarismtoday. com/2011/10/04/the-world% E2% 80% 99s-first-plagiarism-case/.

④ Elizabeth Wager. Defining and Responding to Plagiarism [J]. Learned Publishing，2014，27(1)：33-42.

⑤ Elizabeth Wager. Defining and Responding to Plagiarism [J]. Learned Publishing，2014，27(1)：33-42.

塞得维(SideView,医学与学术出版服务机构)创始人、国际出版伦理委员会(Committee on Publication Ethics,COPE)①前任主席伊丽莎白女士在出版伦理委员会的一次研讨会上,提出可将学术不端分为"严重抄袭"(major plagiarism)与"轻微抄袭"(minor plagiarism),编辑部对不端行为定性后,方可制定针锋相对的制度以遏制其不良风气,净化学术期刊内容环境。②

严重抄袭包括:不加标注地抄袭别人的数据和发现;将别人的作品以原创语言或是翻译语言进行投稿;只字不变、未加引用地抄袭他人作品超过 100 个单词;隐去了其他人在论文的原创性、论文结构、论证、假设/思想方面等作出的贡献。针对严重抄袭行为,编辑应要求作者给予正面回应、道歉,并视情节联系作者机构、请求协助处理,撤销文稿并在适当位置登载撤销启示处理。

轻微抄袭包括:逐字抄袭而未加标注他人文章少于 100 个英文单词,除非所复制内容已被广泛接受或是已经标准化(如对于某种标准化研究方法的描述);从他人文献中高相似度复制内容多于 100 个英文单词的情况;未加标注的引用图片。已投稿而未发表的文稿存在轻微疑似不端行为时,可发回作者修改重投;对已发表文献存在的轻微抄袭情况,解决的关键在于保证修正版在各种传播渠道的更正,可借助搜索引擎、数据库以及 CrossMark 软件向读者提供正确版本。

3.2.1 科研诚信问题引起广泛关注

2021 年 3 月 23 日,《自然》发布了一篇题为《打击科学造假的

---

① 该机构成立于 1997 年,最初由英国的《英国医学杂志》《柳叶刀》《英国麻醉杂志》《骨关节外科杂志》《风湿性疾病杂志》《临床病理学杂志》6 种医学期刊的编辑发起成立,至今已有 10000 多会员单位(仅接纳编辑与出版机构为会员单位),致力于为学术出版提供学术不端解决方案。见:About COPE[EB/OL].[2022-01-20]. http://publicationethics.org/about; History of COPE[EB/OL].[2023-01-20]. http://publicationethics.org/about.

② Elizabeth Wager. Defining and Responding to Plagiarism[J]. Learned Publishing, 2014, 27(1): 33-42.

"论文造纸厂"》(*The fight against fake-paper factories that churn out sham science*)文章，一时之间，中国学术处于国际学术界的风口浪尖。此前，屡有来自中国作者文章被国际出版商大规模撤稿的报道，如 2009 年国际学术期刊《晶体学报》E 辑撤销井冈山大学钟某及其合作者的 70 篇论文，2015 年和 2017 年施普林格出版集团分别撤销 64 篇和 107 篇中国作者的论文。① 据统计，截至 2020 年 7 月，世界范围内共有 23425 篇 SCI 撤稿，其中中国有 10303 篇，撤稿量占比 44%，"位居榜首"②，对我国国际学术声誉造成极大的负面影响。

我国人文社科期刊在科研诚信问题上也并非一块净土。典型事件如 2016 年"论文大神"林鹏 5 年发文 800 篇和 2018 年南京大学梁莹一夜之间在中国知网等数据库上撤销所有个人论文等。撤销论文的数量和频率代表了学术界自我净化的能力，是科技创新能力发展的重要指标，也是科研机构健康状况的重要指标之一。③ 中国社会科学评价研究院专家系统研究了我国人文社会科学期刊中撤稿现象，发现其中存在较多问题亟待解决，包括：撤稿主体多样、撤稿程序不明确、撤稿声明缺乏较为统一的规范，以及撤稿后相应获利行为的终止和追溯困难等。④

论文失信引发科研项目学术不端曝光，问题论文的曝光同时也揭开了其所关联的国家自然科学基金项目中存在的各种违规行为。2022 年 10 月 25 日，国家自然科学基金委员会官网公布《2022 年查处的不端行为案件处理结果通报（第三批次）》，共披

① 魏众，蒋颖. 中国人文社会科学期刊撤稿问题研究[J]. 澳门理工学报（人文社会科学版），2020(4)：122-133.

② 解螺旋. 中国 SCI 论文撤稿占世界 44%，破历史最高撤稿记录[EB/OL]. [2020-09-19]. https：//mp. weixin. qq. com/s/PpUqUaI4n2K _ P4OsHp-8vQ.

③ 姚长青，田瑞强，杨冬雨，等. 撤销论文及其学术影响研究[J]. 中国科技期刊研究，2014，25(5)：595-604.

④ 魏众，蒋颖. 中国人文社会科学期刊撤稿问题研究[J]. 澳门理工学报（人文社会科学版），2020(4)：122-133.

露 46 件科研不端行为。① 在过去几年里，国家自然科学基金委员会曾多次通报科研不端行为的案件，仅在 2021 年，就有 292 位责任人和 7 家依托单位被处理。

3.2.2　我国科研诚信问题的治理体系不断完善

大规模的撤稿现象给我国学术界的声誉带来了严重的负面影响，不仅引发了国内外学界的关注，也引起了舆论热议和学术管理部门的重视。

2018 年 5 月，中共中央办公厅、国务院办公厅印发了《关于进一步加强科研诚信建设的若干意见》，对进一步推进科研诚信制度化建设等方面作出部署。2019 年 5 月，为规范科研诚信案件调查处理工作，根据《中华人民共和国科学技术进步法》《中华人民共和国高等教育法》《关于进一步加强科研诚信建设的若干意见》等规定，科技部、中央宣传部、最高人民法院、最高人民检察院、国家发展改革委、教育部、工业和信息化部、公安部、财政部、人力资源社会保障部、农业农村部、国家卫生健康委、国家市场监管总局、中国科学院、社科院、工程院、自然科学基金委、中国科协、中央军委装备发展部、中央军委科技委共 20 个部门制定《科研诚信案件调查处理规则(试行)》。② 3 年后，《科研诚信案件调查处理规则(试行)》迎来修订版：2022 年 9 月 14 日，科技部、中央宣传部等 22 部门印发《科研失信行为调查处理规则》，进一步规范了调查程序，统一了处理尺度。此外，科技部建设开通了覆盖全国的科研诚信管理信息系统和全球期刊论文数据动态获取、高风险期刊动态监测、造假问题智能检测等多功能的监测工具系统，实现主动监测学术不端，并开展常态化通报。目前已在科技部网站通报 21 批，

---

①　国家自然科学基金委员会.2022 年查处的不端行为案件处理结果通报（第三批次）[EB/OL].[2022-11-10]. https：//mp. weixin. qq. com/s/4SxqHY8ka2OKgI6MHAp9wA.

②　《科研诚信案件调查处理规则(试行)》（国科发监〔2019〕323 号）[EB/OL].[2022-11-10]. https：//xswyh. jhun. edu. cn/32/16/c1673a143894/page. htm.

涉及 1422 名责任人。① 中国社会科学评价研究院、哲学社会科学科研诚信管理办公室编印了《国内学术不端典型案例汇编》，并通过微信公众号发布，仅 2021 年 9 月 1 期就发布了 44 起。②

执行单位过程管理还需进一步加强。研究人员以《中文核心期刊要目总览（2017 年版）》收录的 338 种已有官方网站的高校中文科技期刊和中国科学引文数据库来源期刊列表（2019—2020 年度）中的 79 种高校英文科技期刊为研究对象，调研发现：多数高校中文科技期刊和高校自主出版的英文期刊网站上发布的出版伦理制度不完善、稿件处理流程不清晰，缺少出版伦理监督反馈平台。③ 学术期刊应利用期刊网站宣传和推广出版伦理知识，有效提醒相关方在论文写作、投稿、审稿、稿件处理等方面注意遵循伦理规范，严守学术诚信，为我国科研诚信体系建设作出应有的贡献。④ 科研人员所在单位应加强科研的过程管理，及时发布学术预警⑤，让更多人认识到大数据、互联网、人工智能时代，信息越来越透明，数据可关联性越来越强。

管理规范的国际化有待加强。根据 COPE 网站显示，截至 2020 年 9 月底，COPE 有 376 家中国期刊会员，但是，中国期刊 COPE 会员数仅占 COPE 所有期刊会员（12736 家）数量的 3%。98.7% 的中国期刊因与 Elsevier、Springer·Nature 等国际出版商合

① 编辑之谭. 通报 1422 人！论文无实质贡献挂名认定为学术不端，科技部发布新规！[EB/OL].［2022-11-10］. https：//mp. weixin. qq. com/s/4RMM woRHgiA6XtbV5eZ0aA.

② 中国社会科学评价研究院. 国内学术不端典型案例汇编 [EB/OL].［2022-11-10］. https://mp. weixin. qq. com/s/9CYBP5Rdm_4acC_nUjOeEQ.

③ 温凤英. 高校科技期刊网站出版伦理制度建设研究[J]. 中国科技期刊研究，2020，31(2)：153-158.

④ 常唯，张莹，白雨虹. 期刊编辑部在做好出版伦理防控中的责任：Light：Science & Applications 的实践探索[J]. 中国科技期刊研究，2019，30(1)：9-13.

⑤ 王春晓. 北大复旦等 52 人被曝科研不端，国家级科研项目为何屡现失信？[J/OL].［2022-11-10］. 中国新闻周刊. https：//mp. weixin. qq. com/s/m9yJIoinf3Y9FW0oFx225Q.

作，而"被动"地成为 COPE 会员。① 我国中文核心期刊的作者贡献声明、潜在利益冲突声明、研究数据公开、责任编辑公开等期刊学术诚信控制机制与国际期刊有较大差距。②

3.3 评价环境

在我国，期刊评价体系由于被高校、科研机构广为接受，因此对学术期刊发展的导向作用十分明显。根据影响因子进行排名是国际学术期刊质量评价体系的通行做法，但影响因子作为排名依据是否可靠，其争论与质疑由来已久。③ 过于追求期刊影响因子，会产生强化期刊影响力、弱化传播力的问题，把作者当作期刊服务的首要对象而忽视读者。④ 尽管如此，国内外还没有出现更好的替代评价体系，影响因子仍然是被中外研究人员普遍接受的学术期刊质量评价的重要评价指标。

以中国研究人员作为期刊质量评价主体（数据调研平台qikan001.com，用户注册数 4000+），对评价客体——27 种中国计算机科学类学术期刊和 21 种中国图书馆学和信息科学学术期刊的质量进行评价，研究结果显示，尽管很多被调查的研究人员并未对影响因子进行过活跃的研究，但他们对于影响因子高的期刊拥有一致认知⑤，

---

① COPE. COPE[EB/OL]. [2019-06-26]. https：∥publicationethics. Org.

② 孟美任，彭希珺，华宁，等. 中文学术期刊学术诚信控制机制应用现状调查[J]. 中国科技期刊研究，2015，26(12)：1261.

③ M Boor. The Citation Impact Factor：Another Dubious Index of Journal Quality ［J］. American Psychologist，1982，37（8）：975-977；Ronald Rousseau. The Journal Impact Fact，the DOARA Declaration and the Leiden Manifesto：Comments and Observations[J]. 图书情报知识，2016(1)：7-14；Vanclay，J. K. Impact Factor：Outdated Artefact or Stepping-stone to Journal Certification[J]. Scientometrics，2012，92(2)：211-238.

④ 张朝军. 读者群落：学术期刊面向对象的科学传播[J]. 编辑学报，2018，30(5)：454-458.

⑤ Zili Zhang，Ziqiong Zhang，Xiangyang Li，etc. Factors Influencing Chinese Authors' Perceptions of Journal Quality：A Comparison Between Two Academic Fields[J]. Serials Review，2012，38(1)：17-23.

这与专业与学术出版商协会（Association of Learned and Professional Society Publishers，ALPSP）针对研究人员对于科学、技术、医学（Scientific、Technical、Medical，STM）期刊质量因素的研究报告的结论一致。[①] 这项研究结果从研究人员（用户）的角度印证了由加菲尔德（Garfield E.）于 1988 年提出的影响因子对于学术期刊评价的里程碑式的影响。国内外相关研究证明，影响因子对于期刊质量具有重要的度量意义。

因此，本书将以影响因子作为重要计量指标的国内外重要学术期刊评价体系及其研究作为期刊质量评价研究部分的成果进行综述。国外重要的数据库以 JCR 三大索引（SCI、SSCI、A&HCI）为代表，其国际影响最为广泛。国内代表性的学术期刊评价产品有：南京大学 CSSCI（简称 C 刊）、北京大学全国中文核心期刊和中国社会科学院 AMI 核心期刊（简称 A 刊），也被学术期刊同行戏称为"ABC 刊"。

3.3.1 JCR 三大索引

根据 JCR 公开的收录标准，其选刊标准涵盖四个方面：一是期刊出版标准；二是编辑内容；三是国际多样性；四是引文分析。[②]

（1）期刊出版标准

期刊出版标准具体含有四点要求：第一，期刊出版的时效性，即申报的期刊，需连续三期按时邮寄给遴选小组，按时出版被其视为基本要求。第二，遵循国际编辑惯例，包括引文规范、标题、摘要、作者信息等编辑体例，都要符合国际编辑惯例。第三，英文出版。这一点不是硬性要求，但由于数据库本身是英文的数据库，申

---

① Dr John J. Regazzi, Ms Selenay Aytac. Author-perceived Quality Characteristics of Science, Technology and Medicine（STM）Journals［R/OL］.［2016-01-11］. http://www. alpsp. org/write/MediaUploads/Author _ Perceived _ _ Quality_Characteristcs_ALPSPreport_（1）. pdf.

② Web of Science™核心合集遴选标准［EB/OL］.［2022-12-07］. http：//www. thomsonscientific. com. cn/publishing/journalselectionstandard/.

报的学术期刊必须具有英文文献的编目信息，这是起码的语言要求。第四，同行评审制度。实行同行评审，被 ISI 视为期刊论文质量的保证，入选的期刊，必须是实行同行评议制度的学术期刊。[①]

（2）编辑内容标准

ISI 认为科学研究是一个动态发展的过程，其表现便是新的特定专业领域不断涌现，需要新的学术期刊补充原有的传播内容。新入选的学术期刊，需在内容上使 ISI 的数据库内容更加丰富。[②]

（3）国际多样性标准

国际多样性标准考察体现在两个方面：一是作者的地域来源是否国际化；二是学术期刊的编辑和编委会是否具有国际多样性。这一原则已经在 ISI 数据库遴选过程中坚持了 40 年。ISI 也考虑地域性期刊的问题，为了确保 ISI 的数据库对知识检索全球性的需要，ISI 会将最优秀的地域性期刊收录进来。[③]

（4）引文分析标准

在引文数据的处理上，对于新的学术期刊和已出版发行数年的学术期刊的引文数据，JCR 会区分处理，进而作出筛选。新创刊的期刊着重考察其中的作者或组委会成员已经发表的论文的引用记录，从而确定这本期刊的学术影响潜力；而对于一本已发行的学术期刊，JCR 则通过引文数据计算其影响因子。

上述四个方面的权衡，没有轻重之别，暗指其选取标准除定量评价外，也有定性评价。这也是国际上许多国家包括我国在内，将其视为学术期刊质量评价的重要原因。2020 年暴发的新冠疫情导致个别领域期刊影响因子攀升反映了影响因子具有反映学术活跃性的一面——2022 年，医学和公共卫生领域的一些期刊影响因子较

---

① Web of Science™核心合集遴选标准［EB/OL］．［2022-12-07］．http：//www.thomsonscientific.com.cn/publishing/journalselectionstandard/．

② Web of Science™核心合集遴选标准［EB/OL］．［2022-12-07］．http：//www.thomsonscientific.com.cn/publishing/journalselectionstandard/．

③ Web of Science™核心合集遴选标准［EB/OL］．［2022-12-07］．http：//www.thomsonscientific.com.cn/publishing/journalselectionstandard/．

之前高出了10倍。①

　　此外，JCR也会较为细致地考量评价问题中的细节。如在引文数据的处理上，对于新的学术期刊和已出版发行数年的学术期刊的引文数据，ISI会区分处理，进而作出筛选。新创刊的期刊着重考察其中的作者或编委会成员已经发表的论文的引用记录，从而确定这本期刊的学术影响潜力；而对于一本已发行的学术期刊，ISI则通过引文数据计算其影响因子。2022年6月30日最新公布的JCR报告中分别收录了12828种自然科学类期刊、6691种社会学期刊和3092种艺术人文类期刊。② 其中，有190余种期刊首次获得了影响因子，3种期刊的影响因子被压制。

3.3.2　国内 ABC 刊质量评价体系

　　我国学术期刊质量的评价活动，目前主要有以下3种：其一，学术期刊的评奖和评级活动，组织者包括国家及省部级行政管理部门，如由国家新闻出版总署推出的"期刊方阵"，包括"双高期刊""双奖期刊""双百期刊""双效期刊"，但不以学术期刊的评价为主。其中，国家对科技类学术期刊和社科类学术期刊的资助也带有一定的评价色彩。其二，学术期刊的核心期刊、来源期刊评价，在国内影响较为广泛的评价体系有：《中文核心期刊要目总览》（1992）、中国社会科学引文索引（CSSCI，1998）。其三，以中国知网、万方数据库、中国人民大学复印报刊资料为代表的数字出版平台和二次文献转载机构每年发布的影响因子年报和转载指数。本书集中探讨第2类学术期刊评价体系。

　　自20世纪80年代开始，学术期刊质量评估开始引入中国，并通过学者与图书情报机构形成体系、对外推广及至形成影响③，评

---

　　①　前沿科学与文化. 新冠导致期刊影响因子普遍暴涨10倍？［EB/OL］.［2022-11-23］. https：//baijiahao. baidu. com/s？id＝1711053201468361618&wfr＝spider&for＝pc.

　　②　https：//clarivate. com/web of science group/web-of-science-journal-citation-reports-2022-infographic/.

　　③　王奕. 人文社会科学学术期刊评价指标体系研究多元开放的新思路［J］. 图书馆学刊，2010，32（11）：5-7.

价对象从自然科学学术期刊向人文社科类学术期刊过渡。① 在众多评价产品中，有北京大学图书馆编制的《中文核心期刊要目总览》、南京大学中国社会科学研究评价中心编制的《中文社会科学引文索引》(CSSCI)、中国社会科学院图书馆编制的《中国人文社会科学核心期刊要览》(A 刊核心)为代表。② 本节通过 ABC 刊的评价指标观察其评价体系中的核心指标。

(1)A 刊评价指标

中国人文社会科学期刊 AMI 综合评价指标体系由中国社会科学研究评价研究院主办。截至 2022 年，已评出第一轮 2014 年版、第二轮 2018 年版、第三轮 2022 年版。该评价体系设有 3 个一级指标、13 个二级指标和 31 个三级指标，实行一票否决制，设置一票否决指标、计分指标、加分指标、扣分指标和观察指标 5 种类型的指标。③ 一级指标主要从吸引力(Attraction Power)、管理力(Management Power)和影响力(Impact Power)3 个维度对期刊进行评价。其中，吸引力含荣誉状况(10%)、文章状况(10%)、同行评议(80%)；管理力含学术不端(-20%)、制度规范(10%)、信息化建设(40%)、队伍建设(10%)、编校质量(40%)、期刊特色化(20%)；影响力含学术影响力(70%)、政策影响力(10%)、社会影响力(10%)、国家影响力(10%)。各一级指标权重分别设类 1、类 2、类 3(人文学科类期刊、综合类期刊、重社会科学类期刊)，各二级指标均下设不同数目的三级指标，第 3 版评价指标体系(2022 年版)具体见表 3-2。

① 佚名.中国人文社会科学期刊评价现状·问题·建议[J].评价通讯，2015(1)：17-23.

② 佚名.中国人文社会科学期刊评价现状·问题·建议[J].评价通讯，2015(1)：17-23.

③ 中国人文社会科学期刊 AMI 综合评价指标体系(2022 版)公示[EB/OL].[2022-12-26].https：//weibo.com/ttarticle/p/show？id=2309404762147711222301&sudaref=www.baidu.com.

表3-2 中国人文社会科学期刊 AMI 综合评价指标体系

一票否决指标						如认为该期刊有违反马克思主义基本原理，或存在情节严重的捏造、篡改、抄袭、买卖版面等学术不端行为，或有违中央现行基本方针政策，直接取消参评资格，则一票否决。		
各学科类指标权重			一级指标	二级指标	三级指标	指标说明	是□（一票否决）	否□（继续打分）
类1	类2	类3					指标采集时间、来源及备注	
45%	40%	35%	吸引力100%（3个一级指标先按照100%计算分数，随后按大学科类计算各一级指标的二级指标的二级指标按照瓜分对应一级指标的100%计算）	荣誉状况（10%）	期刊获奖	中国出版政府奖	时间：2018年至今　来源：官网，评价院自采数据	
						国家社科基金资助出版学术外译项目资助期刊	时间：2012年至今　来源：官网，评价院自采数据　备注：已经取消资格的期刊不加分	
						中国科技期刊卓越行动计划	时间：2018年至今　来源：官网，评价院自采数据	
					论文获奖	中宣部出版局"期刊主题宣传好文章"推荐；论文获得的行业奖项	时间：2018年至今　来源：官网，评价院自采数据　备注：每个学科不多于2项	

各学科类指标权重			一级指标	二级指标	三级指标	指标说明	指标采集时间、来源及备注
类1	类2	类3					
					人员获奖	中国出版政府奖 中宣部"四个一批"	时间：2018年至今 来源：官网，评价院自采数据
				文章状况（10%）	基金论文比	基金论文一定程度上是比较好的论文，但是基金论文比指标存在滥用倾向。为引导期刊良好发展方向，此指标在本次评价中仅作为观察指标，不计分	本次不评价
					开放度	开放获取、开放数据、开放同行评议等开放科学实践的程度	时间：2022年4—5月采集 来源：网络，评价院自采数据
					下载量	篇均下载次数	时间：2022年4—5月采集 来源：国家哲学社会科学文献中心学术期刊数据库（https：//www.nssd.org/），中国知网与万方数据

续表

各学科类指标权重			一级指标	二级指标	三级指标	指标说明	指标采集时间、来源及备注
类1	类2	类3					
				同行评议（80%）	咨询委员	期刊评价原则、标准的制定、修订与指导，打分时与专家委权重相同	时间：2018年至今 来源：座谈会、通信评等 备注：打分时权重同专家委员，一起计分；对评价结果进行审定
					专家委员	根据同行评议指标进行打分	时间：2018年至今 来源：座谈会、通信评等
					推荐专家	根据同行评议指标进行打分	时间：2022年6—9月 来源：数据采集网站 备注：由专家委员（每个专家可推荐10人）、编辑部（每个编辑部可推荐30人）及特邀专家推荐的学者构成
					评阅专家	根据同行评议指标进行打分	时间：2022年6—9月 来源：数据采集网站 备注：类似于"大众点评"，由科研人员、博士研究生、期刊作者等的参与打分，参加评议的人员要遵守学术规范，抽查学者的真实性，以保证评议人员的真实有效性

续表

各学科类指标权重			一级指标	二级指标	三级指标	指标说明	指标采集时间、来源及备注
类 1	类 2	类 3					
20%	20%	20%	管理力（100%）	学术不端（-20%）	学术不端	交叉引用/交叉署名，抄袭剽窃，通过"论文中介"组稿等期刊刊造成的学术不端行为	时间：2018年至今 来源：评价院收到并核实后的举报，相关期刊管理部门官网数据等 备注：该指标为扣分指标，无学术不端行为得"0"分，存在问题进行扣分
				制度规范（10%）	制度建设	采稿（约稿）制度，发稿（审稿）制度，编辑培训制度，业务考核制度等	时间：2018年至今 来源：期刊自评表，评价院自采数据
					编校规范建设	编校制度，校对制度的建设等	时间：2018年至今 来源：期刊自评表，评价院自采数据
				信息化建设（40%）	网站建设	网站建设，网站内容完备性及更新情况	时间：2022年4—5月 来源：评价院自采数据

续表

各学科类指标权重			一级指标	二级指标	三级指标	指标说明	指标采集时间、来源及备注
类1	类2	类3					
			管理力（100%）	信息化建设（40%）	在线稿件处理系统	在线投稿、审稿系统建设情况	时间：2022年4—5月 来源：期刊自评表，评价院部弥补自采数据 备注：旨在引导编辑部弥补传统投稿审稿方式的不足，提高投稿审稿效率，缩短出版周期，以满足网络环境下用户需求
					微信公众号	微信公众号建设情况（有无、周更新频率，周更新信息条数）	时间：2022年3—4月 来源：评价院自采数据 备注：新环境下期刊的建设情况
				队伍建设（10%）	编辑队伍	编辑队伍，含主编尽职情况和专职校对人员情况；含国际编委情况、编委作用发挥情况	时间：2018年至今 来源：期刊的版权页、期刊自评表 备注：该指标为观察指标，2022年评价时不计分，但会关注各期刊编辑队伍建设情况
					作者队伍	作者梯队及机构地区分布等情况；作者国际化情况	时间：2018年至今 来源：CHSSCD 备注：该指标为观察指标，2022年评价时不计分，但会关注各期刊作者队伍建设情况

续表

各学科类指标权重			一级指标	二级指标	三级指标	指标说明	指标采集时间、来源及备注
类1	类2	类3					
			管理力（100%）	编校质量（40%）	中文编校质量	出版规范，论文内容及相关题录信息，参考文献信息的规范性、准确性等情况	时间：2021年 来源：评价院抽检2021年第一期的第一篇学术论文和2021年最后一期的最后一篇学术论文
					英文摘要质量	英文摘要的准确性、完整性	来源：评价院《中国人文社科期刊英文摘要质量评测报告（2021年）》
				期刊特色化（+20%）	期刊的特色化情况	紧密服务党和国家中心工作情况，促进学科发展情况，冷门绝学、传统文化、交叉学科情况；采用特色化技术、做法情况等；培养青年作者情况等	时间：2018年至今 来源：《中国人文社科期刊特色化案例选编（2019年）》，期刊自评表 备注：该指标为加分指标。此为总分外的附加项，类似于考试附加题的得分的参考性指标，作为专家判断加题的参考性指标

续表

各学科类指标权重			一级指标	二级指标	三级指标	指标说明	指标采集时间、来源及备注
类 1	类 2	类 3					
35%	40%	45%	影响力（100%）	学术影响力（70%）	期刊发文量	期均发文量及变化趋势	时间：2018—2021 年 来源：CHSSCD 备注：该指标为观察指标，此指标考察引导期刊制定合理的发文量，不能过大，但也不能太小
					即年影响因子	期刊在统计年发表的论文在当年被引的次数与该刊当年发表论文数之比	时间：2016—2021 年 来源：CHSSCD 与评价院自建文摘库
					影响因子	期刊在统计年前两年发表的论文被该刊前两年发表的论文数之比	
					五年影响因子	期刊在统计年前五年发表的论文被该刊前五年发表的论文数之比	

续表

各学科类指标权重			一级指标	二级指标	三级指标	指标说明	指标采集时间、来源及备注
类1	类2	类3					
			影响力（100%）	学术影响力（70%）	论文转载量	《新华文摘》《中国社会科学文摘》《社会科学文摘》《高等学校文科学术文摘》和"中国人民大学复印报刊资料"	时间：2018—2021年 来源：期刊自评表
				政策影响力（10%）	政策影响	政策影响，政策转化情况	时间：2018—2021年 来源：评价院自采数据
				社会影响力（10%）	发行量	纸质期刊发行数量	时间：2018—2021年 来源：评价院自采数据
					网络显示度	网络传播力	备注：该指标为观察指标。2022年评价时不计分，但会关注期刊网络传播情况

续表

各学科类指标权重			一级指标	二级指标	三级指标	指标说明	指标采集时间、来源及备注
类1	类2	类3					
			影响力（100%）	国际影响力（10%）	海外发行	版权输出、海外出版情况	时间：2018—2021年 来源：期刊自评表、评价院自采数据 备注：该指标为观察指标，2018年评价时不计分
					国外数据库收录	被国外重要数据库收录情况	时间：2022年5月 来源：期刊自评表、评价院自采数据
					国际引用	被国外期刊引用次数	时间：2018年至今 来源：CNKI的《中国学术期刊国际引证年报》

（2）B 刊评价指标

《中文核心期刊要目总览》是定性评价与定量评价结合的研究成果，B 刊评价 1992 年开始以工具书的形式正式出版，截至 2022 年，已出版 9 版：1992 年版（第一版）、1996 年版（第二版）、2000 年版（第三版）、2004 年版（第四版）、2008 年版（第五版）、2011 年版（第六版）、2014 年版（第七版）、2017 年版（第八版）、2020 年版（第九版）。各版次之间的评价体系经过研究和实际情况反馈后会加以调整，B 刊评价指标具体变化参见表 3-2。[①] 2020 年版的评价指标包括：被摘量（全文、摘要）、被摘率（全文、摘要）、被引量、他引量（期刊、博士论文）、影响因子、他引影响因子、论文被引指数、互引指数、Web 下载量、影响因子、他引影响因子、5 年影响因子、5 年他引影响因子、特征因子、论文影响分值、论文被引指数、互引指数、获奖或被重要检索系统收录、基金论文比（国家级、省部级）、Web 下载量、Web 下载率（见表 3-3）。

表 3-3　B 刊（北大中文核心）各版评价指标体系构成与变化

版本 （指标数）	评价指标体系构成与变化	
	分类	指标
1992 年版 （3 个）	原始指标	载文量、文摘量、被引量
1992 年版 （6 个）	继承指标	载文量、被摘量、被引量
	新增指标	被索量、被摘率、影响因子
	调整指标	无
	删去指标	无
2000 年版 （6 个）	继承指标	载文量、被索量、被摘量、被引量、被摘率、影响因子

① 陈建龙，等. 中文核心期刊要目总览（2020 年版）[M]. 北京：北京大学出版社，2021：106-107.

续表

版本（指标数）	评价指标体系构成与变化	
	分类	指标
2000 年版（6 个）	新增指标	无
	调整指标	无
	删去指标	无
2004 年版（7 个）	继承指标	被索量、被摘量、被引量、被摘率、影响因子
	新增指标	他引量、获奖或被重要检索工具收录
	调整指标	无
	删去指标	载文量
2008 年版（9 个）	继承指标	被索量、被摘量、被引量、被摘率、影响因子、他引量、获奖或被重要检索工具收录
	新增指标	基金论文比、Web 下载量
	调整指标	无
	删去指标	无
2011 年版（9 个）	继承指标	被索量、被摘量、被摘率、被引量、他引量、影响因子、基金论文比、Web 下载量
	新增指标	无
	调整指标	"获奖或被重要检索工具收录"调整为"被重要检索系统收录"
	删去指标	无
2014 年版（12 个）	继承指标	被索量、被摘量、被摘率、被引量、他引量、影响因子、被重要检索系统收录、基金论文比、Web 下载量
	新增指标	他引影响因子、论文被引指数、互引指数
	调整指标	无
	删去指标	无

续表

版本 (指标数)	评价指标体系构成与变化	
	分类	指标
2017 年版 (16 个)	继承指标	被引量、影响因子、他引影响因子、论文被引指数、互引指数、Web 下载量
	新增指标	5 年影响因子、5 年他引影响因子、特征因子、论文影响分值、Web 下载率
	调整指标	被摘量(全文、摘要)、被摘率(全文、摘要)、他引量(期刊、博士论文、会议论文)、获奖或被重要检索系统收录、基金论文比(国家级、省部级)
	删去指标	无
2020 年版 (21 个)	继承指标	被摘量(全文、摘要)、被摘率(全文、摘要)、被引量、他引量(期刊、博士论文)、影响因子、他引影响因子、论文被引指数、互引指数、Web 下载量、影响因子、他引影响因子、5 年影响因子、5 年他引影响因子、特征因子、论文影响分值、论文被引指数、互引指数、获奖或被重要检索系统收录、基金论文比(国家级、省部级)、Web 下载量、Web 下载率
	新增指标	无
	调整指标	无
	删去指标	他引量(会议论文)

(3)C 刊评价指标

《中国社会科学引文索引》是我国人文社会科学学术期刊定量评价的代表,启动于 1998 年年底,与香港科技大学合作,首次发布于 2000 年 5 月,每 2 年更新 1 次入选期刊。CSSCI 来源期刊的选取标准与国际接轨,遵守严格的学术规范程序,它参照 SSCI 以及 A&HCI 的选刊标准和规范,是我国人文社会科学信息检索与评价的重要工具,其评价体系由 7 个一级指标和 21 个二级指标组成,各级指标负有明确比例的权重。CSSCI 的特点除拥有明确的评价指标体系外，还有独立的索引期刊数据库。其具体评价指标参见表3-4。

表 3-4　C 刊评价指标体系构成

一级指标	二级指标	二级指标占一级指标比值	一级指标比值	二级指标比值
期刊学术含量指数	篇均引文数	25%	0.15	0.0375
	基金论文比率	25%		0.0375
	机构标注比率	25%		0.0375
	作者地区广度	25%		0.0375
被引数量	总被引数量	25%	0.1	0.025
	本学科论文引用数量	25%		0.025
	他刊引用数量	50%		0.05
被引速率	总被引速率	25%	0.3	0.075
	学科引用速率	25%		0.075
	他刊引用速率	50%		0.15
影响因子	总影响因子	25%	0.3	0.075
	学科影响因子	25%		0.075
	他引影响因子	50%		0.15
被引广度	引用该刊的期刊数量	100%	0.1	0.1
二次文献转载数	新闻文摘	45%	0.1	0.045
	社会科学文摘	35%		0.035
	人大报刊复印资料	20%		0.02
Web 即年下载率	全文下载率	100%	0.15	0.15

纵观 ABC 刊的评价指标体系，可以发现，A 刊评价体系关注学术影响力的同时，注重期刊的编校质量、学术质量、新媒体建设

和期刊管理规范。这与 B 刊和 C 刊以影响因子、各类被引和下载指标相比，更加关注对期刊可持续发展的引导问题，对标国家新闻出版管理部门对期刊质量的要求，是近年我国学术期刊评价体系中的一支清流。但 A 刊的评价目前在国内的接受度不高，评价过于依赖期刊自评和专家打分，导致评价效率不高，最终接受评价的期刊数量较有限。

B 刊和 C 刊在国内高校和科研机构中的接受度高于 A 刊，但在期刊发展的健康与可持续引导功能上不及 A 刊。近年中文核心期刊和 C 刊发文量大幅降低以保障和提升影响因子就是其导向性不足暴露出来的问题。单纯以影响因子来看，将会频繁出现 1 期仅发 3~5 篇文章，1 年刊发不足 20 篇文章的高影响因子、低学术产能的怪相；身为 C 刊却未开通微信公众号、未建立开通数字化投稿系统等新媒体建设和期刊数字化建设落后的情况也时有出现。C 刊曾先后于 2018 年发起过一轮论文评价活动，但最后不了了之；2022 年发起对 C 刊评价读者打分的活动，评价结果截至 2022 年 12 月底，尚未公布。从这两次活动可以窥见，C 刊试图尝试弥补和修正既有 C 刊评价体系的不足，但尚未取得明显进展。

当前，在探索建立具有中国特色的学术期刊评价体系的同时，不妨运用我国各学术期刊评价产品的特点，考虑复合评价方案：同时被 A 刊、B 刊和 C 刊收录的期刊，表明该刊在学术活跃程度、期刊管理与建设以及编校质量上通过了各项标准的评定，处于国内学术期刊学术活跃度、期刊管理与建设和编校质量均较为拔尖的健康发展状态。

3.3.3 数字环境下新的评价指标与评价角度

在数字环境下，学术期刊质量评价的标准与角度不断推陈出新，评价体系呈现多元化态势。近年来，为了发掘数字环境下更科学、更合理的评价方式，期刊评价指标不断推陈出新，以克服单一指标的局限，以期更全面地评价期刊质量。[①]

---

① 中国科学技术协会. 中国科协科技期刊发展报告(2014)[M]. 北京：中国科学技术出版社，2014：55-56.

①H 指数。学术界于 2005 年提出的 H 指数最初用来评价科研数量和科研产出水平，并与随后提出的一些改进和补充指数一起统称为 H 指数，是国际上讨论较多的期刊评价指标。

②特征因子与 SJR 指数。特征因子由美国华盛顿大学卡尔·贝里斯特伦(Carl T. Bergstrom)教授带领的研究小组于 2007 年提出，2009 年由 ISI 作为产品进行推广。SJR 全称 SCImago Journal Rank，由西班牙埃斯特雷马杜拉(Extremadura)大学菲利克斯·德莫亚(Félix de Moya)教授等人所在的 Scimago Group 小组提出。特征因子与 SJR 的创新之处，在于"将期刊间的引用给予不同的权重"。通过特征因子，人们可以清晰地获得期刊在影响因子和期刊声望之间的区别，无论影响因子的排名如何，特征因子的结果总是显示《科学》《自然》等刊物排位在前。① 特征因子与 SJR 在性质上极为相似，但也存在区别。不同之处主要有三点：一是数据的来源数据库不同(Web of Science/Scopus)；二是取值时间不同(5 年/3 年)；三是对自引数据的处理不同(完全剔除/最高 33%)。②

③指标利用能力。随着数字出版和在线阅读的普及，各种数据也被作为参考依据综合运用到单篇论文的评价中，如阅读量、下载量、评论、推荐等，甚至包括新的社交媒体和工具也被纳入评价，如论文在推特中出现的次数、被博客发布的情况以及在新媒体中获得的评论和评级数据等。中国社会科学院中国社会科学评价中心制定的"中国人文社会科学期刊综合评价指标体系"(2014)将学术期刊的下载量、下载率、开放获取情况、独立网站、在线稿件处理系统、刊网合一、网络显示度纳入考查范围，分别赋予一定的分值权重③，

---

① 朱兵. 特征因子及其在 JCR Web 中与影响因子的比较[J]. 情报杂志，2010(5)：85-88；赵星. 期刊引文评价新指标 Eignfactor 的特性研究：基于我国期刊的实证[J]. 情报理论与实践，2009(8)：53-56.

② SJR-SCOPUS 期刊评鉴指标(1)[EB/OL].[2015-09-06]. http://tul. blog. ntu. edu. tw/archives/3061；Eigenfactor 与 Article Influence 介绍——JCR 期刊评价指标(2)[EB/OL].[2015-09-06]. http://tul. blog. ntu. edu. tw/archives/3061.

③ 中国人文社会科学期刊综合评价指标体系[J]. 评价通信，2015(1)：24-33.

即表明学术期刊的传播能力已被我国期刊评价机构纳入数字环境下学术期刊质量评价的考量。由此，指标利用能力（metric-wiseness），指科研人员利用科学计量学指标的特征和形式来表达自己真实科研价值的能力。① 这需要在运用各项指标时，不仅能够了解其数学定义、含义和逻辑，还要知道如何正确使用。②

④排名与检索数据。通过各类评价机构的排名与检索反馈期刊质量的优劣，这项服务最初是用于图书馆，使其在有限的采购经费中能择优选择。在数字环境下，图书馆的"择优"标准回归到依据用户使用数据成为可能。例如，期刊使用统计门户网（Journal Usage Statistics Portal，JUSP）专为图书馆提供期刊使用数据统计服务，这使得图书馆在作出订阅或采购决定时，更加有据可依③，业务增长迅速。④

3.3.4 期刊分级目录

目前，国内外均有细分到学科一级的期刊分级目录，打破了一定的地理疆域，从全球范围内通览，期刊分级目录将评价标准完全专注于学术质量，与期刊评价能形成良好的互补。国内如中国科协于 2021 年开始发布实施的高质量期刊分级目录；国外如经济学领域的 UTD24。

2021 年 11 月，中国科协指导支持所属全国学会面向各学科领域国内外科技期刊试点发布高质量期刊分级目录，23 家学会正式发布首版分级目录；2022 年 7 月新增 9 家学会充实其分领域分级

① Ronald Rousseau. The Journal Impact Fact, the DOARA Declaration and the Leiden Manifesto: Comments and Observations[J]. 图书情报知识，2016(1)：7-14.

② Ronald Rousseau. The Journal Impact Fact, the DOARA Declaration and the Leiden Manifesto: Comments and Observations[J]. 图书情报知识，2016(1)：7-14.

③ What Our Users Say [EB/OL]. [2015-12-15]. http：//jusp. mimas. ac. uk/.

④ Chris Cradock, Paul Meehan, Paul Needham. JUSP in Time: A Partnership Approach to Developing a Journal Usage Statistics Portal[J]. Learned Publishing, 2011, 24(2)：109-114.

目录。首版分级目录包括：临床医学领域高质量科技期刊分级目录(547 种)、自动化学科领域高质量科技期刊分级目录(共 302 种)、能源电力领域高质量科技期刊分级目录(121 种)、中医药领域高质量科技期刊分级目录(共 38 种)、地质学领域高质量科技期刊分级目录(共 613 种)、机械工程领域高质量科技期刊分级目录(共 49 种)、建筑科学领域高质量科技期刊分级目录(共 112 种)、煤炭领域高质量科技期刊分级目录(共 59 种)、地理资源领域高质量科技期刊分级目录(共 406 种)、航空航天领域高质量科技期刊分级目录(共 62 种)、植物科学领域高质量期刊分级目录(共 137 种)、有色金属领域高质量科技期刊分级目录(共 212 种)、细胞生物学领域高质量科技期刊分级目录(共 39 种)、冶金工程技术与金属材料(金属学与金属工艺)领域高质量科技期刊分级目录(共 136 种)、材料失效与保护领域高质量科技期刊分级目录(共 102 种)、汽车工程领域高质量科技期刊分级目录(共 24 种)、铁路运输领域高质量科技期刊分级目录(共 90 种)、生态学领域高质量科技期刊分级目录(共 177 种)、数学领域高质量科技期刊分级目录(共 440 种)、材料-综合领域高质量科技期刊分级目录(共 369 种)、信息通信领域高质量科技期刊分级目录(共 72 种)、安全科学领域高质量科技期刊分级目录(共 45 种)、中国优秀科普期刊目录(共 50 种)。①2022 年新增分领域学会包括：中国指挥与控制学会、中国照明学会、中国石油学会、中国图学学会、中国声学学会、中国遥感应用协会、中国食品科学技术学会、中国图象图形学学会、中国电工技术学会。② 32 家学会的学术期刊分级，大多采用"T1""T2""T3"的分级方式，部分学会由于学科的因素，分级更为细致，如地质学领域高质量科技期刊分级目录，将分级期刊细分为国内期刊 T1、T2、T3 级，国外期刊 T1、T2、T3 级。期刊分级不仅打破了期刊质量评

---

① 中国科协. 高质量科技期刊分级目录总汇[EB/OL]. [2022-11-12]. https：//www. cast. org. cn/art/2021/11/4/art_ 43_ 172464. html.

② 中国科协. 关于公布 2022 年度分领域发布高质量科技期刊分级目录入选项目的通知[EB/OL]. [2022-11-12]. https：//www. cast. org. cn/art/2022/7/14/art_458_192315. html.

价的国内外不同评价体系之间的壁垒，还有一项重要意义在于，通过期刊分级，可以透视我国不同科学领域之间科研水平国际化和办刊国际化的现实状况。

国际上较为知名的期刊分级产品有 UTD24 本期刊。UTD24 本期刊是美国得克萨斯达拉斯大学(The University of Texas at Dallas)最顶尖的 24 本商学研究期刊。这些期刊广受世界各大高校认可，将其作为商学院排名、商学教师职称晋升、各类项目与人才计划评审的主要依据。①

3.4　三大体系与一流期刊建设

3.4.1　"三大体系建设"的提出

2016 年 5 月 17 日，习近平总书记在哲学社会科学工作座谈会上的讲话中提出，面对新形势新要求，我国哲学社会科学领域还存在一些亟待解决的问题，如哲学社会科学发展战略还不十分明确，学科体系、学术体系、话语体系建设水平总体不高。他提出要加快构建中国特色哲学社会科学，并提出要充分发挥期刊作为思想理论工作平台的作用。三大体系建设提出以来，我国学术期刊有一些尝试和探索，如 2021 年 12 月和 2022 年 12 月，湖北省委宣传部分别围绕"庆祝中国共产党成立 100 周年"和"学习宣传贯彻党的二十大精神，扎实做好主题宣传，奋力谱写全面建设社会主义现代化国家的荆楚篇章"的主题，开展期刊发展扶持资金资助项目评审工作，各评选出 15 种期刊的相关项目。② 整体而言，目前我国学术期刊在三大体系建设上的探索较为有限，可供研究的案例和实践较少，

① 全国哲学社会科学办公室.中国特色哲学社会科学发展报告[M].北京：中国社会科学出版社，2021：1794.

② 杨敏，杨丹丹，杜业艳.我校两文科期刊获 2021 年湖北省期刊发展扶持资金资助[EB/OL].[2023-01-20].http：//ssroff.whu.edu.cn/info/1154/5903.htm；我校三文科期刊获 2022 年湖北省期刊发展扶持资金资助[EB/OL].[2023-01-17].http：//ssroff.whu.edu.cn/info/1154/6962.htm.

三大体系建设于学术期刊发展还有较大的探索空间。

3.4.2 一流期刊建设

打造世界一流期刊的梦想没有国界，发达国家和发展中国家的科学家和编辑们也在深虑如何打造本国出版的 *Nature* 和 *Science*。① 我国世界一流期刊建设对国家、相关部委、各地方以及编辑部来说，都是全新命题，科技期刊领域近年来掀起国家政策大力扶持、院士领衔建设的一流期刊建设的建设与研讨热潮，成为国际范围内一道靓丽的风景线。

(1)一流期刊建设的内涵

①一流期刊建设话语体系支持。我国的院士群体为建设一流科技期刊提供了强大的话语体系支持。韩启德院士认为，科学是没有国界的，但科学家有自己的祖国。科学技术是全人类的财富，但也是各个国家的核心竞争力。每个国家要发展自己的科学技术，就要依靠自己的学术共同体。而好的学术共同体必须有自己优秀的学术刊物来作为学术交流平台和维系共同体成员的纽带。一个国家科技期刊的水平，反映这个国家的科技实力和科学共同体的凝聚力。② 朱作言院士认为，要让中国的科学与中国的经济一起腾飞，让中国的科学期刊与中国的科学家一起成长。③

世界一流期刊的定义。目前出现的较有代表性的解读是基于定性与定量的结合。"既强又大"两条标准——影响因子和发文量同时达到本学科前 10%。④

---

① 张月红. 科学家喜欢什么样的学术期刊：试以国家自然科学基金重点学术期刊资助项目——《浙江大学学报》(英文版)创办 10 周年为例[J]. 中国科学基金，2010(5)：296-299.

② 韩启德. 中国要办自己的学术期刊[J]. 科学通报，2009，54(18)：2613.

③ 高福. 建设中英文兼顾的世界一流科技期刊体系：在中国科学技术期刊编辑学会 2019 年学术年会上的报告[J]. 编辑学报，2019，31(5)：473-476.

④ 中国离国际一流期刊有多远？[J]. 科技传播，2018(17)：3.

世界一流期刊的建设模式。概括而言，世界一流期刊的建设模式有4种。[①] ①评价导向（数据为王），强调所有工作均要以各种评价指标体系为中心。②注重学理性（内容为王），通过内容质量控制保障期刊发文的学术质量，更加强调学理成分而忽视国家和区域创新实践需求。③特色化办刊（特色为王），通过本土化的实践探索，打造某一区域/领域的品牌特色，走差异化发展之路，从而形成具有一国或一地特色栏目，而不仅仅是简单地模仿和追随。这种办刊理念和实践，是形成具有中国气派、中国风格、中国话语体系和提高中国科技期刊核心竞争力的关键。④生态导向（服务为王），注重将围绕科技期刊建设的利益相关者（包括宏观层面的国家、政府、区域等，也包括微观层面的读者、作者、编者、专家、期刊评价中心等）通过一系列创新实践，或通过改变学术期刊发展生态环境链条上的某一个环节或节点，突破世界一流科技期刊发展的限制性因素，从而实现创建能够引领世界一流学术风向和办刊实践的交互共生系统。

一流期刊建设的关键是主编。建设世界一流科技期刊，关键在于主编。在总结当前国内影响因子最高的《细胞研究》成功办刊经验时，编辑部团队申请回顾了第一任主编姚鑫院士在创刊阶段10数年的亲力亲为，其探索和实践为期刊国际化发展奠定了基础，并创造了中国人自主创办的科技期刊首次在JCR突破2的历史纪录。且《细胞研究》前后两任主编姚鑫院士和裴钢院士一致认可一流人才的重要性，及时于2006年引进了李党生博士，为刊物后续发展作出了引人注目的贡献。[②] 2018年，中国科学院学部批准设立院士咨询项目"中文科技期刊困境与发展思考及对策建议"，高福院士任项目负责人。针对"科研工作者"和"科技期刊从业者"，项目组设计了2套问卷，截至2019年5月17日，共回收有效问卷2734

① 张海生. 世界一流科技期刊的建设模式与中国抉择[J]. 编辑学报，2021，33(5)：487-491.

② 程磊，张爱兰，李党生. 国际化视角：Cell Research办刊经验点滴[J]. 中国科技期刊研究，2010，21(5)：672-675.

份。调研结果显示，我国科研工作者对中文科技期刊又爱又恨：93.72%的科研工作者认为中文科技期刊对中国科技发展是必要的；60.4%的被调查回答中文科技期刊满意度"一般"或"不满意"。同时，45.36%调查对象认为主编是建设世界一流科技期刊的责任主体。①

②一流期刊的建设路径与策略。高福院士认为，构建好中英文兼顾的世界一流科技期刊体系，是实现中国科技期刊"由大变强"，掌握国际科技话语权，有效支撑中国创新型国家和科技强国建设的重要途径。② 一流期刊建设取得成功，离不开硬实力和软实力兼备。卓越的办刊理念、全方位的国际化水平、世界一流的人才队伍、先进的经营管理水平以及汇聚一流前沿成果、卓著的科学声望是建设世界一流科技期刊的必要条件、硬实力。"高、精、尖"和"稳、准、狠"的办刊策略，是建设世界一流科技期刊的充分条件、软实力，也是期刊核心竞争力的重要组成部分。"高"是指办刊目标定位高标准、高要求、高起点；"精"是指要树立"精品"意识，建立完整的质量保证体系，在选题、审稿、编辑、校对、出版等环节力求做到精益求精；"尖"是指要致力于追踪科技发展的最新前沿，利用最新、最尖端的学术成果推动期刊的发展。"稳"一方面是指办刊理念要明确且保持相对稳定，需要很长时间的沉淀和积累，另一方面是主编和编辑团队要保持相对稳定；"准"是指办刊定位和发展方向要准确，要对自身发展所在的不同阶段及环境始终有相对准确判断；"狠"是指做事情要有决心和狠劲，遇到与办刊理念、定位、发展方向不符合的诱惑时要能下狠心抵制，遇到不当干扰、不合理干涉或误导时要能狠下勇气反对，遇到难题和挑战时要下狠心和决心积极寻求发展新路。期刊只有同时具备充分条件和

① 刘天星，武文，任胜利，等．中文科技期刊的现状与困境：问卷调查分析的启示[J]．中国科学院院刊，2019，34(6)：667-676.
② 高福．建设中英文兼顾的世界一流科技期刊体系：在中国科学技术期刊编辑学会2019年学术年会上的报告[J]．编辑学报，2019，31(5)：473-476.

必要条件才有可能成功创办世界一流期刊。[①]

　　世界一流科技期刊建设是一个长期的循序渐进的过程。浙江大学主办的《浙江大学学报(英文版)》用10年时间聚集"刊气",完成国际化初创期积累,最终从1份综合性的大学学报演化为3份大专业期刊。[②] 世界一流科技期刊建设是一项复杂的系统工程,涵盖学术、市场、政策、评价等要素。[③] 任何期刊都要经过一个从国内一流到世界一流的长期发展过程。

　　(2)国内外一流期刊建设典型案例研究

　　《柳叶刀》新媒体建设研究。《柳叶刀》是目前世界医学界历史最悠久、最具有权威性的专业学术期刊之一,与 NEJM、JAMA、BMJ 并称为四大顶级医学期刊。除在学术内容和质量上始终处于引领地位外,《柳叶刀》系列期刊在数字化和新媒体平台建设方面也走在行业的前列。[④]《柳叶刀》系列期刊搭建了重点突出、功能齐全、多媒体融合的专业化网站,打造了丰富多元、各具特色的社交媒体服务平台,且提供简便易用、用户友好型终端 App,形成了数字化出版和新媒体融合发展的健康生态体系。截至 2019 年 10 月 20 日:微信关注人数 6.8 万,微博关注人数 1.6 万,脸书(Facebook)关注人数 22.4 万,推特(Teitter)关注人数 39.8 万。

　　elife 的出版创新。2012 年年底,《美国科学院院刊》(PNAS)前任主编(2006—2011)兰迪·谢克曼(Randy Schekman)、2013 年诺

---

①　吴晓丽,陈广仁. 建设世界一流科技期刊的策略:基于 *Nature*、*Science*、*The Lancet* 和 *Cell* 的分析[J]. 中国科技期刊研究,2020,31(7):758-764.

②　张月红. 科学家喜欢什么样的学术期刊:试以国家自然科学基金重点学术期刊资助项目:《浙江大学学报》(英文版)创办 10 周年为例[J]. 中国科学基金,2010(5):296-299.

③　吴晓丽,陈广仁. 建设世界一流科技期刊的策略:基于 *Nature*、*Science*、*The Lancet* 和 *Cell* 的分析[J]. 中国科技期刊研究,2020,31(7):758-764.

④　魏佩芳,包靖玲,沈锡宾,等. 国外顶级医学期刊的数字化及新媒体平台发展现状:以《柳叶刀》系列期刊为例[J]. 中国科技期刊研究,2020,31(2):166-172.

贝尔奖得主创办了 1 份生物学领域开放获取期刊——eLife。eLife 于 2015 年获全球学术与专业者出版协会(ALPSP)年度出版创新奖。它的系列出版创新带给学术界较大冲击,具体体现在办刊资金、办刊团队、审稿方式、开放出版和文章评价 5 个方面。① ①斥巨资办刊。2012 年 eLife 接受共 323 万英镑资助作为刊物启动资金,支出 225 万英镑,折合人民币 4700 万元,具有明显的"砸钱"办刊意味。②全球顶尖科学家、学科带头人编辑和巨型期刊创始人打造的超级团队。在主编兰迪·谢克曼带领下,eLife 组建了 1 支 20 人的高级编辑团队及分布于各个学科领域的 199 位审稿编辑团队,这些高级编辑都是各个领域杰出的科学家,有丰富的科研经历,是多种国际科研组织的成员或是学科带头人。此外,还有负责期刊运作、市场营销、网络技术支撑、生产部门、财务部门的 24 人行政团队。行政团队的执行主管是 PLoS 创始人、开放获取学术出版商协会(Open Access Scholarly Publishers Association)的创办人之一。③编辑与同行评议结合审稿。eLife 稿件处理流程及同行评审特色在于高级编辑及审稿编辑相结合的方式,这种方式大大提高了作者满意度,在 eLife 上成功发文的作者对整个发表过程非常满意。④完全开放的出版模式。eLife 平台最主要的特点就是全开放,即任何有因特网连接的人,都可以访问任何一篇已发表的文章。2022 年 10 月,elife 对外宣布:从 2023 年 1 月 31 日起,所有经过同行评审的文章,eLife 都不会作出接受/拒绝的决定,而是直接发布在其网站上,引起学术界热议。② ⑤基于文章而非基于期刊的评价。eLife 主编兰迪·谢克曼本人反对以影响因子来评价期刊论文,因此 eLife 提供了针对单篇论文的评价指标(Article-Level Metrics, ALM)。在 elife 引起广泛关注的同时,也引发了同行的一些质疑,包括发展的可持续性问题、刊物发展达到国际知名还是国际顶刊、同行评议工

---

① 程磊,汪劼,徐晶,等. eLife 期刊特点及其学术质量[J]. 中国科技期刊研究,2015,26(3):244-251.

② 铁非. 震动!这本顶级 1 区期刊刚刚宣布:明年起将不再拒稿![EB/OL]. [2022-11-28]. https://mp. weixin. qq. com/s/kJNxn3CoExsITO 8Q64EcAQ.

作的可持续管理问题等。①

（3）中国科技期刊国际影响力提升计划。关于影响力提升计划资助效果追踪，目前有 3 年数据追踪和 6 年数据追踪的反馈。据观测，2013—2016 年，"中国科技期刊国际影响力提升计划" 1 期资助效果显著，大部分受资助期刊影响力指标提升显著，但个别期刊影响力指标不升反降。② 2014—2019 年，提升计划资助期刊的学术影响力指标提升显著，但出现部分期刊试图采用缩减载文量和非正常途径提升引用的方式来提高影响因子的不良举措。③

---

① 程磊，汪劼，徐晶，等 . eLife 期刊特点及其学术质量[J]. 中国科技期刊研究，2015，26（3）：244-251；张月红 . eLife 引发 "同行评审" 革命？[EB/OL]. [2022-11-24]. https://mp. weixin. qq. com/s/pE4fxsVNjxvqCGr H1KiANQ.

② 王燕 . "中国科技期刊国际影响力提升计划" 对科技期刊影响力提升效果的评价研究[J]. 中国科技期刊研究，2018，29（10）：1048-1053；甘可建，刘清海，李扬杵 . 中国科技期刊国际影响力提升计划实施效果调查与对策建议[J]. 编辑学报，2018，30（2）：116-120.

③ 陈振英，刘梦琪 . "中国科技期刊国际影响力提升计划" 实施效果分析：基于近 6 年期刊计量指标的分析[J]. 中国科技期刊研究，2019，30（10）：1097-1104.

4 学术期刊出版流程的质量控制

4.1 获取稿源环节的质量控制

学术期刊的稿源构成通常有 3 种途径，一是作者自由投稿，二是编辑部主动约稿，也称组稿。前者的稿源质量依赖于作者的投稿决策与作者论文质量水平；后者的稿源质量则依赖于约稿人员对于约稿对象综合情况的判定与后期的跟进。随着学术交流的日益开放，二者之间的界限也日趋模糊。因此本书将影响稿源质量的因素进行综合分析。此外在我国学术期刊获取稿源环节中，还存在一种较为特殊的情况，即人情稿、关系稿。人情稿、关系稿与稿源质量之间的相关关系，尚不在本书研讨之列。

稿源质量是期刊学术质量的基础，获取优质稿源是获取稿源环节的质量控制目标。根据质量控制理论中全员管理的思想，获取稿源环节涉及期刊与作者双方的因素。因此，影响稿源质量控制的因素根植于 2 个体系，一是以期刊编辑部为主体、通过期刊吸引力和编辑团队主体性发挥对优质稿源的吸纳性影响；二是作者因素对于稿源质量的影响，通过作者的投稿选择和作者论文创作的水平体现。

4.1.1 稿源环节质量控制的内涵

稿源质量是指期刊收到自由投稿与组稿文章的学术水平。[①]

一篇优质的学术论文，其学术水平体现于两个方面，一是作为拟刊发稿件的质量状态，应具有科学性、创新性及学术性[②]；二是文章刊发后一定时间段内，应在学术价值和社会价值上有所体现[③]。

具体来看，论文的科学性是指论点有理据、可信度高，论据经得起推敲和检验。论文的创新性是指具有原创内容，包括以往研究中没有涉及的问题，已有的研究成果中没有提及的观点、理念、结论等，以往的研究中没有尝试的策略、途径与方法等；也指有新意的内容，包括对已有研究观点的纠正与补充，对已有研究方法的完善或拓展，对现有问题、现状提出新的解决思路。学术性包括论文在形式上的格式、体例、语气、措辞要严谨规范；在选题与内容上立足于本专业的理论与实践，并紧密结合本专业的研究领域，从理论或实践的层面探究并试图解决实际问题。

按照国际通用的衡量学术成果创新性与学术水平的文献计量评价方法，论文的学术价值通过论文被引次数来衡量。经研究发现，文章发表两年后其被引频次达到最高。[④] 被引次数的考量可通过细分为绝对被引次数、学科被引次数、绝对下载次数、学科下载次数等数据来综合反馈；论文的社会价值则通过社会反响和采纳情况两个角度进行反馈，前者来自社会大众的阅读、转载等情况的反馈，在数字环境下，还应将社交媒体阅读、引用和转载情况纳入其中；

---

① 蓝华. 基于过程的科技学术期刊质量控制系统研究[D]. 哈尔滨：哈尔滨工程大学，2009：42.

② 裴栓保. 谈学术期刊编辑选稿的五个视角[J]. 编辑之友，2014(11)：80-83.

③ 任全娥. 中国人文社会科学论文评价指标体系实证研究[J]. 社会科学管理与评论，2011(2)：61-69.

④ Gai Shuangshuang, Liu Xueli, Zhang Shile, etc. Comparing 'Papers Cited Rates' With Other Measures for Science Journal Evaluation [J]. Learned Publishing，2014，27(4)：283-290.

后者来自政府决策部门。

4.1.2 影响因素：期刊层面、作者层面

当年轻的研究人员在众多学术期刊之间选择投稿对象时，因为经验有限和信息不对称，投稿选择往往变得十分困难。此时，有两个因素会直接影响他们的投稿选择，一是资深同事的指导，二是机构内部奖励体系的设置，这两个因素会驱使他们将稿件投向各类核心期刊/被索引期刊。①

在对期刊信息能全面掌握和了解的情况下，作者会如何选择投稿的对象，国内外研究者对此展开了一系列大样本调查。罗兰兹（Rowlands）等人通过对涉及 4000 多名高级研究人员的调查显示，作者在投稿时，最青睐的因素与 4 个世纪以前的需求无异：一是优质而精准的读者面，二是论文发表于同行评议杂志之上获得的学术认可。② 另有斯沃恩（Swan）和布朗（Brown）展开的一系列研究显示③，作者投稿时最看重的两个因素分别是读者群和期刊质量。拥有精准的读者对象比拥有最大数量的读者群更为重要。期刊质量主要体现在影响因子、期刊声望以及编委声望方面。

芬兰赫尔辛基汉肯经济学院的博克里斯特·比约克（Bo-ChristerBjörk）与其同事针对此问题，运用样本参照法（Benchmarking method），对影响作者投稿的因素研制了投稿净值模型（The net value of submission model）。④ 并从该模型中遴选 8 种相对重要

---

① Bo-Christer Björk, Jonas Holmström. Benchmarking Scientific Journals From the Submitting Author's Viewpoint[J]. Learned Publishing, 2006, 19(2): 147-155.

② Rowlands I. Nicholas D. and Huntington P. Scholarly Communication in the Digital Environment: What Do Authors Want? Finding so Fan International Survey of Author Opinion. CIBER 2004.

③ Swan A, Brown S. What Authors Want-The ALPSP Research Study on the Motivations and Concerns of Contributors to Learned Journals. ALPSP, 1999.

④ Bo-Christer Björk, Jonas Holmström. Bench Marking Scientific Journals from the Submitting Author's View Point[J]. Learned Publishing, 2006, 19(2): 147-155.

而独立的因素，包括：学术简历价值（CV value of publication）、刊
物在专家领域的影响力（impact on scientists and practitioners）、审稿
质量（quality of the review process）、出版时滞（publication delay）、
拒稿率（submission rejection risk）、期刊服务水准（service level of
journal）、刊物的技术优势（technical features of the journal）、版面费
（author charges）。此模型成立的前提，是学术期刊作为向作者提供
服务的生产者。①

　　上述 8 种因素的重要程度，取决于作者本人所处的事业阶段、
个人利弊平衡下的综合取值，以及在全球范围内是否具有共通性。②

　　国内学者也对此展开了类似调查。一项有效样本为 952 的针对
中国科学家的调查显示，中国科学家选择投稿期刊的关键因素是期
刊质量，最重视期刊声誉与学术影响力，期刊是否被国际重要检索
机构收录、期刊影响因子、期刊排名等涉及期刊学术地位的因素分
值权重也较高。③ 在选择投稿对象时，我国期刊吸引力不足，
68.2%的科学家会选择国际期刊，背后动机是期刊声望、科研评价
导向、影响因子、审稿质量高且程序规范以及出版周期短等因素的
综合效应。④ 这项调查也间接揭示了我国长期存在的科研论文外流
的原因。

　　从以上研究成果可见，国内外研究者对于学术期刊的青睐因素
有许多共性，如优先认可期刊质量以及期刊声望、出版周期、期刊
服务、审稿质量的关注；也有较为明显的差异——国外研究人员十
分看重期刊读者群，对目标读者群的重视优于读者数量。

------

　　① Bo-Christer Björk, Jonas Holmström. Bench Marking Scientific Journals
from the Submitting Author's Viewpoint[J]. Learned Publishing, 2006, 19(2):
148.

　　② Bo-Christer Björk, Jonas Holmström. Bench Marking Scientific Journals
from the Submitting Author's Viewpoint[J]. Learned Publishing, 2006, 19(2):
147-155.

　　③ 莫京，马建. 中国科技期刊质量评价与存在问题：基于科学家问卷
调查[J]. 中国科技期刊研究，2012，23(6)：918-925.

　　④ 莫京，马建. 中国科技期刊质量评价与存在问题：基于科学家问卷
调查[J]. 中国科技期刊研究，2012，23(6)：918-925.

在上述各因素中，笔者根据不同因素在不同情况下对作者投稿取向的影响综合发挥作用的情况，将其归纳为期刊与作者两个层面的因素。期刊与作者共同影响一本刊物的稿源质量。期刊通过自身吸引力和编辑主体性的发挥来获取优质稿源；作者的投稿意向直接受当前学术评价体系的影响，具有优质科研水平尤其是在专业领域的优秀作者更有可能提供优质稿源。期刊吸引力需要刊物在期刊声望、期刊服务、用稿机制以及读者群上下功夫，加以改善与提高；编辑主体性的发挥，依赖于以主编为首的包括编辑和编委的全体编辑人员的动员，并依靠良好的激励机制助推编辑主动性的发挥。

期刊层面，包括期刊吸引力和编辑团队的主体性。期刊吸引力是指期刊基于质量、声誉、服务等因素和表现综合而成的吸引作者的能力。期刊吸引力包括期刊声望、期刊服务、用稿机制和读者群。编辑团队的主体性是编辑团队在从事编辑实践活动中所表现出来的自主性、能动性和创造性[1]，其成员往往包括主编、编委和编辑。编辑团队在日常工作中体现出来的自主性、能动性以及创造性，对于获取和吸引优质稿源具有重要作用。在阻碍我国学术期刊质量提升的内在因素中，"编委会没有发挥应有的作用""缺乏高素质编辑""缺乏专业出版人员""审稿质量不高或欠规范"等因素赫然在列。[2]

作者层面包括作者科研水平及其在特定专业领域的科研水平以及当前学术评价体系下对作者投稿意向的影响。前者对于作者论文质量的影响是毋庸置疑的。关于作者投稿意向，无论是年轻学者还是资深研究人员，其投稿行为都直接受到学术评价体系的影响，中外学者概莫能外。[3] 作者在进行投稿选择时，会主动倾向于选择能

---

① 刘荣军. 论当前学术期刊困境的编辑主体性原因及对策[J]. 编辑之友，2005(1)：22.

② 莫京，马建. 中国科技期刊质量评价与存在问题：基于科学家问卷调查[J]. 中国科技期刊研究，2012，23(6)：918-925.

③ Bo-Christer Björk, Jonas Holmström. Bench Marking Scientific Journals from the Submitting Author's Viewpoint[J]. Learned Publishing, 2006, 19(2)：147.

为自己带来学术声誉、学术肯定、学术地位以及物质奖励或科研项目机会的期刊平台。①

（1）期刊因素的吸纳性影响

期刊因素对稿源质量的影响，包括期刊对于作者的吸引力和编辑组织②主体性的发挥。期刊吸引力包括期刊声望、期刊服务、用稿机制和读者群；编辑团队主体性包括主编、编委和编辑三类编辑主体发挥的主体性。

①期刊吸引力。

综合作者投稿行为从经济学和发表需求、传播需求两个角度考虑，作者在自由投稿时，会首先选择学术声望高的期刊，具体体现在期刊被数据库检索的情况、期刊权威性（影响因子、是否被列入奖励期刊）；在同等级期刊的选择范畴中，则会细致考虑期刊提供的服务、用稿机制（如发稿的绿色通道、快速通道，报酬/版面费）、读者群等因素。自由投稿过程中的质量控制，很大程度上取决于期刊吸引力。

△ 期刊声望。从 ALPSP 的相关调查来看，在作者眼中，期刊声望、论文发表时滞和读者群是学术期刊质量特征最重要的三个属性。③ 期刊声望（Journal Influence）这一概念最早由平斯基和纳林（Pinsky & Narin）于 1976 年提出，也称为期刊的科学声望（journals' scientific prestige），其内涵既有量化标准，也包含作者和读者的主观判断。具体到作者角度，期刊声望由一系列复杂的因素组成，包括期刊出版商的声誉（如知名学术期刊出版商、拥有出版品牌的知

① 莫京，马建. 中国科技期刊质量评价与存在问题：基于科学家问卷调查[J]. 中国科技期刊研究，2012，23（6）：918-925；Bo-Christer Björk，Jonas Holmström. Bench Marking Scientific Journals from the Submitting Author's Viewpoint[J]. Learned Publishing，2006，19（2）：147.

② 根据编辑学相关理论，编辑主体包括编辑和编辑组织（见：张积玉. 编辑学新论[M]. 西安：陕西师范大学，2003：114），本节所指的编辑主体，主要指编辑组织。

③ Regazzi John J. The Association of Learned and Professional Society Publishers，Author-perceived Quality Characteristics of STM Journals[J]. Learned publishing，2009，22（1）：78-79.

名学会/协会)、编委会成员、影响因子、期刊排名等，这些因素构成了作者的学术简历价值，即在作者所处的学术圈中，刊发一篇文章于某本学术期刊之上，是否意味着其学术简历上有增量价值(incrementalvalue)。能否在作者获得科研单位的奖励、争取基金资助、政府资助等学术活动上具有非同凡响的作用①，是期刊声望最直接的价值所在。

期刊声望高的期刊，不仅对于作者研究成果的认同度、社会声誉等有较高的回报，且文章发表后的影响，很大程度上也依赖于期刊平台。如有研究者通过 ESI 选出化学领域全球总引次数前 10 的机构作为研究对象，对挑选出的 8585 篇高被引论文的参考文献进行实证研究发现，高被引论文更倾向于引用声望值和影响因子高的期刊论文。② 因此，面对数目众多的学术期刊，大部分作者在投稿时将注意力集中在少数几本著名的期刊上，期刊声望高的学术期刊具有更强的获取优质稿源的吸引力。③

期刊声望难以在短期内形成，它需要刊物长期持之以恒的努力与积累。学术期刊一方面要不断积累期刊声望，另一方面也要积极引导作者作出正确的投稿选择。声望高的学术期刊，采稿率很低，论文获取发表的机会也低。因此，应引导作者在投稿时学会权衡对于"期刊声望"的期待。学术期刊应借助学术会议、非正式座谈等途径对刊物进行宣传，帮助本领域的作者群充分了解刊物与同领域期刊之间的区别和刊物的特征，引导作者作出合适的投稿选择。

△ 期刊服务。期刊服务体现在学术期刊出版的全流程，更体现于作者投稿—查询—用稿(后续质量反馈)/退稿(退稿理由)/修改(修改建议)的全过程。作者在体验学术期刊的投稿后，对于期

---

① Borja González-Pereira, Vicente P. Guerrero-Bote FélixMoya-Anegón. The SJR indicator: A new indicator of journals' scientific prestige[EB/OL]. [2015-09-06]. http://arxiv.org/ftp/arxiv/papers/0912/0912.4141.pdf.

② 梁春慧，孙艳，万跃华. 高被引论文的参考文献特征研究：以化学领域为例的实证分析[J]. 科技与出版，2014(7)：119-122.

③ 王德. 如何选择合适的杂志投稿[J]. 中国医师杂志，2003(3)：428.

刊服务的体验往往会作为下次投稿选择时的重要参考。

△ 投稿服务。投稿的便利性、稿件处理速度等，形成了作者对于学术期刊投稿服务的印象。目前，学术期刊编辑部在线投稿系统已经得到普遍应用，功能完善、使用方便、规范化、流程化的稿件提交系统，既有对学术内容的规定，也有非学术内容的规定，并通过这些严格的规定来实现"隐性质量控制"。① 作者投稿成功后，编辑部会对稿件进行一系列处理，包括稿件登记、稿件查重、剔除不符合刊发主题范畴的稿件（退稿/建议转投他刊）以及稿件送审。编辑部用于处理稿件的速度越快、时间越短，稿件距获知审稿结果的时间就越短。在在线投稿系统中，投稿须知具有重要作用，它是帮助作者完成论文规范的良好工具，一份完备的投稿须知，应具备以下五个方面的内容：一是对刊物主旨及刊发主题的说明及界定；二是投稿说明及审稿程序说明；三是规范的格式要求；四是道德声明，即对于学术不端的明确界定；五是版权归属条约。② 规范、全面的投稿须知，能为稿源质量提供基本保障。

△ 审稿服务。刊物向作者提供的审稿服务主要体现在送审时效、审稿质量以及审回反馈方面。其中，送审时效与稿件处理效率紧密相连，在审回反馈方面，不仅要有时效性，更要向作者提供具有针对性、建设性的审回意见，便于作者学习与改进。

△ 出版周期。出版周期、拒稿率及版面费，这三项是学术期刊影响作者投稿的负面因素。③ 在传统出版环境下，出版周期是不可选择的，作者未曾对此有过多期待。但在数字环境下，很多研究领域的科研成果日新月异，出版周期也演变成为研究人员选择投稿对象越来越重要的考察因素。

---

① 徐刘靖，张剑. 电子预印本系统隐性质量控制机制研究[J]. 图书情报工作，2007(5)：56.

② Remya Nambiar Priyanka Tilak Clarinda Cerejo. Quality of Fauthorguide Lines of Journalsin the Biomedi Calandphy Sical Science[J]. Learned Publishing，2014，27(3)：201-206.

③ Bo-Christer Björk，Jonas Holmström. Bench Marking Scientific Journals from the Submitting Author's Viewpoint[J]. Learned Publishing，2006，19(2)：151.

　　△ 用稿机制。用稿机制包括发稿制度、稿酬以及版面费三个方面。是否收取版面费、如何收取版面费以及版面费数额多少，都会影响作者的投稿以及发文决定。[1] 为了吸引高水平的论文，"绿色通道"和"快速通道"的发稿制度方式，能吸引更多优质论文。例如《细胞研究(英文版)》通过绿色通道与快速通道，为优秀的原创论文以及在国外学术期刊受到不公正评审待遇的优秀论文提供快速审理服务，因此而"拾获"了不少论文质量堪比 PNAS、PlantCell 和《自然》论文水平相当的原创论文，这些文章对提升该刊的学术质量作出了很大贡献。

　　实行优稿优酬是国内外学术期刊的通行做法。美国生理学学会期刊向约稿作者提供隐性稿酬——无须缴纳审稿费、出版费，可以获得 50 本免费样刊，发文长度不受限制。

　　在国际范围内，商业性学术期刊的出现以及学会/协会期刊在生产成本提高的环境下，学术期刊开始收取版面费。[2] 版面费(page charges)也称发表费(publishing charges)，国际上学术期刊通行的做法，是在投稿指南中明确标示需要作者承担的各项出版费用，包括可以灵活处理的收费项目，免费收的论文也会在投稿指南中说明。具体而言，国外学术期刊收取版面费与发行收费类似，收费名目细致、区别收费，如美国微生物学会(The American Society for Microbiology， ASM)的系列学术期刊的版面费收取，区分会员与非会员，基本版面收费以及超出版面收费。[3] 另一种较为典型的版面费收取情况是完全尊重作者自愿。如美国电气电子工程师学会(Institute of Electrical and Electronics Engineers， IEEE)系列学术期

　　① Bo-Christer Björk, Jonas Holmström. Benchmarking Scientific Journals from the Submitting Author's Viewpoint[J]. Learned Publishing, 2006, 19(2)：147.

　　② Jamie Cameron. Watersheds in Scientific Journal Publishing [M]//A Century of Science Publishing：A Collection of Essays. Amsterdam：IOS Press, 2001：254.

　　③ 中国科学技术协会学会学术部. 国外科技社团期刊运行机制与发展环境[M]. 北京：中国科学技术出版社，2007：120.

刊有 100 多种，这些学术期刊的版面费支付完全自愿，是否交纳版面费不影响论文的审稿结果和刊发情况。在开放获取期刊或传统订阅式期刊的开放存取选择中，绿色开放存取是通过向作者收取论文处理费（article processing charge，APC）或称论文出版费（article publication charge，APC）来获取盈利的商业模式，收费数额从 0 到 5000 美元不等，且不算入彩色印刷费用和版面加收费用。①

△ 读者群。在数字环境下，读者群不能简单定义为期刊的读者对象，而是刊登于期刊上的每篇文章被阅读的范围以及频次。②对于订阅时代（20 世纪 90 年代以前）的学术期刊而言，读者群取决于个人和机构的订阅数量。在数字环境下，由于电子版的在线发行、期刊群打包出售、各类全文数据库的出现，读者群的实际情况要复杂得多。除了单篇文章的被阅读频次外，读者群的实质还涉及另外一个重要方面，即该刊的出版领域是否足够专业——同样数量的读者，显然专业化的细分期刊的读者品质要高于主题宽泛的学术期刊的读者。③

②编辑团队主体性。

主体性是指主体在实践过程中表现出来的能力、作用、地位，即人的自主、主动、能动、自由、有目的地活动的地位和特性。④学术期刊出版活动中，其主体为以编辑为代表的编辑部，即编辑组织，包括主编、编委和编辑。

① Simon Thomson, Robert Kurn. Open Access Key: A New System for Managing Author Publication Payments[J]. Learned Publishing, 2012, 25(3): 183-188.

② Bo-Christer Björk, Jonas Holmström. Bench Marking Scientific Journals from the Submitting Author's View Point[J]. Learned Publishing, 2006, 19(2): 150.

③ Bo-Christer Björk, Jonas Holmström. Bench Marking Scientific Journals from the Submitting Author's View Point[J]. Learned Publishing, 2006, 19(2): 150.

④ 李德顺. 价值论：一种主体性的研究[M]. 北京：中国人民大学出版社，1987：35.

　　△ 主编。办好学术期刊，繁荣学术，刊物的主编起到关键作用。[①] 遗憾的是，我国学术期刊主编在办刊中的参与情况缺少直接反馈。主编兼任、缺少专职主编的情况较为普遍，在面对期刊发展和转型等问题上，较少看到主编的发声。如面对学术期刊在大数据时代的转型问题，研究成果大多数第一作者为编辑部普通编辑或高校和科研院所教师，第一作者为主编的论文寥寥无几。[②] 一名优秀的学术期刊主编，需要通过以下几个方面的品质与能力来为刊物吸引优质稿源。

　　一是有强烈的办刊意愿。《纳米研究》(*Nano Research*)选择斯坦福大学华人科学家戴宏杰教授作为该刊主编，致力于创办一本植根于中国的学术期刊、一本全球纳米领域的能令华人骄傲的期刊。主编强烈而高远的办刊愿景，使刊物得到众多华人学者和国际一流纳米领域科学家的帮助。该刊创刊一年半，即被 SCI 收录。

　　二是能投入足够的精力。《纳米研究》与《细胞研究》(*Cell Research*)作为我国优秀国际学术期刊的代表，它们能在几年中获取国际影响力，甚至跨入学科领域国际期刊前列，与主编/常务副主编投入极大的办刊精力密不可分。《纳米研究》的主编作为国际纳米领域的一流专家、斯坦福大学教授，但对于刊物建设从专家邀请函、约稿信、作者须知等刊物最基本的建设工作，到网站建设，再到稿件处理，编辑邮件回复[③]，在期刊日常运营中投入了大量精力。《细胞研究》常务副主编李党生博士凭借自身的专业和编辑经验，帮助科学家在国际顶尖期刊上发表文章。通过为科学家提供帮助，与他们建立了平等互助的友谊。与刊物建立了友好关系的科学家，又反过来对期刊共建作出了自己的贡献——既给予优秀稿件的投稿，同时还积极主动为刊物约稿，并为刊物提供优质高效审稿

---

　　① 龙协涛. 学术繁荣与期刊主编[J]. 北京行政学院学报，2007(4)：1-3.

　　② 高虹. 大数据时代学术期刊高质量发展问题透视[J]. 中国科技期刊研究，2020，31(12)：1395-1401.

　　③ 韩燕丽. 主编在学术期刊建设中的作用：以 Nano Research 为例[J]. 科技与出版，2012(9)：32-34.

服务。

三是善于对刊物进行宣传推广。主编推广期刊能起到事半功倍的作用，作为国内外一流的专家学者，主编本人在学术领域就有极大的号召力和影响力，如果能利用学术交流、学术会议、机构访问等机会，不失时机地对刊物进行宣传、推广与约稿活动，能有效吸引更多优质稿源。

△ 编委。编委是学术期刊核心竞争力的重要组成部分，能为编辑部贡献优质论文、推荐优质论文、提供审稿服务、积极为刊物建言献策等，在刊物树立品牌、扩大影响力方面发挥着独特作用。如上海市医学会与威利·布莱克威尔合作出版的《消化疾病杂志》（*Journal of Digestive Diseases*），创刊时拥有一支由中、美、日、德、澳等国的顶尖专家组织的国际编委会队伍。该刊编委在创刊初期主动撰文供稿，并积极向世界各地学者约稿，从而极大地帮助该刊解决了非英语母语面临的英文稿源匮乏问题，大量优质的原创稿件获得专家学者的极大好评与关注。[1]

目前，我国学术期刊在编委作用发挥方面，整体水平较低，部分有影响力的学术期刊未设编委，更为普遍的情况是编委发挥作用不够充分。编委会在期刊实际运作中参与度低，在组稿、推荐优质论文等方面的工作主动性和积极性欠缺。这与我国学术期刊办刊的主体意识不够和编委的学术责任意识不足密切相关。[2] 学术期刊在吸纳编委时，往往流于形式主义，后期管理缺少激励制度；学术期刊编委则未能充分激发自己的学术责任意识——作为一名中国学术期刊编委，编委应努力向我国优秀的学术期刊和国际同行学习，主动为刊物贡献自己的力量，将中国的学术期刊建设成为国内一流期刊、国际知名期刊。

关于编辑主体性的表现与功能，本书将在"编校环节的质量控

① 冯韬. 国际合作出版英文科技期刊的现状和未来 [J]. 出版广角，2015（8）（上）：56-57.

② 陈翔. 学术期刊编委会履行职责中常见问题分析 [J]. 编辑学报，2007，19（6）：453-454.

制"中作详细论述。

（2）作者因素的基础性影响

作者因素包括作者科研水平及其在特定专业领域的科研水平。能满足作者发文需要的期刊，是作者投稿时的优先选择对象；作者科研水平及其在特定专业领域的科研水平决定着投稿文章的质量水平。

①学术评价体系对作者投稿意向的影响。

我国科技评价、职称评聘、奖励制度等均以"以刊评文"作为标准，造成作者投稿优选 ABC 刊、三大索引期刊。在社科期刊领域，优质稿源以期刊被收录情况呈现自然集中状态；在科技期刊领域，优质稿源外流严重，从 2007 年到 2016 年，中国在论文产出最高的 14 个国家中，论文流出量居高不下。[①]

②作者科研水平及其在特定专业领域的科研水平。

高水平的科研能力和科研工作是高水平文章的前提条件。[②]一份优秀的科研产出离不开作者良好的科研水平作为基础，但并非具有良好科研水平的作者的科研产出都是精品。

作者的科研水平难以通过指标直接进行量化，本书认为，作者科研水平可以通过作者机构、职称以及学位进行考量。编辑部在获取稿源尤其是组稿时，应主动利用作者机构对作者学术研究的正面影响，有针对性地向科研实力强的机构及其作者约稿、约请编委、审稿专家。

---

① The Institute for Science, Technology and Academic Policy of the Japanese Ministry of Education, Culture, Sports, Science and Technology reported on 7 August 2020 that the 2016-18 annual average statistics showed that China surpassed the USA in the number of papers published in the natural sciences. 'The Number of Chinese Natural Science Papers in the World Surpasses the United States' [in Chinese], Science and Technology Daily, 11 August 2020, http://www. xinhuanet. com/tech/2020-08/11/c_1126351005. htm.

② 耿璐，杨萍，陈惠，等. 高质量的研究才能出高水平的论文："美国—中国专业作者工作坊"记实[J]. 中华临床营养杂志，2012 20(5)：311-314.

作者在特定专业领域的科研水平，涉及作者研究成果的积累与质量情况。在某一细分专业领域造诣深的研究人员，往往在科研工作中具有更加深刻、独到的视野，产出优质科研成果的几率远远高于普通研究者。在获取优质作者资源方面，国内学术期刊一方面要积极接触作者，通过各种途径维系作者资源；另一方面，要努力进入国内知名评价检索机构，成为"期刊质量认证体系"中的一员，成为更多优秀作者的投稿选择。

4.1.3　优质稿源获取案例研究

稿源和优质稿源存在于极少数高产的研究人员中，被动等待优质稿件不是明智之举。最新大样本调查显示，"二八定律"在科研领域同样存在，情况甚至更为浮夸。一项大样本调查显示，1520万科学家在 16 年(1996—2011)的时间跨度中，只有不到 1% 的人是高产者，这个人群同时承揽了 42% 的发文量和 87% 的高被引贡献。[1] 因此，应在选题上下功夫，打破学科拼盘式栏目设置模式，实行主题化办刊。《深圳大学学报(人文社会科学版)》围绕"中国道路(中国特色社会主义道路)"这一主题，形成了"文明对话与文化比较""特区与中国道路""创意经济与文化产业""经济增长与金融创新""城乡建设与社会治理""人文天地与中国精神"专题，从而将其塑造为集中展示"中国道路"主题高水平研究成果的学术平台。

另外，还应围绕重大理论和现实问题，组织专题化研究。《中国人民大学学报》开设研究专题，或探讨重要而经典的理论议题，或回应紧迫的现实关切。《四川大学学报(哲学社会科学版)》策划的《中国学研究》专题，同一期发表的 4 篇文章全部被《新华文摘》转载。

---

[1]　Ioannidis, J. P. A., Boyack, K. W., & Klavans, R. (2014). Estimates of the Continuously Publishing Core in the Scientific Workforce[J/OL]. PLOS ONE, 9(7), e101698. doi：10. 1371/journal. pone. 0101698.

4.2 审稿环节的质量控制

稿件的综合质量把关即审稿对保证所发表论文的质量水平至关重要。目前，我国学术期刊审稿普遍实行三审制，即编辑部初审、同行评议、主编/编委终审。[①] 在三审制的审稿流程中，同行评议居于核心地位，直接影响编辑部对稿件作出录用与否的决定。

在传统环境下，审稿功能包括提升稿件质量和对稿件的学术价值作出判断[②]；在数字环境下，面对海量的庞杂的甚至违背学术出版伦理的文献内容，学术期刊作为学术交流体系中正式交流的主要渠道之一，还应承担学术不端的伦理把关。

当审稿的三项功能在较短的周期内充分实现，审稿环节的质量控制即得以实现。根据质量控制理论全员管理的思想，审稿活动作为一项审稿人与期刊编辑部之间的双边活动，其质量控制功能的充分发挥，依靠编辑部的审稿机制与审稿人双边力量构建而成的审稿体系。其中，审稿机制涉及审稿流程、审稿标准与审稿要求、审稿工作的可问责机制、数据存缴制度的辅助审稿机制以及学术不端追惩机制；审稿人资历和审稿意愿则是审稿人的主要影响因素。

4.2.1 审稿环节质量控制的内涵

影响审稿功能发挥的运行机制，笔者将其解构为审稿机制与审稿人双边力量的构成体系。

学术期刊审稿环节的功能主要有两种：一是提升稿件质量，二是对稿件的学术价值做出判断。随着世界范围内学术不端行为频现，海量的文献信息也同时具有庞杂的特性，学术期刊作为学术交

① 中国科协学会学术部. 中国科协优秀国际科技期刊典型事例汇编[M].北京：中国科学技术出版社，2014：14，26，35，46.

② David Kaplan. How to Fix Peer Review：Separating Its Two Functions—Improving Manuscripts and Judging Their Scientific Merit—Would Help[J]. Journal of Child and Family Studies，2005，14(3)：321-323.

流的主要正式渠道，在审稿环节中应辅以学术不端把关，从而为学术交流提供更科学、优质的信息。

（1）质量提升功能

审稿的质量提升功能通过对文稿提供建设性修改意见来实现，包括研究方法的应用、研究结论的增强以及论证的说服力等方面。[1] 审稿意见越具体，越具有针对性和建设性，对文稿质量的改进作用越大。

（2）把关功能

对稿件质量和学术价值作出判断与把关，是审稿环节的核心功能。[2] 审稿的把关功能通过对稿件的创新性、科学性及学术性等方面作出恰当评价，促成高质量论文得以发表来实现。

（3）学术不端把关

随着世界范围内学术不端现象的大量出现，如日本理化研究所小保方晴子论文造假[3]，两家著名出版社发表的近百篇论文被发现是机器自动生成的虚假论文[4]，以及近年来中国作者被屡屡曝光的学术不端事件等，人们认识到，由于科学研究复杂性的增加，学术论文难以通过审稿杜绝学术不端行为。因此，通过鼓励公开纠正学术不端，建立学术不端追惩机制，是学术期刊在科研2.0时代赋予的新功能。[5]

---

① David Kaplan. How to Fix Peer Review：Separating Its Two Functions—Improving Manuscripts and Judging Their Scientific Merit—Would Help[J]. Journal of Child and Family Studies，2005，14(3)：321-323.

② David Kaplan. How to Fix Peer Review：Separating Its Two Functions—Improving Manuscripts and Judging Their Scientific Merit—Would Help[J]. Journal of Child and Family Studies，2005，14(3)：321-323.

③ 小保方晴子 STAP 细胞"学术造假"事件[EB/OL]. [2014-10-01]. http：//blog. sina. com. cn/s/blog_ 8220aa940102vex5. html？tj＝1.

④ Van Noorden R. Publishers Withdraw More Than 120 Gibberish Papers[J]. Nature，24February2014. http：//www. nature. com/news/publishers-withdraw-more-than-120-gibberish-papers-1. 14763.

⑤ 张晓林. 提高学术期刊的合规标杆[J]. 中国科技期刊研究，2015，26(1)：1-2.

4.2.2　影响因素：审稿机制、审稿人主体性

审稿质量控制有赖于审稿功能的充分发挥。审稿功能得以发挥，离不开期刊编辑部审稿体系的运行机制。综合五重视角下审稿质量的影响因素，可将审稿体系的运行机制归纳为审稿机制与审稿人因素的双边力量构成体系。

在追求快速、高质量审稿的过程中，研究人员进行了系列调查与研究，分别从编辑工作措施[①]、影响审稿人因素[②]及审稿人审稿动因[③]、审稿意愿[④]、审稿流程[⑤]各个角度进行考量，以获取影响审稿质量的各项因素。

影响审稿质量和审稿功能发挥的构成要素覆盖了初审工作、审稿单设计、选择合格/合适的审稿人、审稿专家的年龄因素、审稿费用、人情因素、审稿方式、审稿动因、审稿意愿、审稿流程等。其中，部分要素存在交叉，如专业对口与审稿意愿二者相辅相成，当送审稿件与审稿专家的专业对口时，审稿专家产生较高的审稿意愿，反馈时间短、审稿质量高。送审的精确性又与初审工作联系密切，初审工作细致，则能大大提升送审稿件与审稿专家在审稿意愿、审稿能力、审稿接受频率等方面的匹配程度，使审稿过程更加顺畅等。

审稿活动作为期刊编辑部与审稿人之间的双边活动[⑥]，其运行

---

① 宫福满. 科技期刊提高专家审稿质量的编辑措施[J]. 中国科技期刊研究，2003，14(3)：428-430.

② 金伟. 审稿人谈审稿[J]. 中国科技期刊研究，2002，13(2)：119-121.

③ 占莉娟. 科技期刊审稿人的审稿动因分析[J]. 中国科技期刊研究，2015，26(4)：363-369.

④ 刘潇. 如何让专家欣然、高效、准确地审稿[J]. 中国科技期刊研究，2013，24(4)：795-797.

⑤ 李秀敏. 实现科技论文高质量快速审稿的一点体会[J]. 中国科技期刊研究，2012，23(4)：655-656.

⑥ 金伟. 审稿人谈审稿[J]. 中国科技期刊研究，2002，13(2)：119-121.

机制的构建需综合考量期刊与审稿人的双重因素，以形成富于成效的审稿体制。

在期刊层面中，审稿机制是发挥作用的核心与关键。审稿流程通过增强初审工作、明确同行评议的工作重点和同行评议的流程创新三种途径影响审稿效率；统一的审稿标准与具体的审稿要求，对于发挥审稿工作的质量提升与把关功能意义重大；数据存缴制度对审稿的把关功能具有辅助作用；学术不端追惩机制则是发挥净化功能的制度保证。审稿人资历与审稿意愿是影响审稿人发挥其审稿功能的主要构成因素。合格的审稿专家应该是站在本学科前沿、具有较强的信息敏感性、对审稿工作有热心且具有较强责任感的人。

（1）审稿机制对审稿功能的制度影响

审稿机制包括审稿流程、审稿标准、审稿要求、审稿工作的可问责制，以及数字环境下新的数据存缴制度、学术不端追惩机制，各项机制对审稿活动的基本功能产生不同程度的影响。

①审稿流程对于审稿效率的影响。

我国学术期刊当前审稿周期长已成为普遍现象①，如中国科协的学术期刊平均审稿周期为 76.4 天②；我国学术期刊论文审稿时间最长达 180 天③。如何尽快发表文献，是作者尤其是科技研究领域作者的普遍需求。学术期刊要满足作者论文发表时效的需求，解决审稿效率问题不容回避。

目前，我国学术期刊三审制的审稿流程为编辑初审、专家审稿（内外审）、编辑部（主编）终审，各司其职，分别负责稿件的初筛、学术价值判断、是否录用的最终决定。三审制的审稿流程对于审稿效率的影响，通过两个方面来体现。一是初审工作精细，有益于提

---

①　巢乃鹏，胡菲．学术期刊的同行评议：基于审稿专家和作者的比较研究[J]．中国科技期刊研究，2012，23（4）：597-561．

②　中国科学技术协会．中国科协科技期刊发展报告（2011）[M]．北京：中国科学技术出版社，2011．

③　李秀敏．实现科技论文高质量快速审稿的一点体会[J]．中国科技期刊研究，2012，23（4）：655-656．

高稿件的成熟度；二是在审稿流程中厘清各环节之间的责任与重点，明确审稿专家的工作重点所在，有助于提高审稿专家的工作效率。

在数字环境下，审稿流程与审稿效率之间产生了新的矛盾。在线投稿系统在为刊物增加投稿数量的同时，也带来了一些新的问题。例如被拒稿的稿件，会被作者重新投稿至另一本同类期刊的在线投稿系统，这种新情况使得同行评议系统超载，大大加重了审稿专家的审稿负担①，加上审稿专家研究、教学工作以外的剩余时间稀缺，从而形成审稿效率与审稿负担过重之间的矛盾。同时，与国际同行成熟的投稿系统相比，我国学术期刊在线投稿系统多在格式规范上没有强制要求，格式不规范、摘要不齐全的稿件，也能投稿成功，投稿稿件的成熟度有待提高。② 再加上当前投稿论文质量往往不高，如果不进行初步检查，直接将所有稿件发出审阅，审稿人的不满情绪极易产生：明显不适合期刊的稿件，会浪费审稿人的时间与精力。③

因此，有必要在稿件送审之前过滤掉重复度过高的文稿、选题不适合刊物读者群的文稿以及学术水平明显较低的文稿，其他文章可视其规范程度，决定送审还是退修。④

国际上，高影响力的顶级学术期刊的初审退稿比例大约为50%⑤，如《美国医学会杂志》早在1990年初审退稿率即达到54%⑥。

① O Kinne, T Fenchel, E Fee, R Hesslein, etc. Misuse of the Peer-review System：Time for Countermeasures？［J］. Marine Ecology Progress Series, 2003, 258：297-309.

② 宫福满. 科技期刊提高专家审稿质量的编辑措施［J］. 中国科技期刊研究, 2003, 14(3)：428-430.

③ ［英］IreneHames. 科技期刊的同行评议与稿件管理良好实践指南［M］. 张向谊, 译. 北京：清华大学出版社, 2012：35.

④ 宫福满. 科技期刊提高专家审稿质量的编辑措施［J］. 中国科技期刊研究, 2003 14(3)：428-430.

⑤ ［英］IreneHames. 科技期刊的同行评议与稿件管理良好实践指南［M］. 张向谊, 译. 北京：清华大学出版社, 2012：35.

⑥ 周星群, 柳燕, 李莉. 论期刊的科学精神及科学价值［J］. 编辑学报, 2002, 14(2)：79-81.

再如美国化学会(AmericanChemicalSociety, ACS)的系列期刊,其系列期刊审稿流程周密、严谨、高效,稿件在交给同行评审专家前,已经过编辑的格式初审和主编/副主编的内容初审,具有审稿价值的稿件再送至同行评审专家手中[1],精细的初审工作使得稿件得以高效审核,作者也因此获得优质、高效的审稿服务。

有助于提高审稿专家的工作效率。审稿流程的三个环节,各有侧重,初审重在筛选有送审价值的稿件,发送评审;同行评议环节旨在对文稿的学术价值作出评估与判断[2],其评估与判断作为编辑部最后刊用与否的决策依据;编辑部/主编终审,是对文稿是否刊用的最终意见确定。明确同行评议环节的工作重点,有助于提高审稿专家的工作效率。

作为一本具有世界影响力的刊物,《科学》杂志在审稿效率上堪称典范。在其高效的审稿过程中,编辑部对各环节分工十分明确:收到稿件后,根据稿件涉及领域指定至某位编辑处理,编辑接下来将稿件交给审稿委员会以听取意见,该委员会由100名左右的正在从事研究工作的专家组成。近百位编委每周会收到编辑部发送的5~6篇稿件,并在48小时内反馈审稿意见,这是《科学》杂志的初审环节,大部分稿件在这个环节会被退回。约为最终刊用数量2倍的稿件进入同行评议环节,文稿被送至2~3位同行评议专家,这一环节所需时间约为2周。从编辑部收到稿件到完成同行评议,整个过程不会超过6周,6周以后,作者就能接到确切信息,获知稿件刊发、修改或退稿。一篇文章从投稿到发表,仅需2~3个月。[3]

---

①　戴利华. 国外科技期刊出版案例研究[M]//国外科技期刊发展环境. 北京:社会科学文献出版社,2007:117.

②　徐海丽,刘志强,陈光宇. 美国 SIAM 期刊的审稿机制及对中国应用数学类期刊的启示和改进建议[J]. 中国科技期刊研究,2013,24(5):830-834.

③　荆卉.《Science》的选稿标准、审稿过程及其电子版[J]. 中国科技期刊研究,1998,9(2):128-129.

②审稿标准与审稿要求对审稿偏倚的影响。

审稿偏倚（Peerreviewbias）①在学术期刊审稿活动中普遍存在，审稿标准不一是造成审稿偏倚的重要因素②，作者、审稿专家以及编辑部三方均对审稿标准一致性问题颇有微词③。同时，编辑部向审稿人提出的审稿要求是否明确，审稿专家是否熟悉期刊的审稿标准与审稿要求，则对审稿意见质量产生影响。④

③可问责的审稿机制对审稿质量的追溯作用。

尽管大多数学术期刊审稿人能够在审稿工作中自觉遵守职业操守，但在实际审稿过程中，个人的主观意识、学识水平、心理状态、道德修养以及人际关系等因素常会对客观与公正有所影响。当审稿行为缺乏必要的监督与约束机制时，同行评议的公正性和客观性更加难以保障，从而出现审稿失误甚至失当行为。

审稿失误与审稿失当通常存在以下表现：审稿意见过于简单或含糊其词，具有敷衍的意味；对新颖但尚不成熟的学术见解持排斥态度；对不了解的交叉学科、新兴学科作出盲目评价、错误评价；对年轻作者予以轻视，却对学术权威不予置疑和否定；对"近亲"稿件故意拔高评价，对与自己有学术分歧或个人成见以及学术竞争者则无端贬低、压制；极个别审稿人甚至窃用独创性的稿件内容，抢先发表。⑤

----

① 审稿偏倚是指对一篇论文的评价、审稿结果与其真值之间出现了某种差异，这种偏差现象称为审稿偏倚。见：李群，袁桂清．科技期刊审稿偏倚及其控制[J]．中国科技期刊研究，2001，12（4）：295-297.

② 李群，袁桂清．科技期刊审稿偏倚及其控制[J]．中国科技期刊研究，2001，12（4）：295-297.

③ 王颖，孔爱英，朱蓓．科技期刊审稿标准一致性的影响因素及对策[J]．2014，25（12）：1470-1472；巢乃鹏，胡菲．学术期刊的同行评议：基于审稿专家和作者的比较研究[J]．中国科技期刊研究，2012，23（4）：597-600.

④ 罗伟清．同行专家审稿行为的后评价分析[J]．中国科技期刊研究，2015，26（6）：578-582.

⑤ 朱大明．同行专家审稿质量复合控制机制的探讨[J]．中国科技期刊研究，2011，22（5）：758-760.

学术期刊通过可问责的质量控制机制以及审稿行为的事后评价机制①，能够帮助读者、作者和机构明确判断审稿质量存在的问题②，打破仅仅依靠道德宣示、自愿善意的无监督机制。以制度来规范和避免专家审稿的缺失，包括编辑部做好审稿专家工作记录的内部监督以及在论文上显著位置标注审稿专家姓名的外部监督，通过加强制度建设监督审稿人的审稿，使之在提高审稿质量、促进学科发展上起到应有的作用，为公开审稿做铺垫。③

④数据存缴制度对论文科学性的辅助判断。

科研数据包括观察与实验数据、数据模型与模拟数据、三维模型、多媒体文件的汇编数据等④，其存缴具有两方面的积极意义。

一是数据在学术研究中具有支持质疑、分析、可视化以及其他类型后期处理的功能⑤，对于论文的科学性具有重要的辅助判断功能。二是大数据时代和数字科研环境下，科学数据作为发展科技和从事科研的基础资料，已成为重要的新型战略资源。⑥ 在数字科研环境下，科研论文只是科研产出的冰山一角，原始科学数据才是科研产出的基石。⑦ 2011 年，美国科学基金会(NSF)要求基金项目申请者必须提交相应的数据管理与共享计划(Data Management Plan,

---

① 罗伟清. 同行专家审稿行为的后评价分析[J]. 中国科技期刊研究，2015，26(6)：578-582.

② 张晓林. 提高学术期刊的合规标杆[J]. 中国科技期刊研究，2015，26(1)：1-2.

③ 彭凌. 双向匿名审稿制度在医学期刊审稿中的缺陷和对策[J]. 中国科技期刊研究，2012，23(1)：143-145.

④ Mac Kenzie Smith. Communicating with Data：New Roles for Scientists Publishers and Librarians[J]. Learned Publishing，2011，24(3)：203-205.

⑤ Mac Kenzie Smith. Communicating with Data：New Roles for Scientists Publishers and Librarians[J]. Learned Publishing，2011，24(3)：203-205.

⑥ 彭洁，贺德方，张英杰. 数字出版环境中科学数据引用的实现路径及策略调查分析[J]. 出版发行研究，2014(4)：57-61.

⑦ 李小燕，田欣，郑军卫，等. 我国数据出版前景探析[J]. 中国科技期刊研究，2015，26(8)：792-800.

DMP），以便对研究过程中产生的数据进行有效管理。① 此外，基因数据库（GenBank）、全球生物多样性数据库（Global biodiversity information facility，GBIF）等，也提倡作者在发表论文时将数据优先注册到相关数据库中以促进原始数据（PrimaryData）的共享。②

⑤学术不端追惩机制对审稿失误的补救。

科学研究内在的复杂性、庞大的论文数量、论文的即时传播以及验证科研结论的复杂性，使得仅凭审稿工作难以杜绝重大错误甚至严重欺诈行为。③ 因此，学术期刊有必要建立鼓励公开纠正学术不端行为和出版不端的机制，建立学术不端追惩机制，补救期刊审稿中存在的失误。

学术不端追惩机制包括文稿撤销制度、确认不端后联络作者部门/通知作者上级、要求作者的上级或管理机构关注事件、要求作者书面道歉等。本节主要探讨学术不端追惩机制中的文稿撤销制度。文稿撤销制度是学术不端追惩机制的主要内容，国内外同行在文稿撤销制度实施上日趋健全、严格，从撤稿标准、撤稿声明到撤稿跟踪技术，从各个方面维护学术公正与诚信。

（2）审稿人对审稿功能的主体性影响

同行评议作为整个审稿流程中最为关键的一环，审稿人方面的影响因素以及存在的问题如果不加以克服与引导，则会直接影响审稿质量，继而影响期刊内容质量。④

审稿人对审稿功能发挥的影响体现于审稿人资历和审稿意愿，前者从年龄、专业学识与责任意识上为审稿的把关与提升功能提供

---

① NSF Data Management Plan Requirements [EB/OL]. [2011-02-10]. http://www.nsf.gov/eng/general/dmp.jsp.
② 吴立宗，王亮绪，南卓铜，等. 科学数据出版现状及其体系框架[J]. 遥感技术与应用，2013，28(3)：383-390；黄晓磊，乔格侠. 生物多样性数据共享和发表：进展和建议[J]. 生物多样性，2014，22(3)：293-301.
③ 张晓林. 提高学术期刊的合规标杆[J]. 中国科技期刊研究，2015，26(1)：1-2.
④ 曾思红. 论学术期刊审稿专家队伍的素质培养[J]. 中国科技期刊研究，2009，20(5)：923-924.

保障；后者对于调动审稿人的积极主动性有所助益。

①审稿人资历。

审稿人资历包含审稿人的年龄状态、专业素养以及责任意识三个方面的因素。不同年龄阶段的审稿人，其审稿能力、接受审稿的频率、审稿动机不尽相同，审稿质量存在明显差异；专业水平是影响审稿质量的关键因素，送审稿件与专业越接近，审稿意见越客观公正。① 强烈的责任意识体现在审稿人的审稿工作对作者负责、对读者负责、对编辑负责、对自身负责。②

年龄因素。年龄问题是影响审稿质量的重要因素之一。60%以上的中青年专家审稿质量要高于年龄较大的审稿专家。③ 分析其可能的原因，一是中青年专家正在从事科研研究，能准确把握研究动态；二是年轻的审稿人对审稿邀请具有相当的学术认同感与责任感，从而愿意认真完成审稿工作。

专业素养。随着现代科学的迅速发展，在传统学科领域产生了许多分支学科，形成"树状"结构。以"化学"学科为例，其下包含"无机化学""有机化学""分析化学""物理化学""高分子化学"5类二级学科。其中，"有机化学"另外包含"天然有机化学""元素有机化学"等8个三级学科，每个三级学科又细分为若干个四级学科，共计36个四级学科。④ 人们惯于将处于一级或二级学科水平相同的同行称为"大同行"，将三级或四级学科专业相同的同行专家称为"小同行"。在审稿实践中，"大同行"专家的评审意见常笼统模糊，而"小同行"的评审意见恰当充分，审稿速度快。⑤ 在学科日趋

---

① 李晓. 影响科技期刊论文专家审稿质量的因素分析[J]. 中国科技期刊研究，2014，25(11)：1369-1372.

② 朱大明. 略论专家审稿的责任意识[J]. 中国科技期刊研究，2007，18(1)：151-152.

③ 金伟. 审稿人谈审稿[J]. 中国科技期刊研究，2002，13(2)：119-121.

④ 施才能. 选准审稿专家是确保审稿质量的关键[J]. 编辑学报，1995，7(4)：198-199.

⑤ 赵丽莹，冯树民，刘彤，等. 如何选择"小同行"审稿专家[J]. 编辑学报，2007，19(1)：75.

细化的发展趋势下，编辑部选择审稿人应尽可能匹配专业与研究方向对口的"小同行"专家。

责任意识。要充分发挥审稿的把关与稿件质量提升的功能，审稿人的责任意识和行为自律是基本前提。① 审稿专家的责任意识体现在对作者、读者、编辑与期刊以及自身四个角度。

对作者负责是指审稿专家要秉持客观、公正的态度对待每一篇稿件。审稿人在审读稿件时具有判定稿件能否发表的权利，是由于审稿人的意见具有权威性，可以作为稿件取舍的依据。② 对应地，审稿人也应对作者文稿秉持客观、公正的责任与态度，并能提出中肯的评审意见；善于发现年轻作者稿件中的闪光点，以提携、帮助青年学者；避免利用审稿权徇私情，人为拔高或贬低评价。遇有与自己学术观点相左的文稿，应考察其是否言之有据，鼓励学术讨论与争鸣。③

对读者负责，是指经过审稿专家把关发表的稿件，应是具有创新性、科学性，具有学术价值或应用价值的信息，从而对科研工作、实际应用有所助益。审稿专家只有认真负责把好审鉴关，避免审稿失察，才能有助于创新性成果的发表，减少虚假成果的发表。

对编辑与刊物负责，是指审稿专家在接受审稿委托后，就意味着承担与编辑协同合作、共同把好稿件质量关的社会责任。此时，审稿专家不仅对编辑负责，也对期刊及其所审稿件的社会影响负责。

对审稿专家自身负责是指审稿人的遴选与聘任，是对其学术能力、学术品行的综合肯定，是对其学术荣誉与学术地位的认定。④

① 朱大明. 略论专家审稿的责任意识[J]. 中国科技期刊研究，2007，18(1)：151-152.
② 杨丽君. 关于审稿制度的思考[J]. 中国科技期刊研究，2003，14(1)：87-89.
③ 朱大明. 略论专家审稿的责任意识[J]. 中国科技期刊研究，2007，18(1)：151-152.
④ 朱大明. 略论专家审稿的责任意识[J]. 中国科技期刊研究，2007，18(1)：151-152.

能否对送审稿件作出客观、公正、准确的鉴审与评价，是审稿专家学识能力与道德修养的综合体现。审稿失察会对自己的学术声誉造成一定程度的负面影响，只有作出令人信服的评价，才能匹配、提高自己的学术声誉。

审稿人的自律是不可回避的问题，黑姆斯认为审稿人可能存在数种行为不端的情况，其中没有合理回避、使用作者观点、不按时返回审稿意见是较为严重、典型的违反学术道德的行为。没有合理回避是指审稿人在审阅稿件时，如果有潜在冲突、竞争利益，审稿人应予以声明，由编辑部决定是否送审，从而减少审稿偏倚、不公正的情况发生。[①]

在选择评审专家时，需要综合考察评审专家的学识、能力，以及学术道德方面的品质。[②] 学识、能力可以通过学术履历、研究成果等方面的因素进行衡量、判断；但其责任意识与道德自律是否符合要求，需要较长时间的观察与记录分析获得结论。

②审稿意愿。

强烈的审稿意愿能激发审稿人的责任心、积极的审稿情绪有利于提高审稿质量。[③] 影响审稿人审稿意愿的因素，包括审稿动力与学术实力的平衡情况、审稿方式是否为审稿人所接受、稿件内容是否与审稿人专业对口、稿件质量是否达到专家审鉴的水准等。

审稿动力与学术实力的平衡与匹配情况。审稿动因主要包括学术交流与平台积累、学术身份与地位的认可、对办刊人的认可、对刊物或栏目的认可等。审稿人通过专业对口的审稿活动，能快捷了解前沿动态、丰富学术信息、受到相关研究的启发与深入思考，甚至有时文稿的参考文献也具有积累学术信息的价值。同时，审稿人通过审稿工作，可以与编辑、同行审稿人、同行作者建立联系，拓

---

① ［英］IreneHames. 科技期刊的同行评议与稿件管理良好实践指南［M］. 张向谊，译. 北京：清华大学出版社，2012：159-160.

② 李亚卓. 处以学术期刊出版中的同行评议制度［J］. 出版广角，2015（8）：42-43.

③ 李晓. 影响科技期刊论文专家审稿质量的因素分析［J］. 中国科技期刊研究，2014，25(11)：1369-1372.

宽学术信息获取的渠道，构建自己的学术圈子，赢得学术观点发布的平台、积累学术人脉。再者，审稿人身份是学术地位与学术身份的象征，审稿人在学术共同体中的声望与期刊的学术声望可以互为强化。① 期刊的知名度越高，审稿人的审稿意愿越强烈。还有部分审稿人出于对主编/副主编/编委的认可，愿意从朋友的角度帮助其审稿。

当审稿人审稿动力强烈时，便会乐于审稿，即使遇到困难也尽力克服。学术实力、审稿动力与刊物实际相匹配的审稿专家是最适合的审稿人选，三者相互之间的匹配处于动态变化之中，当遭遇期刊的跨越式发展、审稿人学术实力的增强等情况时，会打破既有的平衡。因此，期刊应及时更新、调整并保持这种平衡。

审稿方式对审稿意愿的影响。审稿专家对双盲审稿抱持明确的反对态度："不让审稿人知道作者是谁，这是对审稿人缺乏最基本的信任"，"如果不去掉作者的姓名，审稿人可以检索他以往是否做过相关的工作，取得过哪些成果"，"对判断稿件的真实性、独创性都是有益的"。② 相反，实名送审有利于促进学术交流和发现人才。审稿专家遇到富有见地的文稿，主动与之联系合作、辅导事宜，因文章而相识相交的情况也常存在于审稿活动中。③

送审稿件的专业对口情况及送审稿件的审鉴价值与初审工作关系密切，精细的初审工作不仅能及时发现学术不端文稿、排除主题不对应文章，而且能根据审稿专家的研究方向、在研项目、接受审稿的频次等状况综合判断后，将稿件送至合适的审稿专家进行外审。

4.2.3 国内外同行评议新趋势

同行评议(Peer Review)是一种学术成果审查程序，即一位作

---

① ［美］R.K. 默顿. 科学社会学［M］. 鲁旭东，林聚任，译. 北京：商务印书馆，2003：455.

② 杨丽君. 关于审稿制度的思考［J］. 中国科技期刊研究，2003，14(1)：87，89.

③ 杨丽君. 关于审稿制度的思考［J］. 中国科技期刊研究，2003，14(1)：87-89.

者的学术著作或计划被同一领域的其他专家学者评审，在学术交流生态中，同行评议是一项重要的质量控制制度。追踪同行评议的历史，这一制度发源自 1752 年，英国皇家学会(Royal Society)在接管《自然科学会报》(*Philosophical Transactions*)期刊财政权之后，建立了一个论文委员会以替代分散的学会秘书处来审查期刊上发表的文章，这被后来学者视为同行评议制度的开端。通常，同行评议的重要性在于：保证所发表的文章是高质量的，排除逻辑错误的文章，确保文章对实验结果的描述和解释是正确的，文章对相关的研究文献有相当了解并进行了正确引用等。常见的同行评议运行流程是：稿件在作者撰毕后交由编辑和编辑所指定的评议专家进行审核，任意一方对稿件给出拒绝或返修意见都会交给作者返修，直到稿件得到一致同意后方能发表。同行评议的常用类型包括单盲评审、双盲评审、三盲评审等，区别是在单盲评审中，评审专家知晓作者身份而作者不知道评审专家是谁，在双盲评审中，评议专家和作者都不知道彼此身份，而三盲评审则在双盲基础上把编辑的身份匿名应用到评议全过程中。这些评议制度在实践过程中人为地在身份信息或评议意见信息上设置了信息壁垒，被统称为传统同行评议(Traditional Peer Review，TPR)。

不可否认的是，在长期运行中，传统同行评议制度展现出一定的制度优势，忠实地维持着各类学术期刊的论文质量，并借助信息壁垒保护了评议专家——特别是相对初级的评议专家——的学术评价自由。但同时，在各种诸如期刊质量控制、评选等使用场景中，传统同行评议制度不断遭到各方质疑，这些质疑集中在：第一，传统同行评议并不能阻止评审专家或编辑在性别、地域上对作者施以偏见。第二，传统同行评议"少数服从多数""不出版即出局"的评议原则一定程度上遏制了学术创新和交叉领域、小领域的科学研究，而这样焚琴煮鹤的案例在传统同行评议的实践历史上数不胜数。第三，传统同行评议制度耗时长，造成出版和学术传播延误。第四，缺乏责任监督制度，评议专家很有可能借助信息壁垒逃避评议责任，进而为自身利益服务，如给出并不充分的原因拒绝稿件以打压竞争对手等。第五，诸如作者的行文风格容易暴露身份、作者和评议专家串通虚假评议、评审专家的义务劳动得不到回报等制度漏洞也给投稿者带来不利因素。由此可见，传统同行评议制度并非天衣无缝，其自身的制度空白和不合理之处正是同行评议制度出现革新的根源。

传统同行评议制度自身的缺陷只是同行评议出现革新趋势的必要性来源。"二战"后，世界局势进入长期和平发展的阶段，科研与学术活动日趋繁荣，学术出版的压力水涨船高，凸显了传统同行评议革新的必要性。与此同时，互联网等计算机技术渐次普及，借由数字传播低成本、短周期、多媒体的传播属性，让同行评议制度的革新看见了实践上的可能，进而从理念一步步转为实际。21 世纪初，"舍恩事件"等一系列学术不端的丑闻曝光也吸引了众多学术界内外人士的关切，推动着同行评议制度的反思与完善。

随着必要性和可能性的条件成熟，20 世纪末，开放科学(Open Science)运动兴起，其宗旨在于打破传统学术出版模式对学术生产与传播的桎梏，打造一个更加自由开放的科学世界，使得各阶层都能参与科学发展，共享科学成果。自 2002 年《布达佩斯开放获取先导计划》(Budapest Open Access Initiative，BOAI) 发布到 2021 年联合国教科文组织审议通过《开放科学建议书》，开放科学理念逐步变为全球共识。开放科学体系包括开放获取、开放数据、软件开源等组成要素，在开放获取方面，开放科学运动的成就表现为开放获取期刊和预印本平台的各点开花、大部分科研论文网上公布等，在各学科内部，脱离传统审稿流程、能够及时发表手稿以交流观点的预印本平台得到广泛使用，其代表有物理学领域的 ArXiv、生物学领域的 BioRxiv 等。开放获取运动的繁花似锦也鼓舞了开放同行评议的革新开拓，进入 21 世纪，在开放科学运动的呼唤和预印本兴起的平台基础上，多种多样的开放同行评议模式出现了。这些开放同行评议模式类型多样、模式不一，背后的支持力量来自四面八方，但它们的共同目的都是弥补传统同行评议制度的缺陷。目前，这些模式中有一些还处在实验阶段，另一些则发展成熟、运行完善，因为缺乏一致的划分标准，在此，笔者通过一些较有普遍意义的标准，做一个不完全的分类分析。

按照稿件出版与评议的时间顺序，这些新兴的同行评议模式可以分为 3 类：出版前同行评议、同步评议和出版后同行评议（同步评议只在理论上尚有可能，在此不作讨论）。出版前同行评议在此只是与出版后同行评议对照的概念称呼，和传统同行评议模式截然不同。出版前同行评议虽然和传统同行评议一样在稿件出版之前进行评议，但是其评议流程相较传统同行评议而言更加迅捷简便，因为它省去了传统同行评议中对稿件的结果有效性和新颖性的讨论，避免了对一些无效结论或失败数据的审核偏见（有研究显示积极的实验结果更容易通过同行评议），鼓励了重复验证性研究——特别是心理学和生物医学研究——的开展。这一评议类型的典型代表是无结果评议（results-free review）和注册式同行评议（registered reports），以期刊 *BMC Psychology* 为例，在 2016 年，*BMC Psychology* 期刊进行了为期 4 年的无结果评议实验。稿件在被接收后，编辑和评议专家不会对研究结果进行评价，仅会根据其实验的基本原理和方法的科学价值来决定接受与否，通过检查的稿件在第二阶段只会简单检查其结果大体上是否与所用方法一致，随后即通过审核发表。在无结果评议中，评议专家会被要求在评议意见中对"试验方法是可行且描述妥帖的吗""得出的结论有足够的数据支撑吗"等问题给出是或否的回答，如有回答的地方，则应该在回复中对作者详细说明。注册式评议则相比无结果评议更前置一步，在研究设计后实验开始前即进行审查，包括研究问题的重要性、研究方法的可靠性和可行性等，通过则视为文章拟发表，在实验进行后，评议专家再对结论是否遵循研究设计进行审查，如通过则文章可以发表。此类同行评议制度虽然比传统同行评议制度更宽容，允许结果不理想的实验文章的发表，但也可能造成所发表的文章中设想和结果出入过大的结果出现，其成效有待检验。

出版后同行评议颠覆了传统同行评议中出版和评议的先后顺序，借助预印本平台将通过初审但未经过评议的提交稿率先发布公示，在此基础上等待评议专家的确定和审核。按照专家匹配方式和评议方式的不同，出版后同行评议之下还可进行细分，但其共同特点都是将文章发表于评议之前。以欧洲地球科学联合会（European

Geosciences Union，EGU）旗下的《大气化学与大气物理》(*Atmospheric Chemistry and Physics*，ACP）为例，出版后同行评议大致分为两个阶段，对论文的公开评议讨论是第一阶段，编辑对论文的评分鉴定是第二阶段。作者向期刊投稿后，稿件会根据作者标识的学科领域索引词递交到相关领域的编辑手中进行基础审查，包括论文是否符合刊物范围、文章是否符合基本的科学文章标准等。经过基础审查后，论文将会发布在期刊的预印本平台上接受最长六周的公开讨论评议，其间指定审稿专家或对论文感兴趣的线上注册用户均可对论文进行评议，作者也可以进行辩论。每份预印本至少都收到两条评议意见。六周后，公开评议渠道关闭，而作者则会被要求在四周内针对每一条意见一一进行答复，并适时对文章进行修改。修改后的手稿即进入编辑评分鉴定阶段，编辑将综合公开评议情况、审稿专家意见对文章重新评分，达到标准的文章即发表在《大气化学与大气物理》平台期刊上，并在平台的文章界面附上跳转到预印本和互动讨论界面的链接。

借由《大气化学与大气物理》的案例分析可以看到，出版后同行评议通过出版前置，将同行评议的功能从把关向筛选转移，借由预印本平台获得了快速及时发表的优势，在评议过程方面更加透明开放，有利于学术创新和前沿论文的传播。笔者认为，出版后同行评议模式在质量控制和开放交流上找到了较好的平衡点，在拥有足够健全的数字平台、清晰公开的评议规则和负责的编辑团队基础上，此种出版后同行评具有广阔的应用前景。

除开评议与出版的时序调换，一些新兴同行评议制度还制定出新的评议标准和程序，比如临床医学期刊 *Research Involvement and Engagement* 根据学科科研特点，在同行评议阶段会将两名患者纳入同行评议队伍中发表独立评议，以完善评议内容和视角；开放存取出版商 Frontiers 旗下的期刊采用协作同行评议，在评议专家各自对稿件进行独立评议后，稿件负责编辑可以邀请作者和审稿人进入线上论坛交换意见，直到达成对论文的一致意见。此外，一些期刊借预印本平台将同行评议从出版过程中独立出来，希望通过众包的方式让科学共同体自由完成对稿件的评议，但实践情况并没有印证这种方式的成功。

21世纪诞生的区块链技术也在近年来被应用于去中心化的学术期刊平台建设过程中，这些平台的同行评议制度普遍应用区块链不可篡改、时间戳、智能合约等技术属性，以去中心化的科研自组织、代币激励机制、全流程的评议保障和数据安全存储为特点，旨在打造一个由科研学者自治自理的学术空间，但从目前的实践情况来看，此类平台如春笋般涌现，也如春雷般消失，其兴也勃其亡也忽，往往在网络上留下几页白皮书就匆匆收场。但即便如此，区块链在数据保护和权益认证上仍然保有一定的技术高度，将其融入学术出版平台的前景仍值得期待。

在改革同行评议制度之外，一些瞄准传统同行评议其他不足的改进措施也亮出旗帜。比如一些期刊(如BMJ期刊)会给予发表费用折扣或免费订阅服务以提供审稿激励，补偿评议专家在传统同行评议中被视为义务的审稿工作；2017年被科睿唯安收购的商业网站Publons在2012年建立，努力通过记录评审工作、颁发荣誉奖励等方法为同行评议中评议专家的贡献致以敬意；另外，人工智能的发展使得一些新开发的工具系统可以辅助编辑判断稿件的重复率、识别评议专家和作者之间潜在的利益冲突以及为稿件匹配合适的评议专家等，增强了评议的可靠程度。这些改进并不涉及同行评议的制度革新，但也为同行评议的整体环境改善提供了合理借鉴。

纵观国外围绕同行评议采取的模式变革和改进措施，其特点可简要归纳如下：①号召更加开放的评议制度，打破了传统同行评议的信息壁垒，使稿件出版的生命周期更加透明，以利于各方相互交流，同时也加强了各方的责任监督；②采用更加多样的评议标准和流程，摆脱了传统同行评议的线性进程，使其更加适合学科发展的需要；③营造更加公平的评议环境，加强评议各方的权益保护和贡献认可，促进同行评议的良性循环。当然，最明显的是，这些新平台新制度继承了信息时代的特点，普遍增强了平台化、集约化、智能化的功能。

在新兴的学术期刊出版平台试验各种同行评议方式之时，传统

的学术出版商也开始尝试改变，例如，2012 年创刊的《自然通讯》
(*Nature Communications*) 在 2014 年宣布只接受开放存取类型的稿
件，2016 年推出公开评议信息政策，在取得作者同意的情况下在
发表文章下附上该文的专家评议意见和作者的回复；2019 年，《自
然》发表社论宣布同 Research Square 合作建立预印本平台 In
Review，鼓励作者上传稿件分享观点。当然，从开放程度而言，
《自然》的变革不算激进，但也显示出同行评议在国外的发展趋势，
同时也说明评议制度的改革应该小心慎重、逐步推广。

因为学科环境和发展历史的若干差异，国内的同行评议起步较
晚，20 世纪 90 年代起才逐步普及传统同行评议制度，但随着学科
教育建设和科研影响力的突飞猛进，加之国外的同行评议实践提供
的参照，同行评议在我国的变革也初见曙光。

一是公开审稿意见。在实践应用上，目前，《心理学报》作为
开放同行评议变革的先导，从 2014 年起已经连续 8 年坚持公开稿
件评议意见，为我国的评议公开做出了良好示范，积累了可贵的实
践经验。

二是面对面开放审稿。2014 年以来，《经济评论》编辑部在国
家社科基金的资助下，截至 2021 年，共举办了 10 期《经济评论》
工作坊。《经济评论》工作坊将学术期刊编审环节从网络线上转移
到线下，把编辑部搬到研究现场，开放审稿流程：作者现场讲述，
编辑现场点评初审，邀请青年海归博士和国内活跃在经济学研究前
沿的学者担任审稿嘉宾现场评审论文，主编现场做出终审性评论，
微信现场直播。通过作者宣讲、编辑点评、专家评审、主编终审，
以及互动交流等环节，营造作者、编者、审稿人和现场受众（读
者）面对面交流讨论的学术空间，从不同的思维视角帮助与会者拓
宽研究视野、激发创新思维、提升论文质量、增进学术素养。

在理论引介与探讨上，随着我国的学科发展呈现向交叉科学发
展之势，关于推动同行评议制度走向开放包容的探讨在学界屡见不
鲜，对国际上开放同行评议的实践引介也条理分明；在评议环境

上，2019 年 7 月，《学术出版规范——期刊学术不端行为界定》正式实施，在营造风清气正的科研环境同时也为同行评议的正常运转提供了规章遵循。2021 年 7 月，国务院办公厅发布《国务院办公厅关于完善科技成果评价机制的指导意见》，明确提出"基础研究成果以同行评议为主，鼓励国际'小同行'评议""提高评价活动的公开透明度"等要求。可以说，我国同行评议在保持传统同行评议制度的主体地位下，已经为变革做出了初步探索，在政策环境上为更合理的科研成果评价制度积极开路，相信在国外同行评议革新的借鉴和我国期刊信息化建设的稳步推进下，我国学术期刊将会开拓出具有中国特色的开放同行评议发展之路。

4.3　编校环节的质量控制

目前，大部分学术期刊编辑部囿于人员、编制和经费等因素的限制，极少设专职校对人员，编辑校对工作往往由文字编辑承担，也称编校合一。① 由于编辑与校对之间存在紧密联系，相互之间具有交叉与补充、编辑工作本身需要进行校对工作，使得编校合一在实践上成为可能。②

在传承中华文化的历史过程中，我国自古以来就有崇尚编校质量的优良传统，孔子编撰"六经"，坚持"毋意、毋固、毋我"的原则，从而保证"六经"的科学性③；在我国古代编辑过程中，校雠学与学术相结合，旨在"辨章学术、考镜源流"④。党和政府更是一贯

---

① 张元芬，俞军，杨志明. 正确认识和处理科技期刊编校合一[J]. 中国科技期刊研究，2000，11(6)：401-403；董子源. 数字化时代科技类学术期刊编校质量控制浅析[J]. 出版与印刷，2015(2)：12-14.

② 智福和. 编辑与校对[M]//编辑工作二十讲. 北京：人民出版社，1986：228-229.

③ 陈吕远. 中国第一位编辑大师孔子[M]//阎现章. 中国古代编辑家评传. 开封：河南大学出版社，1996：14-15.

④ 李俊勇，吴群. 中国古代编辑特征浅论[J]. 编辑之友，1995(3)：3.

强调提高出版物质量、建立社会主义出版工作者的质量观。[①]

依据学术期刊编辑客体的特殊性，学术期刊编校质量体现在三个方面，即语言的恰当处理、学术规范的完善以及学术不端的防控。影响学术期刊编校质量的原因，既有来自编辑主体的综合素养对于编校质量的客观影响，也有作用于编辑客体的编校工作机制对于编辑主体的能动作用；编辑主体与编辑客体二者之间是对立统一的关系。

4.3.1 编校环节质量控制的内涵

编校环节是期刊出版过程中，文稿在结束审稿环节后的质量深化过程。编辑依据技术标准、出版标准对文稿内容、层次结构、逻辑推理和行文规范等方面进行逐字逐句把关。[②] 编校质量，即编辑加工和校对质量，是期刊质量评价的一项重要内容，学术期刊编校质量的内涵具有一般性和特殊性。其一般性体现于我国出版物在审查制的管理体制下，其语言文字规范、政治敏感用词必须严格遵守国家对于出版物的相关规定；其特殊性则体现在学术期刊特有的学术规范，以及在国内外学术不端愈演愈烈的趋势下[③]，编校环节应成为科研论文学术不端防控的重要环节。

（1）语言的恰当处理

基本的语言文字规范是学术期刊质量的基本保障。2020 年 5 月，国家新闻出版署印发《报纸期刊质量管理规定》的通知，通知上明确规定："报纸、期刊出版形式差错判定以相关法规规章、国家标准、行业标准及规范为依据。""期刊编校差错率不超过万分之二的，其编校质量为合格；差错率超过万分之二的，其编校质量为

① 邵益文，周蔚华.普通编辑学[M].北京：中国人民大学出版社，2011：229-231.
② 饶华.提高科技期刊编校质量的几点想法[J].医学情报工作，2003（6）：460-461.
③ 梁帅.科学造价的成因分析与制度防控[D].北京：中国科学技术大学，2014：摘要.

不合格。差错率的计算按照本规定附件《期刊编校差错率计算方法》执行。"①学术类期刊审读为优秀的,编校差错率须低于1/10000。语言文字规范涉及的要点不仅包含文字润色以及修改文字差错等级基本的语言文字处理工作,学术期刊作为社会主义国家特殊的精神产品,其语言文字还必须遵守党的政策方针、自觉维护国家和民族利益,即严把政治质量关。

关于如何严把政治质量关,要通过编校工作,切实把社会主义核心价值观贯穿于人文社会科学学术研究,使社会主义核心价值观成为人文社会科学学术研究的基本遵循;要贯彻国家意识形态指导理念,强化意识形态的制度维护意识,发挥社会主义核心价值观的制度维护功能。编校工作通过把握敏感用词(也称禁用词)、涉台用语、民族问题等,从语言上保障学术期刊刊发的论文没有触犯国家和民族主权。如在涉台用语上,不使用"台湾政府"一词,可用台湾"有关当局"、台湾当局"主管部门""主管机关"代替。② 对台湾的某些与我们名称相同的大学和文化事业机构,如"清华大学""故宫博物院"等,应加引号并在前面加上台湾、台北,如台湾"清华大学"、台北"故宫博物院"。③ 不受将中华人民共和国法律称为"大陆法律",对台湾地区施行的"法律"称为"台湾地区的有关规定"。④ 在国际活动中介绍我国情况时应称中国或中华人民共和国,不能称"大陆"。报道国际活动时,不能把台湾和其他国家并列,

---

① 国家新闻出版署 . 报纸期刊质量管理规定[N]. 中国新闻出版报, 2020-06-19.

② 中央台办,外交部,中央宣办 . 关于正确使用涉台宣传用语的意见[2002]4 号文件[Z/OL]. [2022-11-18]. http://www.douban.com/group/topic/2425746/.

③ 中央台办,外交部,中央宣办 . 关于正确使用涉台宣传用语的意见[2002]4 号文件[Z/OL]. [2022-11-18]. http://www.douban.com/group/topic/2425746/.

④ 中央台办,外交部,中央宣办 . 关于正确使用涉台宣传用语的意见[2002]4 号文件[Z/OL]. [2022-11-18]. http://www.douban.com/group/topic/2425746/.

而应称为"中国台湾";与港澳并列时称为"港澳台地区"或"台港澳地区"。①

此外,新华社作为我国新闻媒体的示范性单位,将语言文字特别应注意的五个方面进行了明确规定,包括:社会生活类的禁用词;法律类禁用词;民族宗教类禁用词;涉及我国领土、主权和港澳台的禁用词;国际关系类禁用词。② 学术期刊出版的编校环节,应严格按照上述规定,规范相关用语,此处不一一赘述。

一篇论文要产生社会价值与学术价值,除达到审稿的诸如创新、专业等要求外,在语言文字、标点符号以及专业术语的使用方面,还要通过编辑加工使其达到要求,学术语言的要求与一般日常语言、文学创作语言等截然不同,编辑加工要力求使论文的语言准确、简明、严密,要使论文通过语言形式的表现能够准确传达作者的学术研究成果,然后制作成合格的数字文件/印刷成产品,经过传播活动与读者见面后才真正产生社会价值与学术价值。③

学术期刊的校对工作内容庞杂,是学术期刊论文编辑加工中的一项琐碎、基本和重要的工作。任何一篇论文,或多或少地存在文字方面的问题,编辑人员稍有疏忽,就可能因为某处文字问题的遗漏而铸成无法弥补的过失。概括而言,文字差错处理主要涉及以下两个方面:一是字、词、句、段、标点的校对,需要专业的技能和经验积累才能胜任;二是版式的校对,包括作者署名、作者机构署名以及作者介绍信息是否准确并对应,中英文标题、中英文目录及其页码是否一一对应,公式、图表的标注有无差错,转页的页码是否标注正确,以及文后参考文献与文中注释是否一一对应、序号无误,著录格式是否正确,顺序标注是否正确;页眉、页脚、封面、

① 中央台办,外交部,中央宣办.关于正确使用涉台宣传用语的意见[2002]4号文件[Z/OL].[2022-11-18].http://www.douban.com/group/topic/2425746/.

② 新华社规定第一批禁用词[EB/OL].[2015-01-18].http://www.weibo.com/p/1001603737758479846165.

③ 邓建元.也谈怎样免编校错误[J].中国科技期刊研究,2005,16(4):565-566.

版权页信息、出版信息等也要一一核实、校正。①

由于编辑部人手的限制，国内外学术期刊采取发动作者共同把控编校质量关的策略②，专业人员对作者校对的优缺点、远程校对方式、远程校对软件作出了系列研究。柯文辉等人认为，作者在三校清样时宜参与校对，此时文稿已基本修改到位，可以为作者提供一份完整、准确、清楚的拟发表的论文稿校样。③

（2）学术规范的完善

学术规范具有促进知识积累、创新与分享的重要意义，我国学术期刊在 21 世纪前 10 年曾掀起呼吁学术期刊学术规范的高潮，以遏制学术不端。④

学术规范有广义与狭义之分。广义的学术规范泛指学术期刊从生产到评价的各环节的规范，包括基本规范、审稿规范、编辑规范、著录规范、出版规范以及评价规范。⑤ 狭义的学术规范，是指学术期刊的著录规范，包括中英文摘要的撰写、文后参考文献及注释的著录格式等，应依据一定的标准进行规范与统一。

我国学术期刊的学术规范整体目前的状况尚不理想。⑥ 以我国人文社科类学术期刊宗教学核心期刊为例，根据 2020 年版《全国中文核心期刊要目总览》显示，宗教学核心期刊包括 6 种，分别为：《世界宗教研究》《宗教学研究》《世界宗教文化》《回族研究》《中国宗教》《中国道教》。笔者团队于 2021 年 11 月在中国知网下载以上

---

① 李文洁. 社会科学期刊编辑校对工作刍议［J］. 辽宁行政学院学报，2011（9）：171-172.

② 贾翠娟. 发动作者共把文章编校质量关［J］. 中国科技期刊研究，2013，24（3）：584-585.

③ 柯文辉，林海清，翁志辉. 学术期刊清样作者校对环节中编辑的工作要点［J］. 编辑学报，2013，25（1）：37-38.

④ 叶继元. 学术期刊与学术规范［J］. 学术界，2005（4）：57-68.

⑤ 叶继元. 学术期刊与学术规范［J］. 学术界，2005（4）：57-68.

⑥ 王珍. 学术期刊论文摘要撰写与著录规范调查分析：以编辑出版类 CSSCI 期刊为例［J］. 科技与出版，2013（11）：55-59；付中静，刘雪立，张新，等. 河南省 105 种科技期刊编校质量审读差错分析［J］. 中国科技期刊研究，2011，22（5）：724-727.

6 种宗教学核心期刊刊载的最新成果，对其中文摘要规范、英文摘要规范、DOI 编码规范、文后参考文献著录规范调研发现，仅有 1 种期刊有规范的文后参考文献著录，2 种期刊有 DOI 文献标识符（《世界宗教文化》《中国道教》），3 种期刊有中文摘要（《宗教学研究》《世界宗教文化》《回族研究》）。值得注意的是，6 种核心期刊均没有英文摘要。对应地，该学科影响因子也在我国人文社会科学学科中表现较不理想，具体可见表 4-1。

表 4-1   2021 年 6 种宗教学核心期刊学术出版规范调研情况

序号	刊名	复合影响因子	是否核心期刊	是否C 刊	是否有 DOI 编码	是否有规范的中文摘要	是否有规范的英文摘要	参考文献著录是否规范
1	《世界宗教研究》	0.383	✓	C	否	否	否	否
2	《宗教学研究》	0.250	✓	C	否	✓	否	否
3	《世界宗教文化》	0.406	✓	C	✓	✓	否	否
4	《回族研究》	—	✓	否	否	✓	否	否
5	《中国宗教》	0.154	✓	否	否	否	否	否
6	《中国道教》	0.130	✓	否	✓	否	否	否

数据来源：中国学术期刊影响因子年报（人文社会科学）2021 年；CSSCI 官方网站；中国知网。

学术规范和语言文字规范是学术期刊编校环节价值增值的主要方面，通过规范参考文献著录格式、规范一般语言和专业术语的使用等，使作者的稿件达到学术期刊发表的要求。

在编校过程中，常会出现论文缺少数据来源或文献出处。作者无意漏掉的参考文献引用，需要在编辑环节发现并提出，提请作者补充完善。此外，参考文献的著录格式，需严格按照国家统一规范著录，论文、论著、网络文献、书籍、专利等，不同种类的析出文献，著录格式各有规定。只有严格遵守学术规范，才有利于进一步方面学术交流，进而扩大影响力。

目前，学术期刊的著录规范主要标准包括两项国家标准"国家标准 GB/T7713-1987(科学技术报告、学位论文和学术论文的编写格式)"和"文摘编写规则(GB/T6447—1986)"，一项行业标准"中国知网 2006 年修订的《中国学术期刊(光盘版)检索与评价数据规范》(简称 CAJ-CD)"，这三项标准是目前应用较为广泛学术规范标准。但在具体执行过程中，我国学术期刊标准的执行普遍存在不同程度的偏差。笔者团队近两年参与的相关审读实践案例涉及：2021 年中国科学院参考文献审读、2022 年中国科学院参考文献审读、2022 年武汉大学文科期刊审读。集中呈现的问题有：未严格执行国家标准、未全刊统一。其中，2021 年审读工作采集了 18 种中国科学院所属期刊的 175 篇文章，发现著录差错文献总数 1329 条、差错数 1578 处，差错文献率高达 23.69%，差错率最高的期刊高达 61.97%。参考文献著录规范问题已经成为我国学术期刊编校质量的重要隐患。

此外，数字环境下学术期刊的国际化发展将成为我国学术期刊新的发展趋势，在期刊国际化过程中，学术规范的国际化因此而变得十分重要，我国学术期刊编辑队伍急须重视与加强期刊国际学术规范的培训与学习。

(3)学术不端的防控

为规范科研失信行为调查处理工作，贯彻中共中央办公厅、国务院办公厅《关于进一步加强科研诚信建设的若干意见》精神，根据《中华人民共和国科学技术进步法》《中华人民共和国高等教育法》等法律法规，科技部等 22 部门于 2022 年发布了新修订的《科研失信行为调查处理规则》，其中明确界定了 8 种科研失信行为：①抄袭剽窃、侵占他人研究成果或项目申请书；②编造研究过程、伪造研究成果，买卖实验研究数据，伪造、篡改实验研究数据、图表、结论、检测报告或用户使用报告等；③买卖、代写、代投论文或项目申报验收材料等，虚构同行评议专家及评议意见；④以故意提供虚假信息等弄虚作假的方式或采取请托、贿赂、利益交换等不正当手段获得科研活动审批，获取科技计划(专项、基金等)项目、科研经费、奖励、荣誉、职务职称等；⑤以弄虚作假的方式获得科技伦理审查批准，或伪造、篡改科技伦理审查批准文件等；⑥无实质学术贡献署名等违反论文、奖励、专利等署名规范的行为；⑦重复发表，引用与论文内容无关的文献，要求作者非必要地引用特定文献等违反学术出版规范的行为；⑧其他科研失信行为。该规则所称抄袭剽窃、伪造、篡改、重复发表等行为按照学术出版规范及相关行业标准认定。① 22 部门于 2022 年 9 月建立了常态化科研失信行为通报机制，已在科技部网站通报 21 批、涉及 1422 名责任人。② 其中，仅 2021 年就公开发布 17 批常态化通报，涉及 405 起学术造假、学术不端案件。编辑工作中的学术不端防控任重道远。

上述编校质量的三种表现，是学术期刊在出版的编校环节中，力求达到完善的标准。但同时，根据我国著作权法对于保持作品完整权的规定，编辑对文稿的修改权从属于著作权人的修改权，编校加工应当且需要尊重作者的意见，妥善处理好修改权与保护作品完整权之间的平衡关系。③

4.3.2 影响因素：编校主体、编辑工作机制

影响编校质量的因素，与编辑活动规律密不可分。

（1）编校主体的影响

我国学术期刊的编辑力量，以文字编辑为主。本书讨论的编辑主体的综合素养，也以文字编辑作为编校工作的主要力量。

编辑是编校工作的主要承担者，编辑的能力与素养直接影响到编校工作质量。

---

① 科研失信行为调查处理规则［Z/OL］.［2022-08-25］. 国科发监［2022］221 号 . https：//mp. weixin. qq. com/s/4RMMwoRHgiA6XtbV5eZ0aA.

② 科技部等二十二部门印发《科研失信行为调查处理规则》［N］. 科技日报，2022-09-13.

③ 据《中华人民共和国著作权法》第 33 条规定："报社、期刊社可以对作品作文字性修改、删节。对内容的修改，应当经作者许可。"第 10 条规定，著作权人著作权中包括修改权，"即修改或者授权他人修改作品的权利"，包括保护作品完整权，"即保护作品不受歪曲、篡改的权利"。

　　编辑素养、编辑力以及编辑艺术和编辑思想，其实质是对编辑是否能够胜任编辑工作设定的知识结构和职业素养框架。笔者认为，编辑要胜任其工作，首先要具备基本的综合素养，编辑素养是学术期刊编辑顺利开展工作的基本要求。

　　已有的研究普遍认为，编辑的政治水平、思想水平和专业水平是不可或缺的基本素养，这与中共中央、国务院于1983年发布的《关于加强出版工作的决定》的精神相贯通。① 该决定指出：编辑工作是整个出版工作的中心环节，是政治性、思想性、专业性很强的工作，又是艰苦、细致的创造性劳动。编辑人员的政治思想水平、知识水平和业务能力的高低，直接影响出版物的质量。② 以此纲领性文件作为对现代编辑工作定性的依据，我国编辑学研究者围绕编辑的基本素质展开了系列研究。

　　编辑素养除了思想道德修养、文化知识修养以及业务能力外，还应具有敏锐的职业意识，如现代意识、国际意识、服务意识、导向意识、创新意识、学习意识等。③ 此外，语言文字修养也是必不可少的基本素质，同时要具备和掌握一定的情报意识、逻辑学知识和成为编辑学家的志向与胸怀。④

　　随着时代的变化，编辑工作的要求也随之产生变化，编辑素养问题变成一个动态概念。笔者认为，学术期刊编辑（以责任编辑为研讨对象）的综合素养不仅包括政治上的思想品德素质和法律意识、编辑业务素养和必备的专业知识，还包含学术期刊编辑特有的客观公正的道德品质以及现代化的编辑意识5个方面。

---

　　① 龚维忠．现代期刊编辑学［M］．北京：北京大学出版社，2007：144；邵益文．从编辑工作看编辑素质［M］//邵益文．编辑的心力所向编辑工作和编辑学探索．贵阳：贵州人民出版社，2004：142-158.

　　② 中共中央、国务院关于加强出版工作的决定［EB/OL］．［2006-03-28］．http：//www. chinalawedu. com/news/1200/22598/22618/22868/2006/3/ya8972245333163600222410-0. htm.

　　③ 周国清．编辑学导论［M］．长沙：湖南师范大学出版社，2008：126-156.

　　④ 曾彦修．编辑的思想道德修养［M］//编辑工作二十讲．北京：人民出版社，1986：21-36.

①思想品德素质和法律意识。如果编辑工作者不了解党的路线、方针和政策，就会失去判断文稿政治问题和政治方向的能力，从而引起刊物出现政治上的差错。编辑需保持高度的政治敏锐性和思想坚定性，需要认真学习与编辑出版工作相关的法律法规知识，包括《中华人民共和国著作权法》《中华人民共和国专利法》《中华人民共和国保守国家秘密法》《期刊出版管理规定》等，自觉地在法律法规规定的范围内工作。① 期刊编辑具备较高的法律素养、政策素养不仅是为了避免违反法律、政策，更是为了自觉地、积极地遵纪守法。期刊编辑在政策素养方面，特别应注意具体政策的可变性和敏感性较强的政策问题。②

②业务素养。编辑的业务素养涉及语言文字驾驭能力和编辑学理论知识。首先，学术期刊编辑需要拥有驾驭语言文字的能力。编辑加工是对稿件内容、文章结构和语言文字表述形式上存在的问题进行综合处理，一篇稿件经过编辑加工后，应该起到去粗存精、画龙点睛的效果。如果编辑不具有深厚的文字功底，没有系统掌握语法知识、逻辑学知识、修辞学知识和标点符号使用规范，也就不能在稿件的语言文字处理工作中游刃有余。其次，学术期刊编辑需要掌握必备的编辑学理论知识。随着学科建设和理论的发展，编辑学逐渐成为一门比较完善的学科体系，如图书编辑学、期刊编辑学、编辑心理学等，对编辑工作的类别特性、原理、特征和规律等问题进行了理论与实践概括。编辑要具备一定的编辑理论知识，才能更好地把握和驾驭编辑工作。

③专业技术知识。若学术期刊编辑的专业知识储备不足，势必造成对学术性强的问题理解能力不足、失去对文稿取舍与精细加工的驾驭能力。此外，一定储备的专业知识是编辑开展选题策划、与作者交流沟通的必备基础。好的选题需要编辑在全面了解、系统掌握这一学科领域研究发展态势的基础上作出选择，并就其内容价值

---

① 丁强. 高校学报编辑学研究［M］. 昆明：云南人民出版社，2007：58-60.

② 徐柏容. 期刊编辑学概论［M］. 沈阳：辽海出版社，2005：90.

进行判断才能确定。①

④职业道德。道德品质是人们调整相互关系的纽带，各行各业都有本行业的职业道德标准。编辑的职业道德是编辑协调自己与作者之间关系的言行规范，也是社会对编辑行为的评价标准。编辑要有高度的社会责任感，坚持真理，服从真理，公正无私。编辑的职业道德情操体现在以下几个方面。一是无私奉献的精神。编辑的劳动成果体现在编辑编发的论文中，引起社会关注的往往是作者，编辑的名字与工作都被遗忘，"为人作嫁衣"也就成为编辑的代名词。在讲究经济效益的社会文化氛围下，编辑工作的默默无闻、甘为人梯，需要强大的奉献精神才能胜任。二是公正的品质。编辑有较多机会接触人情稿，面临较大的人事与社会关系压力，编辑在处理人情稿、关系稿时，只有秉持公正公平的品质，才能体现学术期刊乃至学术研究工作的公正与公平。三是严谨的工作作风。编辑工作事无巨细，从引文核对到图表数据再到作者署名不端行为的判断，只有一丝不苟认真对待，才能尽可能减少学术不端、降低学术失范，提高刊物的编校质量、学术质量。

⑤现代化的编辑意识。融合出版的发展在提高编辑工作效率的同时，也给传统的编辑工作带来了挑战，编辑活动的媒介环境发生了巨大变化，具体表现在如下三个方面。第一，媒介技术不断更新对编校工作提出了更高要求，新媒介的发展一方面打破原有的传播格局，另一方面对旧媒介起到补充与改善作用，二者在相互融合中获得平衡，内容资源的跨媒体出版、数字复合出版已经成为必然趋势。② 学术期刊编辑在当前数字化环境下，需要具备融合媒体和数字化出版需要的现代编辑技能。第二，媒介信息传播全球化要求编辑需具备国际化视野。当今社会进入信息时代，卫星通信和互联网技术的发展使得信息能够跨越时空和国家边界，迅速在全球范围内传播。学术交流同样具有无国界特性，但囿于出版语言，我国学术

① 丁强．高校学报编辑学研究［M］.昆明：云南人民出版社，2007：61.

② 邵益文，周蔚华．普通编辑学［M］.北京：中国人民大学出版社，2011：60-61.

期刊的内容产品难以被国际学术界有效使用。编辑需具有国际化视
野，了解国际市场需求，并着眼于长远建设而有所作为，为时代留
下具有国际传播力的内容产品。第三，编辑活动更加开放要求编辑
工作善于利用其开放性，提升工作质量。由于媒介生产与传播的多
元化，使得作者在信息交互和内容自主生产的需求上得到实现与满
足，作者可以与编辑实时互动，从而削弱了传统出版活动中编辑的
权威地位。① 编辑要善于利用开放、互动的新形势，更好地了解和
满足用户需求。

上述 5 个方面的综合职业素养越高，编辑的编校工作能力越
强，对文稿的驾驭能力越高，越能提升刊物的编校质量。

（2）编校工作机制的影响

编辑客体通过编辑工作机制对编辑主体具有反作用力，即好的
编辑工作机制，能够有效激发编辑的主体性，充分调动编辑的综合
素养，提高编校质量；缺乏激励与关怀的编辑工作机制，影响编辑
工作的积极性，引发编辑职业倦怠、编辑心理疲劳等消极现象，导
致编校质量下降。这是编辑主体与编辑客体对立统一关系的具体
表现。

根据编辑学中编辑主体性的概念，编辑主体性是指编辑主体具
有自觉能动性、创造性和自主性。编辑主体性的自主能动性和创造
性在选题策划、组稿、审稿和编辑校对中对于提高期刊质量起着不
容忽视的作用。② "有怎样的编辑，就有怎样的期刊"是对编辑主体
性的生动描绘。③ 此处的编辑不仅指向编辑个人，也指向期刊编辑
部集体。同一种期刊，在不同的编辑团队主持下，期刊质量与期刊
风格具有差异性；在性质相同的期刊之间，由于编辑不同，编出来
的刊物也大不相同。

因此，通过激励性的编辑工作机制能够创造有利于编辑主体性

① 邵益文，周蔚华. 普通编辑学[M]. 北京：中国人民大学出版社，
2011：63.

② 李丽，陈雪峰，袁建平. 编辑的主体性与期刊质量[J]. 经济研究导
刊，2008(6)：187-188.

③ 徐柏容. 期刊编辑学概论[M]. 沈阳：辽海出版社，2005：69-70.

发挥的工作环境，是提高编校质量的重要途径。

我国既有的编辑工作机制激励性不足，业内缺乏标志性的领军人才，缺少大师级的学术期刊编辑，更加缺乏大量学者型的出版家，我国目前的编辑工作激励机制尚未发挥我国出版业孕育和产生人才的优势。① 我国学术期刊编辑工作激励机制存在系列问题，具体表现在如下几个方面：一是激励方式单一，不能满足编辑不同层次的需要。青年编辑、中年编辑以及资深编辑处于不同的职业生涯阶段其需求也不相同；不同职称、不同年龄、不同学历的编辑，其需求也不相同。目前，由于学术期刊多从属于高校、科研院所，学术期刊编辑需求的个性化与差异化往往被主管部门忽视。二是缺乏科学的考核体制，现有的考核制度停留在表面上，不能全面客观地反映编辑在工作中的成绩和存在的问题。三是缺少充分的晋升机会与发展空间。科研院校的晋升空间与鼓励政策往往向一线教学、科研人员倾斜，对编辑工作认识存在误区，导致学术期刊编辑的职称晋升与培训学习的机会不充裕。

"职业倦怠"（burnout）一词最初由美国心理学家费登伯格（H. J. Freudenberger）于 1974 年提出，职业倦怠最容易出现在专业助人领域，如教师和护士等专业领域。编辑由于从事的是"为人作嫁"的职业，也是职业倦怠的高发人群，编辑职业倦怠和心理疲劳广泛地存在于高校学报编辑群体、青年编辑群体等各类编辑人群中。在引起编辑职业倦怠和心理疲劳的诸多因素中，人际关系压力是较为显著的因素②，编辑在面对各方推荐的人情稿和关系稿时，其背后需要处理的人际关系涉及学术公平，二者之间往往较难平衡。加上编辑工作的高负荷、团队性、隐性特征、不断提高的工作要求以及与编辑工作付出不相称的在道德选择与评价上的利他性③

---

① 蔡鸿程，朱象清，陈瑞藻，等. 编辑作者实用手册[M]. 北京：中国标准出版社，2009：11.

② 李玉恒. 编辑职业倦怠产生的原因及应对策略[J]. 河南大学学报（社会科学版），2005，45(5)：236-238.

③ 徐前进，彭国庆. 编辑"替人作嫁"精神探析[J]. 武汉科技大学学报（社会科学版），2000(3)：84-86.

和当前编辑工作评价机制的不健全等因素之间的矛盾，从而引发编辑群体大面积职业倦怠和心理疲劳，严重者甚至影响睡眠质量①，影响身心健康。

4.3.3　编辑职业的发展困境

没有一流的编辑团队，就不可能打造出一流的期刊。我国对学术期刊编辑的研究主要集中在编辑的学术能力②、角色和功能③以及专业态度等方面，缺少对广大学术期刊编辑职业发展问题的关照。2016 年，徐志武进行的一项问卷调查发现，100 名中国学术期刊编辑的平均工作满意度为 3.18 分。④《细胞研究》作为一本国际顶刊，对入职编辑的要求非常高，年薪却缺乏竞争力，平均每年流失 1 个专职编辑。⑤ 烦冗的事务性工作、缺乏创新性工作、职称及待遇、尚未树立整体职业形象等问题困扰着编辑尤其是青年编辑的发展，我国学术期刊编辑正在经历职业困境。

徐志武领导的研究小组⑥在 2019 年 9 月至 2020 年 9 月期间通过问卷调查和半结构化访谈收集数据。为了设计问卷，研究小组对 7 位学术期刊编辑进行了初步访谈。随后，创建了一个包含 24 个问题的李克特量表答案选项的调查。这些问题涉及编辑的职业困难、职业压力和职业倦怠。问卷修改后由 3 位研究学术出版的学者

① 沈园园，仇瑶琴，袁长蓉. 上海市部分高校学报编辑职业倦怠与睡眠质量的相关性[J]. 中华医学图书情报杂志，2013，22(4)：75-78.

② Ding He. Strengthening the Construction of Editorial Teams and Promoting the Healthy Development of Academic Journals [J/OL]. [2019-01-25]. Chinese Social Sciences Net. http://news. cssn. cn/zx/bwyc/201901/t20190125 _ 4817227. shtml.

③ Jianxin Xiao. The Scholarly Communication Ability of Academic Editors [J]. China Publishing Journal，2009(Z3)：10-13.

④ Zhiwu Xu. A Study on Job Satisfaction of Young Editors in China[J]. Publishing Science，2016，24(5)：22-29.

⑤ 程磊，徐佳珺，姜姝姝，等. 我国英文科技期刊编辑人才队伍现状及对策[J]. 中国科技期刊研究，2019，30(9)：989-996.

⑥ 该节研究小组成员：徐志武、杨丹丹、陈兵。

检查。研究小组将问卷的链接分发给 32 位中国学术期刊的编辑，从性别、年龄、职称、地域、期刊类型和排名等方面对这 32 位编辑进行了筛选，以期在编辑样本中达到代表性。

91%的问卷回答者报告说，缺乏高质量稿件是他们最常见的困难，一些人对访谈中缺乏高质量稿件表示焦虑；59%的受访者感到工作压力较大；53%的人表示职业发展困难；81%的受访者表示工作满意度较低。受访者详细阐述了造成这 4 项困难的原因：高质量稿件不足、工作任务繁重、有限的职业发展机会以及较低的工作满意度。

（1）高质量稿件不足

国内大量高质量的自然和社会科学论文发表在国外期刊上。缺乏高质量的稿件意味着论文被引率低，某一期刊的影响力难以提高，编辑们主要处理质量相对较低的稿件，这增加了他们的工作量。低质量的研究往往来自选题不当、研究方法不严谨、研究结论不显著、糟糕的文本格式和语言问题。那些没有被 SCI 或社会科学引文索引（SSCI）、中国社会科学引文索引（CSSCI）或中国科学引文数据库收录的期刊编辑，更深切地感受到高质量论文的缺乏。非索引期刊经常收到被索引期刊拒绝的稿件。

正如一位受访者所说：

> 虽然我们每年收到 1800 多份稿件，但许多稿件的质量并不令人满意。最终，只有 100 多篇稿件出版，90%的手稿因为质量低劣而被拒绝。作为编辑，我们当然希望收到高质量的论文，包括优秀的选题、严谨的论证、有价值的发现、流畅的表达、舒适的格式。大量的劣质稿件很容易消耗我们的耐心，使我们在编辑过程中感到焦虑，甚至暴躁。

为了应对高质量稿件的短缺，一些编辑试图向有成就的研究者约稿。然而，这种方法效果有限。国外顶级期刊如《自然》《细胞》《科学》等设立了越来越多的子刊，从而吸收了越来越多的高质量稿件。这通常会导致被邀请的稿件以文献综述的形式出现，因为作者更喜欢将他们最好的稿件提交给外国期刊。此外，并不是所有的中国期刊编辑都可以约稿，编辑能否约稿，很大程度上取决于杂志领导层是否授权他们这样做。

(2)工作任务繁重

处理多种多样的任务对编辑来说是一个共同的困难。他们可能会被要求执行与出版有关的一系列不同的任务，包括审读和挑选稿件，联系外审专家，与作者沟通修改、校对、排版、收取出版费用，联系中国知网优先出版，以及向作者发送发票或样刊。这项工作需要编辑较多精力，导致疲劳和注意力分散。同时，编辑们还经常担心，一个未更正的错误会在某一期出版后暴露出来。

一些学术期刊没有足够的管理人员，因此编辑人员不得不执行一些编辑工作之外的行政任务，如财务管理。20名(62%)问卷回答者从事编辑工作，但12名(38%)回答者混合从事编辑和行政工作。正如一位受访者解释的那样：

> 行政办公室不属于期刊出版社。事实上，我兼职做的是一个管理员，参与一些行政工作，包括安排领导的出差计划，为领导写一些会议手稿，甚至管理财务事务。繁重琐碎的工作让我每天都很忙，无法将全部精力投入到编辑校对工作中。不抱怨是很难的。有时候，我很羡慕国外学术期刊的编辑，他们只需要专注于自己的工作。

(3)有限的职业发展机会

编辑在晋升时经常遇到困难。首先，每年授予高级职称的数量是有限制的；其次，编辑需要产生足够数量的研究成果，如国家哲学社会科学办公室或国家自然科学基金资助的论文和研究项目，以与全职研究人员竞争。此外，编辑的研究成果必须与学术编辑领域相关。如果一个编辑的研究成果涉及不同的学科专业，如生物学、管理学或传播学，教授委员会可能不承认他们是合格的成果。一些编辑认为这是不公平的。正如一位受访者所说，我不是全职研究员，我有自己的编辑工作要做。如果按照研究人员的标准来设定职称晋升要求，我们当然无法与其他能够全身心投入研究的研究人员相比。在我的期刊出版社，很多年没有人晋升职称了。

提高专业知识是编辑遇到的另一个困难。尽管大多数受访者是全职工作，并拥有硕士或更高学位，但他们中的一些人表示，他们并不总是完全胜任自己的工作。编辑可能负责各种各样的期刊版块，审稿所需的知识范围可能超过他们自己的知识范围。因此，他们必须保持他们的学科知识时时处于最新状态，以应对工作的复杂性。然而，一些受访者表示，他们近年来很少参加会议，很少主动获取新知识。这种困难在从当局和主办机构获得较少资助的低水平学术期刊中更为明显。正如一位编辑所说：

> 我们的杂志从主管主办单位获得的额外资金是有限的，每年的经费只够两位领导出差两次。虽然学术交流和培训是我所期待的，但是编辑部负担不起资金。我都五年没机会了。这样，我的学术能力就不能得到有效提高，学术视野也受到限制。

(4) 较低的工作满意度

26 人回答说，他们的职业满意度很低；21 人回答说，他们已经产生了职业倦怠感。造成这些困难主要有两个原因：工资与他们的努力水平不匹配以及对工作的个人满意度低。

工资是衡量编辑工作价值的标准。约 91% 的问卷受访者月薪低于 15000 元。17 名受访者表示，他们的月薪在 5001~10000 元之间。这一数字低于 2019 年根据中国国家统计局的数据，从事科学研究和技术服务行业的人员平均年薪为 13.35 万元。[①]

一些编辑表示，月薪低于一万元与他们为编辑工作付出的努力不相称。这种不匹配，再加上在大多数期刊办公室里，成就卓越的编辑得不到额外的物质奖励，在许多编辑中产生了一种不公平的感觉。在受访者中，来自广州、上海等生活成本相对较高城市的编辑认为，月薪不足一万元给他们的生活带来了一定的压力。正如三位

---

① Jie Li. The Average Salary of Employed Persons in Urban Units Nationwide in 2019 Has Been Released[N]. People's Daily Overseas Edition, 2020-05-18.

编辑所说：

> 我的月薪不到一万元，这并不能完全补偿我的生活费用，加上现在物价的上涨，还有住房贷款，汽车贷款，孩子的教育费用等费用，让我感到生活压力很大。

> 经过十多年的努力，我的期刊的影响因子增加了十倍，但我们的工资却没有因为我们出色的工作而增加。与跳槽到 *Nature*、*Cell* 和 Science 的同事相比，我的年收入可能只有他们的一半。我们觉得自己的努力没有得到应有的回报，感到失落。我每天不仅要做编辑工作，还要做行政工作。但是，我的月薪不到一万元，这与我所做的劳动不相称，也不公平，让我感到没有动力。对我们来说，编辑工作是一份良心的工作，因为即使我们做得很好，报酬也不会变。

53%的问卷受访者表示，他们从工作中获得的个人满意度很低。首先，学术编辑做着看不见的工作，把稿件变成发表的文章，最终产品归作者所有。编辑工作的无形性质使公众难以欣赏编辑的价值。53%的受访者认为他们的工作只是帮助他人，作者的成就与自己无关。此外，学术期刊编辑很少因为他们的工作而获得政府奖励。中国政府给出版业颁发了 3 大奖项——中国出版政府奖、"五个一工程"奖和中华优秀出版物奖——但这些奖项主要是给图书出版业的，而不是给学术期刊的。正如 3 位编辑所说：

> 学术期刊领域从业人员的政府奖项太少了，感觉我们几乎被政府遗忘了。低水平的工作成就也容易让我们筋疲力尽。在过去的两年里，我所在的期刊出版社的六名编辑中有两名离职去攻读博士学位了。他们希望通过读博获得更好的职业。

> 中国科学技术协会每年评选优秀科技论文，并奖励作者 1 万元。但主编只能获得荣誉证书，没有金钱奖励，这让我们感到有点失落。毕竟，一篇优秀的文章的诞生也多少来自于我们的努力。

事实上，我不抗拒繁重和琐碎的任务。但是，如果没有科学的绩效评价体系，没有与繁重琐碎的工作相匹配的物质和精神奖励体系，就会让我感到不平衡和倦怠。

（5）如何支持学术期刊编辑走出职业困境

为了减轻编辑在事业上遇到的困难，外部利益相关者的支持是必要的。91%的问卷回答者承认某些形式的支持会对他们的工作产生积极影响。

①能够得到外部利益相关方的认可。受访者希望他们的工作能够得到外部利益相关方的认可，包括国家和省级新闻出版管理部门、大学和研究机构及专业协会。在采访中，一些编辑表示，希望高校和科研院所建立有效的奖励机制，在绩效奖励政策、奖励考核、职称晋升、继续教育和专业发展机会等方面给予学术编辑公平待遇。

②改善学术期刊编辑的激励机制。来自国家和省级出版监管部门的奖励也可以帮助编辑获得更强的职业归属感、荣誉感和自豪感。在采访中，大多数编辑表示希望学术期刊编辑获奖的比例能够提高。

4.4.4 编辑人才激励机制案例研究：以中国科学院"引进优秀人才计划"为例

中国科学院期刊出版领域引进优秀人才计划（以下简称"引进优秀人才计划"）是中国科学院"率先行动"计划（人才引进计划、人才培养计划、人才激励计划、国际人才计划以及人才专项）的重要组成部分。按照该计划启动的连续性作为标准，可将其发展分成两个阶段：第一阶段是2008年以前，项目首次开启阶段；第二阶段是2008年至今，该项目于2008年重启后，其延续性得到极大保障，引进人才的效应得到稳定发挥。

该计划实施以来，引进了大量高端管理人才、专业人才，极大地促进了中国科学院院属的近百种刊物（中国科学院直属刊物79种，中国科学院文献情报中心编辑出版中心14种）的发展与影响力提升，出现了一批世界范围内的顶级科技期刊，如《细胞研究（英文版）》《科学通报（英文版）》《光：科学与应用（英文版）》等，以及一批处于世界领先水平的科技期刊，如《中国科学》系列期刊、《分子细胞生物学报（英文版）》《中国病毒学（英文版）》等，打造了我国科技期刊的高峰。根据科睿唯安 2019 年 SCI 期刊引证报告（JCR），《细胞研究（英文版）》保持办刊优势，影响因子为 46.297，居我国 SCI 收录期刊第一位；《光：科学与应用（英文版）》影响因子在高水平保持稳定，在国际同学科位列第三；《微系统与纳米工程》2018 年首次获得影响因子，目前在国际同学科排名第三；《国家科学评论（英文版）》继续保持高端综述性科技期刊定位，位居国际多学科综合类期刊排名第三。

（1）引进人才类型

引进优秀人才计划既打造国内科技期刊高端管理人才和应用型人才梯队，也为融媒体时代科技期刊的发展开创了新局面。引进优秀人才计划不仅为中国科学院的期刊出版领域引进了大量专业和高端人才，同时也兼顾优秀管理人才和新媒体人才的引进。

①管理型人才。在中国科技期刊影响力提升和国际化发展过程中，往往面临着从无到有、从弱到强的办刊局面，因此该计划在引进人才过程中注重对管理型复合人才的引进。该计划重启以来，最早入选的李党生博士就任《细胞研究（英文版）》执行副主编，对推动建设编辑团队和提高期刊影响力起到了关键作用。任胜利被引进到《中国科学》杂志社工作，担任副总编辑，负责全面整合《中国科学》与《自然科学进展》两本期刊。2016 年入选该计划的吕青，以出色的资源整合能力打通了中国科学院文献情报中心 11 个编辑部之间的界限，实现了 11 个编辑部之间编辑出版与运营分离，为该中心规模化运营作出了重要贡献。2017 年入选该计划的王贵林，负责《中国科学：材料（英文版）》创刊工作（2014 年 12 月创刊），该刊于 2017 年 2 月被 SCI 收录，影响因子 3.956；截至 2022 年科睿唯安发布的数据显示，《中国科学：材料（英文版）》的影响因子为8.64，位于 Q1 区。可见，管理型人才在中国科技期刊创立新刊、提升影响力、国际化发展等方面发挥了重要作用（见表 4-2）。

表 4-2　2008—2019 年中国科学院引进优秀人才计划入
选人才及所在期刊情况（部分）

入选人才 （入选年份）	所在期刊名称	2022 年影响 因子及分区
李党生（2008）， 胡芳芳（2012）， 汪劼（2016）	《细胞研究（英文版）》 （Cell Research）	46.297，Q1
贾志云（2009）	《动物学报》 （Current Zoology）	2.734，Q1
赵云鲜（2010）	《昆虫科学（英文版）》 （Insect Science）	3.605，Q1
李耀彪（2011）， 常唯（2013）	《光：科学与应用（英文版）》 （Light：Science&Applications）	20.257，Q1
谢冰蓉（2011）	《天文和天体物理学研究（英文版）》 （Research in Astronomy and Astrophysics）	1.889，Q3
张颖（2011）	《遗传学报（英文版）》 （Journal of Genetics and Genomics）	5.065，Q2
王久丽（2012）	《中国物理 B（英文版）》 （Chinese Physics B）	1.652，Q3
宋冠群（2012）	《中国科学：化学（英文版）》 （Science China-Chemistry）	10.138，Q1
焦玉霞（2013）	《基因组蛋白质组与生物信息学报（英文版）》 （Genomics，Proteomics & Bioinformatics）	6.409，Q1
崔晓峰（2013）	《分子植物（英文版）》 （Molecular Plant）	21.949，Q1
司佳丽（2014）	《中国病毒学（英文版）》 （Virologica Sinica）	6.947，Q2
刘团结（2014）	《雷达学报（英文版）》 （Journal of Radars） 《微系统与纳米工程》 （Microsystems &Nanoengineering）	— 8.006，Q1

续表

入选人才 (入选年份)	所在期刊名称	2022 年影响 因子及分区
郑军卫(2014)	《天然气地球科学(英文版)》 (*Natural Gas Geoscience*)	—
秦宇(2016)	《分子细胞生物学报(英文版)》 (*Journal of Molecular Cell Biology*)	8.185，Q1
黄英娟(2016)	《高分子科学(英文版)》 (*Chinese Journal of Polymer Science*)	3.815，Q2
吕青(2016)	《智库理论与实践》	—
王贵林(2017)	《中国科学：材料(英文版)》 (*Science China-Materials*)	8.64，Q1
徐秀玲(2017)	《国家科学评论(英文版)》 (*National Science Review*)	23.178，Q1
郑真真(2017)	《中国科学：数学(英文版)》 (*Science China-Mathematics*)	1.157，Q2
邹文娟(2017)	《科学通报(英文版)》 (*Science Bulletin*)	20.577，Q1
张丽娟(2018)	《能源化学(英文版)》 (*Journal of Energy Chemistry*)	13.599，Q1
王晓峰(2019)	《光子学研究(英文版)》 (*Photonics Research*)	7.254，Q1

②专业人才。中国科学院下属近百种刊物的发展与影响力提升离不开期刊编辑人才的贡献，尤其是在提升中国科技期刊的国际影响力方面，具备全球视野和国际背景的人才是其中重要的助推力量。根据统计，每年度入选"中国科学院期刊出版领域引进优秀人才计划"的专业人才中，有近半数是具有海外学习工作经验的专业型人才，如《分子细胞生物学报(英文版)》编辑部主任秦宇于 2016 年入选该人才计划，具有深厚的分子、细胞、药理、病理等多学科领域研究背景及多年海外留学经历，能充分协助主编开展主题策划

和稿件组织工作；《分子植物(英文版)》于 2012 年引进具有美国普渡大学博士后经历的崔晓峰担任期刊常务副主编，崔晓峰博士于 2013 年入选该人才计划。目前《分子植物(英文版)》已经建立起一支由 6 人组成的具有国际视野的专业编辑人才队伍，在国际化稿源获取、国际同行评审制度建设等方面取得显著进步。

③新媒体人才。媒体融合对科技期刊编辑人才也提出了更高要求：编辑不仅需要具备文字处理能力、外语能力和熟悉标准规范等传统编辑技能，而且需要既熟悉传统出版、拥有本专业科技知识，又了解互联网技术、擅长经营、懂得市场运作的复合型能力。[①] 近年来，中国科学院人才计划也重视对新媒体人才的引进，立足于科技期刊的数字化，以应对新媒体环境下的科学知识传播工作，使得科技期刊能够更好地在数字环境中获得展示、交流的机会。2018年，房淼声和王冲霄被引进《中国国家地理》的新媒体项目"8 分 20 秒走遍中国"，以对美好中国的理解为主线，以身临其境的 VR 体验，展现与传播祖国的大好山河之壮美，为融媒体时代科技期刊发展打开新的局面奠定了基础。

(2)人才引进模式

引进优秀人才计划作为中国科学院引进人才"率先行动"计划的重要组成部分，为推进中国科学院乃至我国科技期刊人才高地建设积累了宝贵经验，提供了可资借鉴的案例与方案，为我国科技期刊事业在新时期的发展作出了重要贡献。

"科学家+编辑"的双通道人才建设体系。科技期刊是科学研究的龙头和龙尾。科技期刊与科学研究相辅相成，通过引进一线科研工作者担任科技期刊主编或编委的方式，将科学家直接或间接吸引到科技期刊创办、管理、运营、审稿等具体工作中，实现"科学家+编辑"双通道的科技期刊人才建设体系。科学家与主编身份的交叉，会成为提升科学研究与加快期刊发展的源头活水。[②] 以《光：

① 刘德生，俞敏. 新媒体环境中科技期刊编辑人才培养的探索研究[J]. 编辑学报，2018，30(3)：319-322.

② 于海琴. 问渠哪得清如许：记国际著名期刊《Applied Energy》主编严晋跃教授的办刊理念与智慧[J]. 编辑学报，2017，29(4)：405.

科学与应用（英文版）》为例，在"为科学家办刊、由科学家办刊"理念基础上，建立了以"科学家+专业编辑"为一体的办刊人才队伍，引进美国明尼苏达大学教授崔天宏作为期刊执行主编，建立高质量的国际化编委会，编委会成员涵盖国内外诸多院士科学家，这为期刊的优质稿源和审稿质量提供了保障。《光：科学与应用（英文版）》的发展也离不开编辑团队的努力，在寻找优质审稿人的办刊任务中，入选"2011年度中国科学院期刊出版领域引进优秀人才计划"的李耀彪博士在短时间内建立了近万人的国际审稿专家数据库。作为主编助理，入选"2013年度中国科学院期刊出版领域引进优秀人才"的常唯同样在具体的编辑工作中承担了组织协调等细节工作。事实证明，"科学家+编辑"的办刊人才队伍是建立高水平国际化科技期刊可行的模式，《光：科学与应用（英文版）》2022年最新影响因子高达20.257，自2015年起一直位居光学期刊前三位。正如国际著名期刊《应用能源》（*Applied Energy*）主编严晋跃教授所言，"倡导专家学者参与办刊和出版工作，努力引进、吸收一批既精通学科领域专业知识，又熟悉科技期刊发展规律的科学家，进入期刊编委会和审稿队伍，参与办刊方向的确定、主题策划、内容审议等重大办刊活动"①，是建设国际一流科技期刊的重要举措。

"以灵魂人物为核心"的辐射型人才团队建设。建设高水平国际化科技期刊，需要从源头上吸引高水平科学家作者，争取优秀稿源，在国内优秀稿源外流现象严重的现状之下，除了以期刊的良性发展和影响力提升吸引更多优秀科学家作者，更为重要的一点是通过优秀的编辑团队为科学家作者提供优质的学术服务。以《细胞研究（英文版）》为例，2006年引进李党生博士担任期刊的专职常务副主编，李党生曾担任美国《细胞》杂志的副主编，具有深厚的分子细胞生物学专业背景知识，精通英文，同时还有丰富的世界顶级科技期刊编辑经验，他对《细胞研究（英文版）》的快速成长发挥了关键作用。2008年，李党生获得重新启动的"中国科学院文献情报和

① 严晋跃. 科技创新工具：*Applied Energy* 期刊发展案例分析［EB/OL］.［2022-12-20］. http：//blog. sciencenet. cn/blog-278395-843359. html.

期刊出版领域引进优秀人才计划"支持，为《细胞研究(英文版)》引进了如同《细胞》、《自然》等国际顶级期刊所采用的 in house(全职编辑)方式，着手培养和锻炼了一支适应高端期刊发展的专业编辑队伍，至今已陆续培养20余名专业编辑。目前《细胞研究(英文版)》科学编辑全部具有博士学位，且具有生命科学相关专业知识背景。其中2010年引进的胡芳芳博士和2012年引进的汪劼博士分别入选2012年和2016年的"中国科学院文献情报和期刊出版领域引进优秀人才计划"。[①] 对于追求国际一流的科技期刊，坚持学术优先、保证期刊质量，为科学家作者提供优质的服务，是成功办刊的重要经验。而这当中人才是最重要的内因，只有引进真正的期刊领军人才，培养一支专业的科学编辑团队，才有可能带动期刊的发展。

引进优秀人才计划是目前国内科技期刊编辑人才队伍建设规模最大、持续时间最长的专项人才计划，实施以来，成效显著，但也存在以下客观问题。

其一，计划实施以来，缺乏优秀人才引进后的管理与评估反馈。在中国科学院期刊领域人才引进计划的具体执行过程中，采取个人申请、审核公示的形式，虽然对人才的入选资格及前期工作进行了有效评估并以此作为入选人才计划与否的标准，但在入选人才计划后，缺乏持续跟踪反馈，对入选人才的后续工作表现难以准确评估。这种重前期申报、轻后续反馈的情况，一是对人才引进计划的实施效果难以确认，二是对于已入选人才计划的办刊人才实际工作经验难以被传播、分享和移植到其他科技期刊的建设工作中。

其二，引进优秀人才计划在人才引进和规划上缺少整体性、系统性等顶层设计。2008年重启人才引进计划以来，入选该计划的期刊领域人才客观上存在不同地区、不同学科和不同类型人才的不平衡问题。这不仅是该项目表现出来的问题，也是我国期刊出版领域在人才引进、建设和培养上呈现的突出问题。因此，亟待科技期

---

① 程磊. 中国期刊的影响因子神话：从2.16到12.41! [EB/OL]. [2022-12-20]. http://www.biodiscover.com/news/research/176131.html.

刊领域的人才建设项目在立项时具有高瞻远瞩的意识，在项目成立之初进行整体性、系统性设计，为人才梯队建设发挥有利作用。

其三，相比教育、科研等领域的人才队伍建设，期刊出版领域人才队伍建设渠道过于单一，不成体系。以中国科协为例，根据调查显示，35.1% 的中国科协科技期刊认为缺乏专业出版和经营人员是提升期刊质量和影响力的主要问题之一。但人才缺乏的现实并未得到相应的期刊出版人才领域人才引进、扶持等队伍建设计划的充分匹配，尽管上至国家级"全国新闻出版行业领军人才"计划、中国出版政府奖等，下至各省(区、市)人才扶持计划都涉及一定比例的期刊建设人才奖励，但类似中国科学院期刊出版领域人才引进计划这样的专项人才计划目前极为缺乏。

4.4 传播环节的质量控制

在数字环境下，传播质量是学术期刊质量不可或缺的重要组成部分。传播是期刊产生效应的开始，刊物的内容没有传播出去、传播太慢甚至读者数量有限，都难以发挥提高期刊影响力的作用。

根据传播学对于数字传播的相关研究成果可知，在数字环境下，传播活动的模式与特征有了极大改变，传统媒介的传播效果受到极大挑战。因此，重视学术期刊传播环节，提高我国学术期刊的传播质量，不仅是满足用户数字环境下信息需求的必然举措，也是扩大社会认知、提高学术期刊影响力和培育品牌的重要环节。

同时，科研人员的阅读习惯与研究过程在数字环境下发生了巨大变化，并对学术期刊的内容使用产生了新的要求，这些新要求主要通过期刊的传播环节实现，包括学术期刊内容的传播速度、便利性及交互性。根据新媒体理论中的技术接纳模型可知，学术期刊运用新媒体在数字环境下开展传播活动，其易用性与有用性对于用户的态度产生影响，进而影响用户的使用意向与后期的系统使用。因此，学术期刊的传播活动需紧贴用户需求，在易用性与有用性上满足用户对于学术期刊内容传播的需求。学术期刊新媒体传播的易用性与有用性通过用户需求体现。学术期刊的传播质量体现于对用户新需求与基本需求的满足程度,即数字内容的传播使得用户及时、无障碍获取与反馈的程度,并通过数字内容质量形成用户的阅读黏度。据此,析出影响传播质量的影响因素为传播渠道与传播技术对用户新需求的影响和内容质量对用户基本需求的影响两条线索。

4.4.1　数字环境下传播环节质量控制的新需求

在数字环境下,科研人员衍生了新的学术交流需求。一项为期3年、旨在发现早期研究人员(也戏称这个群体为"青椒")学术交流态度和行为的大样本量(1600份有效回复)调查问卷结果显示,早期研究人员已将面向千禧一代的社交工具和社交平台嵌入其学术活动中。[①] 这种新的需求体现在以下三个方面:一是用户对信息传播的速度有了更高的心理期待;二是对信息使用的便利性提出了更高要求;三是对信息的交互性需求明显提升。

(1)信息的传播速度

当数字技术渗入科研活动以后,用户对学术期刊信息传播的速度有了更高的心理期待。[②] 通过网络让全球研究人员无障碍、快速地获取最新科研信息与学术动态是开放获取期刊的重要特征和主要宗旨[③],这一特征与宗旨同样适用于所有学术期刊。

(2)信息的便利性

信息便利性具体表现在两个方面[④]:其一,要满足用户随时获取信息的需求。随着传播技术与渠道的大大改善,研究人员开始期待能够从多种渠道获取科研信息便于随时利用时间片段展开科研工

---

①　Nicholas D, Jamali HR, Polezhaeva T. A Global Questionnaire Survey of the Scholarly Communication Attitudes and Behaviours of Early Career Researchers[J]. Learned Publishing, 2020, 33(3): 198-211.

②　刘岭. 学术交流需求变化环境下的科技期刊服务趋势及策略[J]. 中国科技期刊研究, 2015, 26(3): 252-257.

③　方卿, 曾元祥. 基于技术视角的开放存取期刊学术质量控制框架[J]. 信息资源管理学报, 2012(4): 27-33.

④　刘岭. 学术交流需求变化环境下的科技期刊服务趋势及策略[J]. 中国科技期刊研究, 2015, 26(3): 252-257.

作。其二，满足与用户科研环境紧密耦合的服务需求。即信息获取与各种科研工作环境耦合，包括利用手机、平板电脑等新型移动终端设备的工作环境。

在数字环境下，研究人员将零碎的时间通过可随时获取学术信息的渠道，大大改善了传统科研工作环境对工作环境的限制。研究人员只要能登录网络，就希望能随时享受学术期刊提供的服务。[①]信息获取的物理障碍消失，用户逐渐习惯于在工作现场数字化地进行信息搜集、交流和处理。[②] 对于需要用户中断科研活动、脱离科研现场才能使用的信息，会渐趋失去用户的选择。

学术期刊的传播工作能否有效满足用户在数字时代的学术交流与科研需求，是学术期刊在数字环境下发展面临的重要挑战与机遇。

（3）信息的交互需求

互联网进入 2.0 时代，用户既是传播活动的信息受众，同时也是内容的创建者与传播者。以博客（Blog）、标签（Tag）、社交网站（SocialNetworkSite，SNS）、简易信息聚合（Really Simple Syndication，RSS）、维基（Wiki）等典型应用为核心，依据六度分隔理论和 XML、Ajax 等技术实现的互联网运行模式陆续出现[③]，并在学术出版中得到应用。

4.4.2　影响因素：传播渠道和传播技术、数字内容质量

传播环节对于期刊发展的重要意义，已日益得到重视。近年来，相关研究成果较为丰富，对于用户在传播速度与传播效率的要求、传播活动体系构建及传播目标的范畴以及传播质量提升的立体设计等方面均开展了不同角度的研究。国内关于学术期刊传播质量

① 刘岭. 学术交流需求变化环境下的科技期刊服务趋势及策略［J］. 中国科技期刊研究，2015，26（3）：252-257.

② 张晓林. 科研环境对信息服务的挑战［J］. 中国信息导报，2003（9）：18-22.

③ 董成悌，周维彬. 面向服务的 Web3.0 网络［J］. 情报探索，2010（10）：108-110.

的部分研究成果，紧跟国际与国内学术前沿，对于学术期刊传播质量影响因素的分析与提炼，具有较高的参考价值。下文将对影响传播质量的相关研究进行简要介绍与综述，并试图厘清学术期刊传播质量影响因素的线索。

　　传播活动要达到理想的传播效果，即形成传播质量，需要从 3 个方面考量：首先，学术期刊的内容能传播出去；其次，经传播的内容有读者群；最后，有大量读者阅读。① 学术期刊的传播活动，由 5 个紧密联系的环节构建而成，即出版环节、发行环节、发布环节、宣传环节、互动环节，5 个环节分别涉及传播质量的不同要点。②

　　在出版环节，其出版方式能否使数字内容满足研究人员的需求至关重要；在发行环节，该环节能否及时发行，使期刊的纸质版和数字内容得以及时和迅速传播是重点；在发布环节，元数据的标注详细与否、发布渠道是否多元，对传播效果的影响显著；在互动环节，用户与期刊编辑部互相间的互动，有利于编辑部及时了解传播效果和用户需求，从而对后续传播环节的工作进行调整和优化，学术期刊传播活动的构建如图 4-1 所示。

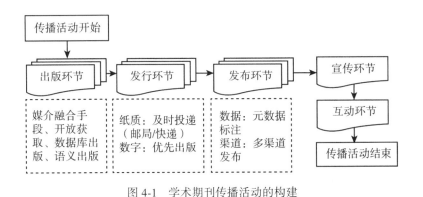

图 4-1　学术期刊传播活动的构建

　　① 谢文亮，王石榴 . 学术期刊的传播力与传播力建设策略［J］. 中国科技期刊研究，2015，26(4)：425-430.

　　② 谢文亮，王石榴 . 学术期刊的传播力与传播力建设策略［J］. 中国科技期刊研究，2015，26(4)：425-430.

要通过网络为全球科研人员无障碍地获取最新科研信息与学术动态，需要建立以网络平台为基础，以文件传输、信息推送、链接、语义搜索、引用跟踪等技术配套的传播质量技术控制体系。①

优质的网络运行速度和数据传输速度，即优质的网络平台技术能够有效提高用户对于网络访问和文件下载的满意度；优质的文件传输技术能更好、更快地获取期刊论文，提升用户的使用积极性、满意度和回访率；个性化的信息推送服务能形成较高的用户黏度；链接技术和语义搜索技术能实现参考文献的全文链接和论文内容的全文搜索；借助引用跟踪技术能实现论文影响力的科学评价，为期刊学术质量提升提供线索与参考依据。

学术期刊的传播活动不仅要在速度与便利性上满足用户需求，同时，其传播质量的综合提升设计是根本。建立互联网思维、拓展多渠道发行途径、数字环境下文献标识符的应用以及新出版模式如语义出版的挖掘，是学术期刊提升传播质量的立体设计。② 学术期刊传播质量的提升，需要树立互联网思维、建立健全多渠道的发行途径、重视标识符的使用以及重视挖掘语义出版等新出版模式，顺应时代潮流，新元素和新出版模式的使用将成为学术期刊传播与发展的必然趋势。③ 当海量信息充斥网络，大数据时代到来时，具有国际规范的各类元数据标识符对于资源的描述和发现将越来越重要。④ 在期刊论文中规范使用元数据标识符，不仅可以帮助读者在网络环境下更加方便快速地获取所需信息，且对于提升用户体验、扩大影响力也具有积极意义。随着以语义网为特征的 Web3.0 的出现，研究人员更加智能地获取新信息、解决新问题的期待得以有实

① 方卿，曾元祥. 基于技术视角的开放存取期刊学术质量控制框架[J]. 信息资源管理学报，2012(4)：27-33.
② 尚丽娜，刘改换，牛晓勇. 提升网络学术期刊传播能力的实践与思考[J]. 出版科学，2016(1)：82-85.
③ 尚丽娜，刘改换，牛晓勇. 提升网络学术期刊传播能力的实践与思考[J]. 出版科学，2016(1)：82-85.
④ 孙坦，黄金霞，张建勇，等. 科学家国际化识别研究[J]. 图书情报工作，2015，59(1)：17-22.

现的可能，语义出版应运而生，并成为数字出版领域重要的发展趋势。①

依据质量控制理论中重视小过程控制的原则，将学术期刊传播活动的过程作为传播质量控制的研究对象，认为影响学术期刊传播质量的因素有三个维度，分别是：影响传播活动范围的渠道因素，影响传播活动效果的技术因素，影响用户阅读体验、是否产生再次阅读的数字内容质量因素。前两者主要满足用户在数字环境下对传播质量的新需求；后者则满足用户对数字内容的基本需求。

（1）传播渠道和传播技术对用户需求的影响

传播渠道与传播技术分别对传播范围和传播效果产生影响。在数字环境下，传播渠道越宽广，作者获取数字内容的途径越便利，内容传播的范围也就越广泛；基本的数字传播技术对传播效果具有保障作用，同时，针对海量信息的特征，对数字内容进行规范与加工，以增强在产品服务创新和用户体验上的竞争力，需引起我国学术期刊的重视。

目前，国内外学术期刊传播渠道主要包括期刊自建网站、全文数据库以及新媒体的辅助传播，不同的传播渠道其作用与价值各不相同。

基于当前我国学术期刊数字传播活动能力与国际同行之间的差距，将其与数字内容未来的产品开发与用户体验相结合，在涉及传播活动的诸多技术中，元数据标注技术与引用跟踪技术是数字环境下我国学术期刊亟待改进与应用的两项传播技术。

元数据标注技术实现数字内容的身份识别。元数据（Metadata）是"关于数据的数据"，它是为了解决大量无序的网络信息资源在检索时存在的无序和专业限制的问题而产生的技术解决方案。② 通过搜索引擎能使人们及时找到最新信息，但搜索结果庞杂，查准率

① 徐丽芳，刘锦宏，丛挺. 数字出版概论［M］. 北京：电子工业出版社，2013，2013：76.

② 赵庆峰，鞠英杰. 国内元数据研究综述［J］. 现代情报，2003（11）：42-45.

低。元数据标注技术是为了解决网络信息的整理、搜索、控制与管理等问题应运而生的新方法。元数据与传统的文献著录数据本质上是一样的，它具有在数字环境下对资源的著录与描述、资源发现与确认、进行资源管理和资源保护及长期保存等作用。[①]

目前，具有国际规范性、得到国际学术期刊广泛应用的学术期刊的元数据标注数字标识符有以下数种，包括数字对象标识符（DOI）、开放者和研究者贡献标识符（OpenResearcherandContributor，ORCID）、出版记录（CrossMark）、开放式参考文献链接系统（CrossRef）、基金资助者信息查询（FoundRef）等。

针对数字环境下学术研究的跨学科、跨机构以及地域转换的新趋势，开放研究者和贡献者标识符应运而生。作为研究者研究成果的数字身份证——开放研究者与贡献者标识符可以帮助研究人员记录自己的研究成果，如果将开放研究者与贡献者标识符融入出版流程，带有开放研究者与贡献者标识符的文章将会帮助读者和出版机构辨别同名的研究者。[②] 同时，开放研究者与贡献者标识符最重要的功能，是为研究人员带来极大便利——使研究人员免于投稿和重复登记或介绍自己的研究成果之累。

在学术期刊数字出版进入社会化出版即学术社交网站兴起的阶段[③]，针对学术交流日渐繁多、网络文献剧增，读者难以在浩瀚的网络文献中辨认勘误文档、过期文档、尚未完善文档、文档更新版本、数据错误文档、被否定的文档，甚至还有被撤稿的文档[④]，CrossRef研发的出版记录软件能帮助研究人员轻松解决最

① 王晓光. 数字资产管理［M］. 北京：电子工业出版社，2013：135-136.

② Distinguish Yourself in Three Easy Steps［EB/OL］.［2022-09-21］. http：//orcid. org/；LayrelL. Haak，MartinFrnner，LauraPaglione，etc. ORCID：A System to Uniquely Identify Researchers［J］. Learned Publishing，2012，25(4)：259-264.

③ 丛挺. 技术与商业视角下数字出版发展阶段研究［J］. 出版发行研究，2015(9)：34-38.

④ Carol Anne Meyer. Distinguishing Published Scholarly Content with CrossMark［J］. Learned publishing，2011 24(2)：87-93.

新文档辨认困扰：加入出版记录的出版商将出版记录的标识粘贴在该出版商的 HTML 格式和 PDF 格式的文章或其他文献版本中，该软件将元数据进行自动存储。读者点击阅读该文献时，能轻易辨识与点击出版记录标识。在联网环境下，该标识会弹出文献的最新版本。

目前，数字对象唯一标识符标注通过中国知网（获得 DOI 注册授权）的发布平台得到较大范围的推广，但开放研究者与贡献者标识符、出版记录、基金资助者信息查询、开放式参考文献链接系统等元数据标识符的标注在国内学术期刊有待得到重视，国内仅有极少数学术期刊作了相关标注。①

通过元数据标注对数字内容进行规范和有效识别与管理，对提升学术期刊的创新服务能力和国际影响力，具有重要意义，我国学术期刊亟待加强对元数据标识符的标注工作。

阅读与引用跟踪技术实现数字传播效果的信息反馈。引用跟踪技术是学术期刊在日趋多元的影响力评价指标体系下变被动评价为主动展示期刊影响力的必要工具。

2004 年以前，学术期刊质量评价的指标以美国科技信息研究所的影响因子为绝对地位的主要指标；随着 2004 年谷歌学术的推出和爱思唯尔斯高帕斯文摘数据库的推出，结束了 Web of Science 作为科研文献引用计量数据库长久的垄断地位，谷歌学术计量指标（Google Scholar Metrics，GSM，2012）作为影响因子报告（Journal Citation Reports）强有力的竞争对手，通过谷歌算法，剔除无效被引，形成特征因子，甚至比影响因子的指标性能更胜一筹。② 学术期刊质量评价以影响因子作为唯一指标的一元评价时代以特征因子、谷歌学术计量指标和 SJR 的出现为标志而宣告结束。新的评价

① 尚丽娜，刘改换，牛晓勇. 提升网络学术期刊传播能力的实践与思考[J]. 出版科学，2016(1)：82-85.

② Emilio Delgado-lopez-cozar, Alvaro Cabezas-clavijo. Ranking Journals: Could Google Scholar Metrics be an Alternative to Journal Citation Reports and Scimago Journal Rank? [J]. Learned Publishing, 2013, 26(2)：101-114.

指标不断出现，2014年，自然出版集团推出自然指数（nature index），按月更新的自然指数，旨在显示与跟踪高质量论文的产出单位与国家。

借助引用跟踪技术实现论文影响力的科学评价，形成基于论文引用数据的期刊影响力数据报告。引用跟踪技术已广泛应用于大型数据库、学术搜索引擎和开放获取期刊，如生物医学中心系列刊物文章由斯高帕斯和谷歌学术进行跟踪。[①]

（2）数字内容质量对用户需求的影响

数字内容传播的快速、便利与交互需求是数字内容传播质量的体现。此外，数字内容质量还应表现于内容本身的质量及其数字内容的加工质量方面。前者依靠投审稿环节的生产与质量控制解决，传播环节则侧重于其数字内容加工质量的控制。

当用户获取的数字内容不满意时，会重新调整信息需求、信息源和信息获取策略，在制定新的获取策略后开始新一轮的信息获取活动。用户的数字内容获取决策过程，很大程度上取决于数字内容质量，即数字内容的易用性与有用性。

与传统学术期刊内容相比，内容的数字加工质量是数字内容质量的特殊表现。数字内容加工的目的是便于组织、存储以及未来的开发利用，是数字内容价值提升的重要环节。[②]

4.4.3 我国学术期刊新媒体建设调研

（1）CSSCI（2021—2022）来源期刊新媒体建设调研[③]

笔者团队于2022年9月集中调研了CSSCI（2021—2022）585种

---

① 方卿，曾元祥. 基于技术视角的开放存取期刊学术质量控制框架[J]. 信息资源管理学报，2012（4）：27-33.

② 王晓光. 数字资产管理[M]. 北京：电子工业出版社，2013：82-95.

③ 数据来源：本表所列数据，"年度发文频次"和"篇均阅读量"由清博指数提供，数据采集时间：2022年9月；是否开通独立账号和开通时间由课题组成员人工采集完成，数据采集时间：2022年9月。表中所列"null"，系该公众号无法在清博指数采集数据所显示。

来源期刊①的新媒体建设情况，包括：微信公众号、微博、小程序和 App 开通及活跃情况。

①微信公众号。480 种已开通，105 种未开通，分别占比82.05%、17.95%。未开通微信公众号的学科集中于管理学 9 种，经济学 11 种，政治学 11 种，民族学与文化学 7 种，图书馆、情报与文献学 8 种，高校学报 8 种。此外，有 45 种 C 刊的微信公众号于 2021 年 5 月及以后开通。2021—2022 年版 CSSCI 来源期刊目录于 2021 年 5 月上旬通过 CSSCI 微信公众号以刊物微信公众号展示为发布方式，可以联想新的发布方式直接促进了上述 45 种期刊的微信公众号开通。在已开通的 480 种微信公众号中，有 22 种刊物的微信公众号篇均阅读量≥5000，分布于马克思主义理论、语言学、艺术学、经济学、法学、社会学、新闻学与传播学、教育学、心理学、综合性社会科学 10 个学科，分别是：《党建》《求是》《人民日报》《光明日报》《中国翻译》《建筑学报》《中国书法》《中央音乐学院学报》《金融研究》《经济研究》《法律科学(西北政法大学学报)》《法学研究》《中国法律评论》《社会学研究》《国际新闻界》《新闻大学》《新闻与写作》《课程·教材·教法》《学前教育研究》《心理科学进展》《心理学报》《文化纵横》。

当前，585 种 CSSCI 来源期刊中实际约25%的 C 刊来源期刊尚未通过微信公众号渠道发挥刊物传播功能，这一调研结果印证了2.4.3 节中我国学术期刊融合出版受阻的原因。学术期刊办刊主体在有限的人才、资金和体制机制自主权的办刊力量和办刊条件下，将融合出版的意识与行动平衡于当前我国学术期刊评价机制之下——评价指标不涉及的办刊要求，能减免则减免，以保存有限的办刊实力。同时，约占 5%的 C 刊来源期刊具有强大的传播能力，篇均阅读量达到 5000 以上。具体数据可见表 4-3。

---

① 2021—2022 年版 CSSCI 来源期刊共 615 种报刊，其中台湾地区学术期刊 30 种，报纸理论版 2 种，即《人民日报》《光明日报》。本次调研不涉及台湾地区 30 种学术期刊。

表 4-3 CSSCI(2021—2022)来源期刊新媒体建设·微信公众号

序号	学科名称	期刊名称	微信公众号建设			
			是否开通独立账号	开通时间	年度发文频次（2021.9.13—2022.9.14）	篇均阅读量
1	马克思主义理论	当代世界社会主义问题	否	—	—	—
2	马克思主义理论	当代世界与社会主义	✓	2021年3月	154	783
3	马克思主义理论	党的文献	✓	2015年3月	250	2649
4	马克思主义理论	党建	✓	2014年4月	1186	7484
5	马克思主义理论	党史研究与教学	否	—	—	—
6	马克思主义理论	国外理论动态	✓	2017年7月	102	1192
7	马克思主义理论	红旗文稿	✓	2018年4月	641	2317
8	马克思主义理论	教学与研究	✓	2019年8月	62	1229
9	马克思主义理论	科学社会主义	否	—	—	—
10	马克思主义理论	理论视野	✓	2021年5月	55	1881
11	马克思主义理论	马克思主义理论学科研究	✓	2017年11月	115	1666
12	马克思主义理论	马克思主义研究	✓	2021年2月	327	4038

续表

序号	学科名称	期刊名称	微信公众号建设			
			是否开通独立账号	开通时间	年度发文频次（2021.9.13—2022.9.14）	篇均阅读量
13	马克思主义理论	马克思主义与现实	✓	2016年12月	130	1212
14	马克思主义理论	毛泽东邓小平理论研究	✓	2022年4月	81	3219
15	马克思主义理论	求是	✓	2016年11月	2551	19477
16	马克思主义理论	社会主义研究	✓	2018年5月	115	1567
17	马克思主义理论	思想教育研究	✓	2017年8月	262	2084
18	马克思主义理论	思想理论教育	✓	2015年1月	111	2030
19	马克思主义理论	思想理论教育导刊	✓	2020年10月	160	4196
20	马克思主义理论	中共党史研究	✓	2016年3月	149	2641
21	马克思主义理论	中国特色社会主义研究	✓	2022年7月	46	1119
22	马克思主义理论	人民日报	✓	2022年6月	5199	99993
23	马克思主义理论	光明日报	✓	2022年9月	6034	20143
24	管理学	电子政务	✓	2015年1月	117	1258

序号	学科名称	期刊名称	微信公众号建设			
			是否开通独立账号	开通时间	年度发文频次（2021.9.13—2022.9.14）	篇均阅读量
25	管理学	公共管理学报	否	—	—	—
26	管理学	公共管理与政策评论	✓	2022年7月	118	1066
27	管理学	管理工程学报	✓	2021年9月	23	969
28	管理学	管理科学	✓	2019年10月	59	630
29	管理学	管理科学学报	✓	2022年8月	—	—
30	管理学	管理评论	✓	2018年12月	297	239
31	管理学	管理世界	✓	2020年6月	355	4299
32	管理学	管理学报	✓	2015年5月	31	1425
33	管理学	管理学刊	✓	2017年4月	24	1287
34	管理学	宏观质量研究	✓	2019年9月	30	439
35	管理学	会计研究	否	—	—	—
36	管理学	会计与经济研究	✓	2019年8月	25	962
37	管理学	经济管理	✓	2020年12月	42	2206
38	管理学	经济体制改革	否	—	—	—

序号	学科名称	期刊名称	微信公众号建设			
			是否开通独立账号	开通时间	年度发文频次（2021.9.13—2022.9.14）	篇均阅读量
39	管理学	科技进步与对策	✓	2015年10月	null	null
40	管理学	科学管理研究	否	—	—	—
41	管理学	科学决策	✓	2017年4月	null	null
42	管理学	科学学研究	✓	2015年10月	13	2232
43	管理学	科学学与科学技术管理	否	—	—	—
44	管理学	科研管理	✓	2015年7月	298	538
45	管理学	南开管理评论	✓	2014年7月	178	2515
46	管理学	软科学	✓	2018年12月	null	null
47	管理学	社会保障评论	✓	2020年7月	35	564
48	管理学	审计研究	否	—	—	—
49	管理学	审计与经济研究	否	—	—	—
50	管理学	外国经济与管理	✓	2020年9月	38	1329
51	管理学	系统工程理论与实践	✓	2016年1月	Null	Null
52	管理学	研究与发展管理	✓	2017年2月	133	467

续表

序号	学科名称	期刊名称	微信公众号建设			
			是否开通独立账号	开通时间	年度发文频次（2021.9.13—2022.9.14）	篇均阅读量
53	管理学	工程管理科技前沿(原《预测》)	否	—	—	—
54	管理学	治理研究	✓	2018年1月	83	843
55	管理学	中国管理科学	✓	2016年6月	67	1335
56	管理学	中国行政管理	✓	2020年10月	113	2833
57	管理学	中国科技论坛	✓	2017年7月	46	741
58	管理学	中国科学院院刊	✓	2021年12月	204	1
59	管理学	中国软科学	否	—	—	—
60	哲学	道德与文明	✓	2018年5月	105	1092
61	哲学	科学技术哲学研究	✓	2019年3月	Null	Null
62	哲学	孔子研究	✓	2019年11月	35	1133
63	哲学	伦理学研究	✓	2020年12月	23	669
64	哲学	逻辑学研究	否	—	—	—
65	哲学	世界哲学	✓	2020年5月	34	1343
66	哲学	现代哲学	✓	2022年2月	56	843

序号	学科名称	期刊名称	微信公众号建设			
			是否开通独立账号	开通时间	年度发文频次（2021.9.13—2022.9.14）	篇均阅读量
67	哲学	哲学动态	✓	2018年4月	106	1877
68	哲学	哲学分析	✓	2020年11月	50	1482
69	哲学	哲学研究	✓	2018年2月	182	3211
70	哲学	中国哲学史	否	—	—	—
71	哲学	周易研究	否	2017年12月	22	815
72	哲学	自然辩证法通讯	✓	2018年4月	61	1323
73	哲学	自然辩证法研究	否	—	—	—
74	宗教学	世界宗教文化	✓	2016年4月	null	null
75	宗教学	世界宗教研究	✓	2016年4月	9	1683
76	宗教学	宗教学研究	否	2018年1月	727	446
77	语言学	当代修辞学	✓	2018年12月	36	764
78	语言学	当代语言学	✓	2016年12月	Null	Null
79	语言学	方言	否	—	—	—
80	语言学	汉语学报	✓	2019年8月	16	1446

序号	学科名称	期刊名称	微信公众号建设			
			是否开通独立账号	开通时间	年度发文频次（2021.9.13—2022.9.14）	篇均阅读量
81	语言学	汉语学习	否	—	—	—
82	语言学	民族语文	✓	2022年1月	15	364
83	语言学	上海翻译	否	—	—	—
84	语言学	世界汉语教学	✓	2022年8月	5	3744
85	语言学	外国语	✓	2016年4月	38	1222
86	语言学	外语电化教学	✓	2017年11月	20	1256
87	语言学	外语教学	✓	2019年10月	6	1996
88	语言学	外语教学理论与实践	否	—	—	—
89	语言学	外语教学与研究	✓	2017年12月	15	2319
90	语言学	外语教育研究前沿	✓	2021年7月	66	521
91	语言学	外语界	✓	2018年2月	14	2214
92	语言学	外语与外语教学	✓	2016年11月	122	769
93	语言学	现代外语	✓	2016年6月	100	963
94	语言学	语文研究	✓	2022年1月	—	—

序号	学科名称	期刊名称	微信公众号建设			
			是否开通独立账号	开通时间	年度发文频次（2021.9.13—2022.9.14）	篇均阅读量
95	语言学	语言教学与研究	✓	2018年3月	77	998
96	语言学	语言科学	✓	2015年8月	null	null
97	语言学	语言文字应用	否	—	—	—
98	语言学	语言研究	否	—	—	—
99	语言学	中国翻译	✓	2016年8月	61	8351
100	语言学	中国外语	否	—	—	—
101	语言学	中国语文	否	—	—	—
102	外国文学	当代外国文学	否	—	—	—
103	外国文学	国外文学	否	—	—	—
104	外国文学	外国文学	✓	2016年12月	19	3039
105	外国文学	外国文学动态研究	✓	2019年11月	77	944
106	外国文学	外国文学评论	✓	2017年3月	41	3630
107	外国文学	外国文学研究	✓	2017年9月	54	2723
108	中国文学	当代文坛	✓	2022年3月	70	1791

续表

序号	学科名称	期刊名称	微信公众号建设			
			是否开通独立账号	开通时间	年度发文频次（2021.9.13—2022.9.14）	篇均阅读量
109	中国文学	当代作家评论	✓	2015年1月	95	1364
110	中国文学	民族文学研究	✓	2021年6月	7	2348
111	中国文学	明清小说研究	✓	2017年2月	2	1752
112	中国文学	南方文坛	✓	2015年4月	58	2729
113	中国文学	文学评论	✓	2015年3月	92	4373
114	中国文学	文学遗产	✓	2014年8月	73	2568
115	中国文学	文艺理论研究	✓	2014年6月	61	2631
116	中国文学	文艺理论与批评	✓	2017年3月	162	1116
117	中国文学	文艺争鸣	✓	2022年1月	94	1813
118	中国文学	现代中文学刊	✓	2021年8月	30	1210
119	中国文学	小说评论	✓	2018年5月	124	2164
120	中国文学	新文学史料	✓	2013年11月	28	2074
121	中国文学	扬子江文学评论	✓	2020年1月	94	1481
122	中国文学	中国比较文学	✓	2017年9月	69	2138

序号	学科名称	期刊名称	微信公众号建设			
			是否开通独立账号	开通时间	年度发文频次（2021.9.13—2022.9.14）	篇均阅读量
123	中国文学	中国文学批评	否	—	—	—
124	中国文学	中国文学研究	✓	2018年4月	19	1326
125	中国文学	中国现代文学研究丛刊	✓	2017年4月	128	2686
126	艺术学	北京电影学院学报	✓	2022年8月	59	2965
127	艺术学	北京舞蹈学院学报	✓	2014年11月	38	2652
128	艺术学	当代电影	✓	2015年2月	843	593
129	艺术学	电视研究	否	—	—	—
130	艺术学	电影艺术	✓	2015年5月	362	1154
131	艺术学	建筑学报	✓	2014年2月	111	5337
132	艺术学	美术	✓	2016年8月	256	1310
133	艺术学	美术研究	否	—	—	—
134	艺术学	民族艺术	✓	2016年8月	57	1693
135	艺术学	南京艺术学院学报(美术与设计)	否	—	—	—
136	艺术学	文艺研究	✓	2015年6月	430	1695

续表

序号	学科名称	期刊名称	微信公众号建设			
			是否开通独立账号	开通时间	年度发文频次（2021.9.13—2022.9.14）	篇均阅读量
137	艺术学	戏剧（中央戏剧学院学报）	✓	2022年5月	—	—
138	艺术学	戏剧艺术（上海戏剧学院学报）	✓	2015年4月	102	1929
139	艺术学	戏曲艺术	✓	2022年7月	—	—
140	艺术学	新美术	否	—	—	—
141	艺术学	艺术设计研究	✓	2019年4月	Null	Null
142	艺术学	音乐研究	✓	2015年4月	56	2277
143	艺术学	中国书法	✓	2014年12月	93	5084
144	艺术学	中国文艺评论	✓	2014年8月	274	3039
145	艺术学	中国音乐	✓	2017年10月	294	1702
146	艺术学	中国音乐学	否	—	—	—
147	艺术学	中央音乐学院学报	✓	2017年4月	9	5986
148	艺术学	装饰	✓	2013年3月	109	4988
149	艺术学	安徽史学	✓	2018年10月	16	931
150	艺术学	当代中国史研究	✓	2020年1月	88	585

序号	学科名称	期刊名称	微信公众号建设			
			是否开通独立账号	开通时间	年度发文频次（2021.9.13—2022.9.14）	篇均阅读量
151	艺术学	东南文化	✓	2017年2月	44	973
152	艺术学	古代文明	✓	2016年12月	9	2187
153	历史学	华侨华人历史研究	✓	2020年6月	48	526
154	历史学	近代史研究	✓	2015年5月	79	3373
155	历史学	经济社会史评论	✓	2016年4月	12	1315
156	历史学	抗日战争研究	✓	2018年12月	109	2743
157	历史学	历史档案	否	—	—	—
158	历史学	历史研究	否	—	—	—
159	历史学	民国档案	✓	2020年4月	42	1839
160	历史学	清史研究	✓	2018年11月	29	1874
161	历史学	史林	✓	2020年3月	72	1241
162	历史学	史学集刊	✓	2016年12月	87	1137
163	历史学	史学理论研究	✓	2021年3月	114	1119
164	历史学	史学史研究	✓	2018年11月	162	544

续表

序号	学科名称	期刊名称	微信公众号建设			
			是否开通独立账号	开通时间	年度发文频次（2021.9.13—2022.9.14）	篇均阅读量
165	历史学	史学月刊	✓	2015年7月	95	2156
166	历史学	世界历史	✓	2016年2月	93	3046
167	历史学	文史	否	—	—	—
168	历史学	文献	否	—	—	—
169	历史学	西域研究	✓	2020年12月	84	652
170	历史学	中国经济史研究	✓	2014年12月	111	1221
171	历史学	中国农史	✓	2020年5月	43	610
172	历史学	中国社会经济史研究	否	2019年12月	153	993
173	历史学	中国史研究	否	—	—	—
174	历史学	中国史研究动态	否	—	—	—
175	历史学	中华文史论丛	否	—	—	—
176	历史学	自然科学史研究	否	—	—	—
177	考古学	故宫博物院院刊	✓	2020年12月	75	2559
178	考古学	江汉考古	✓	2017年3月	112	1646

续表

序号	学科名称	期刊名称	微信公众号建设			
			是否开通独立账号	开通时间	年度发文频次（2021.9.13—2022.9.14）	篇均阅读量
179	考古学	考古	否	—	—	—
180	考古学	考古学报	否	—	—	—
181	考古学	考古与文物	否	—	—	—
182	考古学	人类学学报	✓	2020年3月	null	null
183	考古学	文物	否	—	—	—
184	冷门绝学	出土文献	✓	2019年11月	251	1050
185	冷门绝学	敦煌研究	✓	2017年11月	45	773
186	冷门绝学	历史地理研究	✓	2020年4月	52	1217
187	冷门绝学	中国边疆史地研究	✓	2016年6月	77	1421
188	冷门绝学	中国历史地理论丛	✓	2022年2月	34	924
189	经济学	保险研究	否	—	—	—
190	经济学	北京工商大学学报(社会科学版)	✓	2015年12月	31	416
191	经济学	财经科学	✓	2018年3月	13	1097
192	经济学	财经理论与实践	否	—	—	—

续表

序号	学科名称	期刊名称	微信公众号建设			
			是否开通独立账号	开通时间	年度发文频次（2021.9.13—2022.9.14）	篇均阅读量
193	经济学	财经论丛	✓	2017年6月	39	340
194	经济学	财经问题研究	否	—	—	—
195	经济学	财经研究	✓	2016年7月	68	1818
196	经济学	财贸经济	✓	2015年1月	166	1563
197	经济学	财贸研究	✓	2015年12月	55	387
198	经济学	财政研究	✓	2016年3月	152	1186
199	经济学	产业经济研究	否	—	—	—
200	经济学	当代财经	否	—	—	—
201	经济学	当代经济科学	否	—	—	—
202	经济学	改革	✓	2015年4月	66	1495
203	经济学	广东财经大学学报	✓	2021年5月	14	689
204	经济学	贵州财经大学学报	✓	2022年1月	32	402
205	经济学	国际金融研究	✓	2021年5月	200	612
206	经济学	国际经济评论	✓	2019年1月	131	446

续表

序号	学科名称	期刊名称	微信公众号建设			
			是否开通独立账号	开通时间	年度发文频次（2021.9.13—2022.9.14）	篇均阅读量
207	经济学	国际经贸探索	✓	2015年10月	Null	Null
208	经济学	国际贸易	✓	2014年10月	42	444
209	经济学	国际贸易问题	✓	2019年4月	23	1053
210	经济学	国际商务	✓	2014年7月	6	407
211	经济学	宏观经济研究	否	—	—	—
212	经济学	江西财经大学学报	否	—	—	—
213	经济学	金融经济学研究	✓	2015年2月	21	690
214	经济学	金融论坛	✓	2017年12月	101	573
215	经济学	金融评论	✓	2019年6月	88	427
216	经济学	金融研究	✓	2014年5月	13	8893
217	经济学	经济经纬	✓	2017年9月	3	1600
218	经济学	经济科学	✓	2016年3月	85	677
219	经济学	经济理论与经济管理	✓	2017年1月	127	674
220	经济学	经济评论	✓	2017年1月	220	531

续表

序号	学科名称	期刊名称	微信公众号建设			
			是否开通独立账号	开通时间	年度发文频次（2021.9.13—2022.9.14）	篇均阅读量
221	经济学	经济社会体制比较	✓	2016年6月	151	325
222	经济学	经济问题	✓	2021年12月	18	362
223	经济学	经济问题探索	✓	2017年8月	13	411
224	经济学	经济学（季刊）	✓	2020年4月	110	2201
225	经济学	经济学报	✓	2014年11月	33	1243
226	经济学	经济学动态	✓	2021年6月	184	2227
227	经济学	经济学家	✓	2017年4月	14	1870
228	经济学	经济研究	✓	2019年1月	66	6580
229	经济学	经济与管理研究	✓	2015年6月	143	495
230	经济学	经济纵横	✓	2018年5月	59	705
231	经济学	劳动经济研究	✓	2016年1月	3	722
232	经济学	南方经济	✓	2022年7月	31	871
233	经济学	南开经济研究	✓	2018年7月	Null	Null
234	经济学	农村经济	否	—	—	—

序号	学科名称	期刊名称	微信公众号建设			
			是否开通独立账号	开通时间	年度发文频次（2021.9.13—2022.9.14）	篇均阅读量
235	经济学	农业技术经济	否	—	—	—
236	经济学	农业经济问题	✓	2015年12月	57	1799
237	经济学	山西财经大学学报	✓	2017年3月	135	475
238	经济学	商业经济与管理	✓	2017年3月	31	801
239	经济学	商业研究	✓	2017年11月	Null	Null
240	经济学	上海财经大学学报	✓	2017年3月	10	1102
241	经济学	上海经济研究	✓	2015年4月	74	173
242	经济学	世界经济	✓	2016年1月	122	1998
243	经济学	世界经济文汇	✓	2015年3月	8	377
244	经济学	世界经济研究	否	—	—	—
245	经济学	世界经济与政治论坛	✓	2015年6月	7	465
246	经济学	数量经济技术经济研究	✓	2021年10月	169	1048
247	经济学	税务研究	✓	2015年4月	261	2696
248	经济学	现代财经	✓	2016年6月	409	708

续表

序号	学科名称	期刊名称	微信公众号建设			
			是否开通独立账号	开通时间	年度发文频次（2021.9.13—2022.9.14）	篇均阅读量
249	经济学	现代经济探讨	✓	2020年11月	—	—
250	经济学	现代日本经济	✓	2022年8月	5	250
251	经济学	亚太经济	✓	2015年2月	Null	Null
252	经济学	证券市场导报	✓	2022年2月	120	889
253	经济学	政治经济学评论	✓	2014年3月	23	1037
254	经济学	中国工业经济	✓	2019年11月	203	3379
255	经济学	中国经济问题	✓	2016年7月	29	574
256	经济学	中国农村观察	✓	2017年5月	177	2303
257	经济学	中国农村经济	✓	2021年1月	177	2303
258	经济学	中南财经政法大学学报	✓	2021年4月	52	480
259	经济学	中央财经大学学报	✓	2015年5月	134	300
260	政治学	北京行政学院学报	✓	2016年4月	61	557
261	政治学	当代世界	✓	2017年4月	169	974
262	政治学	当代亚太	否	—	—	—

序号	学科名称	期刊名称	微信公众号建设			
			是否开通独立账号	开通时间	年度发文频次（2021.9.13—2022.9.14）	篇均阅读量
263	政治学	德国研究	否	—	—	—
264	政治学	东北亚论坛	✓	2020年12月	12	587
265	政治学	东南亚研究	✓	2022年7月	51	1256
266	政治学	甘肃行政学院学报	✓	2017年5月	59	221
267	政治学	公共行政评论	✓	2015年12月	89	1095
268	政治学	国际安全研究	✓	2015年8月	81	968
269	政治学	国际观察	✓	2015年5月	28	327
270	政治学	国际论坛	✓	2018年5月	44	761
271	政治学	国际问题研究	否	—	—	—
272	政治学	国际展望	✓	2020年11月		
273	政治学	国际政治科学	否	—	—	—
274	政治学	国际政治研究	✓	2017年11月	43	1306
275	政治学	行政论坛	✓	2017年4月	68	743
276	政治学	和平与发展	否	—	—	—

续表

序号	学科名称	期刊名称	微信公众号建设			
			是否开通独立账号	开通时间	年度发文频次（2021.9.13—2022.9.14）	篇均阅读量
277	政治学	江苏行政学院学报	否	—	—	—
278	政治学	理论探索	✓	2017年11月	92	308
279	政治学	理论探讨	✓	2019年1月	75	582
280	政治学	理论学刊	✓	2014年2月	8	910
281	政治学	理论与改革	✓	2014年11月	96	667
282	政治学	美国研究	✓	2018年11月	6	1557
283	政治学	南亚研究	否	—	—	—
284	政治学	南洋问题研究	✓	2019年12月	44	774
285	政治学	欧洲研究	✓	2015年1月	62	515
286	政治学	求实	否	—	—	—
287	政治学	人权	✓	2020年9月	72	382
288	政治学	日本学刊	✓	2019年10月	80	497
289	政治学	上海行政学院学报	✓	2021年12月	57	439
290	政治学	世界经济与政治	✓	2019年1月	Null	Null

序号	学科名称	期刊名称	微信公众号建设			
			是否开通独立账号	开通时间	年度发文频次（2021.9.13—2022.9.14）	篇均阅读量
291	政治学	台湾研究	否	—	—	—
292	政治学	太平洋学报	✓	2014年2月	113	1072
293	政治学	探索	✓	2022年2月	123	1090
294	政治学	外交评论（外交学院学报）	否	—	—	—
295	政治学	西亚非洲	✓	2019年10月	173	680
296	政治学	现代国际关系	否	—	—	—
297	政治学	政治学研究	✓	2020年5月	97	2846
298	政治学	中共中央党校(国家行政学院)学报	✓	2015年12月	120	1465
299	法学	比较法研究	✓	2014年9月	91	1534
300	法学	当代法学	✓	2015年4月	60	1368
301	法学	东方法学	否	—	—	—
302	法学	法律科学（西北政法大学学报）	✓	2014年12月	9	5367
303	法学	法商研究	✓	2015年1月	125	1892
304	法学	法学	✓	2013年12月	166	2606

续表

序号	学科名称	期刊名称	微信公众号建设			
			是否开通独立账号	开通时间	年度发文频次（2021.9.13—2022.9.14）	篇均阅读量
305	法学	法学家	✓	2021年1月	96	2402
306	法学	法学论坛	✓	2017年8月	101	1124
307	法学	法学评论	✓	2020年8月	101	662
308	法学	法学研究	✓	2017年4月	96	5701
309	法学	法制与社会发展	✓	2017年6月	94	2015
310	法学	国家检察官学院学报	✓	2017年11月		
311	法学	行政法学研究	✓	2017年7月	332	972
312	法学	华东政法大学学报	✓	2016年1月	86	2546
313	法学	环球法律评论	✓	2015年9月	93	1995
314	法学	清华法学	✓	2021年6月	90	2555
315	法学	现代法学	✓	2019年5月	83	2098
316	法学	政法论丛	✓	2017年2月	33	157
317	法学	政法论坛	✓	2016年6月	101	2832
318	法学	政治与法律	✓	2014年12月	162	2615

续表

序号	学科名称	期刊名称	微信公众号建设			
			是否开通独立账号	开通时间	年度发文频次（2021.9.13—2022.9.14）	篇均阅读量
319	法学	中国法律评论	✓	2018年7月	475	5118
320	法学	中国法学	✓	2015年12月	359	3017
321	法学	中国刑事法杂志	✓	2021年4月	39	3420
322	法学	中外法学	✓	2016年1月	101	3164
323	社会学	妇女研究论丛	✓	2013年12月	109	2953
324	社会学	青年研究	✓	2014年9月	47	1194
325	社会学	人口学刊	否	—	—	—
326	社会学	人口研究	否	—	—	—
327	社会学	人口与发展	否	—	—	—
328	社会学	人口与经济	✓	2017年4月	19	976
329	社会学	社会	✓	2014年5月	89	2675
330	社会学	社会发展研究	✓	2014年6月	62	1351
331	社会学	社会学评论	✓	2018年3月	49	856
332	社会学	社会学研究	✓	2015年9月	118	6156
333	社会学	中国青年研究	✓	2015年2月	377	2552

续表

序号	学科名称	期刊名称	微信公众号建设			
			是否开通独立账号	开通时间	年度发文频次（2021.9.13—2022.9.14）	篇均阅读量
334	社会学	中国人口科学	✓	2017年4月	9	2868
335	民族学与文化学	广西民族大学学报（哲学社会科学版）	✓	2015年3月	68	927
336	民族学与文化学	广西民族研究	✓	2017年11月	51	700
337	民族学与文化学	贵州民族研究	✓	2014年7月	Null	Null
338	民族学与文化学	民俗研究	✓	2019年11月	151	1160
339	民族学与文化学	民族教育研究	✓	2017年3月	30	1803
340	民族学与文化学	民族学刊	✓	2015年10月	9	1509
341	民族学与文化学	民族研究	否	—	—	—
342	民族学与文化学	世界民族	否	—	—	—
343	民族学与文化学	文化遗产	否	—	—	—
344	民族学与文化学	西北民族研究	否	—	—	—
345	民族学与文化学	西南民族大学学报（人文社会科学版）	否	—	—	—

续表

序号	学科名称	期刊名称	微信公众号建设			
			是否开通独立账号	开通时间	年度发文频次（2021.9.13—2022.9.14）	篇均阅读量
346	民族学与文化学	云南民族大学学报(哲学社会科学版)	否	—	—	—
347	民族学与文化学	中国藏学	否	—	—	—
348	民族学与文化学	中南民族大学学报(人文社会科学版)	✓	2020年5月	38	1613
349	民族学与文化学	中央民族大学学报(哲学社会科学版)	✓	2016年6月	65	1150
350	新闻学与传播学	编辑学报	否	—	—	—
351	新闻学与传播学	编辑之友	✓	2019年12月	210	890
352	新闻学与传播学	出版发行研究	✓	2015年12月	57	766
353	新闻学与传播学	出版科学	✓	2017年2月	97	412
354	新闻学与传播学	当代传播	✓	2020年4月	11	1476
355	新闻学与传播学	国际新闻界	✓	2014年11月	128	5699
356	新闻学与传播学	科技与出版	✓	2019年6月	147	386
357	新闻学与传播学	现代出版	✓	2019年12月	81	805

续表

序号	学科名称	期刊名称	微信公众号建设			
			是否开通独立账号	开通时间	年度发文频次（2021.9.13—2022.9.14）	篇均阅读量
358	新闻学与传播学	现代传播（中国传媒大学学报）	✓	2014年12月	13	2054
359	新闻学与传播学	新闻大学	✓	2015年2月	28	5138
360	新闻学与传播学	新闻记者	✓	2018年9月	140	2321
361	新闻学与传播学	新闻界	✓	2019年5月	80	2251
362	新闻学与传播学	新闻与传播研究	✓	2019年9月	123	3808
363	新闻学与传播学	新闻与写作	✓	2018年9月	576	7808
364	新闻学与传播学	中国编辑	✓	2016年11月	91	1088
365	新闻学与传播学	中国出版	✓	2020年5月	245	713
366	新闻学与传播学	中国科技期刊研究	✓	2017年1月	544	162
367	图书馆、情报与文献学	大学图书馆学报	否	—	—	—
368	图书馆、情报与文献学	档案学通讯	否	—	—	—
369	图书馆、情报与文献学	档案学研究	否	—	—	—
370	图书馆、情报与文献学	国家图书馆学刊	否	—	—	—
371	图书馆、情报与文献学	情报科学	✓	2017年6月	38	524

序号	学科名称	期刊名称	微信公众号建设			
			是否开通独立账号	开通时间	年度发文频次（2021.9.13—2022.9.14）	篇均阅读量
372	图书馆、情报与文献学	情报理论与实践	✓	2017年9月	104	300
373	图书馆、情报与文献学	情报学报	✓	2016年11月	17	1224
374	图书馆、情报与文献学	情报杂志	✓	2018年6月	101	419
375	图书馆、情报与文献学	情报资料工作	否	—	—	—
376	图书馆、情报与文献学	数据分析与知识发现	否	—	—	—
377	图书馆、情报与文献学	图书馆建设	✓	2015年12月	73	517
378	图书馆、情报与文献学	图书馆论坛	✓	2015年3月	20	1298
379	图书馆、情报与文献学	图书馆学研究	否	—	—	—
380	图书馆、情报与文献学	图书馆杂志	✓	2015年3月	33	2522
381	图书馆、情报与文献学	图书情报工作	✓	2014年11月	65	1526
382	图书馆、情报与文献学	图书情报知识	✓	2017年12月	79	1048
383	图书馆、情报与文献学	图书与情报	否	—	—	—
384	图书馆、情报与文献学	现代情报	✓	2020年4月	232	114
385	图书馆、情报与文献学	信息资源管理学报	✓	2020年2月	118	601

续表

序号	学科名称	期刊名称	微信公众号建设			
			是否开通独立账号	开通时间	年度发文频次（2021.9.13—2022.9.14）	篇均阅读量
386	图书馆、情报与文献学	中国图书馆学报	✓	2015年10月	23	517
387	教育学	北京大学教育评论	✓	2015年9月	36	2589
388	教育学	比较教育研究	✓	2015年6月	133	1637
389	教育学	大学教育科学	✓	2016年4月	91	1530
390	教育学	电化教育研究	✓	2017年5月	109	2900
391	教育学	复旦教育论坛	否	—	—	—
392	教育学	高等工程教育研究	✓	2014年2月	93	1920
393	教育学	高等教育研究	✓	2019年4月	64	2799
394	教育学	高校教育管理	✓	2019年12月	189	1135
395	教育学	国家教育行政学院学报	否	—	—	—
396	教育学	湖南师范大学教育科学学报	✓	2017年12月	88	1131
397	教育学	华东师范大学学报(教育科学版)	✓	2015年1月	189	3567
398	教育学	江苏高教	✓	2017年7月	189	1712
399	教育学	教师教育研究	✓	2017年3月	124	1516

序号	学科名称	期刊名称	微信公众号建设			
			是否开通独立账号	开通时间	年度发文频次（2021.9.13—2022.9.14）	篇均阅读量
400	教育学	教育发展研究	✓	2019年5月	297	805
401	教育学	教育科学	✓	2019年9月	50	1192
402	教育学	教育学报	✓	2018年9月	117	2036
403	教育学	教育研究	✓	2016年11月	134	4992
404	教育学	教育研究与实验	✓	2020年5月	42	1473
405	教育学	教育与经济	✓	2017年1月	71	778
406	教育学	开放教育研究	✓	2021年3月	103	1507
407	教育学	课程·教材·教法	✓	2018年11月	55	6209
408	教育学	清华大学教育研究	✓	2017年12月	60	1438
409	教育学	全球教育展望	✓	2016年7月	100	4697
410	教育学	外国教育研究	✓	2017年6月	13	1616
411	教育学	现代大学教育	✓	2017年9月	66	842
412	教育学	现代教育技术	✓	2016年11月	190	1244
413	教育学	现代远距离教育	✓	2018年6月	66	418

序号	学科名称	期刊名称	微信公众号建设			
			是否开通独立账号	开通时间	年度发文频次（2021.9.13—2022.9.14）	篇均阅读量
414	教育学	现代远程教育研究	✓	2015年11月	124	1632
415	教育学	学前教育研究	✓	2015年1月	30	6998
416	教育学	学位与研究生教育	✓	2015年12月	62	3809
417	教育学	研究生教育研究	✓	2015年3月	17	1117
418	教育学	远程教育杂志	✓	2017年6月	84	424
419	教育学	中国电化教育	✓	2015年3月	123	1650
420	教育学	中国高等教育	✓	2014年11月	418	1617
421	教育学	中国高教研究	✓	2017年12月	260	1633
422	教育学	中国教育学刊	✓	2014年4月	417	3606
423	教育学	中国远程教育	✓	2020年4月	738	606
424	体育学	北京体育大学学报	✓	2020年2月	220	1735
425	体育学	成都体育学院学报	✓	2015年10月	100	1964
426	体育学	上海体育学院学报	✓	2015年9月	112	3028
427	体育学	沈阳体育学院学报	✓	2015年6月	71	922

续表

序号	学科名称	期刊名称	微信公众号建设			
			是否开通独立账号	开通时间	年度发文频次（2021.9.13—2022.9.14）	篇均阅读量
428	体育学	体育科学	✓	／	null	null
429	体育学	体育学刊	✓	2017年5月	76	1400
430	体育学	体育学研究	✓	2018年5月	58	2329
431	体育学	体育与科学	✓	2014年2月	64	2827
432	体育学	武汉体育学院学报	✓	2015年7月	null	null
433	体育学	西安体育学院学报	✓	2019年12月	36	1431
434	体育学	中国体育科技	✓	2016年4月	215	1872
435	统计学	数理统计与管理	否	—	—	—
436	统计学	统计研究	否	—	—	—
437	统计学	统计与决策	✓	2015年1月	null	null
438	统计学	统计与信息论坛	✓	2016年7月	44	806
439	心理学	心理发展与教育	✓	—	null	null
440	心理学	心理科学	✓	2022年7月	null	null
441	心理学	心理科学进展	✓	2017年2月	62	5457

序号	学科名称	期刊名称	微信公众号建设			
			是否开通独立账号	开通时间	年度发文频次（2021.9.13—2022.9.14）	篇均阅读量
442	心理学	心理学报	✓	2017年2月	65	10615
443	心理学	心理与行为研究	否	—	—	—
444	心理学	应用心理学	✓	2018年3月	59	826
445	心理学	中国临床心理学杂志	否	—	—	—
446	综合性社会科学	北京社会科学	✓	2016年6月	181	488
447	综合性社会科学	东南学术	✓	2014年8月	136	937
448	综合性社会科学	东岳论丛	✓	2017年3月	32	1018
449	综合性社会科学	读书	✓	2015年12月	330	4599
450	综合性社会科学	福建论坛（人文社会科学版）	✓	2017年12月	168	546
451	综合性社会科学	甘肃社会科学	✓	2016年4月	92	1062
452	综合性社会科学	广东社会科学	✓	2022年7月	106	174
453	综合性社会科学	贵州社会科学	✓	2016年11月	100	1902
454	综合性社会科学	国外社会科学	✓	2015年7月	192	630
455	综合性社会科学	河北学刊	✓	2020年6月	143	286

序号	学科名称	期刊名称	微信公众号建设			
			是否开通独立账号	开通时间	年度发文频次（2021.9.13—2022.9.14）	篇均阅读量
456	综合性社会科学	江海学刊	✓	2015年10月	82	1374
457	综合性社会科学	江汉论坛	✓	2020年12月	99	420
458	综合性社会科学	江淮论坛	✓	2020年12月	64	645
459	综合性社会科学	江苏社会科学	✓	2016年8月	Null	Null
460	综合性社会科学	江西社会科学	✓	2016年7月	Null	Null
461	综合性社会科学	开放时代	✓	2014年9月	186	2604
462	综合性社会科学	南京社会科学	✓	2016年12月	Null	Null
463	综合性社会科学	内蒙古社会科学	✓	2019年10月	44	852
464	综合性社会科学	宁夏社会科学	✓	2014年12月	45	562
465	综合性社会科学	青海社会科学	✓	2020年5月	6	1409
466	综合性社会科学	求✓学刊	✓	2016年10月	95	681
467	综合性社会科学	求索	✓	2017年2月	77	1074
468	综合性社会科学	人民论坛	✓	2019年2月	Null	Null
469	综合性社会科学	人文杂志	✓	2016年12月	95	1249

续表

序号	学科名称	期刊名称	微信公众号建设			
			是否开通独立账号	开通时间	年度发文频次（2021.9.13—2022.9.14）	篇均阅读量
470	综合性社会科学	山东社会科学	✓	2016年1月	173	850
471	综合性社会科学	社会科学	✓	2017年2月	212	1408
472	综合性社会科学	社会科学辑刊	✓	2017年9月	133	1099
473	综合性社会科学	社会科学研究	✓	2016年5月	95	890
474	综合性社会科学	社会科学战线	✓	2015年8月	120	1533
475	综合性社会科学	思想战线	✓	2016年4月	157	411
476	综合性社会科学	探索与争鸣	✓	2014年5月	802	2143
477	综合性社会科学	天津社会科学	✓	2018年6月	157	740
478	综合性社会科学	文化纵横	✓	2014年2月	811	16814
479	综合性社会科学	文史哲	✓	2015年6月	105	3899
480	综合性社会科学	新疆社会科学	✓	2022年7月	3	85
481	综合性社会科学	学海	✓	2017年4月	57	640
482	综合性社会科学	学术界	✓	2015年8月	105	1135
483	综合性社会科学	学术论坛	✓	2021年1月	79	430

序号	学科名称	期刊名称	微信公众号建设			
			是否开通独立账号	开通时间	年度发文频次（2021.9.13—2022.9.14）	篇均阅读量
484	综合性社会科学	学术前沿	✓	2013年12月	null	null
485	综合性社会科学	学术研究	✓	2016年1月	158	834
486	综合性社会科学	学术月刊	✓	2014年9月	232	2022
487	综合性社会科学	学习与实践	✓	2021年10月	33	844
488	综合性社会科学	学习与探索	✓	2017年10月	130	1197
489	综合性社会科学	云南社会科学	否	—	—	—
490	综合性社会科学	浙江社会科学	✓	2017年1月	64	1551
491	综合性社会科学	浙江学刊	✓	2019年9月	51	759
492	综合性社会科学	中国高校社会科学	✓	2017年2月	102	676
493	综合性社会科学	中国社会科学	否	—	—	—
494	综合性社会科学	中州学刊	✓	2015年3月	61	1607
495	人文经济地理	城市发展研究	✓	2016年1月	40	2798
496	人文经济地理	城市规划	✓	2013年5月	205	2807
497	人文经济地理	城市规划学刊	✓	2021年11月	247	1771

续表

序号	学科名称	期刊名称	微信公众号建设			
			是否开通独立账号	开通时间	年度发文频次（2021.9.13—2022.9.14）	篇均阅读量
498	人文经济地理	城市问题	✓	2019年12月	92	496
499	人文经济地理	地理科学	✓	2016年5月	29	2239
500	人文经济地理	地理科学进展	✓	2022年1月	16	789
501	人文经济地理	地理学报	否	—	—	—
502	人文经济地理	地理研究	✓	2021年11月	18	1499
503	人文经济地理	经济地理	✓	2022年6月	40	1
504	人文经济地理	旅游科学	✓	2019年10月	102	1391
505	人文经济地理	旅游学刊	✓	2014年10月	317	2592
506	人文经济地理	人文地理	✓	2017年3月	34	2127
507	自然资源与环境	干旱区资源与环境	✓	2021年6月	22	418
508	自然资源与环境	长江流域资源与环境	✓	2016年9月	70	489
509	自然资源与环境	中国人口·资源与环境	✓	2016年12月	24	2595
510	自然资源与环境	中国土地科学	✓	2018年1月	180	1958
511	自然资源与环境	资源科学	✓	2021年1月	11	575

续表

序号	学科名称	期刊名称	微信公众号建设			
			是否开通独立账号	开通时间	年度发文频次（2021.9.13—2022.9.14）	篇均阅读量
512	自然资源与环境	自然资源学报	✓	2018年1月	123	1791
513	高校学报	安徽大学学报（哲学社会科学版）	✓	2017年3月	90	200
514	高校学报	北京大学学报（哲学社会科学版）	✓	2016年10月	101	2016
515	高校学报	北京工业大学学报（社会科学版）	✓	2016年8月	66	305
516	高校学报	北京联合大学学报（人文社会科学版）	✓	2021年11月	54	63
517	高校学报	北京师范大学学报（社会科学版）	✓	2016年5月	63	1034
518	高校学报	重庆大学学报（社会科学版）	✓	2016年4月	126	191
519	高校学报	大连理工大学学报（社会科学版）	✓	2016年9月	51	457
520	高校学报	东北大学学报（社会科学版）	✓	2016年10月	8	1301
521	高校学报	东北师大学报（哲学社会科学版）	✓	2017年2月	66	459

续表

序号	学科名称	期刊名称	微信公众号建设			
			是否开通独立账号	开通时间	年度发文频次（2021.9.13—2022.9.14）	篇均阅读量
522	高校学报	东南大学学报（哲学社会科学版）	✓	2020年3月	16	964
523	高校学报	福建师范大学学报（哲学社会科学版）	✓	2016年3月	50	1252
524	高校学报	复旦学报（社会科学版）	✓	2015年10月	21	1429
525	高校学报	广西大学学报（哲学社会科学版）	✓	2019年8月	Null	Null
526	高校学报	海南大学学报（人文社会科学版）	✓	2016年7月	128	180
527	高校学报	河海大学学报（哲学社会科学版）	✓	2016年4月	72	446
528	高校学报	河南大学学报（社会科学版）	✓	2018年9月	36	613
529	高校学报	河南师范大学学报（哲学社会科学版）	✓	2016年9月	13	1004
530	高校学报	湖北大学学报（哲学社会科学版）	✓	2015年3月	120	841

序号	学科名称	期刊名称	微信公众号建设			
			是否开通独立账号	开通时间	年度发文频次（2021.9.13—2022.9.14）	篇均阅读量
531	高校学报	湖南大学学报（社会科学版）	否	—	—	—
532	高校学报	湖南科技大学学报（社会科学版）	✓	2018年4月	33	310
533	高校学报	湖南师范大学社会科学学报	✓	2017年3月	83	733
534	高校学报	华东师范大学学报（哲学社会科学版）	✓	2014年12月	131	990
535	高校学报	华南农业大学学报（社会科学版）	✓	2022年1月	92	1081
536	高校学报	华南师范大学学报（社会科学版）	✓	2015年11月	71	382
537	高校学报	华中科技大学学报（社会科学版）	✓	2020年11月	122	452
538	高校学报	华中农业大学学报（社会科学版）	✓	2017年7月	90	500
539	高校学报	华中师范大学学报（人文社会科学版）	✓	2015年5月	88	890

续表

序号	学科名称	期刊名称	微信公众号建设			
			是否开通独立账号	开通时间	年度发文频次（2021.9.13—2022.9.14）	篇均阅读量
540	高校学报	吉林大学社会科学学报	✓	2020年5月	52	629
541	高校学报	吉首大学学报（社会科学版）	✓	2016年11月	17	2362
542	高校学报	济南大学学报（社会科学版）	✓	2016年6月	75	424
543	高校学报	暨南学报（哲学社会科学版）	✓	2015年10月	125	732
544	高校学报	江西师范大学学报（哲学社会科学版）	否	—	—	—
545	高校学报	兰州大学学报（社会科学版）	否	—	—	—
546	高校学报	南昌大学学报（人文社会科学版）	否	—	—	—
547	高校学报	南京大学学报（哲学·人文科学·社会科学）	✓	2020年6月	13	1196
548	高校学报	南京农业大学学报（社会科学版）	✓	2015年8月	98	827
549	高校学报	南京师大学报（社会科学版）	✓	2020年3月	64	1096

序号	学科名称	期刊名称	微信公众号建设			
			是否开通独立账号	开通时间	年度发文频次（2021.9.13—2022.9.14）	篇均阅读量
550	高校学报	南开学报（哲学社会科学版）	✓	2018年4月	Null	Null
551	高校学报	南通大学学报（社会科学版）	✓	2020年5月	18	170
552	高校学报	清华大学学报（哲学社会科学版）	✓	2016年1月	106	3677
553	高校学报	山东大学学报（哲学社会科学版）	✓	2017年12月	132	833
554	高校学报	山东师范大学学报（人文社会科学版）	✓	2017年12月	189	424
555	高校学报	山西大学学报（哲学社会科学版）	否	—	—	—
556	高校学报	陕西师范大学学报（哲学社会科学版）	✓	2015年5月	117	620
557	高校学报	上海大学学报（社会科学版）	✓	2015年1月	79	486
558	高校学报	上海交通大学学报（哲学社会科学版）	✓	2019年2月	145	329

续表

序号	学科名称	期刊名称	微信公众号建设			
			是否开通独立账号	开通时间	年度发文频次（2021.9.13—2022.9.14）	篇均阅读量
559	高校学报	上海师范大学学报（哲学社会科学版）	✓	2014年6月	89	423
560	高校学报	深圳大学学报（人文社会科学版）	✓	2017年3月	93	1089
561	高校学报	首都师范大学学报（社会科学版）	✓	2019年4月	37	1094
562	高校学报	四川大学学报（哲学社会科学版）	✓	2015年11月	69	1850
563	高校学报	四川师范大学学报（社会科学版）	✓	2018年3月	150	456
564	高校学报	苏州大学学报（哲学社会科学版）	✓	2014年12月	119	528
565	高校学报	同济大学学报（社会科学版）	✓	2018年11月	68	545
566	高校学报	武汉大学学报（哲学社会科学版）	✓	2015年2月	103	1080
567	高校学报	西安交通大学学报（社会科学版）	否	—	—	—

序号	学科名称	期刊名称	微信公众号建设			
			是否开通独立账号	开通时间	年度发文频次（2021.9.13—2022.9.14）	篇均阅读量
568	高校学报	西北大学学报（哲学社会科学版）	✓	2016年3月	86	931
569	高校学报	西北农林科技大学学报（社会科学版）	✓	2015年12月	29	795
570	高校学报	西北师大学报（社会科学版）	✓	2017年12月	71	878
571	高校学报	西藏大学学报（社会科学版）	否	—	—	—
572	高校学报	西南大学学报（社会科学版）	否	—	—	—
573	高校学报	厦门大学学报（哲学社会科学版）	✓	2021年10月	75	625
574	高校学报	湘潭大学学报（哲学社会科学版）	✓	2017年12月	37	593
575	高校学报	新疆大学学报（哲学人文社会科学版）	✓	2021年3月	5	136
576	高校学报	新疆师范大学学报（哲学社会科学版）	✓	2015年10月	14	600
577	高校学报	云南师范大学学报（哲学社会科学版）	✓	2018年9月	105	1021

续表

序号	学科名称	期刊名称	微信公众号建设			
			是否开通独立账号	开通时间	年度发文频次（2021.9.13—2022.9.14）	篇均阅读量
578	高校学报	浙江大学学报（人文社会科学版）	✓	2015年7月	14	1174
579	高校学报	浙江工商大学学报	✓	2016年12月	94	1079
580	高校学报	郑州大学学报（哲学社会科学版）	✓	2017年6月	35	306
581	高校学报	中国地质大学学报（社会科学版）	✓	2015年12月	79	375
582	高校学报	中国农业大学学报（社会科学版）	✓	2017年10月	9	536
583	高校学报	中国人民大学学报	✓	2017年9月	129	696
584	高校学报	中南大学学报（社会科学版）	✓	2020年9月	41	305
585	高校学报	中山大学学报（社会科学版）	✓	2017年10月	145	959

　　②微博。开通53种，其中，50种拥有独立微博账号，21种更新时间延续至2022年。同时，微博账号粉丝数量过万的C刊来源报刊共15种，分别为：《红旗文稿》《求是》《人民日报》《光明日报》《当代电影》《电影艺术》《建筑学报》《考古学报》《中国法律评论》《出版发行研究》《图书情报工作》《人民论坛》《文化纵横》《城市

规划》《城市规划学刊》；《红旗文稿》《求是》《人民论坛》的账号粉
丝数超过百万，《人民日报》《光明日报》的账号粉丝数超过千万，
具有强大的大众传播能力。我国 CSSCI 来源期刊整体在微博传播渠
道上没有激活，开通和活跃情况较为低下，远不及国际同行；同
时，也存在一些国字号的微博大众传播能力较强的 C 刊来源期刊，
如《人民日报》《光明日报》《红旗文稿》《求是》（具体见表4-4）。

表 4-4 CSSCI(2021—2022)来源期刊新媒体建设调研实况·微博

序号	学科名称	期刊名称	微博账号	是否独立账号	开通时间	最后更新时间	账号粉丝数
1	马克思主义理论	红旗文稿	红旗文稿	是	2014年8月	2022年9月14日	2564535
2	马克思主义理论	理论视野	理论视野	是	—	null	16
3	马克思主义理论	求是	求是	是	2022年3月	2022年8月31日	5119005
4	马克思主义理论	人民日报	人民日报	是	2012年7月	2022年9月14日	150331272
5	马克思主义理论	光明日报	光明日报	是	2013年2月	2022年9月14日	25272313
6	管理学	南开管理评论	南开管理评论	是	2014年7月	2018年2月7日	732
7	管理学	中国科学院院刊	中国科学院院刊	是	2020年6月	2022年9月6日	136
8	哲学	科学技术哲学研究	山西大学科学技术哲学研究中心	否	2020年12月	2021年7月1日	169
9	哲学	世界哲学	世界哲学编辑部	是	2011年12月	2013年5月1日	73
10	语言学	世界汉语教学	世界汉语教学_599	是	—	null	9

续表

序号	学科名称	期刊名称	微博账号	是否独立账号	开通时间	最后更新时间	账号粉丝数
11	语言学	语言科学	Linguistic_Sciences	是	2013年4月	2021年11月1日	552
12	中国文学	文学遗产	文学遗产编辑部_437	是	2014年7月	微博内容设置不可见	122
13	中国文学	文艺理论研究	文艺理论研究杂志_867	是	—	微博内容设置不可见	34
14	中国文学	文艺理论与批评	文艺理论与批评	是	2016年6月	2021年9月24日	326
15	中国文学	新文学史料	新文学史料	是	2013年4月	2022年8月19日	321
16	中国文学	中国比较文学	中国比较文学杂志	是	2012年5月	2013年4月18日	856
17	艺术学	北京电影学院学报	北京电影学院学报	是	2011年12月	微博内容设置不可见	1195
18	艺术学	北京舞蹈学院学报	北京舞蹈学院学报	是	2011年10月	微博内容设置不可见	3888
19	艺术学	当代电影	当代电影	是	2010年1月	2022年9月14日	194525
20	艺术学	电影艺术	电影艺术	是	2019年1月	2022年8月31日	27799
21	艺术学	建筑学报	建筑学报AJ	是	2011年11月	2022年9月14日	38000
22	艺术学	东南文化	东南文化	是	2011年3月	2014年6月23日	1528

序号	学科名称	期刊名称	微博账号	是否独立账号	开通时间	最后更新时间	账号粉丝数
23	历史学	清史研究	清史研究季刊	是	2016年5月	微博内容设置不可见	472
24	考古学	考古学报	考古杂志	是	2011年1月	2019年12月26日	52137
25	经济学	当代财经	当代经济科学	是	2017年5月	2017年11月6日	73
26	经济学	金融论坛	金融论坛期刊	是	2011年8月	2017年7月13日	2261
27	经济学	经济评论	经济评论杂志社	是	2013年1月	2016年1月30日	3431
28	经济学	经济问题探索	经济问题探索杂志	是	—	null	62
29	经济学	劳动经济研究	劳动经济研究编辑部_892	是	—	null	2
30	经济学	南开经济研究	南开经济研究	是	—	null	48
31	政治学	东南亚研究	东南亚研究杂志	是	2013年4月	2022年1月1日	232
32	政治学	公共行政评论	公共行政评论	是	—	null	206
33	政治学	理论与改革	理论与改革编辑部	是	2018年12月	2022年5月11日	235
34	政治学	人权	人权杂志社	是	2019年6月	2022年5月11日	187
35	政治学	日本学刊	日本学刊	是	—	2018年3月2日	5

续表

序号	学科名称	期刊名称	微博账号	是否独立账号	开通时间	最后更新时间	账号粉丝数
36	政治学	太平洋学报	太平洋学报	是	2011年9月	2021年11月24日	1271
37	政治学	探索	探索杂志社	是	—	null	12
38	法学	中国法律评论	中国法律评论期刊	是	2013年12月	2022年9月10日	97754
39	新闻学与传播学	出版发行研究	出版发行研究	是	2015年12月	2018年12月5日	109090
40	图书馆、情报与文献学	大学图书馆学报	大学图书馆学报	是	2013年7月	2022年8月10日	583
41	图书馆、情报与文献学	情报资料工作	情报资料工作	是	2012年4月	2022年1月25日	236
42	图书馆、情报与文献学	数据分析与知识发现	数据分析与知识发现	是	2015年11月	2017年3月14日	295
43	图书馆、情报与文献学	图书情报工作	图书情报工作	是	2011年7月	2022年9月8日	12000
44	教育学	学位与研究生教育	学位与研究生教育杂志社	是	2018年5月	2018年9月20日	94
45	教育学	远程教育杂志	远程教育杂志	是	2011年4月	2015年7月16日	3588
46	教育学	中国教育学刊	中国教育学刊	是	2018年9月	2019年5月14日	278
47	教育学	中国远程教育	中国远程教育杂志	是	2011年2月	2020年6月24日	19768

续表

序号	学科名称	期刊名称	微博账号	是否独立账号	开通时间	最后更新时间	账号粉丝数
48	综合性社会科学	人民论坛	人民论坛	是	2009年10月	2022年9月8日	1226386
49	综合性社会科学	文化纵横	文化纵横杂志	是	2010年10月	2022年7月28日	66841
50	人文经济地理	城市规划	中国城市规划学会	否	2011年5月	2022年9月13日	54044
51	人文经济地理	城市规划学刊	城市规划学刊	是	2011年11月	2022年9月10日	14000
52	人文经济地理	经济地理	经济地理杂志微博	是	2016年4月	2016年6月18日	257
53	高校学报	上海师范大学学报(哲学社会科学版)	上海师范大学期刊社	否	2014年3月	2022年8月3日	303

③小程序。在C刊来源期刊新媒体建设中,小程序的开通率较低,独立开通的小程序仅有10种,其中还含有3种仅作为纸质刊订阅功能使用、1种仅作为数字版订阅功能使用,即实际具有阅读功能的独立小程序仅6种,分别是:《人民日报》《光明日报》《经济管理》《税务研究》《中国社会科学》《四川师范大学学报(社会科学版)》(具体见表4-5)。

表4-5 CSSCI(2021—2022)来源期刊新媒体建设·小程序

序号	学科名称	期刊名称	小程序名称	备注
1	马克思主义理论	人民日报	人民日报数字报	

续表

序号	学科名称	期刊名称	小程序名称	备注
2	马克思主义理论	光明日报	聆听光明	
3	管理学	管理世界	管理世界杂志	纸质版订阅专用
4	管理学	经济管理	经济管理杂志	
5	管理学	中国行政管理	中国行政管理杂志订阅	纸质版订阅专用
6	经济学	税务研究	中国税务杂志社电子刊	
7	政治学	当代世界	当代世界杂志	电子版订阅专用
8	教育学	中国教育学刊	中国教育学刊订阅	纸质版订阅专用
9	综合性社会科学	中国社会科学	中国社会科学网	
10	高校学报	四川师范大学学报（社会科学版）	四川师范大学学报社会科学版	

④App 应用程序。我国 585 种 C 刊来源期刊中，506 种依托国家哲学社会科学文献研究中心 App 平台做了刊物的 App 开发，集成功能较为明显；6 种期刊独立或联合开发了 App 应用程序，分别是：《红旗文稿》《求是》《人民日报》《光明日报》《读书》《人民论坛》，其中，《红旗文稿》和《求是》集成于求是网 App，其他 4 种则为独立 App。73 种 C 刊来源期刊既不在国家哲学社会科学文献研究中心集成开发，也没有独立开发期刊 App。整体来看，我国 C 刊 App 应用程序开发独立性较弱(具体见表 4-6)。

表 4-6 CSSCI(2021—2022)来源期刊新媒体建设·App

序号	学科名称	期刊名称	App 开发	是否独立 App
1	马克思主义理论	当代世界社会主义问题	国家哲学社会科学文献研究中心	否
2	马克思主义理论	当代世界与社会主义	—	—
3	马克思主义理论	党的文献	国家哲学社会科学文献研究中心	否
4	马克思主义理论	党建	国家哲学社会科学文献研究中心	否
5	马克思主义理论	党史研究与教学	—	—
6	马克思主义理论	国外理论动态		
7	马克思主义理论	红旗文稿	求是网	否
8	马克思主义理论	教学与研究	国家哲学社会科学文献研究中心	否
9	马克思主义理论	科学社会主义	国家哲学社会科学文献研究中心	否
10	马克思主义理论	理论视野	国家哲学社会科学文献研究中心	否
11	马克思主义理论	马克思主义理论学科研究	—	—
12	马克思主义理论	马克思主义研究	国家哲学社会科学文献研究中心	否
13	马克思主义理论	马克思主义与现实	国家哲学社会科学文献研究中心	否
14	马克思主义理论	毛泽东邓小平理论研究	国家哲学社会科学文献研究中心	否
15	马克思主义理论	求是	求是网	否
16	马克思主义理论	社会主义研究	国家哲学社会科学文献研究中心	否

序号	学科名称	期刊名称	App 开发	是否独立 App
17	马克思主义理论	思想教育研究	国家哲学社会科学文献研究中心	否
18	马克思主义理论	思想理论教育	—	—
19	马克思主义理论	思想理论教育导刊	—	—
20	马克思主义理论	中共党史研究	国家哲学社会科学文献研究中心	否
21	马克思主义理论	中国特色社会主义研究	国家哲学社会科学文献研究中心	否
22	马克思主义理论	人民日报	人民日报	是
23	马克思主义理论	光明日报	光明日报	是
24	管理学	电子政务	—	—
25	管理学	公共管理学报	国家哲学社会科学文献研究中心	否
26	管理学	公共管理与政策评论	—	—
27	管理学	管理工程学报	国家哲学社会科学文献研究中心	否
28	管理学	管理科学	国家哲学社会科学文献研究中心	否
29	管理学	管理科学学报	国家哲学社会科学文献研究中心	否
30	管理学	管理评论	国家哲学社会科学文献研究中心	否
31	管理学	管理世界	国家哲学社会科学文献研究中心	否
32	管理学	管理学报	国家哲学社会科学文献研究中心	否
33	管理学	管理学刊	国家哲学社会科学文献研究中心	否

序号	学科名称	期刊名称	App 开发	是否独立 App
34	管理学	宏观质量研究	国家哲学社会科学文献研究中心	否
35	管理学	会计研究	国家哲学社会科学文献研究中心	否
36	管理学	会计与经济研究	国家哲学社会科学文献研究中心	否
37	管理学	经济管理	国家哲学社会科学文献研究中心	否
38	管理学	经济体制改革	国家哲学社会科学文献研究中心	否
39	管理学	科技进步与对策	国家哲学社会科学文献研究中心	否
40	管理学	科学管理研究	—	—
41	管理学	科学决策	国家哲学社会科学文献研究中心	否
42	管理学	科学学研究	国家哲学社会科学文献研究中心	否
43	管理学	科学学与科学技术管理	—	—
44	管理学	科研管理	国家哲学社会科学文献研究中心	否
45	管理学	南开管理评论	国家哲学社会科学文献研究中心	否
46	管理学	软科学	国家哲学社会科学文献研究中心	否
47	管理学	社会保障评论	国家哲学社会科学文献研究中心	否

续表

序号	学科名称	期刊名称	App 开发	是否独立 App
48	管理学	审计研究	国家哲学社会科学文献研究中心	否
49	管理学	审计与经济研究	国家哲学社会科学文献研究中心	否
50	管理学	外国经济与管理	国家哲学社会科学文献研究中心	否
51	管理学	系统工程理论与实践	国家哲学社会科学文献研究中心	否
52	管理学	研究与发展管理	国家哲学社会科学文献研究中心	否
53	管理学	工程管理科技前沿（原《预测》）	国家哲学社会科学文献研究中心	否
54	管理学	治理研究	国家哲学社会科学文献研究中心	否
55	管理学	中国管理科学	国家哲学社会科学文献研究中心	否
56	管理学	中国行政管理	国家哲学社会科学文献研究中心	否
57	管理学	中国科技论坛	国家哲学社会科学文献研究中心	否
58	管理学	中国科学院院刊	国家哲学社会科学文献研究中心	否
59	管理学	中国软科学	—	—
60	哲学	道德与文明	国家哲学社会科学文献研究中心	否
61	哲学	科学技术哲学研究	国家哲学社会科学文献研究中心	否

序号	学科名称	期刊名称	App 开发	是否独立 App
62	哲学	孔子研究	国家哲学社会科学文献研究中心	否
63	哲学	伦理学研究	国家哲学社会科学文献研究中心	否
64	哲学	逻辑学研究	国家哲学社会科学文献研究中心	否
65	哲学	世界哲学	国家哲学社会科学文献研究中心	否
66	哲学	现代哲学	国家哲学社会科学文献研究中心	否
67	哲学	哲学动态	国家哲学社会科学文献研究中心	否
68	哲学	哲学分析	国家哲学社会科学文献研究中心	否
69	哲学	哲学研究	国家哲学社会科学文献研究中心	否
70	哲学	中国哲学史	—	—
71	哲学	周易研究	国家哲学社会科学文献研究中心	否
72	哲学	自然辩证法通讯	—	—
73	哲学	自然辩证法研究	—	—
74	宗教学	世界宗教文化	国家哲学社会科学文献研究中心	否
75	宗教学	世界宗教研究	国家哲学社会科学文献研究中心	否
76	宗教学	宗教学研究	国家哲学社会科学文献研究中心	否

续表

序号	学科名称	期刊名称	App 开发	是否独立 App
77	语言学	当代修辞学	国家哲学社会科学文献研究中心	否
78	语言学	当代语言学	国家哲学社会科学文献研究中心	否
79	语言学	方言	国家哲学社会科学文献研究中心	否
80	语言学	汉语学报	国家哲学社会科学文献研究中心	否
81	语言学	汉语学习	国家哲学社会科学文献研究中心	否
82	语言学	民族语文	国家哲学社会科学文献研究中心	否
83	语言学	上海翻译	—	—
84	语言学	世界汉语教学	国家哲学社会科学文献研究中心	否
85	语言学	外国语	国家哲学社会科学文献研究中心	否
86	语言学	外语电化教学	—	—
87	语言学	外语教学	国家哲学社会科学文献研究中心	否
88	语言学	外语教学理论与实践	—	—
89	语言学	外语教学与研究	国家哲学社会科学文献研究中心	否
90	语言学	外语教育研究前沿	国家哲学社会科学文献研究中心	否
91	语言学	外语界	—	—
92	语言学	外语与外语教学	国家哲学社会科学文献研究中心	否

序号	学科名称	期刊名称	App 开发	是否独立 App
93	语言学	现代外语	国家哲学社会科学文献研究中心	否
94	语言学	语文研究	国家哲学社会科学文献研究中心	否
95	语言学	语言教学与研究	—	—
96	语言学	语言科学	国家哲学社会科学文献研究中心	否
97	语言学	语言文字应用	国家哲学社会科学文献研究中心	否
98	语言学	语言研究	国家哲学社会科学文献研究中心	否
99	语言学	中国翻译	—	—
100	语言学	中国外语	国家哲学社会科学文献研究中心	否
101	语言学	中国语文	国家哲学社会科学文献研究中心	否
102	外国文学	当代外国文学	国家哲学社会科学文献研究中心	否
103	外国文学	国外文学	国家哲学社会科学文献研究中心	否
104	外国文学	外国文学	—	—
105	外国文学	外国文学动态研究	国家哲学社会科学文献研究中心	否
106	外国文学	外国文学评论	国家哲学社会科学文献研究中心	否
107	外国文学	外国文学研究	国家哲学社会科学文献研究中心	否

续表

序号	学科名称	期刊名称	App 开发	是否独立 App
108	中国文学	当代文坛	国家哲学社会科学文献研究中心	否
109	中国文学	当代作家评论	国家哲学社会科学文献研究中心	否
110	中国文学	民族文学研究	国家哲学社会科学文献研究中心	否
111	中国文学	明清小说研究	国家哲学社会科学文献研究中心	否
112	中国文学	南方文坛	国家哲学社会科学文献研究中心	否
113	中国文学	文学评论	国家哲学社会科学文献研究中心	否
114	中国文学	文学遗产	国家哲学社会科学文献研究中心	否
115	中国文学	文艺理论研究	国家哲学社会科学文献研究中心	否
116	中国文学	文艺理论与批评	国家哲学社会科学文献研究中心	否
117	中国文学	文艺争鸣	—	—
118	中国文学	现代中文学刊	国家哲学社会科学文献研究中心	否
119	中国文学	小说评论	国家哲学社会科学文献研究中心	否
120	中国文学	新文学史料	国家哲学社会科学文献研究中心	否
121	中国文学	扬子江文学评论	国家哲学社会科学文献研究中心	否
122	中国文学	中国比较文学	—	—

序号	学科名称	期刊名称	App 开发	是否独立 App
123	中国文学	中国文学批评	国家哲学社会科学文献研究中心	否
124	中国文学	中国文学研究	国家哲学社会科学文献研究中心	否
125	中国文学	中国现代文学研究丛刊	国家哲学社会科学文献研究中心	否
126	艺术学	北京电影学院学报	国家哲学社会科学文献研究中心	否
127	艺术学	北京舞蹈学院学报	国家哲学社会科学文献研究中心	否
128	艺术学	当代电影	—	—
129	艺术学	电视研究	—	—
130	艺术学	电影艺术	—	—
131	艺术学	建筑学报	—	—
132	艺术学	美术	国家哲学社会科学文献研究中心	否
133	艺术学	美术研究	—	—
134	艺术学	民族艺术	国家哲学社会科学文献研究中心	否
135	艺术学	南京艺术学院学报（美术与设计）	国家哲学社会科学文献研究中心	否
136	艺术学	文艺研究	国家哲学社会科学文献研究中心	否
137	艺术学	戏剧（中央戏剧学院学报）	—	—
138	艺术学	戏剧艺术（上海戏剧学院学报）	国家哲学社会科学文献研究中心	否

续表

序号	学科名称	期刊名称	App 开发	是否独立 App
139	艺术学	戏曲艺术	国家哲学社会科学文献研究中心	否
140	艺术学	新美术	国家哲学社会科学文献研究中心	否
141	艺术学	艺术设计研究	国家哲学社会科学文献研究中心	否
142	艺术学	音乐研究	国家哲学社会科学文献研究中心	否
143	艺术学	中国书法	国家哲学社会科学文献研究中心	否
144	艺术学	中国文艺评论	国家哲学社会科学文献研究中心	否
145	艺术学	中国音乐	—	—
146	艺术学	中国音乐学	国家哲学社会科学文献研究中心	否
147	艺术学	中央音乐学院学报	国家哲学社会科学文献研究中心	否
148	艺术学	装饰	—	—
149	艺术学	安徽史学	国家哲学社会科学文献研究中心	否
150	艺术学	当代中国史研究	国家哲学社会科学文献研究中心	否
151	艺术学	东南文化	国家哲学社会科学文献研究中心	否
152	艺术学	古代文明	国家哲学社会科学文献研究中心	否
153	历史学	华侨华人历史研究	国家哲学社会科学文献研究中心	否

序号	学科名称	期刊名称	App 开发	是否独立 App
154	历史学	近代史研究	国家哲学社会科学文献研究中心	否
155	历史学	经济社会史评论	国家哲学社会科学文献研究中心	否
156	历史学	抗日战争研究	国家哲学社会科学文献研究中心	否
157	历史学	历史档案	—	—
158	历史学	历史研究	国家哲学社会科学文献研究中心	否
159	历史学	民国档案	国家哲学社会科学文献研究中心	否
160	历史学	清史研究	国家哲学社会科学文献研究中心	否
161	历史学	史林	国家哲学社会科学文献研究中心	否
162	历史学	史学集刊	国家哲学社会科学文献研究中心	否
163	历史学	史学理论研究	国家哲学社会科学文献研究中心	否
164	历史学	史学史研究	国家哲学社会科学文献研究中心	否
165	历史学	史学月刊	国家哲学社会科学文献研究中心	否
166	历史学	世界历史	国家哲学社会科学文献研究中心	否
167	历史学	文史	国家哲学社会科学文献研究中心	否

续表

序号	学科名称	期刊名称	App 开发	是否独立 App
168	历史学	文献	国家哲学社会科学文献研究中心	否
169	历史学	西域研究	国家哲学社会科学文献研究中心	否
170	历史学	中国经济史研究	国家哲学社会科学文献研究中心	否
171	历史学	中国农史	国家哲学社会科学文献研究中心	否
172	历史学	中国社会经济史研究	国家哲学社会科学文献研究中心	否
173	历史学	中国史研究	国家哲学社会科学文献研究中心	否
174	历史学	中国史研究动态	国家哲学社会科学文献研究中心	否
175	历史学	中华文史论丛	—	—
176	历史学	自然科学史研究	国家哲学社会科学文献研究中心	否
177	考古学	故宫博物院院刊	国家哲学社会科学文献研究中心	否
178	考古学	江汉考古	国家哲学社会科学文献研究中心	否
179	考古学	考古	国家哲学社会科学文献研究中心	否
180	考古学	考古学报	国家哲学社会科学文献研究中心	否
181	考古学	考古与文物	国家哲学社会科学文献研究中心	否
182	考古学	人类学学报	—	—

续表

序号	学科名称	期刊名称	App 开发	是否独立 App
183	考古学	文物	国家哲学社会科学文献研究中心	否
184	冷门绝学	出土文献	国家哲学社会科学文献研究中心	否
185	冷门绝学	敦煌研究	国家哲学社会科学文献研究中心	否
186	冷门绝学	历史地理研究	国家哲学社会科学文献研究中心	否
187	冷门绝学	中国边疆史地研究	国家哲学社会科学文献研究中心	否
188	冷门绝学	中国历史地理论丛	—	—
189	经济学	保险研究	国家哲学社会科学文献研究中心	否
190	经济学	北京工商大学学报(社会科学版)	国家哲学社会科学文献研究中心	否
191	经济学	财经科学	国家哲学社会科学文献研究中心	否
192	经济学	财经理论与实践	国家哲学社会科学文献研究中心	否
193	经济学	财经论丛	国家哲学社会科学文献研究中心	否
194	经济学	财经问题研究	国家哲学社会科学文献研究中心	否
195	经济学	财经研究	国家哲学社会科学文献研究中心	否
196	经济学	财贸经济	国家哲学社会科学文献研究中心	否
197	经济学	财贸研究	国家哲学社会科学文献研究中心	否

序号	学科名称	期刊名称	App 开发	是否独立 App
198	经济学	财政研究	国家哲学社会科学文献研究中心	否
199	经济学	产业经济研究	国家哲学社会科学文献研究中心	否
200	经济学	当代财经	国家哲学社会科学文献研究中心	否
201	经济学	当代经济科学	国家哲学社会科学文献研究中心	否
202	经济学	改革	国家哲学社会科学文献研究中心	否
203	经济学	广东财经大学学报	—	—
204	经济学	贵州财经大学学报	国家哲学社会科学文献研究中心	否
205	经济学	国际金融研究	国家哲学社会科学文献研究中心	否
206	经济学	国际经济评论	国家哲学社会科学文献研究中心	否
207	经济学	国际经贸探索	国家哲学社会科学文献研究中心	否
208	经济学	国际贸易	国家哲学社会科学文献研究中心	否
209	经济学	国际贸易问题	国家哲学社会科学文献研究中心	否
210	经济学	国际商务	国家哲学社会科学文献研究中心	否
211	经济学	宏观经济研究	国家哲学社会科学文献研究中心	否
212	经济学	江西财经大学学报	国家哲学社会科学文献研究中心	否

续表

序号	学科名称	期刊名称	App 开发	是否独立 App
213	经济学	金融经济学研究	国家哲学社会科学文献研究中心	否
214	经济学	金融论坛	—	—
215	经济学	金融评论	国家哲学社会科学文献研究中心	否
216	经济学	金融研究	国家哲学社会科学文献研究中心	否
217	经济学	经济经纬	国家哲学社会科学文献研究中心	否
218	经济学	经济科学	国家哲学社会科学文献研究中心	否
219	经济学	经济理论与经济管理	国家哲学社会科学文献研究中心	否
220	经济学	经济评论	国家哲学社会科学文献研究中心	否
221	经济学	经济社会体制比较	国家哲学社会科学文献研究中心	否
222	经济学	经济问题	国家哲学社会科学文献研究中心	否
223	经济学	经济问题探索	国家哲学社会科学文献研究中心	否
224	经济学	经济学(季刊)	国家哲学社会科学文献研究中心	否
225	经济学	经济学报	国家哲学社会科学文献研究中心	否
226	经济学	经济学动态	国家哲学社会科学文献研究中心	否
227	经济学	经济学家	国家哲学社会科学文献研究中心	否

续表

序号	学科名称	期刊名称	App 开发	是否独立 App
228	经济学	经济研究	国家哲学社会科学文献研究中心	否
229	经济学	经济与管理研究	国家哲学社会科学文献研究中心	否
230	经济学	经济纵横	国家哲学社会科学文献研究中心	否
231	经济学	劳动经济研究	国家哲学社会科学文献研究中心	否
232	经济学	南方经济	国家哲学社会科学文献研究中心	否
233	经济学	南开经济研究	国家哲学社会科学文献研究中心	否
234	经济学	农村经济	国家哲学社会科学文献研究中心	否
235	经济学	农业技术经济	国家哲学社会科学文献研究中心	否
236	经济学	农业经济问题	国家哲学社会科学文献研究中心	否
237	经济学	山西财经大学学报	国家哲学社会科学文献研究中心	否
238	经济学	商业经济与管理	国家哲学社会科学文献研究中心	否
239	经济学	商业研究	国家哲学社会科学文献研究中心	否
240	经济学	上海财经大学学报	国家哲学社会科学文献研究中心	否
241	经济学	上海经济研究	—	—
242	经济学	世界经济	国家哲学社会科学文献研究中心	否

序号	学科名称	期刊名称	App 开发	是否独立 App
243	经济学	世界经济文汇	国家哲学社会科学文献研究中心	否
244	经济学	世界经济研究	—	—
245	经济学	世界经济与政治论坛	国家哲学社会科学文献研究中心	否
246	经济学	数量经济技术经济研究	国家哲学社会科学文献研究中心	否
247	经济学	税务研究	国家哲学社会科学文献研究中心	否
248	经济学	现代财经	国家哲学社会科学文献研究中心	否
249	经济学	现代经济探讨	国家哲学社会科学文献研究中心	否
250	经济学	现代日本经济	国家哲学社会科学文献研究中心	否
251	经济学	亚太经济	国家哲学社会科学文献研究中心	否
252	经济学	证券市场导报	国家哲学社会科学文献研究中心	否
253	经济学	政治经济学评论	—	—
254	经济学	中国工业经济	国家哲学社会科学文献研究中心	否
255	经济学	中国经济问题	—	—
256	经济学	中国农村观察	国家哲学社会科学文献研究中心	否
257	经济学	中国农村经济	国家哲学社会科学文献研究中心	否
258	经济学	中南财经政法大学学报	国家哲学社会科学文献研究中心	否

序号	学科名称	期刊名称	App 开发	是否独立 App
259	经济学	中央财经大学学报	国家哲学社会科学文献研究中心	否
260	政治学	北京行政学院学报	国家哲学社会科学文献研究中心	否
261	政治学	当代世界	国家哲学社会科学文献研究中心	否
262	政治学	当代亚太	国家哲学社会科学文献研究中心	否
263	政治学	德国研究	—	—
264	政治学	东北亚论坛	国家哲学社会科学文献研究中心	否
265	政治学	东南亚研究	国家哲学社会科学文献研究中心	否
266	政治学	甘肃行政学院学报	国家哲学社会科学文献研究中心	否
267	政治学	公共行政评论	国家哲学社会科学文献研究中心	否
268	政治学	国际安全研究	国家哲学社会科学文献研究中心	否
269	政治学	国际观察	国家哲学社会科学文献研究中心	否
270	政治学	国际论坛	国家哲学社会科学文献研究中心	否
271	政治学	国际问题研究	国家哲学社会科学文献研究中心	否
272	政治学	国际展望	国家哲学社会科学文献研究中心	否
273	政治学	国际政治科学	国家哲学社会科学文献研究中心	否

序号	学科名称	期刊名称	App开发	是否独立App
274	政治学	国际政治研究	国家哲学社会科学文献研究中心	否
275	政治学	行政论坛	国家哲学社会科学文献研究中心	否
276	政治学	和平与发展	国家哲学社会科学文献研究中心	否
277	政治学	江苏行政学院学报	—	—
278	政治学	理论探索	国家哲学社会科学文献研究中心	否
279	政治学	理论探讨	国家哲学社会科学文献研究中心	否
280	政治学	理论学刊	国家哲学社会科学文献研究中心	否
281	政治学	理论与改革	国家哲学社会科学文献研究中心	否
282	政治学	美国研究	国家哲学社会科学文献研究中心	否
283	政治学	南亚研究	国家哲学社会科学文献研究中心	否
284	政治学	南洋问题研究	国家哲学社会科学文献研究中心	否
285	政治学	欧洲研究	国家哲学社会科学文献研究中心	否
286	政治学	求实	国家哲学社会科学文献研究中心	否
287	政治学	人权	—	—
288	政治学	日本学刊	国家哲学社会科学文献研究中心	否

续表

序号	学科名称	期刊名称	App 开发	是否独立 App
289	政治学	上海行政学院学报	国家哲学社会科学文献研究中心	否
290	政治学	世界经济与政治	国家哲学社会科学文献研究中心	否
291	政治学	台湾研究	国家哲学社会科学文献研究中心	否
292	政治学	太平洋学报	国家哲学社会科学文献研究中心	否
293	政治学	探索	国家哲学社会科学文献研究中心	否
294	政治学	外交评论(外交学院学报)	国家哲学社会科学文献研究中心	否
295	政治学	西亚非洲	国家哲学社会科学文献研究中心	否
296	政治学	现代国际关系	国家哲学社会科学文献研究中心	否
297	政治学	政治学研究	国家哲学社会科学文献研究中心	否
298	政治学	中共中央党校(国家行政学院)学报	国家哲学社会科学文献研究中心	否
299	法学	比较法研究	国家哲学社会科学文献研究中心	否
300	法学	当代法学	—	—
301	法学	东方法学	国家哲学社会科学文献研究中心	否
302	法学	法律科学(西北政法大学学报)	国家哲学社会科学文献研究中心	否
303	法学	法商研究	国家哲学社会科学文献研究中心	否

续表

序号	学科名称	期刊名称	App 开发	是否独立 App
304	法学	法学	国家哲学社会科学文献研究中心	否
305	法学	法学家	国家哲学社会科学文献研究中心	否
306	法学	法学论坛	国家哲学社会科学文献研究中心	否
307	法学	法学评论	国家哲学社会科学文献研究中心	否
308	法学	法学研究	国家哲学社会科学文献研究中心	否
309	法学	法制与社会发展	国家哲学社会科学文献研究中心	否
310	法学	国家检察官学院学报	国家哲学社会科学文献研究中心	否
311	法学	行政法学研究	国家哲学社会科学文献研究中心	否
312	法学	华东政法大学学报	国家哲学社会科学文献研究中心	否
313	法学	环球法律评论	国家哲学社会科学文献研究中心	否
314	法学	清华法学	国家哲学社会科学文献研究中心	否
315	法学	现代法学	国家哲学社会科学文献研究中心	否
316	法学	政法论丛	—	—
317	法学	政法论坛	国家哲学社会科学文献研究中心	否
318	法学	政治与法律	国家哲学社会科学文献研究中心	否

续表

序号	学科名称	期刊名称	App 开发	是否独立 App
319	法学	中国法律评论	国家哲学社会科学文献研究中心	否
320	法学	中国法学	国家哲学社会科学文献研究中心	否
321	法学	中国刑事法杂志	—	—
322	法学	中外法学	国家哲学社会科学文献研究中心	否
323	社会学	妇女研究论丛	国家哲学社会科学文献研究中心	否
324	社会学	青年研究	国家哲学社会科学文献研究中心	否
325	社会学	人口学刊	国家哲学社会科学文献研究中心	否
326	社会学	人口研究	国家哲学社会科学文献研究中心	否
327	社会学	人口与发展	国家哲学社会科学文献研究中心	否
328	社会学	人口与经济	国家哲学社会科学文献研究中心	否
329	社会学	社会	国家哲学社会科学文献研究中心	否
330	社会学	社会发展研究	国家哲学社会科学文献研究中心	否
331	社会学	社会学评论	国家哲学社会科学文献研究中心	否
332	社会学	社会学研究	国家哲学社会科学文献研究中心	否
333	社会学	中国青年研究	国家哲学社会科学文献研究中心	否

序号	学科名称	期刊名称	App 开发	是否独立 App
334	社会学	中国人口科学	国家哲学社会科学文献研究中心	否
335	民族学与文化学	广西民族大学学报（哲学社会科学版）	国家哲学社会科学文献研究中心	否
336	民族学与文化学	广西民族研究	国家哲学社会科学文献研究中心	否
337	民族学与文化学	贵州民族研究	国家哲学社会科学文献研究中心	否
338	民族学与文化学	民俗研究	国家哲学社会科学文献研究中心	否
339	民族学与文化学	民族教育研究	国家哲学社会科学文献研究中心	否
340	民族学与文化学	民族学刊	国家哲学社会科学文献研究中心	否
341	民族学与文化学	民族研究	国家哲学社会科学文献研究中心	否
342	民族学与文化学	世界民族	国家哲学社会科学文献研究中心	否
343	民族学与文化学	文化遗产	国家哲学社会科学文献研究中心	否
344	民族学与文化学	西北民族研究	国家哲学社会科学文献研究中心	否
345	民族学与文化学	西南民族大学学报（人文社会科学版）	国家哲学社会科学文献研究中心	否
346	民族学与文化学	云南民族大学学报（哲学社会科学版）	国家哲学社会科学文献研究中心	否
347	民族学与文化学	中国藏学	国家哲学社会科学文献研究中心	否

续表

序号	学科名称	期刊名称	App 开发	是否独立 App
348	民族学与文化学	中南民族大学学报（人文社会科学版）	国家哲学社会科学文献研究中心	否
349	民族学与文化学	中央民族大学学报（哲学社会科学版）	国家哲学社会科学文献研究中心	否
350	新闻学与传播学	编辑学报	—	—
351	新闻学与传播学	编辑之友	国家哲学社会科学文献研究中心	否
352	新闻学与传播学	出版发行研究	国家哲学社会科学文献研究中心	否
353	新闻学与传播学	出版科学	国家哲学社会科学文献研究中心	否
354	新闻学与传播学	当代传播	—	—
355	新闻学与传播学	国际新闻界	国家哲学社会科学文献研究中心	否
356	新闻学与传播学	科技与出版	—	—
357	新闻学与传播学	现代出版	国家哲学社会科学文献研究中心	否
358	新闻学与传播学	现代传播（中国传媒大学学报）	国家哲学社会科学文献研究中心	否
359	新闻学与传播学	新闻大学	—	—
360	新闻学与传播学	新闻记者	—	—
361	新闻学与传播学	新闻界	国家哲学社会科学文献研究中心	否
362	新闻学与传播学	新闻与传播研究	国家哲学社会科学文献研究中心	否
363	新闻学与传播学	新闻与写作	—	—
364	新闻学与传播学	中国编辑	—	—

序号	学科名称	期刊名称	App 开发	是否独立 App
365	新闻学与传播学	中国出版	国家哲学社会科学文献研究中心	否
366	新闻学与传播学	中国科技期刊研究	—	—
367	图书馆、情报与文献学	大学图书馆学报	国家哲学社会科学文献研究中心	否
368	图书馆、情报与文献学	档案学通讯	国家哲学社会科学文献研究中心	否
369	图书馆、情报与文献学	档案学研究	—	—
370	图书馆、情报与文献学	国家图书馆学刊	国家哲学社会科学文献研究中心	否
371	图书馆、情报与文献学	情报科学	国家哲学社会科学文献研究中心	否
372	图书馆、情报与文献学	情报理论与实践	国家哲学社会科学文献研究中心	否
373	图书馆、情报与文献学	情报学报	国家哲学社会科学文献研究中心	否
374	图书馆、情报与文献学	情报杂志	国家哲学社会科学文献研究中心	否
375	图书馆、情报与文献学	情报资料工作	国家哲学社会科学文献研究中心	否
376	图书馆、情报与文献学	数据分析与知识发现	国家哲学社会科学文献研究中心	否
377	图书馆、情报与文献学	图书馆建设	国家哲学社会科学文献研究中心	否
378	图书馆、情报与文献学	图书馆论坛	国家哲学社会科学文献研究中心	否

续表

序号	学科名称	期刊名称	App 开发	是否独立 App
379	图书馆、情报与文献学	图书馆学研究	—	—
380	图书馆、情报与文献学	图书馆杂志	—	—
381	图书馆、情报与文献学	图书情报工作	—	—
382	图书馆、情报与文献学	图书情报知识	国家哲学社会科学文献研究中心	否
383	图书馆、情报与文献学	图书与情报	国家哲学社会科学文献研究中心	否
384	图书馆、情报与文献学	现代情报	国家哲学社会科学文献研究中心	否
385	图书馆、情报与文献学	信息资源管理学报	国家哲学社会科学文献研究中心	否
386	图书馆、情报与文献学	中国图书馆学报	国家哲学社会科学文献研究中心	否
387	教育学	北京大学教育评论	国家哲学社会科学文献研究中心	否
388	教育学	比较教育研究	国家哲学社会科学文献研究中心	否
389	教育学	大学教育科学	国家哲学社会科学文献研究中心	否
390	教育学	电化教育研究	国家哲学社会科学文献研究中心	否
391	教育学	复旦教育论坛	国家哲学社会科学文献研究中心	否
392	教育学	高等工程教育研究	国家哲学社会科学文献研究中心	否

序号	学科名称	期刊名称	App 开发	是否独立 App
393	教育学	高等教育研究	国家哲学社会科学文献研究中心	否
394	教育学	高校教育管理	国家哲学社会科学文献研究中心	否
395	教育学	国家教育行政学院学报	国家哲学社会科学文献研究中心	否
396	教育学	湖南师范大学教育科学学报	国家哲学社会科学文献研究中心	否
397	教育学	华东师范大学学报（教育科学版）	国家哲学社会科学文献研究中心	否
398	教育学	江苏高教	国家哲学社会科学文献研究中心	否
399	教育学	教师教育研究	国家哲学社会科学文献研究中心	否
400	教育学	教育发展研究	国家哲学社会科学文献研究中心	否
401	教育学	教育科学	国家哲学社会科学文献研究中心	否
402	教育学	教育学报	国家哲学社会科学文献研究中心	否
403	教育学	教育研究	国家哲学社会科学文献研究中心	否
404	教育学	教育研究与实验	—	—
405	教育学	教育与经济	国家哲学社会科学文献研究中心	否
406	教育学	开放教育研究	国家哲学社会科学文献研究中心	否
407	教育学	课程·教材·教法	国家哲学社会科学文献研究中心	否

续表

序号	学科名称	期刊名称	App 开发	是否独立 App
408	教育学	清华大学教育研究	国家哲学社会科学文献研究中心	否
409	教育学	全球教育展望	—	—
410	教育学	外国教育研究	—	—
411	教育学	现代大学教育	国家哲学社会科学文献研究中心	否
412	教育学	现代教育技术	国家哲学社会科学文献研究中心	否
413	教育学	现代远距离教育	国家哲学社会科学文献研究中心	否
414	教育学	现代远程教育研究	国家哲学社会科学文献研究中心	否
415	教育学	学前教育研究	国家哲学社会科学文献研究中心	否
416	教育学	学位与研究生教育	国家哲学社会科学文献研究中心	否
417	教育学	研究生教育研究	国家哲学社会科学文献研究中心	否
418	教育学	远程教育杂志	国家哲学社会科学文献研究中心	否
419	教育学	中国电化教育	国家哲学社会科学文献研究中心	否
420	教育学	中国高等教育	—	—
421	教育学	中国高教研究	国家哲学社会科学文献研究中心	否
422	教育学	中国教育学刊	国家哲学社会科学文献研究中心	否
423	教育学	中国远程教育	国家哲学社会科学文献研究中心	否

序号	学科名称	期刊名称	App 开发	是否独立 App
424	体育学	北京体育大学学报	国家哲学社会科学文献研究中心	否
425	体育学	成都体育学院学报	国家哲学社会科学文献研究中心	否
426	体育学	上海体育学院学报	国家哲学社会科学文献研究中心	否
427	体育学	沈阳体育学院学报	国家哲学社会科学文献研究中心	否
428	体育学	体育科学	国家哲学社会科学文献研究中心	否
429	体育学	体育学刊	国家哲学社会科学文献研究中心	否
430	体育学	体育学研究	—	—
431	体育学	体育与科学	国家哲学社会科学文献研究中心	否
432	体育学	武汉体育学院学报	国家哲学社会科学文献研究中心	否
433	体育学	西安体育学院学报	国家哲学社会科学文献研究中心	否
434	体育学	中国体育科技	国家哲学社会科学文献研究中心	否
435	统计学	数理统计与管理		
436	统计学	统计研究	国家哲学社会科学文献研究中心	否
437	统计学	统计与决策	国家哲学社会科学文献研究中心	否
438	统计学	统计与信息论坛	国家哲学社会科学文献研究中心	否

续表

序号	学科名称	期刊名称	App 开发	是否独立 App
439	心理学	心理发展与教育	国家哲学社会科学文献研究中心	否
440	心理学	心理科学	国家哲学社会科学文献研究中心	否
441	心理学	心理科学进展	国家哲学社会科学文献研究中心	否
442	心理学	心理学报	国家哲学社会科学文献研究中心	否
443	心理学	心理与行为研究	国家哲学社会科学文献研究中心	否
444	心理学	应用心理学	国家哲学社会科学文献研究中心	否
445	心理学	中国临床心理学杂志	国家哲学社会科学文献研究中心	否
446	综合性社会科学	北京社会科学	国家哲学社会科学文献研究中心	否
447	综合性社会科学	东南学术	国家哲学社会科学文献研究中心	否
448	综合性社会科学	东岳论丛	国家哲学社会科学文献研究中心	否
449	综合性社会科学	读书	三联中读	是
450	综合性社会科学	福建论坛(人文社会科学版)	国家哲学社会科学文献研究中心	否
451	综合性社会科学	甘肃社会科学	国家哲学社会科学文献研究中心	否
452	综合性社会科学	广东社会科学	国家哲学社会科学文献研究中心	否
453	综合性社会科学	贵州社会科学	国家哲学社会科学文献研究中心	否

序号	学科名称	期刊名称	App 开发	是否独立 App
454	综合性社会科学	国外社会科学	国家哲学社会科学文献研究中心	否
455	综合性社会科学	河北学刊	国家哲学社会科学文献研究中心	否
456	综合性社会科学	江海学刊	国家哲学社会科学文献研究中心	否
457	综合性社会科学	江汉论坛	国家哲学社会科学文献研究中心	否
458	综合性社会科学	江淮论坛	国家哲学社会科学文献研究中心	否
459	综合性社会科学	江苏社会科学	国家哲学社会科学文献研究中心	否
460	综合性社会科学	江西社会科学	国家哲学社会科学文献研究中心	否
461	综合性社会科学	开放时代	国家哲学社会科学文献研究中心	否
462	综合性社会科学	南京社会科学	国家哲学社会科学文献研究中心	否
463	综合性社会科学	内蒙古社会科学	国家哲学社会科学文献研究中心	否
464	综合性社会科学	宁夏社会科学	国家哲学社会科学文献研究中心	否
465	综合性社会科学	青海社会科学	国家哲学社会科学文献研究中心	否
466	综合性社会科学	求是学刊	国家哲学社会科学文献研究中心	否
467	综合性社会科学	求索	国家哲学社会科学文献研究中心	否
468	综合性社会科学	人民论坛	人民论坛	是

序号	学科名称	期刊名称	App 开发	是否独立 App
469	综合性社会科学	人文杂志	国家哲学社会科学文献研究中心	否
470	综合性社会科学	山东社会科学	国家哲学社会科学文献研究中心	否
471	综合性社会科学	社会科学	国家哲学社会科学文献研究中心	否
472	综合性社会科学	社会科学辑刊	—	—
473	综合性社会科学	社会科学研究	国家哲学社会科学文献研究中心	否
474	综合性社会科学	社会科学战线	国家哲学社会科学文献研究中心	否
475	综合性社会科学	思想战线	国家哲学社会科学文献研究中心	否
476	综合性社会科学	探索与争鸣	国家哲学社会科学文献研究中心	否
477	综合性社会科学	天津社会科学	国家哲学社会科学文献研究中心	否
478	综合性社会科学	文化纵横	国家哲学社会科学文献研究中心	否
479	综合性社会科学	文史哲	国家哲学社会科学文献研究中心	否
480	综合性社会科学	新疆社会科学	国家哲学社会科学文献研究中心	否
481	综合性社会科学	学海	国家哲学社会科学文献研究中心	否
482	综合性社会科学	学术界	国家哲学社会科学文献研究中心	否
483	综合性社会科学	学术论坛	国家哲学社会科学文献研究中心	否

序号	学科名称	期刊名称	App 开发	是否独立 App
484	综合性社会科学	学术前沿	国家哲学社会科学文献研究中心	否
485	综合性社会科学	学术研究	国家哲学社会科学文献研究中心	否
486	综合性社会科学	学术月刊	国家哲学社会科学文献研究中心	否
487	综合性社会科学	学习与实践	国家哲学社会科学文献研究中心	否
488	综合性社会科学	学习与探索	国家哲学社会科学文献研究中心	否
489	综合性社会科学	云南社会科学	国家哲学社会科学文献研究中心	否
490	综合性社会科学	浙江社会科学	国家哲学社会科学文献研究中心	否
491	综合性社会科学	浙江学刊	国家哲学社会科学文献研究中心	否
492	综合性社会科学	中国高校社会科学	国家哲学社会科学文献研究中心	否
493	综合性社会科学	中国社会科学	国家哲学社会科学文献研究中心	否
494	综合性社会科学	中州学刊	国家哲学社会科学文献研究中心	否
495	人文经济地理	城市发展研究	国家哲学社会科学文献研究中心	否
496	人文经济地理	城市规划	国家哲学社会科学文献研究中心	否
497	人文经济地理	城市规划学刊	国家哲学社会科学文献研究中心	否

序号	学科名称	期刊名称	App 开发	是否独立 App
498	人文经济地理	城市问题	国家哲学社会科学文献研究中心	否
499	人文经济地理	地理科学	—	—
500	人文经济地理	地理科学进展	—	—
501	人文经济地理	地理学报	—	—
502	人文经济地理	地理研究		
503	人文经济地理	经济地理	国家哲学社会科学文献研究中心	否
504	人文经济地理	旅游科学	国家哲学社会科学文献研究中心	否
505	人文经济地理	旅游学刊	国家哲学社会科学文献研究中心	否
506	人文经济地理	人文地理	—	—
507	自然资源与环境	干旱区资源与环境	—	—
508	自然资源与环境	长江流域资源与环境	国家哲学社会科学文献研究中心	否
509	自然资源与环境	中国人口·资源与环境	国家哲学社会科学文献研究中心	否
510	自然资源与环境	中国土地科学	国家哲学社会科学文献研究中心	否
511	自然资源与环境	资源科学	—	—
512	自然资源与环境	自然资源学报	—	—
513	高校学报	安徽大学学报(哲学社会科学版)	国家哲学社会科学文献研究中心	否
514	高校学报	北京大学学报(哲学社会科学版)	国家哲学社会科学文献研究中心	否
515	高校学报	北京工业大学学报(社会科学版)	国家哲学社会科学文献研究中心	否

序号	学科名称	期刊名称	App 开发	是否独立 App
516	高校学报	北京联合大学学报(人文社会科学版)	国家哲学社会科学文献研究中心	否
517	高校学报	北京师范大学学报(社会科学版)	国家哲学社会科学文献研究中心	否
518	高校学报	重庆大学学报(社会科学版)	国家哲学社会科学文献研究中心	否
519	高校学报	大连理工大学学报(社会科学版)	国家哲学社会科学文献研究中心	否
520	高校学报	东北大学学报(社会科学版)	国家哲学社会科学文献研究中心	否
521	高校学报	东北师大学报(哲学社会科学版)	国家哲学社会科学文献研究中心	否
522	高校学报	东南大学学报(哲学社会科学版)	国家哲学社会科学文献研究中心	否
523	高校学报	福建师范大学学报(哲学社会科学版)	国家哲学社会科学文献研究中心	否
524	高校学报	复旦学报(社会科学版)	国家哲学社会科学文献研究中心	否
525	高校学报	广西大学学报(哲学社会科学版)	国家哲学社会科学文献研究中心	否
526	高校学报	海南大学学报(人文社会科学版)	国家哲学社会科学文献研究中心	否
527	高校学报	河海大学学报(哲学社会科学版)	国家哲学社会科学文献研究中心	否
528	高校学报	河南大学学报(社会科学版)	国家哲学社会科学文献研究中心	否
529	高校学报	河南师范大学学报(哲学社会科学版)	国家哲学社会科学文献研究中心	否

续表

序号	学科名称	期刊名称	App 开发	是否独立 App
530	高校学报	湖北大学学报(哲学社会科学版)	国家哲学社会科学文献研究中心	否
531	高校学报	湖南大学学报(社会科学版)	国家哲学社会科学文献研究中心	否
532	高校学报	湖南科技大学学报(社会科学版)	国家哲学社会科学文献研究中心	否
533	高校学报	湖南师范大学社会科学学报	国家哲学社会科学文献研究中心	否
534	高校学报	华东师范大学学报(哲学社会科学版)	国家哲学社会科学文献研究中心	否
535	高校学报	华南农业大学学报(社会科学版)	国家哲学社会科学文献研究中心	否
536	高校学报	华南师范大学学报(社会科学版)	国家哲学社会科学文献研究中心	否
537	高校学报	华中科技大学学报(社会科学版)	国家哲学社会科学文献研究中心	否
538	高校学报	华中农业大学学报(社会科学版)	国家哲学社会科学文献研究中心	否
539	高校学报	华中师范大学学报(人文社会科学版)	国家哲学社会科学文献研究中心	否
540	高校学报	吉林大学社会科学学报	国家哲学社会科学文献研究中心	否
541	高校学报	吉首大学学报(社会科学版)	国家哲学社会科学文献研究中心	否
542	高校学报	济南大学学报(社会科学版)	国家哲学社会科学文献研究中心	否
543	高校学报	暨南学报(哲学社会科学版)	国家哲学社会科学文献研究中心	否

序号	学科名称	期刊名称	App 开发	是否独立 App
544	高校学报	江西师范大学学报（哲学社会科学版）	国家哲学社会科学文献研究中心	否
545	高校学报	兰州大学学报（社会科学版）	国家哲学社会科学文献研究中心	否
546	高校学报	南昌大学学报（人文社会科学版）	国家哲学社会科学文献研究中心	否
547	高校学报	南京大学学报（哲学·人文科学·社会科学）	国家哲学社会科学文献研究中心	否
548	高校学报	南京农业大学学报（社会科学版）	国家哲学社会科学文献研究中心	否
549	高校学报	南京师大学报（社会科学版）	国家哲学社会科学文献研究中心	否
550	高校学报	南开学报（哲学社会科学版）	国家哲学社会科学文献研究中心	否
551	高校学报	南通大学学报（社会科学版）	国家哲学社会科学文献研究中心	否
552	高校学报	清华大学学报（哲学社会科学版）	国家哲学社会科学文献研究中心	否
553	高校学报	山东大学学报（哲学社会科学版）	国家哲学社会科学文献研究中心	否
554	高校学报	山东师范大学学报（人文社会科学版）	国家哲学社会科学文献研究中心	否
555	高校学报	山西大学学报（哲学社会科学版）	国家哲学社会科学文献研究中心	否
556	高校学报	陕西师范大学学报（哲学社会科学版）	国家哲学社会科学文献研究中心	否
557	高校学报	上海大学学报（社会科学版）	国家哲学社会科学文献研究中心	否

序号	学科名称	期刊名称	App 开发	是否独立 App
558	高校学报	上海交通大学学报（哲学社会科学版）	国家哲学社会科学文献研究中心	否
559	高校学报	上海师范大学学报（哲学社会科学版）	国家哲学社会科学文献研究中心	否
560	高校学报	深圳大学学报（人文社会科学版）	国家哲学社会科学文献研究中心	否
561	高校学报	首都师范大学学报（社会科学版）	国家哲学社会科学文献研究中心	否
562	高校学报	四川大学学报（哲学社会科学版）	国家哲学社会科学文献研究中心	否
563	高校学报	四川师范大学学报（社会科学版）	国家哲学社会科学文献研究中心	否
564	高校学报	苏州大学学报（哲学社会科学版）	国家哲学社会科学文献研究中心	否
565	高校学报	同济大学学报（社会科学版）	国家哲学社会科学文献研究中心	否
566	高校学报	武汉大学学报（哲学社会科学版）	国家哲学社会科学文献研究中心	否
567	高校学报	西安交通大学学报（社会科学版）	国家哲学社会科学文献研究中心	否
568	高校学报	西北大学学报（哲学社会科学版）	国家哲学社会科学文献研究中心	否
569	高校学报	西北农林科技大学学报(社会科学版)	国家哲学社会科学文献研究中心	否
570	高校学报	西北师大学报（社会科学版）	国家哲学社会科学文献研究中心	否
571	高校学报	西藏大学学报（社会科学版）	国家哲学社会科学文献研究中心	否

序号	学科名称	期刊名称	App开发	是否独立App
572	高校学报	西南大学学报(社会科学版)	国家哲学社会科学文献研究中心	否
573	高校学报	厦门大学学报(哲学社会科学版)	国家哲学社会科学文献研究中心	否
574	高校学报	湘潭大学学报(哲学社会科学版)	国家哲学社会科学文献研究中心	否
575	高校学报	新疆大学学报(哲学人文社会科学版)	国家哲学社会科学文献研究中心	否
576	高校学报	新疆师范大学学报(哲学社会科学版)	国家哲学社会科学文献研究中心	否
577	高校学报	云南师范大学学报(哲学社会科学版)	国家哲学社会科学文献研究中心	否
578	高校学报	浙江大学学报(人文社会科学版)	国家哲学社会科学文献研究中心	否
579	高校学报	浙江工商大学学报	国家哲学社会科学文献研究中心	否
580	高校学报	郑州大学学报(哲学社会科学版)	国家哲学社会科学文献研究中心	否
581	高校学报	中国地质大学学报(社会科学版)	国家哲学社会科学文献研究中心	否
582	高校学报	中国农业大学学报(社会科学版)	国家哲学社会科学文献研究中心	否
583	高校学报	中国人民大学学报	国家哲学社会科学文献研究中心	否
584	高校学报	中南大学学报(社会科学版)	国家哲学社会科学文献研究中心	否
585	高校学报	中山大学学报(社会科学版)	国家哲学社会科学文献研究中心	否

此外，截至 2022 年 9 月 17 日，我国 585 种 CSSCI 来源期刊中，与中国知网签署了独家授权的期刊共 75 种；签署了网络首发合作协议的期刊共 310 种。在 C 刊来源期刊中，广设传播渠道、积极利用新传播模式的意识还存在不足。

（2）我国科技期刊新媒体建设现状

截至 2020 年年底，我国科技期刊总量为 4963 种①，其中，4931 种参加年检，可获取新媒体建设情况数据。②

期刊网站建设及年点击量。拥有自建网站的科技期刊数量为 2821 种，占比 57.21%。网站年点击量超过 100 万次的科技期刊网站共有 266 种，年点击量过千万的网站有 31 种。

期刊 App 开发及活跃情况。679 种科技期刊拥有期刊 App，占比 13.77%。客户端活跃用户人数超过 10000 人的有 195 种，活跃人数超过 10 万的期刊客户端有 48 种。

微信公众号开通及影响力情况。2541 种科技期刊开通了微信公众号，占比 51.53%。其中，2398 种科技期刊拥有 1 个微信公众号，118 种科技期刊拥有 2 个微信公众号，25 种科技期刊拥有 3 个及以上微信公众号。订阅人数超过 10000 人的科技期刊微信公众号有 561 种，占比 11.38%；订阅人数超过 10 万人的公众号有 82 种。篇均阅读量超过 1000 次的科技期刊微信公众号有 547 种，占比 11.09%；篇均阅读量超过 10 万次的科技期刊微信公众号有 2 种。

微博开通及粉丝关注情况。551 种科技期刊开通了官方微博账号，占比 11.17%。粉丝数超过 10000 的科技期刊官方微博有 186 种，占比 3.77%；粉丝数超过 10 万的科技期刊官方微博有 72 种，占比 1.46%。

4.4.4　开放科学趋势下我国学术期刊开放获取建设进展

近年来，我国学术期刊正在向开放科学转型，如对标国际典型

① 该数据基于国家新闻出版署 2020 年全国期刊年检数据。
② 中国科学技术协会. 中国科技期刊发展蓝皮书（2021）：开放科学环境下的学术出版专题［M］. 北京：科学出版社，2021：29-33.

开放获取机构的开放共享声明、论文全文开放、数据出版以及在论文评价和数据评价上的尝试与创新等，我国自然科学和哲学社会科学领域学术期刊/论文成果均在开放获取和数据出版方面取得了明显进展。

（1）我国学术期刊开放获取建设进展

①自然科学领域论文成果开放获取进展。2022年10月，国家自然科学基金委员会对外发布国家自然科学基金开放获取仓储平台（一期）招标公告，公告中提到在基金委已有信息化基础设施的基础上，对标PubMed、PubMed Central，建设基金资助项目产出的国家自然科学基金开放获取仓储平台OAR（NSFC Open Access Repository），实现基金委资助的项目产出的论文成果的及时、可控开放共享与知识服务。[①]

②哲学社会科学领域学术期刊开放获取进展。国家哲学社会科学学术期刊数据库（NSSD）于2013年7月上线，是国内最大的社会科学开放获取平台，截至2022年11月，平台收录哲学社会科学学术期刊2200多种，涵盖国家社科基金重点资助期刊172种和中国社会科学院主管主办期刊89种。[②] 国家哲学社会科学文献中心App可免费获取2257种中文哲学社会科学学术期刊、89种中国社科院院内刊。

③我国学术期刊开放获取国际化进展。以DOAJ为例，中国的开放获取期刊总量逐年增加，截至2022年11月，在其官网上检索出版地为"China"，得到检索结果246种，占全部DOAJ期刊总数12760种的1.93%。

（2）我国数据出版建设进展

在数据密集型科研范式下，数据成为重要的研究对象，围绕数据的学术出版平台可以分为数据中心、数据知识库和数据出版3

---

① 国家自然科学基金委员会国家自然科学基金开放获取仓储平台（一期）公开招标公告［EB/OL］.［2022-10-20］. http://www.ccgp.gov.cn/cggg/zygg/gkzb/202210/t20221020_18856209.htm.

② 数据来源：国家哲学社会科学学术期刊数据库官方网站。

种。①我国数据中心建设粗具规模。我国科技部、财政部对原有国家平台开展优化调整，共形成了"国家高能物理科学数据中心"等在内的 20 个国家数据科学数据中心。① ②国际标准的论文预印本平台已建立。中国科学院科技论文预发布平台（ChinaXiv）于 2016 年正式上线，是国内第一个按照国际通行模式规范运营的预发布平台，面向全国科研人员接收中英文科学论文的预印本和已发表科学论文的开放存储。截至 2021 年 8 月，该平台已与 22 家期刊合作。② ③我国数据出版已开先河。我国学术期刊是实现数据出版的重要形式，我国有 6 种数据期刊，其中 4 种中文期刊为独立主办，2 种英文期刊为与国际出版社合作主办。③

①   国家科技资源共享服务平台优化调整名单发布［EB/OL］.［2022-11-14］. https：//news. sciencenet. cn/htmlnews/2019/6/427 251. shtm.

②   周阳. 国内外预印本系统调研与启示［J］. 图书馆界，2021（3）：60-68.

③   刘凤红，彭琳. 国际数据期刊的发展现状调查与分析［J］. 中国科技期刊研究，2019，30（11）：1129-1134.

5 面向出版流程的学术期刊质量控制体系构建

根据前面第 4 章开展的系统性分析，本章析出其中的内在联系、质量控制特点及质量控制规律，并构建面向出版流程的学术期刊质量控制体系。

5.1 学术期刊质量控制过程

依据学术期刊质量控制的步骤和学术期刊质量控制的实际情况，可明确每个环节的质量控制目标，并明确相关主体在出版流程中发挥的作用，最后确定主体在学术期刊质量控制中的主导作用。

学术期刊的质量控制过程分为 3 个步骤。第一步，了解学术期刊质量行为的可能性空间。在实际控制中，一般质量行为的可能性是一种集合。质量行为的可能性空间 = ｜不适用、淘汰、故障、维持、下降、适用、稳定、更新、提高、创优、突破、过剩……｜，学术期刊质量的可行性空间 = ｜维持、适用、稳定、提高、创优｜。第二步，明确学术期刊质量控制的目标。质量控制是一项有目的的活动，在开始对学术期刊质量进行控制的时候，先要确定质量目标，根据确立的质量目标来调节行为，从而达到或接近预期的目标。第三步，改变/创造条件，促使学术质量系统向确定的质量目标状态转化，从而实现控制。控制论认为，选择并控制关键条件是首要的控制行为，这些关键条件常存在于质量调节手段的可能性空间内。一般质量调节手段的可能性空间 = ｜人、设备、工艺、材料、环境、测试……｝，学术期刊往往通过编辑人才、主编与编委力量、优化出版流程管理、获取优质稿源、传播渠道、数字内容加工等手段进行调节。

5.2　学术期刊质量控制原则

学术期刊质量控制的基本原则需融合质量控制理论和业务流程再造理论。依照质量控制理论，学术期刊质量控制应遵循系统性、规范化、动态性3项原则；根据业务流程再造理论，学术期刊质量控制应遵循树立标杆意识、个性化、循序渐进、全员参与和制度保障5项原则。

5.2.1　质量控制理论视角

①系统性原则。学术期刊质量控制是一项系统工程，学术期刊进行质量控制时，需要对整个生产系统进行控制，其系统包括生产全过程和生产过程涉及的全部人员，即生产过程的组稿、审稿、编校、传播环节的质量控制；学术期刊生产过程涉及的全部人员包括主编、编委、同行评议专家/审稿人、编辑、校对、技术人员等，并通过具体的责任规划与分工来实现质量控制。

②规范化原则。在对整个学术期刊质量进行控制时，使用的方法与程序要达到统一、规范的要求。

③动态性原则。在对学术期刊质量进行控制时，要进行动态监控与管理。

④持续改进原则。持续改进原则是指通过策划，将学术期刊质量控制中获得的经验应用于后期的质量控制工作中去，以达到持续改进学术期刊质量控制的目的。

5.2.2　业务流程再造理论视角

①树立学习意识和标杆意识。广泛学习和了解当前学术期刊的国内外优秀同行在出版流程中的成功经验和先进做法，吸收并借鉴出版环节中最先进的经验作为流程再造的标杆，学习意识则应通过

制度的建立使之常态化。

②个性化原则。由于各刊发展的实际情况不同，其学术期刊质量控制和流程再造实施方案也具有个性化特征。

③循序渐进、逐步优化。学术期刊作为科学交流系统中的正式交流渠道，其基本特性是严谨和稳定，这一特性贯穿在学术期刊出版过程的始终。学术期刊出版环节的流程再造，应适应学术期刊的基本特性，进行循序渐进、逐步优化的改革，通过内循环的模式①逐步推进，逐级优化。

④全员参与。在数字环境下，学术期刊的出版流程涉及投稿/组稿—审稿—编校—传播4个基本环节，每个环节都受到不同程度的冲击。因此，学术期刊出版流程的再造牵涉各个环节，需要包括主编、编委和编辑在内的全员参与。流程内涵包括：思想的转变、职责的明确与落实、新流程的操作培训、主观能动性的发挥等。

⑤制度保障。在原有固守思想的惯性下，质量控制与流程再造往往会遭遇阻力。为了保障流程再造的贯彻与实施，需要学术期刊编辑部通过制定配套制度加以管理。培训制度包括：人员培训、制度学习，更新的岗位职责，更新的考核制度，以及为了激励编辑部成员的积极性、发挥其主观能动性制定的激励制度。

5.3 各出版环节质量控制间的内在关联

从质量控制的体系构成来看，学术期刊质量控制由质量控制主体和质量控制对象两个基本要素组成。质量控制对象涉及投稿、组稿活动，稿件质量评审与把关、待刊发稿件编校以及数字内容传播活动。内部出版机制和激励机制对学术期刊质量控制起着举足轻重的作用；外部环境包括期刊评价体系、资助政策、一流期刊建设、三大体系建设，直接或间接对学术期刊质量控制活动带来影响。质

---

① 内循环的模式包括四个阶段：R（流程重新设计，Redesign）—T（新流程试验，Trial）—A（新流程完善，Amend）—V（新流程检验，Validate）。见：http：//baike.baidu.com/link? url ＝ oTO23NEDwTiULd-2by4Z71IEdNM7986D b5e-OJK0vDlf5fHE6WnXLj8tt6FRzJhaFor5L42-gTxPdzbeIz5AEa。

量控制主体、控制对象、机制与外部环境间形成有机整体，相互之间的关系密不可分、互为影响，并通过各环节质量影响因素作为载体呈现出来。

5.3.1　获取稿源环节质量控制的主体、对象、机制与环境分析

梳理稿源质量的影响因素可以发现，获取稿源环节的质量控制主体是编辑团队(主编、编委、编辑①)和作者，质量控制对象是作者所投稿件及组稿稿件质量，其中主要涉及出版机制；外部生态环境中的期刊评价、资助政策(含一流期刊建设)、三大体系建设对稿源质量有直接影响(见表5-1)。

表 5-1　学术期刊质量控制体系——稿源质量影响因素

期刊层面																作者层面						
期刊吸引力									编辑团队主体性							投稿意向		作者科研水平				
期刊声望				期刊服务					主编			编委				国内发文	国外发文	作者机构	职称	学位	研究成果积累	文章质量
出版商声誉	编委会成员	影响因子	期刊排名	投稿服务	审稿服务	出版周期	用稿机制	读者群	强烈的办刊意愿	投入足够的精力	善于宣传推广	贡献优质论文	推荐优质论文	审稿服务	建言献策	ABC刊	三大索引					
难以在短期内形成				作者发文体验					主编发挥关键作用			多流于形式管理缺少激励机制				科研评价体系影响投稿意向		参考因素			呈现二八分布	

　　学术期刊稿源质量很大程度上受生态环境中科研评价和期刊评价体系的影响，中文期刊获取优质稿源依赖于刊物是否被以"ABC"为代表的核心期刊收录，外文期刊获取优质稿源依赖于刊物是否被三大索引收录，期刊被收录情况形成刊物的硬实力。① 期刊声望和期刊服务构成期刊软实力，期刊软实力难以在短期内形成；期刊软实力能发挥到何种程度，主编的投入、意愿、宣传是关键，编辑对流程和工作机制的落实、执行与改进是核心。由于优质作者呈现二八分布的态势，因此，发掘和策划优质稿件，是期刊编辑部在获取稿源环节需要锻炼和发展的巧实力。

　　获取优质稿源作为学术期刊质量控制的第一个环节，受制于期刊硬实力即被收录情况的影响，学术期刊主体如主编应发挥和已发挥的关键作用被弱化，编辑人员在其中付出的大量情感性劳动、创造性劳动和把关活动被忽视；期刊为高质量发展、一流期刊建设和三大体系建设付出的努力和坚持也易被淹没于对影响因子的过度关注中。在融入主流期刊评价体系的同时，通过软实力和巧实力的构建，是学术期刊获取优质稿源、转化学术影响力的有效路径；同时，学术期刊应积极主动参与学术期刊评价活动，为构建合理健康的生态环境作出应有的贡献。

5.3.2　审稿环节质量控制的主体、对象、机制与环境分析

　　梳理审稿环节的影响因素可以发现，审稿环节的质量控制主体为审稿人(同行评议专家)和编辑，质量控制对象是对稿件质量的评定与把关。其中涉及的机制主要为审稿机制、审稿工作机制，前

---

　　① 哈佛大学约瑟夫·奈教授曾将各国的综合国力分为"硬实力"与"软实力"两种形态，他认为探求"硬实力"与"软实力"的最佳合力模式，对于提升国家综合竞争力大有裨益。之后，美国国务卿希拉里发展了"巧实力"的概念(魏航.商学教育的"三力"：硬实力、软实力、巧实力[J].哈佛商业评论，2022(11)：40)。

者处理作者稿件质量评定与把关,后者解决审稿工作的质量与可持续性问题(见表5-2)。

表5-2 学术期刊质量控制体系——审稿质量影响因素

审稿机制				审稿人			
审稿流程	审稿标准与要求	可问责	数据存缴	资历			审稿意愿
				年龄	专业素养	责任意识	
期刊层面发挥作用的核心与关键				审稿质量的关键因素			

从理论上来看,与学术期刊稿源质量受外部环境影响波动较大相比,审稿质量影响因素更多地存在于学术期刊内部,通过建立有序的审稿机制、高质量的初审工作以及对审稿工作的审核与激励,能够较好地实现审稿质量控制。但实际情况是各刊执行落实有别,顶尖期刊往往能做到审稿快、绿色通道建设良好,国外如《科学》杂志,国内如《细胞研究》。审稿慢、存在拖延问题广泛存在于国内外期刊,这一痛点引发了全球范围内的审稿创新。近年来,国外第三方审稿平台和新型审稿方式如雨后春笋般出现,如科学的审稿时代(peer age of science)、优贝克(Rubriq)以及巨型期刊、开放期刊的创立和快速发展,均是在审稿环节的创新之举。国内受限于学术期刊的管理制度,读者与作者难以通过创新出版模式来推动学术期刊审稿的改革进程,但群众的智慧仍然被激发出来,一家名为"发表记"的微信公众号于2020年2月开通,坚持每天发布全国范围内作者的审稿经历,发布内容包括作者在某刊物上投稿后快速刊发和投稿后较为拖延产生的不满情绪,俨然成为学术期刊审稿质量的红黑榜。

5.3.3 编校环节质量控制的主体、对象、机制与环境分析

梳理编校环节的影响因素可以发现,编校环节的质量控制主体为编辑,质量控制对象是待刊发稿件。其中涉及的机制主要为三审

三校制,三审三校制能保障刊物不出现政治导向问题并确保编校质量在国家规范的范围内。编校环节涉及生态环境中的人才政策,从中国科学院"引进优秀人才计划"的案例分析可以发现,学术期刊领域的人才政策回报远大于投入。遗憾的是,当前我国设置的学术期刊人才政策与教育科研行业相比,人才政策过于薄弱,缺少支撑。在编辑部内部,由于学术期刊处于所在单位的教学、科研中心之外的边缘地位,从内部获得的政策支持往往落实于期刊而将编辑人员列之于外。编辑作为学术期刊质量控制的核心力量,其本职工作、管理工作和拓展性工作,在外部环境和内部政策上未能得到充分考量(见表5-3)。

表 5-3 学术期刊质量控制体系——编校质量影响因素

编校主体综合职业素养					编校工作机制
思想品德素质和法律意识	业务素养	专业技术知识	职业道德	现代化的编辑意识	激励/非激励
综合职业素养越高,编校能力越强					激励性的机制有利于编辑主体性发挥;反之则形成职业倦怠

5.3.4 传播环节质量控制的主体、对象、机制与环境分析

通过梳理传播环节的影响因素可以发现,设置了专职发行人员和新媒体人员的学术期刊编辑部寥寥,传播环节的实际质量控制主体仍以编辑为主。在数字环境下,质量控制对象是数字出版内容。其中涉及的外部环境主要为期刊评价机制。A 刊评价融入了期刊管理、文章质量和新媒体建设等可持续发展的引导指标,但目前认可度不及 B 刊和 C 刊,因此,我国学术期刊评价体系仍以影响因子为核心。以影响因子为核心的评价体系导向,导致我国学术期刊大

面积放弃自主传播，而将数字传播工作托管于中国知网，因为各期刊评价体系均从中国知网获取影响因子相关数据，自主传播工作投入不足，自主传播能力和技术投入亟待提升(见表5-4)。

表5-4　学术期刊质量控制体系——传播环节影响因素

传播渠道与传播技术					数字内容质量			
自建网站	全文数据库	新媒体	元数据标注技术	阅读与引用跟踪技术	传播便捷	交互性强	内容质量	数字内容加工质量
作用与价值各不相同			实现自主传播的突破性技术应用		数字环境下的用户需求		取决于前三个环节	依赖技术的投入

质量控制主体多为人所关注的涉及主编、编委、编辑以及作者，常被忽视讨论的学术期刊质量控制主体还有国家行政管理部门、各级学会协会、省市级管理部门以及各期刊所在单位。行政管理部门作为学术期刊质量控制的主体之一，往往通过激励政策如优秀期刊资助、一流期刊建设等扶持引导性项目来实现。

5.4　学术期刊质量控制体系构建

本节通过梳理学术期刊获取稿源环节、审稿环节、编校环节和传播环节的质量控制影响因素，剖析其质量控制主体、质量控制对象、涉及的期刊运转机制和受外部生态环境影响的情况，结合学术期刊质量控制过程三部曲——寻找可行性空间、确立目标和改进，以及学术期刊质量控制的相关原则，尝试构建学术期刊质量控制体系。

表 5-5　学术期刊质量控制体系——主体、对象、机制、生态环境

质量控制主体	获取稿源环节				审稿环节	编校环节	传播环节
	主编	编委	编辑	作者	审稿人	编辑	编辑
现状	应发挥和已发挥的关键作用被弱化	流于形式，管理缺少激励机制	被动等待稿件	作者发文诉求以发文和评职称占据绝对	中青年专家审稿质量优于老年专家的审稿专家，最合适审稿专家需要实力、动力与期刊质量的匹配	作者学术资本转化的助产环节，工作量大了几倍，职业风险日趋加大	依赖中国知网传播
可行性空间	主编办刊投入得到有效认可	精细化开展编委组织管理工作	编辑工作及其贡献得到合理认可	作者发文以求真知和创新为宗旨	将审稿与青年编委建设相融合	引入人工智能辅助编辑工作	建立自主传播渠道
控制目标	主编办刊投入人更多	编委力量有效，可持续注入办刊活动	编辑的主观能动性得到进一步发挥	稿件质量逐渐提升	将审稿速度和质量优化在一个区间	减少部分冗余的工作内容	形成较强的自主传播能力

续表

项目	获取稿源环节		审稿环节	编校环节	传播环节
质量控制对象	作者所投稿件及组稿稿件质量		稿件质量评定与把关	待刊发稿件	数字出版内容
现状	高质量稿件数量不足 选题策划意识和举措有限		审稿周期长，学术不端日渐增多	学术规范不理想	数字内容转化较为初级
可行性空间	表彰优质论文成常态		降至合理的审稿周期	加强文稿规范质量	加强数字传播技术的投入和应用
控制目标	不同起点的期刊均能实现稿源质量提升		作者满意，审稿人愿意	待刊发稿件学术规范达标	与国际主流标准接轨
机制	审稿机制	用稿机制	审稿机制审稿工作机制	三审三校制	依靠自主性工作
现状	审稿慢	发文量大幅减少	审稿慢，专家动力不足	保障政治质量和编校质量	没有得到充分重视
可行性空间	加强青年编委建设，落实激励机制	发文量保持合理区间	加强审稿工作机制建设，落实激励机制	公示编校质量	加强自建传播渠道建设

续表

	获取稿源环节			审稿环节	编校环节	传播环节
控制目标	审稿质量和速度逐渐提升		平衡作者发文需求	作者满意、审稿人愿意	编辑工作量得到认可	形成优质传播质量
外部生态环境	期刊评价	资助政策（含一流期刊建设）	三大体系建设	科研及诚信环境	人才政策	期刊评价机制
现状	以影响因子为核心	科技期刊领先	缺少实践与理论研究	社科期刊撤稿问题亟待解决；学术诚信控制机制与国际标准差距较大	外部环境和内部政策未能得到充分考量	以影响因子为核心
可行性空间	建立有中国特色的期刊评价体系	社科期刊迎头赶上	学术期刊助力文化强国，科技强国建设	建立规范、有存的撤稿机制	建立合理认可工作质量的激励机制	建立有中国特色的期刊评价体系
控制目标	共建健康外部生态环境	呼吁优化社科期刊资助政策	加强三大体系建设拓展与探索	建立规范的自我净化机制	建立合理认可工作质量和贡献的激励机制	共建健康外部生态环境

6 面向出版流程的我国学术期刊质量控制问卷调研及数据分析

随着近年各办刊主体的不断努力，学术期刊质量控制的问题、目标与环境均有了新的变化。为了使本书本研究立足实际，专设"面向出版流程的学术期刊质量控制问卷调查"。此次问卷使用问卷星，通过微信群(C刊作者主编交流群、RCCSE中国期刊质量与发展大会工作群、中国科学技术期刊编辑学会2019年学术年会群)、朋友圈终端发放问卷二维码链接，问卷发放时间为2022年12月19日—2022年12月30日。

6.1 问卷类别、主题与数据来源

此次问卷共获得全国28个省市的255份问卷，答卷身份为学术期刊的"编辑""编辑部主任""副主编""主编"为有效答卷，身份为学术期刊的"仅是作者"为无效答卷，最后统计有效答卷225份。

6.1.1 问卷类别及主题设置

本书通过问设置AB问卷，开展5个主题的调研以获取较为全面的关于学术期刊出版流程质量控制的理解与认知、优化与改进等问题的态度。

AB问卷分别为：A问卷"面向出版流程的学术期刊质量控制研究(编辑、编辑部主任)"、B问卷"面向出版流程的学术期刊质量控制研究(副主编、主编)"，通过内设问题"您是学术期刊的"的答案设置跳转，答卷为"编辑""编辑部主任"跳转至 A 答卷，答卷为"副主编""主编"跳转至 B 答卷跳，同时设置问卷题目序号隐藏，以使问卷人不能察觉 AB 问卷之分，减少回答干扰。AB 问卷的设置是为了进一步明确学术期刊出版主体在面向出版流程的学术期刊质量控制问题上的认知差异和态度上的区别。

5 个调查主题分别为：①编辑、编辑部主任对出版流程质量控制的理解与认知质量控制的现状；②编辑、编辑部主任对出版流程质量控制的改进与优化调研；③副主编、主编对出版流程质量控制的把控与认知调研；④学术期刊出版主体激励机制与期待调研；⑤学术期刊主体责任落实情况调研。

6.1.2 答卷地理分布

此次问卷调查的答卷来源地理位置分布于我国 28 个省市自治区，分布于我国 90% 以上的地区。其中，北京、湖北、江苏分别收到问卷 39 份、33 份、27 份，位列前 3。各省市自治区答卷数量分布见表 6-1。

表 6-1　面向出版流程的学术期刊质量控制答卷地理来源分布

省份 (市/自治区)	答卷数量	省份 (市/自治区)	答卷数量	省份 (市/自治区)	答卷数量
北京	39	陕西	8	新疆	3
湖北	33	浙江	7	河北	3
江苏	27	贵州	7	内蒙古	2
山西	22	河南	7	福建	2
山东	15	广西	5	云南	2
广东	11	湖南	5	甘肃	1
辽宁	10	吉林	4	海南	1
重庆	10	江西	4	宁夏	1
上海	10	黑龙江	4	—	—
四川	8	天津	4	—	—

6.2 基本信息及分析

此次问卷设置的基本信息包括：性别、年龄段、学历分布、期刊类别、从业时间，各项数据通过问卷星设置的分类答卷功能获取（编辑、编辑部主任、副主编、主编），已剔除无效问卷数据。具体数据采集情况见表6-2。

6.2.1 性别分布

整体上，男性98人，占比43.56%；女性127人，占比56.44%。其中，编辑共计103人，性别分布为：男性31人，占比85.71%；女性72人，占比14.29%。编辑部主任共计52人，性别分布为：男性21人，占比40.38%；女性31人，占比59.62%。副主编共计49人，性别分布为：男性28人，占比57.14%；女性21人，占比42.86%。主编共计21人，性别分布为：男性18人，占比85.71%；女性3人，占比14.29%。

6.2.2 年龄段分布

在103位编辑中，年龄段频次居于前3的分别为：41~50岁44人，占比42.72%；31~40岁38人，占比36.89%；51~60岁19人，占比18.45%。在52位编辑部主任中，年龄段频次集中于41~50岁和31~40岁，分别有33人、占比63.46%，13人、占比25.00%。49位副主编中，年龄段频次居于前3的分别为：41~50岁26人，占比53.06%；51~60岁13人，占比26.53%；31~40岁9人，占比18.37%。在21位主编中，年龄段频次集中于51~60岁和41~50岁，分别有11人、占比52.38%，7人、占比33.33%。

从答卷人年龄分布来看，副主编任职呈现年轻化迹象；主编任职离不开资质与资历复合标准。从事学术期刊工作整体上较为稳定，需要时间的积淀与积累来成就编辑职业上的竞争力。

表 6-2 面向出版流程的学术期刊质量控制调研基本信息

			编辑		编辑部主任		副主编		主编	
			数量	占比	数量	占比	数量	占比	数量	占比
1	性别	男	31	85.71%	21	40.38%	28	57.14%	18	85.71%
		女	72	14.29%	31	59.62%	21	42.86%	3	14.29%
2	年龄段	18~25	0	0%	0	0%	0	0%	0	0%
		26~30	1	0.97%	0	0%	0	0%	0	0%
		31~40	38	36.89%	13	25%	9	18.37%	2	9.52%
		41~50	44	42.72%	33	63.46%	26	53.06%	7	33.33%
		51~60	19	18.45%	5	9.62%	13	26.53%	11	52.38%
		60以上	1	0.97%	1	1.92%	1	2.04%	1	4.76%
3	学历	本科	20	19.42%	5	9.62%	8	16.33%	6	28.57%
		硕士	55	53.40%	22	42.31%	14	28.57%	8	38.10%
		博士	28	27.18%	25	48.08%	27	55.10%	7	33.33%

续表

		编辑 数量	编辑 占比	编辑部主任 数量	编辑部主任 占比	副主编 数量	副主编 占比	主编 数量	主编 占比
4	期刊类别								
	人文社科类学术期刊	43	41.75%	18	34.62%	27	55.10%	14	66.67%
	自然科学与工程技术类学术期刊	44	42.72%	27	51.92%	18	36.73%	5	23.81%
	英文社科期刊	1	0.97%	1	1.92%	0	0%	0	0%
	英文科技期刊	4	3.88%	4	7.69%	0	0%	1	4.76%
	高校学报中文版	30	29.13%	12	23.08%	17	34.69%	5	23.81%
	高校学报英文版	0	0%	1	1.92%	0	0%	0	0%
5	从业时间								
	小于5年	17	16.50%	5	9.62%	4	8.16%	5	23.81%
	5~10年	26	25.24%	9	17.31%	13	26.53%	9	42.86%
	超过10年	60	58.25%	38	73.08%	32	65.31%	7	33.33%

6.2.3 学历分布

编辑、编辑部主任和副主编的学历集中于硕士和博士，主编的学历分布本硕博较为平均。其中，编辑部主任和副主编中，博士多于硕士。具体情况如下：编辑中，硕士 55 人，占比 53.40%；博士 28 人，占比 27.18%。编辑部主任中，博士 25 人，占比 48.08%；硕士 22 人，占比 42.31%。副主编中，博士 27 人，占比 55.10%；硕士 14 人，占比 28.57%。主编中，本科 6 人，占比 28.57%；硕士 8 人，占比 38.10%；博士 7 人，占比 33.33%。

从答卷人的学历分布结合其任职情况来看，我国学术期刊从业人员的学历基础以硕士为主，博士学位占比瞩目。编辑职业学历门槛要求接近高校教师和专业研究人员，具有较高研究潜力和研究资质，应为从事科研工作提供一定的条件保障，以利于编辑人员更专业、更有高度和更高质量地服务于学术期刊出版工作，同时也能较好地成为编辑从业人员职业发展引导。

6.2.4 期刊类别分布

4 类答卷人主体——编辑、编辑部主任、副主编、主编所在的期刊集中分布于人文社科类学术期刊、自然科学与工程技术类学术期刊、高校学报中文版，该选项答案为多选题，存在一种期刊同时具有 2 种或以上属性的情况，但不影响整体的正向和逆向判断。具体情况如下：编辑答卷人中，44 人来自自然科学与工程技术类学术期刊，占比 42.72%；43 人来自人文社科类学术期刊，占比 41.75%；30 人来自高校学报中文版，占比 29.13%。编辑部主任答卷人中，27 人来自自然科学与工程技术类学术期刊，占比 51.92%；18 人来自人文社科类学术期刊，占比 34.62%；17 人来自高校学报中文版，占比 34.64%。副主编答卷人中，27 人来自人文社科类学术期刊，占比 55.10%；18 人来自自然科学与工程技术类学术期刊，占比 36.73%；17 人来自高校学报中文版，占比 34.69%。主编答卷人中，14 人来自人文社科类学术期刊，占比 66.67%；5 人来自自然科学与工程技术类学术期刊和高校学报中文版，占比 23.81%。

从答卷人所在的期刊类别分布来看，来自自然科学和工程技术类学术期刊的编辑和编辑部主任对学术期刊质量控制的话题最为关注，其后依次为人文社科类学术期刊和高校学报中文版，体现这 3 个期刊类别的编辑主体具有较强的学术期刊质量提升和质量改进的参与意愿；来自人文社科类学术期刊的副主编和主编对学术期刊质量控制的话题最为关注，来自自然科学和工程技术类学术期刊和高校学报中文版的关注不相上下，体现这 3 个类别的学术期刊主编主体具有较强的学术期刊质量提升和质量改进的参与意愿。英文科技期刊办刊主体对学术期刊质量提升和质量改进具有一定的关注度，英文社科期刊和高校学报英文版办刊主体对该问题的关注度几乎为 0。

6.2.5 从业时间分布

编辑、编辑部主任和副主编在"您目前的工作岗位从业时间"/"您在刊物任现职的从业时间"回答中，集中分布于"超过 10 年"的时段，分别为 60 人、占比 58.25%，38 人、占比 73.08%；32 人，占比 65.31%；主编答卷人的任职时间分布较为均衡：5~10 年 9 人、占比 42.86%，超过 10 年 7 人、占比 33.33%，小于 5 年 5 人、占比 23.81%。

从从业时间分布来看，从业时间超过 10 年、较为资深的学术期刊出版主体更加关注面向出版流程的学术期刊质量控制问题，话题参与的积极性最高。

6.3 出版流程质量控制调研及分析

对学术期刊出版流程质量控制问题的调研是此次问卷调查的主要目的和核心内容，通过 3 个模块的分解来实现，分别为：编辑、编辑部主任对出版流程质量控制的理解与认知调研，编辑、编辑部主任对出版流程质量控制改进与优化调研，副主编、主编对出版流程质量控制的把控与认知调研。

学术期刊出版流程质量控制的执行主体集中于学术期刊专职编辑层面，在机制一定的情况下，各出版环节的质量把控取决于专职编辑的实际理解与执行情况；同时，各环节的优劣和问题暴露也最为专职编辑所熟知。因此，A问卷专设对出版流程质量控制的理解与认知调研、对出版流程质量控制的改进与优化调研2个专题；B问卷专设对出版流程质量控制的把控与认知调研（见表6-3）。

6.3.1 编辑、编辑部主任对出版流程质量控制的理解与认知：期刊收录居首

共计6个问题，分别是：①在获取稿源环节，您认为获取优质稿源在于（必要选项按优先级排序）；②在审稿环节，您认为保障审稿质量在于（必要选项优先级排序）；③在编校环节，您认为编校工作（多选题）；④在传播环节，您的刊物传播渠道（多选题）；⑤在传播环节，一般由谁完成；⑥您所在期刊的数字出版内容加工（多选题）。该主题问卷采集数据见表6-3。

获取优质稿源的优先排序情况。在编辑答卷人中，"期刊是否被ABC刊收录/JCR收录/列入学科分级目录"位列第1，"期刊出版速度较快""期刊审稿速度较快""期刊版面费用收取合理/不收版面费用""期刊有特色专栏"依次位列第2～第5。在编辑部主任答卷人中，"期刊是否被ABC刊收录/JCR收录/列入学科分级目录"同样排位第1，"期刊出版速度较快""期刊审稿速度较快""期刊版面费用收取合理/不收版面费用""期刊优稿优酬"依次位列第2～第5。两者对优质获取优质稿源的关键因素理解趋于一致，期刊收录情况对稿源质量的影响毫无疑义地位列第1，保障和提升期刊收录状态应是学术期刊出版主体的共同目标和首要目标。

审稿质量保障的优先排序情况。在编辑答卷人中，"选择到合适的审稿人"位列第1，"稿件选题与审稿人专业对口""日常投入一定的学术交流，与审稿人建立交情""稿件选题与审稿人专业对口""期刊的背景"依次位列第2～第5。在编辑部主任答卷人中，"选择到合适的审稿人"同样位列第1，"稿件选题与审稿人专业对

表6-3 编辑、编辑部主任对出版流程质量控制的理解与认知调研

		编辑			编辑部主任			
	排序	内容	数目	占比	排序	内容	数目	占比
1 在获取稿源环节，您认为在获取优质稿源在于（必要选项按优先级排序）	1	期刊是否被 ABC 刊收录/JCR 收录/列入学科分级目录	57	55.34%	1	期刊是否被 ABC 刊收录/JCR 收录/列入学科分级目录	38	73.08%
	2	期刊出版速度较快	16	15.84%	2	期刊出版速度较快	19	37.25%
	3	期刊审稿速度较快	16	15.84%	3	期刊审稿速度较快	13	27.66%
	4	期刊版面费用收取合理/不收版面费用	10	12.66%	4	期刊版面费用收取合理/不收版面费用	9	20.45%
	5	期刊有特色专栏	9	14.29%	5	期刊优稿优酬	8	21.05%
2 在审稿环节，您认为保障审稿质量在于（必要选项按优先级排序）	1	选择到合适的审稿人	60	58.25%	1	选择到合适的审稿人	27	51.92%
	2	稿件选题与审稿人专业对口	40	40.40%	2	稿件选题与审稿人专业对口	17	32.69%
	3	日常投入一定的学术交流，与审稿人建立交情	23	27.06%	3	对审稿人有明确的激励机制	13	28.89%
	4	稿件选题与审稿人专业对口	21	24.71%	4	日常投入一定的学术交流，与审稿人建立交情	11	34.38%
	5	期刊的背景	11	21.57%	5	学科氛围融洽	7	25.93%

		编辑				编辑部主任			
		排序	内容	数目	占比	排序	内容	数目	占比
3	在编校环节，您认为编校工作	1	投入多，认可少	80	77.67%	1	投入多，认可少	39	75.00%
		2	要求越来越高，回报无区别	63	61.17%	2	要求越来越高，回报无区别	37	71.15%
		3	缺少工作质量认证、认可	55	53.40%	3	缺少工作质量认证、认可	30	57.69%
		4	良心活	54	52.43%	4	良心活	26	50.00%
		5	有较为明确的工作质量认证与认可	16	15.53%	5	有较为明确的工作质量认证与认可	8	15.38%
		6	投入与认可对应	13	12.62%	6	投入与认可对应	2	3.85%
4	在传播环节，您的刊物传播渠道	1	邮政发行	73	70.87%	1	邮政发行	41	78.85%
		2	微信公众号	58	56.31%	2	微信公众号	32	61.54%
		3	自办发行	49	47.57%	3	大型数据库	32	61.54%
		4	大型数据库	47	45.63%	4	自建网站	30	57.69%
		5	自建网站	46	44.66%	5	自办发行	29	55.77%
		6	微博	7	6.80%	6	微店	7	13.46%

续表

序号	问题	编辑				编辑部主任		
		排序	内容	数目	占比	内容	数目	占比
		7	小程序	5	4.85%	淘宝	5	9.62%
		8	淘宝	3	2.91%	小程序	3	5.77%
		9	微店	3	2.91%	微博	3	5.77%
		10	App	1	0.97%	App	1	1.92%
5	在传播环节，一般由谁完成发行工作	1	编辑	70	67.96%	编辑	35	67.31%
		2	其他专职人员	38	36.89%	其他专职人员	20	38.46%
		3	学生助管	12	11.65%	单位新媒体部门	8	15.38%
		4	单位新媒体部门	10	9.71%	学生助管	3	5.77%
6	您所在期刊的数字出版内容加工	1	交给中国知网等处理	77	74.76%	原内容数字转化后传播	38	73.08%
		2	原内容数字转化后传播	67	65.05%	交给中国知网等处理	32	61.54%
		3	有元数据标识	19	18.45%	有元数据标识	12	23.08%
		4	使用了阅读与引用跟踪技术	6	5.83%	使用了阅读与引用跟踪技术	6	11.54%

口""对审稿人有明确的激励机制""日常投入一定的学术交流，与
审稿人建立交情""学科氛围融洽"依次位列第 2~第 5。两者对审
稿质量保障的关键因素认知大体接近，"选择到合适的审稿人"是
重中之重，从编辑部的视角来看，这项工作的顺利开展既有赖于
建立和实施对审稿人明确的激励机制，同时也离不开专职编辑长
期的情感投入。

专职编辑对编校工作的体认。在编辑答卷人中，"投入多、认
可少"的感受最为强烈，其他依次为："要求越来越高、回报无区
别""缺少工作质量认证、认可""良心活"，占比均超过 50.00%；
认为编校工作"有较为明确的工作质量认证与认可""投入与认可对
应"分别占比 15.53%、12.62%。在编辑部主任答卷中，对编校工
作的感受与体认与编辑主体体现了高度一致。专职编辑不仅在编校
环节，而是在出版流程的各环节付出专业能力与情感、心血，且随
着科研升级迭代和融合出版环境的出现，对编辑工作的胜任能力提
出了越来越高的要求，不断增加工作量，但收获的关注、认可和激
励乏善可陈，这种现状直接造成编辑职业的发展困境，与本书
4.3.3 节中开展的 32 位编辑的调研结果互为呼应。

传播质量建设情况。①传播渠道建设。编辑答卷人和编辑部主
任答卷人对传播渠道建设的反馈趋于一致，均将"邮政发行""微信
公众号""大型数据库""自办发行""自建网站"列入前 5（见图6-1）。
②传播工作主体。传播工作仍以专职编辑为完成主力（67.74%），
并结合编辑部的辅助力量，如其他专职人员、学生助管，部分编辑
部已设置新媒体部门（11.61%）（见图 6-2）。③传播内容的数字加
工情况。最为普遍的情况是"交给中国知网等处理"（70.32%）、
"原内容数字转化后传播"（67.74%），20%的刊物有元数据标识、
7.74%的刊物使用了阅读与引用跟踪技术（见图6-3）。从传播质量
建设情况来看，超过半数的参与问卷调查的学术期刊开展了一定程
度的数字化环境下的自主传播渠道建设，主要为微信公众号和自建
网站，并有一定程度的新媒体如小程序和 App 以及新技术如元数
据标识和阅读与引用跟踪技术的使用。

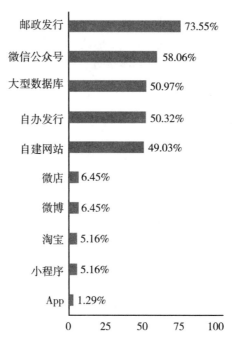

图 6-1 A 问卷传播渠道建设情况

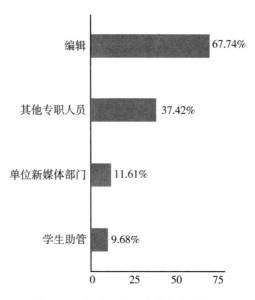

图 6-2 A 问卷传播工作执行主体情况

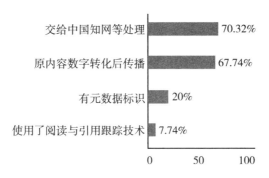

图 6-3　A 问卷传播数字内容加工情况

6.3.2　编辑、编辑部主任对出版流程质量控制的改进与优化理解：认知一致

共计 3 个问题，分别是：您认为在获取稿源环节，期刊被收录情况无变化，优化稿源质量的举措应从如下哪些方面开展（必要选项优先级排序）；您认为哪些举措能提升编校工作质量（必要选项优先级排序）；您认为刊物的学术质量提升目标及其必要条件是（必要选项按优先级排序）。该主题问卷采集数据见表 6-4。

在期刊被收录无变化的情况下，优化稿源质量举措的优先排序情况。在编辑答卷人和编辑部主任答卷人中，排位前 4 的措施在认知上完全一致，分别为："授予编辑一定的策划、约稿权限""发挥编委作用约稿、策划""与优质作者建立良好关系""有明确的优稿优酬政策"。在期刊被收录无变化的情况下，提升和优化稿源质量举措，专职编辑的认知趋于一致：授予专职编辑一定的工作主动权，发挥编委蕴含的学术影响力以吸引优质稿源，工作中投入一定的情感与作者建立良好关系，实行优稿优酬的机制。

提升编校工作质量的措施优先排序情况。在编辑答卷人和编辑部主任答卷人中，提升编校工作质量排位前 5 的措施在内容完全一致、排序略有差异。编辑答卷人依次将"运用人工智能校对工具""编辑工作量能在劳酬上有体现""加强对编辑工作质量的认证""及

279

表 6-4 编辑、编辑部主任对出版流程质量控制的改进与优化调研

		编辑			编辑部主任			
		排序	内容	数目	占比	内容	排序	数目	占比
1	您认为在获取稿源环节，期刊被收录情况无变化，优化稿源质量的举措应从如下哪些方面开展（必要选项优先级排序）	1	授予编辑一定的策划、约稿权限	37	35.92%	授予编辑一定的策划、约稿权限	1	17	32.69%
		2	发挥编委作用约稿、策划	30	30.30%	发挥编委作用约稿、策划	2	18	34.62%
		3	与优质作者建立良好关系	27	32.14%	与优质作者建立良好关系	3	14	29.17%
		4	有明确的优稿优酬政策	23	23.23%	有明确的优稿优酬政策	4	5	13.89%
		5	盘顺内部出版机制	10	15.87%	发挥主编作用约稿、策划	4	5	13.89%
2	您认为哪些举措能提升编校工作质量（必要选项优先级排序）	1	运用人工智能校对工具	38	36.89%	运用人工智能校对工具	1	26	50.00%
		2	编辑工作量能在酬劳上有体现	34	35.42%	加强对编辑工作质量的认证	2	18	34.62%
		3	加强对编辑工作质量的认证	18	23.68%	编辑工作量能在酬劳上有体现	3	17	41.46%
		4	及时开展编校规范培训	13	28.89%	及时开展编校规范培训	4	13	43.33%
		5	编校工作外包	12	48.00%	编校工作外包	5	13	76.47%

续表

		编辑				编辑部主任		
	排序	内容	数目	占比	排序	内容	数目	占比
3　您认为刊物的学术质量提升目标及其必要条件是（必要选项按优先级排序）	1	办刊得到单位重视	29	28.16%	1	短期目标内部流程理顺	17	32.69%
	2	中期目标期刊排名有质的变化	27	28.42%	2	中期目标期刊排名有质的变化	20	40.00%
	3	短期目标内部流程理顺	19	22.89%	3	长期目标做成国内一流、世界领先期刊	13	27.08%
	4	建立定期行业交流机制，向优秀和先进学习	12	22.64%	4	办刊得到单位重视	7	21.21%
	5	长期目标做成国内一流、世界先期刊	6	16.22%	5	建立定期行业交流机制，向优秀和先进学习	13	44.83%

时开展编校规范培训""编校工作外包"列入前 5 位；编辑部主任答卷人依次将"运用人工智能校对工具""加强对编辑工作质量的认证""编辑工作量能在劳酬上有体现""及时开展编校规范培训""编校工作外包"列入前 5 位。二者仅在编校工作的具体认可形式上先后排序略有差别。其中，运用人工智能校对工具和编辑工作外包，是简单易行的举措。

刊物学术质量提升的目标及其必要条件排序情况。与编辑部主任答卷人对刊物学术质量提升具有比较清晰的认知层次不同，在编辑答卷人中，依次将"办刊得到单位重视""中期目标期刊排名有质的变化""短期目标内部流程理顺""建立定期行业交流机制，向优秀和先进学习""长期目标做成国内一流、世界领先期刊"列入前 5 位。编辑部主任答卷人则依次将"短期目标内部流程理顺""中期目标期刊排名有质的变化""长期目标做成国内一流、世界领先期刊""办刊得到单位重视""建立定期行业交流机制，向优秀和先进学习"依次列入前 5 位。该问题在回答上的排序差异，反映了学术期刊专职编辑日常工作期待受到关注、得到指导的职业环境，同时心系期刊质量提升。

6.3.3 副主编、主编对出版流程质量控制的把控与认知：树立目标至关重要

主编与副主编往往通过对学术期刊出版流程的内部机制制定和调试来把控刊物的质量控制工作，因此，B 问卷专设对出版流程进行质量把控与认知调研。

共计 5 个问题，分别是：①在获取稿源环节，您认为获取优质稿源在于(必要选项优先级排序)；②您是否认同审稿工作需要给予一定的激励；③您是否认同编校工作需要借助一定的人工智能技术；④您是否认同数字内容传播需要引入一些新的技术；⑤您认为刊物的学术质量提升目标及其必要条件是(必要选项按优先级排序)。该主题问卷采集数据见表 6-5。

表6-5　主编、副主编对出版流程质量控制的把控与认知调研

		副主编			主编			
	排序	内容	数目	占比	内容	排序	数目	占比
1 在获取稿源环节，您认为获取优质稿源在于（必要选项优先级别排序）	1	期刊实力	29	59.18%	期刊实力	1	11	52.38%
	2	学科实力	17	36.96%	学科实力	2	7	35.00%
	3	主编刷脸	9	23.68%	主编刷脸	3	6	30.00%
	4	编委刷脸	7	25.00%	编委刷脸	4	4	22.22%
	5	作者人品	10	47.62%	作者人品	5	5	41.67%
2 您是否认同审稿工作需要给予一定的激励	1	是	47	95.92%	是	1	19	90.48%
	2	否	1	2.04%	没考虑过	2	2	9.52%
	3	没考虑过	1	2.04%	否	3	0	0.00%
3 您是否认同编校工作需要借助一定的人工智能技术	1	是	46	93.88%	是	1	21	100%
	2	没考虑过	2	4.08%	否	2	0	0.00%
	3	否	1	2.04%	没考虑过	3	0	0.00%

续表

题号	问题	副主编				主编			
		排序	内容	数目	占比	内容	排序	数目	占比
4	您是否认同数字内容传播需要引入一些新的技术	1	是	48	97.96%	是	1	21	100%
		2	没考虑过	1	2.04%	否	2	0	0.00%
		3	否	0	0.00%	没考虑过	3	0	0.00%
5	您认为刊物的学术质量提升目标及其必要条件是优先级排序（必要选项按优先级排序）	1	短期目标内部流程理顺	14	28.57%	短期目标内部流程理顺	1	8	38.10%
		2	中期目标期刊排名有质的变化	23	48.94%	中期目标期刊排名有质的变化	2	10	47.62%
		3	长期目标做成国内一流、世界领先期刊	11	26.19%	长期目标做成国内一流、世界领先期刊	3	5	25.00%
		4	办刊得到单位重视	6	26.09%	办刊得到单位重视	4	3	18.75%
		5	建立定期行业交流机制,向优秀和先进学习	5	31.25%	我的工作得到认可	4	3	18.75%

　　获取优质稿源的优先排序情况。副主编答卷人和主编答卷人对于获取优质稿件的关键因素排序和认知十分一致，分别将"期刊实力""学科实力""主编刷脸""编委刷脸""作者人品"依次列入前5位。其中，对于"期刊实力"的重要性，主编主体和专职编辑主体的认知趋于一致，均将其视为期刊获取优质稿源的第一条件。由此可见，树立和协调科学的学术期刊质量提升目标，将会成为学术期刊各主体齐心协力的工作目标。

　　审稿工作是否需要一定的激励。"选择合适的审稿人"被编辑和编辑部主任视为审稿质量保障的第一条件。满足这一条件，离不开审稿人和期刊的双边协调。期刊需要建立和执行明确的审稿人激励机制，以平衡审稿专家时间和精力有限的状态。对于审稿激励机制的制定，编辑和编辑部主任往往无能为力，需要主编主体制定明确的审稿激励机制。在答卷中，超过90%的主编和副主编认为应该给予审稿工作一定的激励，在认知上趋于一致。

　　编校工作是否需要借助一定的人工智能技术。编辑和编辑部主任一致将"运用人工智能校对工具"视作编校质量提升的第一举措。在B问卷中，超过95%的主编和副主编认为编校工作需要借助人工智能技术。由此可见，学术期刊出版主体对于运用人工智能技术改进编校质量的认知基本一致。

　　数字内容传播是否需要引入新的技术。尽管超过98%的主编主体认为学术期刊数字内容传播需要引入新的技术，但通过A问卷"学术期刊质量控制的理解与认知调研"中"您所在期刊的数字出版内容加工"问题的回答可知：20%的刊物实现了数字内容传播的元数据标识，7.74%的刊物在数字内容传播中使用了阅读与引用跟踪技术。这说明，对先进传播技术的使用，在认知与实际采纳和付诸行动之间，还存在鸿沟。

　　刊物学术质量提升的目标及其必要条件排序情况。AB卷均设置了该问题。对于该问题的理解，编辑部主任答卷人与副主编答卷人的排序完全一致，均将"短期目标内部流程理顺""中期目标期刊排名有质的变化""长期目标做成国内一流、世界领先期刊""办刊得到单位重视""建立定期行业交流机制，向优秀和先进学习"依次

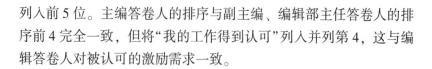

列入前 5 位。主编答卷人的排序与副主编、编辑部主任答卷人的排序前 4 完全一致，但将"我的工作得到认可"列入并列第 4，这与编辑答卷人对被认可的激励需求一致。

6.4　激励机制调研及分析

考虑到编辑、编辑部主任和副主编、主编两类主体所处的职业发展阶段不同，激励需求层次因此而有所差异，故针对激励机制实况与期待主题 AB 问卷问题设置有所差别。

A 问卷（编辑、编辑部主任）设置的议题：①您所在的期刊是否设有对编辑工作的奖励机制；②您在编辑工作中，享有的编辑继续教育福利有哪些；③您最期待的编辑工作福利政策有哪些（必要选项优先级排序）；④您在日常工作中，被授予主动工作的权限有哪些。该主题问卷采集数据见表 6-6。

B 问卷（副主编、主编）设置的议题：①单位/系统对您的工作质量是否有专门的认可、认证机制；②您认为来自环境的认可对您的履职尽责是否有影响；③您期待的工作质量认可有哪些（必要选项优先级排序）。该主题问卷采集数据见表 6-7。

6.4.1　编辑、编辑部主任激励机制实况与期待调研：改善与自我突破并重

编辑工作奖励机制实况。超过 80% 的 A 卷答卷人所在期刊编辑部没有设立编辑工作奖励机制。这一数据与 6.3.2 节中最后一问编辑的回答折射出的工作环境相呼应，即绝大部分编辑工作人员在工作上的情感投入、专业贡献以及超负荷工作量常年处于不被关注、认证、认可的状态。

享有的编辑继续教育福利实况。在编辑层面，继续教育福利集中在"每年要求的 72 学时继续教育（2022 年开始 90 学时）"；在编辑部主任层面，继续教育福利比基层编辑多一项，即"参加国内外重要会议"。超过 10% 的编辑答卷人向编辑部所在的单位提供了"在职攻读博士学位"，这对于编辑及其工作性质而言，是一项双

表 6-6　编辑、编部主任激励机制实况与期待调研

		编辑				编辑部主任		
		排序	内容	数目	占比	内容	数目	占比
1	您所在的期刊是否设有对编辑工作的奖励机制	1	否	90	87.38%	否	35	67.31%
		2	是	13	12.62%	是	17	32.69%
2	您在编辑工作中，享有的编辑继续教育福利有哪些	1	每年要求的72学时继续教育（2022年开始90学时）	92	89.32%	每年要求的72学时继续教育（2022年开始90学时）	47	90.38%
		2	参加国内外重要会议	58	56.31%	参加国内外重要会议	40	76.92%
		3	在职攻读博士学位	13	12.62%	出国学习、培训	7	13.46%
		4	出国学习、培训	5	4.85%	在职攻读博士学位	4	7.69%
		5	其他	2	1.94%	其他	0	0.00%
3	您最期待的编辑工作福利政策有哪些（必要选项优先级排序）	1	每年72学时继续教育	38	36.89%	每年72学时继续教育	23	44.23%
		2	参加国内外重要会议	40	44.94%	参加国内外重要会议	25	52.08%
		3	职业关怀（如定期学术沙龙、定期眼颈护理、定期心理咨询等）	18	27.27%	出国学习、培训	12	30.77%

续表

序号	问题	编辑				编辑部主任			
		排序	内容	数目	占比	排序	内容	数目	占比
4	您在日常工作中，被授予主动工作的权限有哪些	4	在职攻读博士学位	9	20.45%	4	职业关怀（如定期学术沙龙、定期眼颈部护理、定期心理咨询等）	7	24.14%
		5	团建活动	12	36.36%	5	团建活动	7	36.84%
		1	宣传刊物及文章	71	68.93%	1	宣传刊物及文章	51	98.08%
		2	策划选题、约稿	66	64.08%	2	策划选题、约稿	49	94.23%
		3	参会推广期刊	62	60.19%	3	参会推广期刊	45	86.54%
		4	没有授权	16	15.53%	4	没有授权	1	1.92%
		5	没有关注	5	4.85%	5	没有关注	0	0.00%

表 6-7　副主编、主编激励机制实况与期待调研

		副主编				主编		
	排序	内容	数目	占比	排序	内容	数目	占比
1　单位/系统对您的工作质量是否有专门的认可、认证机制	1	是	20	40.82%	1	不明晰	13	61.90%
	2	不明晰	19	38.78%	2	是	4	19.05%
	3	否	10	20.41%	3	否	4	19.05%
2　您认为未来自环境的认可对您的履职尽责是否有影响	1	是	34	69.39%	1	是	12	57.14%
	2	尽能力做	12	24.49%	2	尽能力做	7	33.33%
	3	否	2	4.08%	3	否	1	4.76%
	4	没考虑	1	2.04%	4	没考虑	1	4.76%

续表

		副主编				主编			
		排序	内容	数目	占比	排序	内容	数目	占比
3	您期待的工作质量认可有哪些优先级选项（必要选项优先级排序）	1	在人才称号评选上能合理认可（专职）/作为加分项（兼职）	18	36.73%	1	在人才称号评选上能合理认可（专职）/作为加分项（兼职）	12	57.14%
		1	在职称晋升上能合理认可（专职）/作为加分项（兼职）	18	36.73%	2	在职称晋升上能合理认可（专职）/作为加分项（兼职）	11	52.38%
		3	在领导岗位晋升上能合理认可（专职）/作为加分项（兼职）	9	21.95%	3	在领导岗位晋升上能合理认可（专职）/作为加分项（兼职）	15	83.33%
		4	其他	5	83.33%	4	其他	4	80.00%

赢的继续教育福利;超过 10% 的编辑部主任享受过"出国学习、培训"的继续教育福利,说明部分学术期刊编辑部走在了同行前面。但整体而言,专职编辑享有的继续教育福利过于单一,优质的继续教育福利享受比例过低,远未与胜任编辑工作、一流期刊编辑的实际工作需求相匹配。

专职编辑期待的福利政策。编辑答卷人最期待的福利政策分别为:"每年 72 学时继续教育""参加国内外重要会议""职业关怀(如定期学术沙龙、定期眼颈护理、定期心理咨询等)";编辑部主任答卷人最期待的福利政策分别为:"每年 72 学时继续教育""参加国内外重要会议""出国学习、培训"。这体现了专职编辑对自身职责的清晰认知,编辑答卷人和编辑部答卷人均将工作中最急需的每年规定的学识继续教育列入第 1 位,将参加具有活跃度和前沿内容的国内外重要会议列入第 2 位。编辑对职业关怀的期待更为直接,编辑部主任则更加在意优质的继续教育福利。

日常工作被授予的主动工作权限。由于挂职或是兼任主编、副主编的存在,在实际情况中,很多编辑部专职编辑是主要的编辑部事务执行主体,但在具体执行过程中,往往遭遇各种尴尬,最常见的便是专职编辑处于基层工作岗位,不被授权开展日常工作以外的活动,也不能获得经费支持。从该问题的调研情况来看,"宣传刊物及文章""策划选题、约稿""参会推广期刊"在编辑答卷人中分别占比 68.93%、64.08%、60.19%;在编辑部主任答卷人中分别占比 98.08%、94.23%、86.54%。问卷答案显示编辑亟须在工作主动性、创新性和价值增值上有所成长,需要考虑如何将繁重的编辑工作向有价值的编辑工作转化。

6.4.2 副主编、主编激励机制实况与期待调研:被忽视的编辑主体

工作质量认可、认证机制实况。接近 1/3 的 B 卷答卷人所在期刊单位对期刊主编、副主编工作质量有专门的认可、认证机制,近 1/2 的 B 卷答卷人所在期刊单位对期刊主编、副主编工作质量的认证处于模糊地带;1/5 的 B 卷答卷人所在期刊单位对期刊主编、副

主编工作质量没有认证(见图6-4)。该问题的答卷反映了在学术期刊工作环境中，不仅绝大部分专职编辑处于工作贡献没有认可机制的情况，近2/3的主编、副主编也处于在单位/工作系统中工作贡献不被认证的情况。

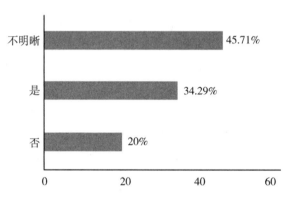

图 6-4　单位/系统对您的工作质量认可、认证机制实况分布

来自环境的认可对履职尽责的影响。2/3 的主编和副主编答卷人承认来自环境的认可对自己的履职尽责存在影响；接近 1/3 的主编和副主编答卷人出于情怀和热爱对期刊工作履职尽责(见图6-5)。主编和副主编也是不容忽视的学术期刊高质量发展中应完善激励机制的重要主体。

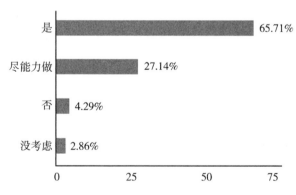

图 6-5　来自环境的认可对履职尽责的影响分布

期待工作质量认可优先排序情况。副主编答卷人将"在人才称号评选上能合理认可(专职)/作为加分项(兼职)""在职称晋升上能合理认可(专职)/作为加分项(兼职)"一并列为第1的认可期待,将"在领导岗位晋升上能合理认可(专职)/作为加分项(兼职)"列为第3;主编答卷人将"在人才称号评选上能合理认可(专职)/作为加分项(兼职)""在职称晋升上能合理认可(专职)/作为加分项(兼职)""在领导岗位晋升上能合理认可(专职)/作为加分项(兼职)"依次列为第1~第3。

6.5 主体责任落实情况调研及分析

该主题分别调研了主编、专职编辑以及学术期刊所在单位主体责任落实情况专职情况。具体数据见表6-8、表6-9。

表6-8 A 答卷所在期刊主编专职情况调研

		编辑				编辑部主任			
		排序	内容	数目	占比	排序	内容	数目	占比
1	您所在的期刊主编是否为专职	1	否	67	65.05%	1	否	34	65.38%
		2	是	36	34.95%	2	是	18	34.62%

6.5.1 专职编辑工作胜任情况调研:创新精神与谦虚求教不应遗忘

(1)专职编辑尽职情况

①通过在 B 问卷设置"您认为您所在期刊的专职编辑(必要选项优先级排序)"获取关于专职编辑的工作胜任评价。副主编答卷人将"业务能力有待提升""创新精神有待提升""敬业精神有待提升""整体较为满意"依次优先排序;主编答卷人将"整体较为满意""业务能力有待提升""创新精神有待提升""敬业精神有待提升"依

表6-9　学术期刊主体责任落实情况调研

		副主编				主编			
		排序	内容	数目	占比	排序	内容	数目	占比
1	您目前所任职务，是否为专职主编/副主编	1	是	42	85.71%	1	是	19	90.48%
		2	否	7	14.29%	2	否	2	9.52%
2	您在日常工作中，能解决以下哪些机制问题	1	制定刊物审稿工作制度	42	85.71%	1	制定刊物审稿工作制度	19	90.48%
		2	制定刊物审稿制度	37	75.51%	2	制定刊物审稿制度	18	85.71%
		3	制定刊物出版制度	34	69.39%	3	制定编辑工作质量认可机制	17	80.95%
		4	制定编辑工作质量认可机制	33	67.35%	4	制定各项工作的激励制度	16	76.19%
		5	制定各项工作的激励制度	25	51.02%	5	制定优秀文章表彰制度	16	76.19%
		6	制定优秀文章表彰制度	25	51.02%	6	制定刊物出版制度	16	76.19%

		副主编				主编			
		排序	内容	数目	占比	排序	内容	数目	占比
3	您认为当前的出版工作	1	需要探索科学、合理的模式，发挥既有刊条件最优化	36	73.47%	1	需要探索科学、合理的模式，促进既有办刊条件最优化	18	85.71%
		2	专职编辑能力提升一些，工作质量自然就提上来了	24	48.98%	2	专职编辑能力提升一些，工作质量自然提上来了	16	76.19%
		3	专职编辑全流程完成，不然工作量不饱和	21	42.86%	3	专职编辑全流程完成，不然工作量不饱和	10	47.62%
		4	换个有能力的专职编辑，都不是事儿	5	10.20%	4	换个有能力的专职编辑，都不是事儿	6	28.57%
4	您认为您所在期刊的专职编辑优先选项级排序（必要选项优先级排序）	1	业务能力有待提升	20	40.82%	1	整体较为满意	9	42.86%
		2	创新精神有待提升	20	48.78%	2	业务能力有待提升	8	38.10%
		3	敬业精神有待提升	13	38.24%	3	创新精神有待提升	9	50.00%
		4	整体较为满意	10	50.00%	4	敬业精神有待提升	9	52.94%

续表

		副主编				主编		
	排序	内容	数目	占比	排序	内容	数目	占比
5　您是否关注编辑提出的工作建议	1	比较关注	46	93.88%	1	比较关注	17	80.95%
	2	常常不得要领	2	4.08%	2	从减轻工作量出发而不是提升工作质量出发	3	14.29%
	3	从减轻工作量出发而不是提升工作质量出发	1	2.04%	3	常常不得要领	1	4.76%
6　您认为所在的期刊当前专职编辑数量是否合适	1	需要加个人，但是申请不到进人的指标	27	55.10%	1	需要加个人，但是申请不到进人的指标	12	57.14%
	2	是，再加个人也行	16	32.65%	2	是，再加个人也行	8	38.10%
	3	是，刚刚好	6	12.24%	3	是，刚刚好	1	4.76%

次排序。②通过在 B 问卷设置"您认为当前的出版工作"获取关于主编对专职编辑胜任力不足的补救意愿。从采集数据的实际情况来看，77.14%的主编/副主编对此问题存在理性的认识，认为"需要探索科学、合理的模式，发挥既有办刊条件最优化"；同时还有超过一半的主编、接近一半的副主编认为应从专职编辑的能力提升、加强专职编辑的工作量以使其得到充分的锻炼着手。还有超过 15%的主编/副主编对现有的专职编辑不抱期待。从主编与副主编对专职编辑工作的胜任情况优先排序和对专职编辑胜任力的意愿内容来看，一方面，专职编辑在编辑工作中的专业能力、创新精神和敬业精神有待提升；另一方面，专职编辑应善于向专家求教，尽快发现和弥补自身在工作中的短板，努力提升综合专业技能。

（2）专职编辑建言情况

从编辑建言被主编、副主编采纳的情况来看，90%的情况下，专职编辑的建言会得到关注；10%的情况下，专职编辑的建言会被视为"从减轻工作量出发而不是提升工作质量出发""常常不得要领"（见图 6-6）。从该问题的答卷数据结果来看，专职编辑的主动性还有加强的空间，既要勤于工作，也要善于思索如何改进和优化出版工作，为期刊质量提升贡献个人的智慧与价值。

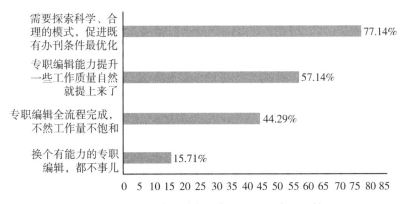

图 6-6　主编对专职编辑胜任力不足的意愿反馈

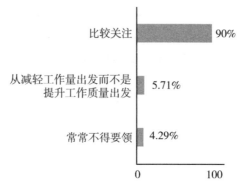

图 6-7 专职编辑建言采纳情况调研

6.5.2 主编(含副主编)主体责任落实情况调研：存在进一步调研空间

(1)主编专兼职情况

①A 问卷所在期刊主编专职情况。从 A 问卷采集的数据来看，超过 65% 的主编为兼职或挂职情况，专职主编仅占 34.84%(见图 6-8)。②B 问卷所在期刊主编/副主编专职情况。从 B 问卷采集的数据来看，超过 87% 的主编为专职主编，兼职或挂职主编仅占 12.86%(见图 6-9)。综合两组问卷的采集数据来看，我国学术期刊主编约半数存在挂职或兼任的情况。

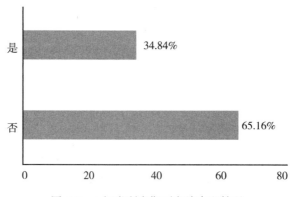

图 6-8 A 问卷所在期刊主编专职情况

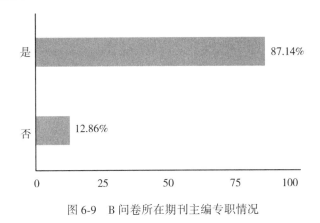

图 6-9　B 问卷所在期刊主编专职情况

（2）出版机制建设情况

通过此次问卷的数据采集情况来看，主编能解决刊物审稿工作制度制定、审稿制度制定、编辑工作质量认可机制、各项工作的激励制度、优秀文章表彰制度以及刊物出版制度。但从实际情况来看，专职编辑答卷人中超过 80% 没有设置对编辑工作的奖励、认可机制。仅从这一点来看，我国学术期刊主编主体的尽职情况有待进一步调研。

6.5.3　出版单位主体责任落实情况调研：急需平衡性方案解决人手不足问题

此次问卷对答卷人出版单位的主体责任落实情况仅设置了关于人力资源支持的问题——"您认为所在的期刊当前专职编辑数量是否合适"。从该问题采集的数据来看，超过 50% 的 B 问卷答卷人所在出版单位不能满足学术期刊人力资源的需求。这与学术期刊多设置在高校、科研单位，即我们通常所说的体制内单位，进人涉及指标问题，难度较大。在学术期刊人力资源不足和所在出版单位进人指标难求之间，应考虑有一些平衡性的解决方案；同时，此次问卷采集的数据表明，有 90% 的基层专职编辑处于超负荷工作状态。

7 我国学术期刊高质量发展路径

我国学术期刊高质量发展路径建立在学术期刊个体质量基础和行业宏观质量状态的复合情境之下，只有明确我国学术期刊行业质量建设的基本现状、取得的进展与成绩、存在的问题与不足，才能在高质量发展的路径选择中，结合自身情况，有的放矢。

7.1 我国学术期刊质量建设基本现状

近年来，随着国家和政府部门的重视，我国学术期刊高质量发展问题受到社会各界高度重视和广泛关注。我国学术期刊的发展取得了一些亮眼的成绩；与此同时，其间存在的问题和矛盾以及面临的新挑战也得以窥见。

本节从定量和定性两个角度阐述当前我国学术期刊的质量现状：定量上，通过 2018—2021 年我国社科期刊、科技期刊和 2019 年英文期刊学科平均影响因子即学术活跃度加以描述；定性上，通过《新华文摘》原总编辑对我国社科期刊的观察视角和中国科协对我国科技期刊的发展概貌的透视加以阐述。

7.1.1 我国学术期刊发展存在多重不平衡

我国学术期刊发展存在的不平衡主要表现在以下 3 个方面：①地区发展不平衡；②以学术活跃度为代表的学术期刊间质量基础不平衡；③社科期刊与科技期刊获取的期刊发展扶持政策不平衡。

(1)地区发展不平衡

据中国科协统计,截至 2020 年年底,我国科技期刊总量为 4963 种,刊物地区分布呈现显著不平衡状态。北京、上海、江苏、湖北和四川 5 省市出版的科技期刊数量占全国总量的 53.47%(见表 7-1)。

表 7-1　2020 年我国各地区科技期刊数量分布　(单位:种)

序号	属地	年刊	半年刊	季刊	双月刊	月刊	半月刊	双周刊	旬刊	周刊	周二刊	合计
1	北京	18	3	180	488	761	132	1	35	8	3	1629
2	上海	1	1	58	166	119	7	0	3	0	0	355
3	江苏	0	0	44	131	63	11	0	3	2	0	254
4	湖北	3	1	20	91	74	14	0	5	0	0	208
5	四川	0	0	43	91	64	5	0	4	1	0	208
6	广东	0	0	21	72	65	19	0	3	0	0	180
7	辽宁	1	0	12	91	65	5	0	3	0	0	177
8	黑龙江	1	0	26	67	56	8	0	4	1	0	163
9	陕西	0	1	21	76	54	8	0	2	1	0	163
10	天津	1	1	13	60	52	7	0	3	0	0	137
11	湖南	0	0	23	54	44	6	0	2	1	0	130
12	山东	0	0	25	57	39	7	0	2	0	0	130
13	浙江	0	0	27	49	38	4	0	1	0	0	119
14	河南	2	0	19	44	34	9	0	4	2	0	114
15	河北	0	0	16	37	32	12	0	7	1	0	105
16	吉林	0	0	20	38	29	10	0	6	1	0	104
17	山西	0	0	15	36	27	9	0	4	0	0	91
18	安徽	1	0	9	43	27	5	0	1	0	0	86
19	重庆	0	0	7	26	29	14	0	2	2	0	80
20	广西	1	0	17	24	27	3	0	1	3	0	76

序号	属地	年刊	半年刊	季刊	双月刊	月刊	半月刊	双周刊	旬刊	周刊	周二刊	合计
21	福建	0	2	20	31	18	0	0	0	0	0	71
22	江西	0	0	15	32	15	7	0	0	0	0	69
23	甘肃	0	0	8	41	13	4	0	0	0	0	66
24	新疆	1	4	22	22	6	0	0	0	0	0	55
25	内蒙古	0	2	6	21	17	4	0	0	4	0	51
26	云南	0	0	7	23	13	3	0	4	0	0	50
27	贵州	0	0	6	18	10	1	0	0	0	0	35
28	青海	0	0	12	5	1	0	0	0	0	0	18
29	海南	0	0	4	0	5	4	0	0	0	0	13
30	宁夏	0	0	3	1	6	0	0	0	0	0	11
31	西藏	0	1	5	3	0	0	0	0	0	0	9
32	新疆生产建设兵团	0	0	2	3	1	0	0	0	0	0	0
	合计	30	16	727	1941	1804	318	1	99	24	3	4963

数据来源：根据国家期刊年检报送单位填报的数据统计、中国科技期刊发展蓝皮书(2021)。

(2)以学术活跃度为代表的学术期刊间质量基础不平衡

影响因子反映了刊物最近两年刊发的文章被引用的情况，是体现学术期刊学术活跃度的代表性指标。从影响因子视角来看，我国学术期刊学术活跃度分层情况较为严重，具体表现为：①存在总数近20%的零活跃度学术期刊；②社科期刊和科技期刊内部分层明显，同时中文自然科学与工程技术学术期刊活跃度不及人文社会科学学术期刊；③在英文期刊领域，我国有一批跻身世界一流的顶尖期刊，同时也存在少数英文期刊不仅在国内没有什么影响力，在国际上也鲜有人问津的情况；④英文科技期刊的发展布局远超人文社会科学英文学术期刊。

①零活跃度学术期刊情况。

影响因子能反映学术期刊所载文章在近两年被作者引用的情况，较好地反映了学术期刊的学术活跃度，由于我国学术期刊在中国知网收录最为全面，因此，中国知网影响因子年报能够较为全面地反映我国学术期刊学术活跃度情况。根据 2021 年中国知网影响因子年报相关数据，当年度被评学术期刊 6099 种，自然科学与工程技术共 3966 种，其中基础研究类期刊 1319 种，技术研究类期刊 2098 种，人文社会科学期刊共 2256 种；来源期刊共计 4900 种，其中自然科学与工程技术基础研究类统计源期刊 2834 种，技术研究类统计源期刊 3309 种，人文社会科学统计源期刊 1680 种。[①] 可知，学术活跃度可忽略不计的学术期刊有 1199 种，没有影响因子，不在年报之列，占比 19.7%。

②社科期刊学术活跃度分层情况。2021 年，人文社科学术期刊不在中国知网影响因子报告之列共有 576 种，占比 25.5%，即有 1/4 的人文社会科学学术期刊活跃度为 0。从表 7-1 可以发现，近 4 年我国具有学术活跃度的 1680 种人文社科学术期刊影响因子整体呈现稳步提升状态，学术研究活跃度较好。其中，马克思主义哲学和社会科学综合作为两门 2019 年新列入的学科，学科平均复合影响因子在 2021 年分别达到 1.783 和 2.397，分别超出 68.3% 和 82.9% 的学科。2021 年学科平均复合影响因子位居前 3 的学科分别是：经济学理论，4.741；统计学，3.464；人文、经济地理，3.366。此外，2021 年学科平均复合影响因子>1 的学科共 27 个，占比 65.9%；学科复合影响因子<1 的学科共 14 个，占比 34.1%。其中，学科平均复合影响因子最低的 3 个学科分别是：宗教学科平均复合影响因子 0.191，艺术学科平均复合影响因子 0.365，文学学科平均复合影响因子 0.468。人文学科与社会科学在学术活跃度

① 中国学术期刊影响因子年报（自然科学与工程技术）2021 年第 19 卷［R/OL］.［2022-12-15］. https：//ersp. lib. whu. edu. cn/s/net/cnki/eval/G. https/News/ItemDetail? ID=ee8674e30a60456fbdb28065cf3cc1d8.

上出现了明显的分层现象。

表 7-2 2018—2021 年中国学术期刊影响因子年报（人文社会科学）
各学科平均复合影响因子

学科名称	2018年	2019年	比上年增长（%）	2020年	比上年增长（%）	2021年	比上年增长（%）
A/K 人文社会科学综合	0.473	0.411	-13.11%	0.669	62.77%	0.816	21.97%
A 马克思主义哲学①	—	1.233	—	1.564	26.85%	1.783	14.00%
B（除 B84，B9）哲学	0.49	0.489	-0.20%	0.701	43.35%	0.775	10.56%
B84 心理学	1.428	1.7	19.05%	2.063	21.35%	2.069	0.29%
B9 宗教	0.194	0.189	-2.58%	0.212	12.17%	0.191	-9.91%
C/G 社会科学综合②	—	0.85	—	2.379	179.88%	2.397	0.76%
C（除 C8，C93，C95）社会学	1.884	2.109	11.94%	1.233	-41.54%	1.65	33.82%
C8 统计学	0.898	1.104	22.94%	3.013	172.92%	3.464	14.97%
C93 管理学	2.552	2.771	8.58%	0.706	-74.52%	0.849	20.25%
C95 民族学	0.505	0.511	1.19%	0.94	83.95%	1.105	17.55%
D（D0，D2，D4，D6，A）中国政治	0.676	0.751	11.09%	0.627	-16.51%	0.685	9.25%
D（D1，D3，D5，D7，D8）世界政治	1.418	1.377	-2.89%	1.654	20.12%	1.939	17.23%
D9 法律	1.665	2.007	20.54%	2.311	15.15%	2.776	20.12%
E 军事	0.329	0.472	43.47%	0.447	-5.30%	0.807	80.54%

---

① 该学科系 2019 年新列入学科。
② 该学科系 2019 年新列入学科。

续表

学科名称	2018年	2019年	比上年增长(%)	2020年	比上年增长(%)	2021年	比上年增长(%)
F 综合性经济科学	1.353	1.551	14.63%	1.883	21.41%	2.176	15.56%
F0 经济学理论	3.123	3.409	9.16%	4.02	17.92%	4.741	17.94%
F11/F17(除 F12)世界各国经济	2.317	2.353	1.55%	2.935	24.73%	2.93	-0.17%
F12 中国经济	0.746	0.865	15.95%	1.084	25.32%	1.415	30.54%
F20/F29(除 F23, F25, F27, F293.33)经济计划与管理	1.000	1.077	7.70%	1.329	23.40%	1.48	11.36%
F23 会计；审计	1.113	1.583	42.23%	1.692	6.89%	1.851	9.40%
F27 企业经济	0.267	0.357	33.71%	0.561	57.14%	0.599	6.77%
F3 农业经济	0.957	1.232	28.74%	1.505	22.16%	1.725	14.62%
F4 工业经济	0.854	0.857	0.35%	1.009	17.74%	1.151	14.07%
F7（除 F713.8, F719）贸易经济	1.110	1.215	9.46%	1.447	19.09%	1.667	15.20%
F719, F713.8, F293.33, F25, F49, F5, F6 流通与服务	0.529	0.740	39.89%	0.756	2.16%	0.79	4.50%
F81 财政	1.285	1.568	22.02%	1.644	4.85%	2.057	25.12%
F82/F84 货币/金融、银行/保险	1.018	1.259	23.67%	1.461	16.04%	1.654	13.21%
G0, G1, G24, G26 文化与博物馆学	0.346	0.466	34.68%	0.493	5.79%	0.548	11.16%
G2(除 24, G25, G26, G27)信息与新闻出版学	0.636	0.767	20.60%	0.932	21.51%	1.048	12.45%

续表

学科名称	2018年	2019年	比上年增长(%)	2020年	比上年增长(%)	2021年	比上年增长(%)
G25，G35 图书馆学；情报学	1.226	1.428	16.48%	1.607	12.54%	1.728	7.53%
G27 档案学	0.403	0.460	14.14%	0.463	0.65%	0.613	32.40%
G3(除 G35) 科学学与科研事业	1.206	1.300	7.79%	1.481	13.92%	1.642	10.87%
G4/G7 教育	0.672	0.830	23.51%	0.991	19.40%	1.083	9.28%
G8 体育	0.975	1.054	8.10%	1.297	23.06%	1.649	27.14%
H 语言文字	0.896	1.018	13.62%	1.068	4.91%	1.116	4.49%
I 文学	0.323	0.358	10.84%	0.428	19.55%	0.468	9.35%
J 艺术	0.241	0.250	3.73%	0.3	20.00%	0.365	21.67%
K(除 K85，K86，K87，K88，K9) 历史	0.421	0.497	18.05%	0.558	12.27%	0.518	-7.17%
K85，K86，K87，K88 考古学	0.469	0.513	9.38%	0.686	33.72%	0.654	-4.66%
K9，P9 人文、经济地理	2.166	2.448	13.02%	3.126	27.70%	3.366	7.68%

③科技期刊学术活跃度分层情况。2021 年，自然科学与工程技术学术期刊不在中国知网影响因子报告之列 623 种，占比 15.7%的自然科学与工程技术学术期刊活跃度为 0。从表 7-3 可以发现，近 4 年我国具有学术活跃度的 3220 种自然科学与工程技术学术期刊影响因子整体呈现稳步提升状态，学术研究活跃度较好。2021年学科平均复合影响因子位居前 3 的学科分别是：自然地理学，2.91；农业基础科学，2.187；资源科学，1.801。此外，2021 年学科复合影响因子>1 的学科共 28 个，占比 43.1%；学科复合影响因子<1 的学科共 37 个，占比 56.9%。其中，学科平均复合影响因子最低的学科分别是，数学学科平均复合影响因子 0.43，核科学

技术学科平均复合影响因子 0.468，纺织科学技术学科平均复合影响因子 0.523。中文自然科学与工程技术学术期刊活跃度不及人文社会科学学术期刊，在满足作者发文获得全球范围内的学术声誉上显得严重不足。

表 7-3　2018—2021 年中国学术期刊影响因子年报（自然科学与工程技术）
各学科平均复合影响因子

学科名称	2018年	2019年	比上年增长（%）	2020年	比上年增长（%）	2021年	比上年增长（%）
N/Q 自然科学与工程技术综合	0.49	0.455	−7.14%	0.539	18.46%	0.587	8.91%
N94 系统科学	1.353	1.302	−3.77%	1.415	8.68%	1.565	10.60%
O1 数学	0.356	0.358	0.56%	0.391	9.22%	0.43	9.97%
O3 力学	1.02	0.986	−3.33%	1.018	3.25%	1.07	5.11%
O4 物理学	0.778	0.847	8.87%	0.872	2.95%	0.883	1.26%
O6 化学	1.031	1.069	3.69%	1.145	7.11%	1.174	2.53%
P1 天文学	0.525	0.504	−4.00%	0.658	30.56%	0.766	16.41%
P2 测绘科学技术	0.889	1.091	22.72%	1.14	4.49%	1.224	7.37%
P3 地球物理学	0.955	1.008	5.55%	1.059	5.06%	1.098	3.68%
P4 大气科学	1.205	1.257	4.32%	1.303	3.66%	1.333	2.30%
P5 地质学	1.331	1.347	1.20%	1.38	2.45%	1.597	15.72%
P7 海洋科学	0.650	0.675	3.85%	0.725	7.41%	0.813	12.14%
P9 自然地理学	2.080	2.300	10.58%	2.724	18.43%	2.91	6.83%
P9,F3 资源科学	1.072	1.253	16.88%	1.473	17.56%	1.801	22.27%
Q 生物学	0.951	0.990	4.10%	1.115	12.63%	1.192	6.91%
R 综合性医药卫生	0.555	0.569	2.52%	0.616	8.26%	0.629	2.11%
R0 医药卫生事业管理	0.942	1.004	6.58%	1.169	16.43%	1.215	3.93%

续表

学科名称	2018年	2019年	比上年增长(%)	2020年	比上年增长(%)	2021年	比上年增长(%)
R1 预防医学与卫生学	0.825	0.892	8.12%	1.008	13.00%	1.076	6.75%
R2 中医学与中药学	0.845	0.897	6.15%	1.017	13.38%	1.104	8.55%
R3 基础医学	0.685	0.716	4.53%	0.783	9.36%	0.844	7.79%
R4 临床医学综合	0.742	0.773	4.18%	0.815	5.43%	0.868	6.50%
R47 护理学	0.751	0.830	10.52%	0.923	11.20%	1.081	17.12%
R5 内科学	0.900	0.919	2.11%	0.957	4.13%	1.072	12.02%
R6 外科学	0.882	0.920	4.31%	0.902	-1.96%	0.941	4.32%
R71/R72 妇产科学与儿科学	1.094	1.016	-7.13%	1.032	1.57%	1.141	10.56%
R73 肿瘤学	1.019	1.048	2.85%	1.163	10.97%	1.231	5.85%
R74 神经病学与精神病学	0.855	0.813	-4.91%	0.856	5.29%	0.867	1.29%
R75 皮肤病学与性病学	0.537	0.592	10.24%	0.605	2.20%	0.586	-3.14%
R76/R77 耳鼻咽喉科学与眼科学	0.663	0.677	2.11%	0.685	1.18%	0.77	12.41%
R78 口腔医学	0.725	0.753	3.86%	0.718	-4.65%	0.747	4.04%
R8 军事医学与特种医学	0.812	0.841	3.57%	0.952	13.20%	0.947	-0.53%
R9 药学	0.813	0.829	1.97%	0.92	10.98%	0.915	-0.54%
S 综合性农业科学(2019年后称为"农业科学综合")	0.669	0.752	12.41%	0.871	15.82%	0.971	11.48%
S1 农业基础科学	1.578	1.858	17.74%	1.991	7.16%	2.187	9.84%

续表

学科名称	2018年	2019年	比上年增长（%）	2020年	比上年增长（%）	2021年	比上年增长（%）
S2 农业工程	0.705	0.789	11.91%	0.953	20.79%	0.98	2.83%
S3,S5 农艺学	0.818	0.918	12.22%	1.056	15.03%	1.241	17.52%
S4 植物保护学	0.752	0.886	17.82%	0.842	−4.97%	1.265	50.24%
S6 园艺学	0.696	0.762	9.48%	0.89	16.80%	1.133	27.30%
S7 林学	0.613	0.690	12.56%	0.806	16.81%	0.965	19.73%
S8 畜牧、兽医科学	0.558	0.609	9.14%	0.676	11.00%	0.758	12.13%
S9 水产学	0.772	0.783	1.42%	0.868	10.86%	1.029	18.55%
T/X 工程技术综合①	—	0.691		0.769	11.29%	0.834	8.45%
TB 工程与技术科学基础学科	0.648	0.686	5.86%	0.774	12.83%	0.86	11.11%
TB3 材料科学	0.998	1.063	6.51%	1.045	−1.69%	1.047	0.19%
TD 矿山工程技术	0.607	0.703	15.82%	0.766	8.96%	0.918	19.84%
TE 石油天然气工业	0.925	0.896	−3.14%	0.969	8.15%	1.144	18.06%
TF 冶金工程技术	0.491	0.539	9.78%	0.575	6.68%	0.621	8.00%
TG 金属学与金属工艺	0.649	0.718	10.63%	0.773	7.66%	0.791	2.33%
TH 机械工程	0.586	0.585	−0.17%	0.651	11.28%	0.701	7.68%
TJ 武器工业与军事技术	0.555	0.601	8.29%	0.648	7.82%	0.777	19.91%
TK 能源与动力工程	0.480	0.543	13.13%	0.672	23.76%	0.749	11.46%
TL 核科学技术	0.367	0.390	6.27%	0.472	21.03%	0.468	−0.85%

---

① 该学科系 2019 年新列入学科。

续表

学科名称	2018年	2019年	比上年增长(%)	2020年	比上年增长(%)	2021年	比上年增长(%)
TM 电气工程	0.821	0.895	9.01%	1.023	14.30%	1.146	12.02%
TN 无线电电子学、电信技术	0.675	0.724	7.26%	0.756	4.42%	0.814	7.67%
TP 自动化技术、计算机技术	0.852	1.005	17.96%	1.083	7.76%	1.178	8.77%
TQ 化学工程	0.469	0.506	7.89%	0.534	5.53%	0.552	3.37%
TS1 纺织科学技术	0.478	0.501	4.81%	0.509	1.60%	0.523	2.75%
TS2 食品科学技术	0.736	0.834	13.32%	1.038	24.46%	1.214	16.96%
TS3/TS9 轻工业 (除纺织、食品)	0.478	0.503	5.23%	0.644	28.03%	0.769	19.41%
TU 土木建筑工程	0.581	0.608	4.65%	0.721	18.59%	0.706	-2.08%
TV 水利工程	0.438	0.540	23.29%	0.624	15.56%	0.741	18.75%
U 交通运输工程	0.483	0.548	13.46%	0.564	2.92%	0.632	12.06%
V 航空、航天科学技术	0.556	0.605	8.81%	0.659	8.93%	0.703	6.68%
X1/X8 环境科学技术	1.074	1.138	5.96%	1.254	10.19%	1.444	15.15%
X9 安全科学技术	0.724	0.783	8.15%	0.885	13.03%	0.96	8.47%

④英文期刊学术活跃度分层情况。英文学术期刊在促进国际学术交流、提高学术竞争力和话语权等方面发挥了关键作用,是推动我国学术期刊国际化、使学术期刊"走出去"的重要力量。截至2019年,我国共有英文期刊314种。目前,能获取的较全、较新的英文期刊(拥有 CN 号)国际国内综合影响因子数据为2019年,

具体见表 7-4。① 在英文期刊布局上，我国英文科技期刊的发展无论从数量还是影响力来看，均远超人文社会科学英文学术期刊。截至 2020 年，我国有 17 种社科期刊被 SSCI 收录，14 种期刊通过国外大型出版集团出版，3 种在中国大陆地区出版；被 A&HCI 收录的期刊有 6 种，其中《外国文学研究》期刊由高等教育出版社出版的《建筑学研究前沿》（*Frontiers of Architectural Research*）替代，3 种通过国外知名出版商出版，其他 3 种分别由位于我国香港的期刊社出版。同期被 JCR 收录的我国英文科技期刊有 252 种。同时，我国出版的 300 多种英文期刊发展良莠不齐，少数英文期刊不仅在国际上没有什么影响力，在国内也鲜有人问津。

7.1.2 我国学术期刊缺乏质量把关、竞争力与影响力不强现象仍然存在

除了上节提到的 1199 种没有影响因子、占比 1/5 接近零学术活跃度的学术期刊外，我国学术期刊领域还存在一些缺乏学术质量把关的学术期刊。如部分刊物被高等教育机构列入研究生论文发表负面清单，清单之上的刊物，多为同一期刊物上刊登的文章数量在 50 篇及以上，学术论文的字数少于 5000 字，付费即可发表或对文章质量没有要求等。② 这些质量堪忧的刊物，或出于追求不当盈利的目标，或以高价出卖部分版面资源，或为了建立个人关系网而没有原则地刊发关系稿，或是刊物难以为继不得已而刊发大量低学术含量甚至伪造的论文，成为中国学术期刊出版队伍中的败笔。③

---

① 数据来源：中国知网 . 2019 年中国英文学术期刊国际国内引证报告［R］；表格中 * 指当年度被 JCR 收录的期刊。1—287 为英文科技期刊，287—314 为英文社科期刊。

② 华东政法大学研究生教育院 . 研究生论文发表期刊负面清单（2018—2022）［EB/OL］. ［2022-08-11］. https：//www. 163. com/dy/article/H9O6EIUG0 528OCAD. html.

③ Lin Songqing Zhan Lijuan. Trash Journals in China ［J］. Learned Publishing，2014，27（2）：145-154.

表7-4 2019年我国英文学术期刊国际国内影响因子

序号	刊名	国内外综合统计源他引影响因子
1	Cell Research*	21.424
2	Molecular Plant*	13.832
3	Nano Research*	9.861
4	Light：Science & Applications*	14.863
5	Fungal Diversity*	17.404
6	Journal of Environmental Sciences*	4.632
7	Science Bulletin*	7.49
8	Chinese Journal of Catalysis*	6.69
9	Acta Pharmacologica Sinica*	5.6
10	Transactions of Nonferrous Metals Society of China*	3.406
11	Journal of Materials Science &Technology*	6.201
12	Cellular & Molecular Immunology*	10.065
13	Journal of Integrative Plant Biology*	4.905
14	National Science Review*	15.556
15	Bone Research	17.302
16	Chinese Medical Journal*	2.791
17	Science China Chemistry*	6.948
18	Protein & Cell*	9.593
19	Chinese Chemical Letters*	4.51
20	Chinese Physics B*	1.796
21	Nano-Micro Letters*	10.185
22	Science China Earth Sciences*	3.159
23	Chinese Physics C*	6.069
24	Journal of Energy Chemistry*	6.142
25	Journal of Genetics and Genomics*	5.86

续表

序号	刊名	国内外综合统计源他引影响因子
26	Journal of Rare Earths*	3.729
27	Acta Pharmaceutica Sinica B*	7.308
28	Science China Technological Sciences*	2.879
29	Chinese Journal of Cancer*	5.114
30	Progress in Natural Science:Materials International*	3.808
31	Pedosphere*	4.354
32	npj Computational Materials*	9.537
33	Genomics,Proteomics & Bioinformatics*	7.694
34	International Journal of Mining Science and Technology	3.813
35	Neural Regeneration Research*	3.617
36	Science China Life Sciences*	4.794
37	Science China Information Sciences*	4.033
38	Chinese Physics Letters*	1.266
39	Asian Journal of Andrology*	3.7
40	Acta Biochimica et Biophysica Sinica*	3.477
41	Journal of Geographical Sciences*	4.005
42	Chinese Journal of Chemical Engineering*	2.628
43	Photonics Research*	5.986
44	Science China Physics,Mechanics & Astronomy*	4.509
45	Science China. Materials*	6.515
46	Journal of Molecular Cell Biology*	5.612
47	IEEE/CAA Journal of Automatica Sinica	6.688
48	Chinese Journal of Chemistry*	3.08
49	Chinese Journal of Aeronautics*	2.922
50	Advances in Atmospheric Sciences*	2.562

续表

序号	刊名	国内外综合统计源他引影响因子
51	Neuroscience Bulletin*	5.146
52	Chinese Journal of Cancer Research*	5.149
53	Journal of Zhejiang University-Science B(Biomedicine & Biotechnology)*	3.231
54	Journal of Central South University*	1.457
55	Geoscience Frontiers*	4.696
56	Journal of Integrative Agriculture*	2.21
57	Frontiers of Environmental Science &Engineering*	4.568
58	Journal of Systematics and Evolution*	4.323
59	Engineering*	6.061
60	Particuology*	2.944
61	Acta Geologica Sinica(English Edition)	2
62	Biomedical and Environmental Sciences*	3.257
63	Cancer Biology & Medicine*	5.4
64	Chinese Journal of Polymer Science*	3.505
65	International Journal of Digital Earth*	4.617
66	Chinese Journal of Mechanical Engineering*	2.77
67	Chinese Optics Letters*	2.309
68	Translational Neurodegeneration*	5.741
69	Journal of Animal Science and Biotechnology*	4.493
70	Chinese Journal of Natural Medicines*	2.705
71	Chinese Journal of Integrative Medicine*	2.968
72	Microsystems & Nanoengineering*	5.849
73	Journal of Iron and Steel Research (International)*	1.992
74	Journal of Integrative Medicine	2.696

序号	刊名	国内外综合统计源他引影响因子
75	Signal Transduction and Targeted Therapy*	6.109
76	Asian Journal of Pharmaceutical Sciences*	4.323
77	Journal of Pharmaceutical Analysis*	4.828
78	Journal of Modern Power Systems and Clean Energy*	4.57
79	Journal of Rock Mechanics and Geotechnical Engineering	3.503
80	Insect Science*	3.29
81	Journal of Zhejiang University-Science A (Applied Physics & Engineering)*	2.389
82	China Communications*	2.58
83	Green energy & environment	5.457
84	Hepatobiliary & Pancreatic Diseases International*	2.795
85	Journal of Hydrodynamics*	2.376
86	Rare Metals*	2.423
87	Current Zoology*	2.147
88	Journal of Bionic Engineering*	2.978
89	The Crop Journal*	4.027
90	Journal of Semiconductors	1.602
91	International Journal of Oral Science*	3.547
92	Acta Mechanica Sinica*	2.138
93	Applied Mathematics and Mechanics(English Edition)*	1.929
94	Virologica Sinica*	3.444
95	Communications in Theoretical Physics*	1.533
96	Acta Metallurgica Sinica(English Letters)*	2.277
97	Current Medical Science*	1.796
98	Tsinghua Science and Technology*	2.52

续表

序号	刊名	国内外综合统计源他引影响因子
99	Journal of Earth Science*	2.536
100	International Journal of Minerals Metallurgy and Materials*	1.627
101	Journal of Plant Ecology*	2.557
102	Infectious Diseases of Poverty*	3.296
103	International Journal of Automation and Computing	2.659
104	Chinese Geographical Science*	2.265
105	Frontiers of Chemical Science and Engineering*	3.243
106	Frontiers of Medicine*	2.949
107	Journal of Wuhan University of Technology (Materials Science Edition)*	0.98
108	Journal of Mountain Science*	1.871
109	International Journal of Ophthalmology*	1.712
110	Astrodynamics	4.5
111	Frontiers of Physics*	2.781
112	Petroleum Science*	2.531
113	CSEE Journal of Power and Energy Systems*	3.412
114	Journal of Traditional Chinese Medicine*	1.556
115	Friction*	3.493
116	Journal of Systems Engineering and Systems*	1.506
117	Rice Science*	2.808
118	Journal of Geriatric Cardiology*	2.459
119	International Journal of Sediment Research*	2.416
120	Journal of Forestry Research*	1.59
121	World Journal of Emergency Medicine*	2.851
122	Chinese Journal of Oceanology and Limnology*	1.099

序号	刊名	国内外综合统计源他引影响因子
123	Chemical Research in Chinese Universities*	1.647
124	Science China Mathematics*	1.323
125	High Power Laser Science and Engineering*	3.26
126	The Journal of Biomedical Research	2.246
127	Plasma Science and Technology*	1.536
128	Journal of Computer Science &Technology*	1.584
129	Journal of Arid Land*	2.261
130	Building Simulation*	2.515
131	Acta Oceanologica Sinica*	1.081
132	Research in Astronomy and Astrophysics*	1.376
133	Acta Mechanica Solida Sinica*	1.828
134	Applied Geophysics*	1.88
135	Integrative Zoology*	2.267
136	shanghai archives of psychiatry	1.355
137	Petroleum	2.86
138	Advances in Climate Change Research	2.687
139	Digital Communications and Networks	2.93
140	Eye and Vision*	2.85
141	Journal of Meteorological Research*	2.11
142	Journal of Advanced Ceramics*	2.438
143	Earthquake Engineering and Engineering Vibration*	1.42
144	Geo-spatial Information Science	2.414
145	Control Theory and Technology	2.016
146	International Journal of Disaster Risk Science*	2.419
147	Chinese Journal of Electronics*	1.562

续表

序号	刊名	国内外综合统计源他引影响因子
148	Military Medical Research	2.567
149	International Soil and Water Conservation Research	2.461
150	Journal of Palaeogeography*	2.674
151	Journal of Traffic and Transportation Engineering (English Edition)	2.318
152	Journal of Thermal Science*	1.552
153	Frontiers of Computer Science*	1.787
154	Frontiers of Earth Science*	1.843
155	World Journal of Pediatrics*	1.591
156	Chinese Journal of Population, Resources and Environment	2.304
157	Frontiers of Information Technology & Electronic Engineering*	1.759
158	Acta Mathematica Scientia*	1.176
159	Frontiers of Materials Science*	1.954
160	Journal of Computational Mathematics*	1.55
161	Chinese Herbal Medicines	2.057
162	Acta Mathematica Sinica*	0.742
163	Chinese Journal of Traumatology	1.46
164	Animal Nutrition	2.233
165	Water Science and Engineering	1.818
166	Journal of Systems Science &Complexity*	1.289
167	Atmospheric and Oceanic Science Letters	1.579
168	Aquaculture and Fisheries	2.571
169	Acta Geochimica	1.368
170	Zoological Research*	1.889

续表

序号	刊名	国内外综合统计源他引影响因子
171	Journal of Systems Science and Systems Engineering*	1.508
172	International Journal of Coal Science &Mining Engineering	1.507
173	Frontiers in Energy*	1.845
174	Journal of Ocean University of China*	0.982
175	Geodesy and Geodynamics	1.922
176	Advances in Manufacturing*	1.795
177	Zoological Systematics	0.944
178	Forest Ecosystems*	1.963
179	China Ocean Engineering*	1.166
180	Chronic Diseases and Translational Medicine	2.159
181	Chinese Journal of Chemical Physics*	1.044
182	Earth and Planetary Physics	2.3
183	Asian Journal of Urology	2.135
184	Journal of Modern Transportation	1.727
185	Theoretical & Applied Mechanics Letters	1.617
186	Photonic Sensors*	1.57
187	Journal of Acupuncture and Tuina Science	1.465
188	Defence Technology*	1.574
189	Frontiers of Structural and Civil Engineering*	1.5
190	Nuclear Science and Techniques*	1.219
191	Frontiers of Mechanical Engineering*	1.303
192	Journal of Marine Science and Application	1.238
193	The Journal of China Universities of Posts and Telecommunications	1.072
194	Journal of Resources and Ecology	1.248

续表

序号	刊名	国内外综合统计源他引影响因子
195	Computational Visual Media	1.871
196	Frontiers of Architectural Research	1.43
197	Agricultural Science&Technology	0.283
198	Frontiers of Optoelectronics	1.381
199	The Chinese Journal of Dental Research	1.588
200	ZTE Communications	1.574
201	Chinese Journal of Structural Chemistry*	0.818
202	China Foundry*	1.153
203	Chinese Journal of Electrical Engineering	1.694
204	Chinese Medical Sciences Journal	1.1
205	Numerical Mathematics（Theory，Methods and Applications）*	1.347
206	Optoelectronics Letters	0.877
207	Earthquake Science	0.81
208	Liver Research	1.633
209	Journal of Chinese Pharmaceutical Sciences	0.673
210	Journal of Control and Decision	1.467
211	Journal of Shanghai Jiaotong University（Science）	0.668
212	Frontiers in Biology	0.911
213	Matter and Radiation at Extremes	1.473
214	Plant Diversity	1.382
215	China Petroleum Processing and Petrochemical Technology*	1.05
216	Acta Mathematicae Applicatae Sinica*	0.511
217	Biosurface and Biotribology	1.262
218	Journal of Southeast University（English Edition）	0.446

续表

序号	刊名	国内外综合统计源他引影响因子
219	Transactions of Tianjin University	0.68
220	Applied Mathematics：A Journal of Chinese Universities（Series B）*	0.986
221	Wuhan University Journal of Natural Sciences	0.587
222	Avian Research*	1.019
223	Chinese Annals of Mathematics，Series B*	0.459
224	Horticultural Plant Journal	1.177
225	Frontiers of Mathematics in China*	0.729
226	Sciences in Cold and Arid Regions	0.862
227	World Journal of Acupuncture-Moxibustion	0.836
228	Asian Herpetological Research*	1.029
229	Probability，Uncertainty and Quantitative Risk	1.261
230	Frontiers of Agricultural Science and Engineering	0.948
231	Landscape Architecture Frontiers	0.941
232	World Journal of Otorhinolaryngology-Head and Neck Surgery	1.069
233	Quantitative Biology	0.968
234	Frontiers of Engineering Management	0.952
235	Journal of Harbin Institute of Technology	0.431
236	Journal of Communications and Information Networks	0.912
237	Journal of Tropical Meteorology*	0.542
238	Algebra Colloquium*	0.433
239	Chinese Journal of Acoustics	0.696
240	Transactions of Nanjing University of Aeronautics & Astronautics	0.419
241	Journal of Otology	0.818

续表

序号	刊名	国内外综合统计源他引影响因子
242	Journal of the Operations Research Society of China	0.762
243	Advances in Polar Science	0.695
244	Entomotaxonomia	0.341
245	Journal of Beijing Institute of Technology	0.3
246	International Journal of Nursing Sciences	0.553
247	Journal of Donghua University (English Edition)	0.192
248	Journal of Environmental Accounting and Management	0.561
249	Paper and Biomaterials	0.444
250	Journal of Traditional Chinese Medical Sciences	0.543
251	Journal of Northeast Agricultural	0.355
252	Journal of Electronic Science and Technology	0.311
253	Journal of Mathematical Research with Applications	0.242
254	China Welding	0.291
255	Journal of Measurement Science and Instrumentation	0.393
256	Chinese Nursing Research	0.5
257	High Technology Letters	0.308
258	Eye Science	0.171
259	World Journal of Traditional Chinese Medicine	0.463
260	Journal of Partial Differential Medicine	0.289
261	Journal of Reproduction and Contraception	0.406
262	Global Geology	0.361
263	Marine Science Bulletin	0.345
264	Radiation Detection Technology and Methods	0.423

序号	刊名	国内外综合统计源他引影响因子
265	International Journal of Plant Engineering and Management	0.327
266	China City Planning Review	0.319
267	Communications in Mathematical Research	0.257
268	Chinese-German Journal of Clinical Oncology	0.087
269	Analysis in Theory and Applications	0.098
270	Radiology of Infectious Diseases	0.281
271	Journal of Systems Science and Information	0.244
272	Baosteel Technical Research	0.207
273	China's Refractories	0.203
274	Chinese Neurosurgical Journal	0.238
275	Journal of Chongqing University (English Edition)	0.125
276	Earthquake Research in China	0.103
277	Annals of Differential Equations	0.062
278	CADDM	0.105
279	Brain Science Advances	0.159
280	Chinese Quarterly Journal of Mathematics	0.056
281	Oil Crop Science	0.119
282	Chinese Journal of Biomedical Engineering	0.085
283	South China Journal of Cardiology	0.045
284	Global Health Journal	0.063
285	Chinese Railways	0
286	Rare Metal Materials and Engineering	0
287	Journal of Sport and Health Science[*]	4.254
288	China & World Economy[*]	1.922
289	Journal of Data and Information Science	2.581

续表

序号	刊名	国内外综合统计源他引影响因子
290	Chinese Journal of Applied Linguistics	0.696
291	Social Sciences in China	0.423
292	Frontiers of Business Research in China	0.617
293	Frontiers of Economics in China	0.383
294	Forensic Sciences Research	0.857
295	Frontiers of Education in China	0.186
296	China Economist	0.358
297	China Finance and Economic Review	0.657
298	Economic and Political Studies	0.38
299	Fudan Journal of the Humanities and Social Sciences	0.306
300	China International Studies	0.245
301	Frontiers of Law in China	0.286
302	Ecological Economy	0.15
303	China Legal Science	0.28
304	Frontiers of Philosophy in China	0.151
305	Frontiers of History in China	0.151
306	Frontiers of Literary Studies in China	0.148
307	Contemporary International Relations	0.127
308	China Oil & Gas	0.153
309	Journal of Management Science and Enginnering	0.176
310	China Tibetology	0.087
311	Language and Semiotic Studies	0.081
312	Contemporary World	0.037
313	Journal of Ancient Civilizations	0
314	Contemporary Social Sciences	0.011

社科期刊发展乱象。《新华文摘》原总编辑张耀铭认为，在我国学术期刊高速发展的过程中，出现了一些乱象，具体包括：假刊牟利、增刊失范、版面交易、学术平庸和虚假引用。[①] ①假刊牟利。据《中国青年报》2013年报道，《北京电力高等专科学校学报》伪造期刊出版许可证和官方网站，仅在2013年第2期就刊载了259篇涉及教授、副教授、小学教师、幼儿园教师的文章，是彻底的期刊造假出版行为。[②] ②增刊失范。增刊原本是为了解决刊物因刊期、篇幅所限，导致供过于求的一种变通出版方式。不少学术期刊看到了"商机"，争先恐后地出版增刊，很快导致各种失范现象：有的期刊给钱即可发增刊；有的期刊出让编审权；有的则由几个编辑联合承包增刊等。③版面交易。开展论文买卖，刊物越编越厚，论文越发越短，版面交易导致垃圾论文横行。④学术平庸。学术平庸的主要表现形式是低水平重复、肤浅分析和把学术变成"娱乐至死"的舞台，是对学术的腐蚀，比学术不端更难揭露、更难治理。⑤虚假引用。部分期刊单纯追逐影响因子导致引用失范的现象也常出现。

中文科技期刊整体竞争力和影响力不强。①经营能力不强。具体表现两个方面，一是我国科技期刊整体定价相对偏低，尤其是中文科技期刊，平均单价为29元；二是发行量严重不足，64.05%的科技期刊期发行量在1500册以下(见表7-5)。②中文科技期刊的学术影响力集中在国内，2015—2019年中文科技期刊国内被引频次在其国内外总被引频次中占比高达95.68%，[③] 很难满足作者发文的全球影响力转化的需求。

---

① 张耀铭.学术期刊与学术创新[M].郑州：大象出版社，2021：140-143.

② 张春海.去痈扶正，学术期刊治理势在必行[N].中国社会科学报，2012-07-04.

③ 中国科学技术协会.中国科技期刊发展蓝皮书(2021)：开放科学环境下的学术出版专题[M].北京：科学出版社，2021：1-7.

表 7-5　2020 年我国科技期刊平均发行量

平均期发行量/册	刊数/种	占比/%	平均期发行量/册	刊数/种	占比/%
<500	644	13.55	5000~	343	7.22
500~	1056	22.22	1 万~	119	2.50
1000~	919	19.34	2 万~	82	1.73
1500~	425	8.94	5 万~	24	0.50
2000~	581	12.22	10 万~	20	0.42
3000~	540	11.36	合计	4753	100

数据来源：根据国家期刊年检报送单位填报的有效数据统计、中国科技期刊发展蓝皮书（2021）。

7.1.3　学术期刊质量评价体系多元互补，但仍需进一步健全

当前，我国学术期刊评价体系不断推陈出新，形成了以 ABC 刊为代表、各类年度学术期刊评价为补充和期刊分级为创新的较为丰富、多元的学术期刊评价体系，合理使用各具特色的学术期刊评价产品，能较好地发挥引领学术期刊健康、可持续、高质量发展的功能。同时，作为全球学术期刊数量前列的期刊大国，我国学术期刊评价体系在观照学术期刊高质量发展全局和引领学术期刊健康发展上仍需进一步健全。

ABC 刊评价各有侧重，A 刊同时关注期刊的学术影响力和编校质量、新媒体建设以及期刊管理规范，对期刊高质量发展的引导特色鲜明；B 刊相对 C 刊而言，在评价指标上较为关注"载文量"这一指标，这曾经可有可无的指标，在单纯追求影响因子的环境下，成为较好的对抗性指标；C 刊则因数据指标相对简单集中、保持被收录社科期刊总数的 20% 而被广为接受。因此，在一站式满足学术质量、编校质量评价的学术期刊评价产品诞生之前，可以考虑引导和推广组合使用 ABC 刊收录评价产品。

以中国知网、中国人民大学复印报刊资料为代表的年度学术期

刊影响力评价产品，能较为集中地检测学术期刊在当年度的发文质量和学术活跃情况，是期刊质量建设自测的良好工具，同时，年度质量评价数据也是 ABC 刊收录的重要依据。

期刊分级作为学术期刊评价产品的新尝试，在我国刚刚起步，但其因蕴藏着打破国内外学术期刊评价体系的重要价值将会得到推广。

此外，根据此次问卷调查数据显示，参与问卷调查的学术期刊中，占比 20% 的刊物使用了元数据标识技术，占比 7.74% 的学术期刊使用了阅读与引用跟踪技术（见图 7-1）。这部分使用了新传播技术的期刊，能够较好地实现数字环境下新的评价指标使用功能。

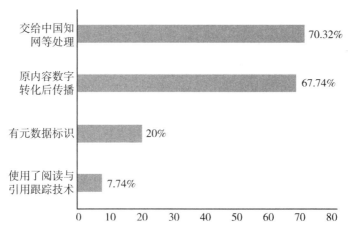

图 7-1　参与问卷调查学术期刊的新传播技术应用情况

以上是国内近年来学术期刊评价体系中接受度较广、影响较大的学术期刊评价产品，此外，还有用于科技期刊核心期刊评价的 CSCCD 以及 RCCSE 评价产品。A 刊评价与国际上的 JCR 评价体系更为接近，但标准高、实现难度大，截至 2023 年，A 刊正式推出的版本仅有 2 版，影响力还有待提升。同时，我国还有大量零学术活跃度、负面清单的期刊在当前的学术期刊评价体系中没有得到反馈，处于我国学术期刊高质量发展的盲区和灰色地带；媒介融合环境下用户使用的文献质量和数量也未能得到全面反馈，如各刊自建网站的用户使用数据和社交媒体的使用数据均未能在当前的学术期刊评价体系中得以吸收、利用，均需要在学术期刊评价体系的完善中加以解决，以使学术期刊评价体系发挥更加健全、完善的引导作用。

7.1.4 新媒体和新技术应用在传播工作中有进展，但尚未发生显著作用

我国学术期刊在传播工作中，新媒体建设和新技术应用有一定进展，一定程度上推动了我国学术期刊自主传播能力建设，但尚未发生显著作用，我国学术期刊传播工作仍依赖以中国知网为代表的大型数据库。

整体来看，我国学术期刊融合出版发展状况与已有研究的中国科学院所属期刊情况接近①，即办刊人员具备一定的融合出版意识，刊物整体处于摸索和初级融合出版阶段；各刊融合出版受重视程度不一，部分刊物融合出版初具特色。与国内外优秀同行相比，我国学术期刊在现阶段融合出版发展上，存在融合出版局面尚未打开、融合出版工作缺少顶层设计和积极主动性、融合出版人才匮乏等问题。以中国知网为代表的数据库在有效提升我国编辑出版学术期刊影响力的同时，刊物也在一定程度上对其形成传播渠道依赖；中国知网产生的传播和使用数据成为当前学术期刊评价机构的重要评价依据。

分析我国学术期刊融合出版现状背后的深层次原因，与当前学术期刊发展的生态环境密不可分。大型数据库一方面缓解了各学术期刊媒介融合时代融合出版的紧迫性，另一方面也使得学术期刊失去主动探索融合出版的动力。以中国知网为代表的数据库为各刊提供了强大的数字渠道和完备的数字内容转化服务，缓解了各学术期刊自建数字传播渠道的经济、人力资源和技术压力上存在困难的同时，也削弱了学术期刊的自主数字传播能力。打破我国学术期刊在

---

① 朱琳，张晓宇，刘静，等.中国科学院科技期刊融合出版现状调研与分析[J].中国科技期刊研究，2019，30(6)：606-612.

数字传播路径上的依赖,需要广泛、深刻的基础建设工作。

国外顶级学术期刊在融合出版领域已经开拓了成功模式。《自然》与《科学》两种世界顶级学术期刊在出版融合工作上,在拥有个性化计量指标(如《自然》将 Altmetrics 纳入计量指标并创建自然指数、期刊指标)的同时,还在门户网站、社交媒体上有优异表现:《自然》杂志的门户网站有英文版、中文版、韩文版、印度版、意大利版、日本版、中东版 7 个版本,月均用户近 1000 万人;《科学》杂志在脸书上有 398 万人关注、141 万推特粉丝、16.9 万优兔(YouTube)订阅用户①,这些数字媒介平台在媒介融合时代保持、推动、提升以及拓展刊物影响力上发挥了重要作用。与国外顶尖同行相比,我国学术期刊传播工作在新媒体和新技术的运用上,还有较大拓展空间。

7.2 我国学术期刊高质量发展取得的成绩

近年来,我国学术期刊高质量发展取得了长足进步,具体表现为:①学术期刊高质量发展和一流期刊建设不断得到国家和政府管理部门的重视与推动;②一流期刊建设进展良好;③已有的期刊资助与编辑人才建设项目作出了有益探索。

7.2.1 国家层面的重视与推动引领学术期刊高质量发展

在我国学术期刊从高速发展向高质量发展转型的过程中,国家和政府管理部门对学术期刊高质量发展的重视、推动与引导至关重要。

近年来,我国先后发布了《关于深化改革培育世界一流科技期刊的意见》(2018,中央全面深化改革委员会第五次会议)、《关于深化改革 培育世界一流科技期刊的意见》(2019,中国科协、中宣部、教育部、科技部)、《关于推动学术期刊繁荣发展的意见》

---

① 数据来源系《自然》和《科学》的官方网站及其对应的社交媒体数据,数据统计截止时间为 2022 年 11 月。

（2021，中宣部、教育部、科技部）等重要政策文件。

21世纪以来，我国先后开展8轮大规模学术期刊资助，资助面涵盖293种社科期刊和1628种科技期刊；资助金额社科期刊超过11亿元、科技期刊超过18亿元；资助对象涉及我国顶尖期刊、领军期刊、重点期刊、梯队期刊、精品科技期刊、哲学社会科学名刊、哲学社会科学名栏等多个层面的优秀学术期刊和一流学术期刊。

同时，国家层面的政策和资助有力推动了省部级期刊高质量发展建设步伐，如以中国科协为代表的全国性协会力量的推动，以湖北（2022）、湖南（2022）、广东（2022）和陕西（2022）为代表的省级期刊资助计划的开展。

以上政策的颁布和施行以及各项学术期刊资助计划的实施，成为学术期刊高质量发展和一流期刊建设的良好助力与重要推手。

7.2.2 一流期刊建设进展良好

在国家主体和各级主管主办单位的重视下，我国英文科技期刊率先迈出了高质量发展、一流期刊建设的坚实步伐，取得了显著成效。

英文科技期刊逐步得到国际学术界的关注。自2016年开始，我国英文科技期刊国际被引频次超过国内引用频次，2019年国际文献引用占比达到69.18%；英文科技期刊均复合影响因子年均增幅5.21%。[①] 我国英文科技期刊逐步得到国际学术界关注，这为"将论文发表在祖国的大地上"政策落实奠定了坚实的基础，是有效应对科技论文外流的良好开端。

一流科技期刊建设为我国科学家争夺国际首发权夺得了机会。自2019年我国实施"中国科技期刊卓越行动计划"以来，截至2021年5月，已有29种科技期刊学科排名进入国际前10%、12种进入前5%、8种期刊进入学科排名前5。[②] 这意味着，中国人的研究正

---

① 中国科学技术协会. 中国科技期刊发展蓝皮书（2021）：开放科学环境下的学术出版专题[M]. 北京：科学出版社，2021：5-7.

② 詹媛. 29种科技期刊进入国际前10意味着什么[N]. 光明日报，2021-05-17.

在通过这些期刊为国际所知晓，中国科学家在相关领域也获得了更大的话语权。2020 年，《细胞研究》发表了浙江大学医学院张岩课题组与华中科技大学生命科学与技术学院刘剑锋课题团队联合开展的研究成果"人源全长异源二聚体 GABAB 受体的精细三维空间结构"；2~3 周后，3 篇类似研究成果在英国的《自然》发表，我国科学家通过及时在《细胞研究》上发文，抢占了相关成果的国际首发权。① 这一案例逆转了 2015 年"外尔·费米子之争"中的中国科学家处于话语权被动一方的局面。

我国英文科技期刊国际影响力迅速提升。2021 年度，中国大陆地区(ChinaMainland)计有 273 种期刊被 JCR 收录，相比 2020 年度 252 种增加 21 种，增幅达 8.33%；从影响因子的学科分区看，2021 年度共有 123 种中国大陆地区期刊位列 Q1 区("期刊影响因子的学科相对排名"位列前 25%)(2020 年度 85 种)，占被收录总数的 45.1%。②

表 7-6　2021 年中国大陆地区位列 SCIQ1 区英文期刊名录

序　号	期刊名称	2021 JIF	JIF Quartile
1	Cell Res	46.297	Q1
2	Signal Transduct Tar	38.104	Q1
3	Cell Discov	38.079	Q1
4	Military Med Res	34.915	Q1
5	Electrochem Energy R	32.804	Q1
6	Fungal Divers	24.902	Q1
7	Int J Oral Sci	24.897	Q1
8	Infomat	24.798	Q1

① 詹媛.29 种科技期刊进入国际前 10 意味着什么[N].光明日报，2021-05-17.

② 任胜利.2021 年度我国 SCI 收录期刊引证指标概览[EB/OL].[2022-06-28].https://blog.sciencenet.cn/home.php? mod = space&uid = 38899&do = blog&id = 1344958.

序　号	期刊名称	2021 JIF	JIF Quartile
9	Nano-Micro Lett	23.655	Q1
10	Natl Sci Rev	23.178	Q1
11	Cell Mol Immunol	22.096	Q1
12	Mol Plant	21.949	Q1
13	Carbon Energy	21.556	Q1
14	Sci Bull	20.577	Q1
15	Light-Sci Appl	20.257	Q1
16	Photonix	19.818	Q1
17	Bioact Mater	16.874	Q1
18	Mycosphere	16.525	Q1
19	Protein Cell	15.328	Q1
20	Cancer Commun	15.283	Q1
21	Acta Pharm Sin B	14.903	Q1
22	J Pharm Anal	14.026	Q1
23	J Energy Chem	13.599	Q1
24	Adv Photonics	13.582	Q1
25	Energy Environ Mater	13.443	Q1
26	Bone Res	13.362	Q1
27	J Sport Health Sci	13.077	Q1
28	Adv Fiber Mater	12.958	Q1
29	Chinese J Catal	12.92	Q1
30	Engineering-Prc	12.834	Q1
31	Green Energy Environ	12.781	Q1
32	Npj Flex Electron	12.019	Q1
33	J Magnes Alloy	11.813	Q1
34	J Adv Ceram	11.534	Q1
35	Biochar	11.452	Q1

续表

序 号	期刊名称	2021 JIF	JIF Quartile
36	Research-China	11.036	Q1
37	Prot Contr Mod Pow	10.5	Q1
38	Infect Dis Poverty	10.485	Q1
39	Sci China Life Sci	10.372	Q1
40	J Mater Sci Technol	10.319	Q1
41	Nano Res	10.269	Q1
42	Sci China Chem	10.138	Q1
43	Int J Extreme Manuf	10.036	Q1
44	Front Med-Prc	9.927	Q1
45	Stroke Vasc Neurol	9.893	Q1
46	Transl Neurodegener	9.883	Q1
47	Environ Sci Ecotech	9.371	Q1
48	Asian J Pharm Sci	9.273	Q1
49	World J Pediatr	9.186	Q1
50	J Integr Plant Biol	9.106	Q1
51	Opto-Electron Adv	8.933	Q1
52	Cell Proliferat	8.755	Q1
53	Sci China Mater	8.64	Q1
54	Plant Commun	8.625	Q1
55	J Materiomics	8.589	Q1
56	Chinese Chem Lett	8.455	Q1
57	J Mol Cell Biol	8.185	Q1
58	Food Sci Hum Well	8.022	Q1
59	Microsyst Nanoeng	8.006	Q1
60	Ieee-Caa J Automatic	7.847	Q1
61	Int J Min Sci Techno	7.67	Q1
62	Geosci Front	7.483	Q1

续表

序 号	期刊名称	2021 JIF	JIF Quartile
63	Int Soil Water Conse	7.481	Q1
64	Hortic Res-England	7.291	Q1
65	Sci China Inform Sci	7.275	Q1
66	Photonics Res	7.254	Q1
67	Genes Dis	7.243	Q1
68	Acta Pharmacol Sin	7.169	Q1
69	Cns Neurosci Ther	7.035	Q1
70	Npj Sci Food	7	Q1
71	Zool Res	6.975	Q1
72	Plant Phenomics	6.961	Q1
73	J Environ Sci	6.796	Q1
74	Eng Appl Comp Fluid	6.519	Q1
75	Genom Proteom Bioinf	6.409	Q1
76	Digit Commun Netw	6.348	Q1
77	Rare Metals	6.318	Q1
78	J Evid-Based Med	6.224	Q1
79	J Anim Sci Biotechno	6.175	Q1
80	Chinese Med J-Peking	6.133	Q1
81	Matter Radiat Extrem	6.089	Q1
82	Neural Regen Res	6.058	Q1
83	Csee J Power Energy	6.014	Q1
84	High Power Laser Sci	5.943	Q1
85	J Rock Mech Geotech	5.915	Q1
86	J Genet Genomics	5.723	Q1
87	Burns Trauma	5.711	Q1
88	J Zhejiang Univ-Sc B	5.552	Q1
89	Pedosphere	5.514	Q1

续表

序 号	期刊名称	2021 JIF	JIF Quartile
90	Sci China Earth Sci	5.492	Q1
91	J Sustain Cem-Based	5.328	Q1
92	Undergr Space	5.327	Q1
93	Anim Nutr	5.285	Q1
94	Sci China Phys Mech	5.203	Q1
95	Petrol Explor Dev+	5.194	Q1
96	Front Phys-Beijing	5.142	Q1
97	Mar Life Sci Tech	5	Q1
98	Ecosyst Health Sust	4.971	Q1
99	High Volt	4.967	Q1
100	Friction	4.924	Q1
101	J Ocean Eng Sci	4.803	Q1
102	Petrol Sci	4.757	Q1
103	Crop J	4.647	Q1
104	J Rare Earth	4.632	Q1
105	Ann Cardiothorac Sur	4.617	Q1
106	Int J Digit Earth	4.606	Q1
107	Propuls Power Res	4.563	Q1
108	Int J Disast Risk Sc	4.5	Q1
109	Eye Vision	4.427	Q1
110	Rice Sci	4.412	Q1
111	J Integr Agr	4.384	Q1
112	For Ecosyst	4.274	Q1
113	Hortic Plant J	4.24	Q1
114	Comput Vis Media	4.127	Q1
115	Chinese J Aeronaut	4.061	Q1
116	Phytopathol Res	3.955	Q1

续表

序　号	期刊名称	2021 JIF	JIF Quartile
117	Appl Math Mech-Engl	3.918	Q1
118	Int J Min Met Mater	3.85	Q1
119	T Nonferr Metal Soc	3.752	Q1
120	Insect Sci	3.605	Q1
121	J Palaeogeog-English	2.789	Q1
122	Curr Zool	2.734	Q1
123	Avian Res	2.043	Q1

7.2.3　已有的期刊资助与编辑人才建设项目作出了有益探索

　　我国开展的国家级层面的期刊资助项目，发挥的作用既有办刊资金扶持作用，也是对期刊质量的荣誉认可。部分期刊资助项目引起关注并获得资助效果追踪研究，结果表明，教育部资助的"名刊工程"具有"小投入、大回报"效果，中国科技期刊国际影响力提升计划、国家自然科学基金重点学术期刊专项资金对刊物发展具有直接促进和提升作用，部分期刊的质与量得到显著提升。武汉大学自2017年以来开展文科优秀期刊、一流期刊资助项目，受到资助的校内优秀文科期刊近年来在影响因子和办刊特色上显著提升。①

　　在学术期刊编辑人才建设项目上，目前以中国科学院期刊出版领域引进优秀人才计划（下称"引进优秀人才计划"）为代表。作为中国科学院"率先行动"计划的重要组成部分，引进优秀人才计划自2008年重新启动以来，延续性较好，自引进人才效应得到稳定

---

　　①　我校三文科期刊获 2022 年湖北省期刊发展扶持资金资助［EB/OL］.　［2023-01-21］.　http：//ssroff.whu.edu.cn/info/1154/6962.htm；桂莉.2021年度人大复印报刊资料转载指数排名发布 武大居榜首《武汉大学学报（哲学社会科学版）》位列全国高校主办学报第一［EB/OL］.［2023-01-21］.http：//ssroff.whu.edu.cn/info/1154/6242.htm.

发挥，为我国编辑人才项目建设提供了较为成功的经验。该项目人才引进以专业人才为主，同时兼顾管理型人才和新媒体人才。自引进优秀人才计划实施以来，人才带动作用效果显著，产生了一批国际顶尖科技、一流科技期刊和处于世界领先水平的科技期刊，形成了办刊人才与一流期刊共同建设、相互促进的良好局面，具有广泛的借鉴与推广价值。

7.3　我国学术期刊高质量发展存在的问题

我国学术期刊高质量发展在国家整体布局和政策推动以及学术期刊办刊主体的共同努力下取得了上述显著成绩。同时，客观上还存在以下问题应予以重视。

7.3.1　学术期刊高质量发展的定义需进一步厘定

目前，学术期刊高质量发展的定义尚不够统一、细致、系统，具体表现在：对高质量的理解不统一；对不同发展基础的学术期刊缺乏高质量界定；对中英文、社科与科技期刊的分类界定缺少区分。

（1）对学术期刊高质量的理解不统一

有学者认为要以高质量文章和高质量学术创新成果来衡量[1]；有学者反对将期刊影响因子等同于高质量[2]，并以物理学界知名国际期刊《物理评论快报》影响因子排位第6、被引频次却位居学科第1是国际物理学界公认的顶级大刊为例加以说明[3]；有学者认为要从整体业态层面和微观个体刊物两个维度理解，前者包括学术期刊集群高质量发展、注重系统生态和谐、可持续发展和共享发展成

[1]　曹秀英.坚定方向完善评价面向国际：专家学者论道学术期刊高质量发展[N].科技日报，2020-12-18.

[2]　朱邦芬.高质量发展中国科技期刊是中国科技界和期刊界的使命：在"2020中国学术期刊未来论坛"的发言[J].编辑学报，2020，32（6）：591-592.

[3]　肖宏.论新时代科技期刊的质量要素与高质量发展[J].中国科技期刊研究，2020，31（10）：1153-1163.

果，后者包括意识形态、研究特色、影响力和学术规范①；有学者基于 2020 年国家新闻出版署颁布的《报纸期刊质量管理规定》，结合国际一流大刊的质量标准，提出学术期刊质量要素体系包括内容质量、编辑质量、出版传播质量和管理质量；也有学者认为学术期刊质量包括政治质量、学术质量、编校质量、传播质量以及服务质量。②

（2）界定学术期刊高质量发展概念时缺少区分

核心期刊和非核心期刊的质量内涵不同、英文学术期刊和中文学术期刊的办刊功能有所差异，因此高质量的界定有所差别。各个学科之间、同一学科内部不同领域之间的作者和读者群体的需求不尽一致，同样导致学术期刊间的高质量概念有所差别。学术期刊高质量的概念应在基本标准的基础上，能提供进一步具体的参照指标，供各类学术期刊对标。

7.3.2 高质量论文数量不足

当前，我国高质量论文数量不足与我国学术期刊高质量发展需求之间存在鸿沟，作者发文诉求以发文和评职称占据绝对。在《谁在发表中国学者的论文》这篇网文中提到，约81%的受访者表示发表论文的第一驱动力是满足毕业要求、升学、找工作或评职称等，仅有13%左右的受访者将兴趣爱好作为论文写作发表的第一驱动力。在这种论文发表逻辑下，高质量的学术研究成果明显数量不足。

从内容质量和学术影响力来看，学术期刊高质量发展的基础是持续刊发高质量论文。在人文社会科学领域，存在高质量学术成果总量不足、优质稿源供给不足的状况。尽管近年来其研究成果数量和质量均有提升，但高质量学术文章占比较小，难以维系我国近 2700 种人文社会科学学术期刊的高质量发展。③ 在英文期

① 张志强. 高质量发展视域下核心期刊评价体系完善之我见[J]. 河南大学学报(社会科学版)，2020，60(4)：144-150.
② 杨丹丹. 基于出版流程的学术期刊质量控制研究[M]. 武汉：武汉大学出版社，2018：40-41.
③ 喻阳. 问题与愿景：当前我国人文社会科学学术生态暨期刊高质量发展刍议[J]. 中国编辑，2020(9)：11-19.

刊领域，优质论文外流严重。2021年，中国SCI期刊高被引论文数为733篇，占同期全球高被引论文数23237篇的2.83%；中国作者发表高被引论文数为8838篇，占同期全球高被引论文数的33.06%。[①]

作为办刊主体，广大学术期刊同行应在提升期刊生产力的同时，加强对优质文章的引导，加大对优质论文、优质论文生产者的表彰，积极主动营造"文章不写一句空"的学问环境。

7.3.3 编辑职业发展困境亟待破解

"我不抗拒繁重和琐碎的任务。但是，如果没有科学的绩效评价体系，没有与繁重的工作相匹配的物质和精神奖励体系，就会让我感到不平衡和倦怠"（4.3.3节编辑受访内容），这一心声也代表了我国广大学术期刊编辑群体。综合笔者调查团队专项问卷调查、已有研究成果和深度访谈的情况来看，压力大、要求高、工作量超负荷、报酬低，高情感与技术投入低工作认可与认证，职业发展机会与职业关怀缺乏是造成我国学术期刊编辑陷入职业发展困境的主要因素。建设高质量学术期刊、国内国际一流期刊，离不开各编辑部优秀和一流的编辑人才，编辑职业发展困境亟待破解。

激励是激发人的行为动机促进个体有效完成目标的过程。有研究表明，如果没有有效的激励，一个人的能力发挥只能达到20%~30%，如果施以激励，一个人的能力可以发挥到80%~90%，两者之间的幅度差距达60%。[②] 良好而完善的激励机制有助于调动广大编辑的智慧、创造性与工作主动性。根据赫茨伯格激励的双因素理论，我国编辑工作激励机制的设计应充分考虑保健因素（满足生活保障等较低层次的需要）与激励因素（满足人的发展与自我实现等较高层次的需要）各自发挥的作用，尽可能满足编辑人员保健方面

---

① 检索方法：在InCites数据库选择"研究方向"，时间范围系2021年，学科分类体系ESI，文献类型"研究论文"和"综述"，依次采集全球、中国作者、中国科技期刊、中国科技期刊中国作者，比值数据系笔者计算所得。

② 杨建良. 人的动力激励[M]. 上海：同济大学出版社，1994：32.

的需求，防止产生不满；更多地提供激励因素，真正有效、充分、持久地激励编辑人员。具体而言，可通过采取3个方面的激励措施来实现。一是薪酬激励。薪酬包括报酬的绝对值和相对值。报酬的绝对值作为保健因素满足编辑人员的生活需求，其相对值则应体现编辑之间有奖有惩、按劳分配、多劳多得、优劳优酬的区别，可通过给予编辑部一定的经费支持，通过再次发放体现。二是成长激励，即通过成长激励满足编辑人员的发展需求。编辑人员的发展需求包括专业发展和职业发展两个需求。前者包括各类编辑职业培训与国内外学术交流机会，后者要求有合理的职业晋升空间。《纳米研究》定期举办办刊讲座，重点介绍国外刊物运行机制，提高编辑准确把握信息动态的素质。《国际口腔科学杂志》的团队成员不仅具备扎实的医学专业背景，而且定期参加医学学术会议，追踪并及时了解本学科领域国内外研究动态，不断提升编辑对学科研究前沿和研究成果创新性、科学性和实用性的判断力。《科学通报》则与斯普林格、爱思唯尔、《细胞》等国际知名出版机构建立深度联系，不定期邀请它们旗下的同行学科编辑就行业发展动态对编辑部成员进行培训，使编辑部成员的信息素养得到显著提高，编辑把握最新专业发展动态的能力得以提升。四川大学华西口腔医学院编辑部的《国际口腔科学杂志（英文版）》编辑部每年派主编带领编辑赴国内外一流大学、研究院所交流组稿，并积极参加各种国际学术会议邀稿。同时，编辑还通过定期参加编辑行业培训班和海外研修班，了解出版前沿，提升业务水平和专业素质。[①] 编辑职业生涯从助理编辑开始，从低到高不断寻求晋升，每晋升到新的等级，更高的报酬待遇以及工作自主程度则会随之提升。因此，职称晋升激励是编辑工作中的催化剂，对编辑工作产生的积极的、上进的、整体的推动作用具有显著效果。三是文化激励。通过组建学习型组织来培养团队理念，鼓励编辑参与刊物发展的计划制定和实施、群

---

① 王晴，袁鹤. 新形势下科技期刊发展路径：基于教育部、科技部印发的两文件的思考[J]. 编辑学报，2020，32(2)：128-131.

策群力等措施建立和谐的工作环境，形成和谐、平等、积极向上的文化氛围。

编辑人才队伍建设还应注重顶层设计，进一步加强后续管理与评估反馈工作。在原有学术期刊人才建设的基础上，进一步丰富并细化学术期刊出版领域编辑人才的支撑配套体系。具体包括高层次的引进人才项目、适合国内编辑申请的杰出人才项目及青年编辑申请的青年人才项目，不同类型的人才项目对应不同类型、不同层次的人才。在国家层面外，省（区、市）级层面设置期刊人才项目也能产生较好的示范效应。[①] 通过严格的质量管理对人才引进与建设的实际效果进行考核和评估，确保人才引进计划充分发挥培养编辑人才、助推学术期刊发展的功能；通过反馈机制对人才引进与实际工作过程进行监督和评测，了解学术期刊及编辑的实际工作需求，优化人才支持配套措施、激励机制与培训形式，提高人才建设成效。严格高效的质量管理和反馈机制有利于学术期刊编辑人才建设的规范化和良性发展。根据反馈与评估结果，在全国范围内建立各专业领域的学术期刊编辑人才数据库，实行人才建设动态跟踪反馈机制，促进编辑人才在全国范围内的良性流动。

需要指出的是，本书开展的"面向出版流程的学术期刊质量控制"问卷调查结果显示，不仅超过80%的专职编辑工作贡献没有认可机制，还有超过60%的主编、副主编也处于工作贡献不被认证的境况，主编和副主编主体也是不容忽视的学术期刊高质量发展中应加以激励的重要主体。

7.3.4　学术期刊高质量发展的生态环境有待进一步完善

目前，我国学术期刊高质量发展处于由学术期刊政策环境、科研诚信环境和治理问题、多元的学术期刊质量评价体系和学术期刊时代发展之责组成的生态环境之中。在学术期刊整体生态环境向好的趋势下，仍有进一步完善的空间。

---

① 程磊，徐佳珺，姜姝姝，等. 我国英文科技期刊编辑人才队伍现状及对策[J]. 中国科技期刊研究，2019，30（9）：989-996.

当前，我国学术期刊政策环境整体上以 10 年 1 个周期为发展步调①，从高速发展向高质量发展有序迈进。在高质量发展的过程中，国家和省一级在学术期刊发展政策的制定与推进上具有强烈的办世界一流期刊的愿景和目标，办刊主体中也不乏问鼎世界一流的办刊情怀，但在具体政策如个别资助项目的实施过程中，还存在一些需要修正的细节，以期形成逐步完善、成熟的政策环境。

2021 年"论文造纸厂风波"、2019 年"翟天临博士学位论文造假事件"等，一时之间，我国科研诚信问题引发全社会广泛关注。相关研究成果揭示，中国学者在全球范围内撤稿量居首。在学术失范如此严重的境况下，国家相关部门开展了一系列举措规范学术研究，国家自然科学基金委对学术失范的项目责任人和依托单位均采取公开曝光、公示查处处理结果；中国社会科学评价研究院、哲学社会科学科研诚信管理办公室近年编印了《国内学术不端典型案例汇编》并通过官方微信公众号公示，这些处理举措均对学术不端行为起到了良好的威慑和惩戒作用。但在出版伦理制度建设、论文撤稿规范、失范惩戒和学术不端管理规范与国际接轨等方面，均存在不同程度的不足。

在学术期刊质量评价活动中，学术期刊缺乏主体意识，被动评价居多，在三大体系建设中的探索还不充分。学术期刊作为学术出版生态环境中的重要主体，应充分发挥主观能动性、创造性和创新精神，主动作为，以期营造高质量发展所需的生态环境。

7.4 面向出版流程的我国学术期刊高质量发展路径

7.4.1 确立科学、系统、明确、规范的高质量发展目标

本书认为，学术期刊质量涉及微观和宏观两个层面。在微观层

① 姬建敏. 改革开放 40 年高校哲学社科学术期刊的分期、特征与经验[J]. 河南大学学报(社会科学版)，2018(6)：140-149.

面，学术期刊质量控制是指学术期刊通过注册、把关、传播、存档的固有特性满足读者获取时效性强、具有创新价值的文章和作者快速发表文章、广泛传播已完成学术资本转化的需求。在宏观层面，学术期刊质量控制需在微观基础上，协调自身情况、时代使命和社会责任以及可持续发展问题。具体而言，学术期刊质量建设包括期刊收录与排名目标、三大体系建设、一流期刊建设以及期刊出版管理机制建设。

①微观层面。确定期刊收录与排名目标。经过本书问卷调查可知，无论是专职编辑还是主编、副主编群体，均将期刊被收录情况、期刊实力列为期刊获取优质稿源的第一条件，这是基于当下我国学术期刊发展面临的现实环境制约的反射。随着学术期刊进一步发展，期刊收录和排名的竞争将会演化为期刊吸引力的竞争，合理确定期刊收录与排名目标，是适应当下期刊发展和竞争的必要之举；同时，应兼顾期刊吸引力建设，包括期刊品牌形象、期刊投稿服务、期刊审稿服务、期刊出版周期、期刊用稿机制和读者群建设。

②宏观层面。应将三大体系建设与一流期刊建设纳入学术期刊高质量发展目标的内涵。习近平总书记关于"三大体系"建设的重要论述，成为中国哲学社会科学繁荣发展的指导方针。哲学社会科学是人们认识世界、改造世界的重要工具，是推动历史发展和社会进步的重要力量，"三大体系"建设是哲学社会科学发展的重要抓手。[①] 从关于三大体系建设的已有的代表性研究成果载体来看，主要研究成果均发布于《光明日报》《人民日报》、中国社会科学网，我国社科学术期刊在三大体系建设研究成果的及时挖掘和选题策划上表现较为迟缓、被动。作为我国哲学社会科学建设的重要抓手，我国广大社科学术期刊应尤为鼓励、关注三大体系建设相关研究成果，承担时代使命和社会责任。打造国内国际一流期刊是一个长期的、循序渐进的过程，主编的带动与引领至关重要，是建设一流科技期刊的责任主体。同时，一流期刊的建设路径应是中英文兼顾、

---

①　蔡雨荷，刘婷婷 ."三大体系"建设引领哲学社会科学迈向未来［EB/OL］.［2023-01-22］. http：//www. nopss. gov. cn/n1/2021/0515/c437517-32104208. html.

硬实力和软实力兼备，需要战略上的筹备与顶层设计支撑。

期刊若着眼于未来和可持续发展，需优化与健全期刊出版管理机制建设。期刊出版管理机制涉及的主体、对象及环节较多，是保障期刊出版管理符合国家规定、期刊正常运转和可持续发展的必要条件。健全、完备、落实到位的期刊出版管理机制有利于形成高效、有序、富有活力的出版流程，能较好地满足作者快速发文、广泛传播的需求，是期刊提升质量的最有效途径。建立对优质稿件更具吸引力的用稿机制、认证和奖励明晰的审稿机制和审稿工作机制以及责权利明晰的三审三校机制，是学术期刊确立高质量发展目标的重要内容。

7.4.2 充分发挥各编辑主体在学术期刊高质量发展中的主导作用

(1)编辑的创新精神和工作主动性是期刊高质量发展的生力军

学术期刊高质量发展、建设一流期刊和开展三大体系建设，仅仅依靠政策推动和编辑部的传统出版工作是远远不够的，勇于探索和创新是学术期刊高质量发展的必然要求，国内外一流期刊的发展实践充分说明了这一点。①在编委工作中的创新性探索。《中国天然药物(英文版)》(2003年创刊)出版第2年即被SCI收录，该编辑部在总结其成功经验时提到，编委在组稿、撰稿、审稿、推荐审稿人以及刊物宣传上作出了显著贡献，发挥了不可替代的作用。① 编委作用的充分发挥则得益于编辑部为编委作出的优质服务工作，具体包括为编委制作专业题录、为编委建立更新学术档案、针对编委贡献进行颁奖并宣传、通过学术会议为编委搭建学术交流平台，甚至还以编委名义向其指定有学术潜力的学生赠送刊物，延续师恩。②《分子植物》(*Molecular Plant*)创刊不到5年时间就跻身国际植物科学领域研究类期刊前5名，刊物在总结其成功经验时，认为

---

① 丁佐奇，郑晓南，吴晓明，等.《中国天然药物》被SCI收录感言[J].编辑学报，2012，24(4)：382-384.

② 丁佐奇，郑晓南，吴晓明.编委贡献源于编辑部做好编委服务工作：以《中国天然药物》为例[J].编辑学报，2011，23(4)：339-341.

"编委会会议是创新源泉"。该刊每年在国内或国外召开一次编委会或组织一次小型会议，充分发挥专家办刊的优势，及时调整办刊内容，追踪研究热点，创新办刊方式。① ②在组稿工作中的创新性探索。如《细胞研究》常务副主编李党生博士凭借自身的专业和编辑经验，帮助科学家在国际顶尖期刊上发表文章；通过为科学家提供帮助，与他们建立了平等互助的友谊；与刊物建立了友好关系的科学家，又反过来对期刊共建作出了自己的贡献——既给予优秀稿件的投稿，同时还积极主动为刊物约稿，并为刊物提供特殊审稿服务。③在期刊影响力建设中的创新性探索。爱思唯尔作为全球期刊数量和质量顶尖的世界知名学术出版集团，运营模式高度集团化、数字化、全球化、多元化和专业化，创新性地设立各种级别规模的奖项是爱思唯尔有效实现这些运营模式特殊黏合剂。② 如杰出审稿人奖，2014 年，爱思唯尔设计研发了审稿人认证平台（Reviewer Recognition Platform），该平台用户档案达到 40 万份，审稿人通过认证平台可以记录、追踪自己的审稿历史，自由选择公开或保密这些信息。杰出审稿人奖改变了审稿人"幕后英雄"的角色，让审稿人的付出为学术界认可，并为原本处于幕后和被埋没的审稿意见搭建理想的展示平台，促进学科的进步与发展。再如"中国高被引学者"榜单，爱思唯尔与各国政府或机构合作设立奖项，"中国高被引学者"榜单是其中之一。为了凸显在科学研究中表现优异的中国科研人员及其所属机构，表彰他们为推动全球科研创新、科学进步和社会发展作出的贡献，爱思唯尔推出"中国高被引学者"榜单，采用文献计量学方法对中国科学家在全球范围内的学术影响力进行统计后得出。此外，爱思唯尔还设立了 Reaxys 博士奖、爱思唯尔发展中国家早期职业女科学家奖、爱思唯尔早期职业研究员奖项系列及 Scopus 年轻研究员奖系列等奖项，这些奖项的设立或面

① 徐晶，崔晓峰，黄健秋.《分子植物》的办刊实践［M］//中国科协学会学术部.中国科协优秀国际期刊典型事例汇编.北京：中国科学技术出版社，2014：55.

② 郁林羲，郑晓南，丁佐奇.爱思唯尔出版集团全球设奖情况及策略评述［J］.出版科学，2020，28（2）：108-114.

向最需支持的早期研究人员、或面向集团本土化策略的当地政府、或面向学术出版行业的技术创新、或面向自主学术质量评价体系，可谓"弹无虚发"，堪称编辑创新精神和工作主动性的典范。

（2）运用国内外顶尖专家资源，组建和推广兼职编辑、特邀编辑、客座编辑岗位

英文学术期刊可根据稿源的国际地域分布情况，在稿源密集的国家和地区设置国际兼职编辑，负责各区域的组约稿、稿件处理和其他服务工作。如《材料科学技术》在美国、日本等发达国家发展海外编辑，负责当地的组稿和稿件处理工作，有效弥补了专职编辑的跨域办公和服务不足。《光：科学与应用》则在海外设立办公室，通过这一海外平台实施组约稿和学术服务工作，以提升该期刊的国际稿源质量、国际传播效果和国际服务水平。《生物工程学报》在组约专刊的过程中设立了特邀编辑来协助组织专刊，由国内专职编辑确定专刊主题，撰写征稿公告，特邀编辑负责组稿和稿件质量把关工作。《南京航空航天大学学报》邀请客座编辑参与"电力电子与电力传动"专刊出版，客座编辑所做的工作是协助编辑部将电子目次和文章链接发送给同行专家，以扩大专刊的点击率和下载率。[1]《中国农业科学》通过严格的流程（如选题、组稿、审稿、出版和宣传等）实施专刊出版，取得了良好的学术影响和社会反响。[2]《清华大学学报自然科学版（英文版）》编辑部紧跟科技发展动向，聘请了世界各地50多位计算机和电子工程学专家担任特约编辑，利用其学术影响力组约优质稿件，组织出版了近30期反映信息领域最新研究成果的专辑和专栏。[3]

（3）将编委组建和运转工作分层、细化，充分调动各类编委力

① 李明敏，张晗，蔡斐. 中文学术期刊作者群分类培养策略：以《航空学报》为例[J]. 中国科技期刊研究，2019，30（1）：60-63.

② 杨鑫浩，李云霞，岳梅. 综合性期刊专刊出版的实践：以《中国农业科学》为例[J]. 中国科技期刊研究，2020，31（3）：323-330.

③ 陈禾. 英文科技期刊专题策划实践探索：以《清华大学学报自然科学版（英文版）》为例[J]. 科技与出版，2018（10）：47-52.

量办刊

①组建高水平的国际化编委团队。增加国际编委比例、优化国际编委管理和激励制度，激发国际编委组约稿热情，以实现国际组稿质量和规模快速提升。国内很多英文期刊十分重视国际编委的建设，利用国际编委的学术影响力在海内外广泛组织高质量稿件，如《矿业科学技术学报(英文版)》的编委会成员来自15个国家；《能源化学(英文)》邀请国际专家学者共同担任主编；《国际自动化与计算杂志(英文)》在明确编委会职责的基础上，对管理制度进行规范以充分发挥国际编委的作用；《颗粒学报》外籍编委占编委总数的50%，其中有十多位外籍编委先后作为客座主编为期刊组织了十几期专辑；《分子植物》国际编委比例高达70%，稿件覆盖国家和地区多达50个。整体看来，优秀的国际编委团队在国际范围内的专栏专刊组稿工作上发挥了积极而持续的作用。

②吸纳华人科学家担任期刊编委。当前，诸多优秀英文学术期刊依托国内科研优势，瞄准国际前沿动态，充分调动海内外优秀华人科学家的积极性，为其搭建国际优秀学术服务平台，广纳国外优秀成果。如《纳米研究》是清华大学出版社依托清华大学优势学科创办，由清华大学校友、美国科学院院士戴宏杰教授和清华大学教授李亚栋院士共同担任主编，同时吸纳了一大批在国际纳米领域正处于上升期的业界新星加入编委会，充分调动起海内外清华校友的办刊热情，积极筹划和组织专题约稿。《光：科学与应用》充分调动在国际学术舞台上有重大学术贡献的海外华人学者，为其提供报效祖国的一流平台。杂志创刊之初，科学家顾敏便以一颗赤子之心欣然接受邀请成为首届编委，不仅抽时间参与稿件审稿工作，而且积极向该刊贡献自己研究团队的高质量论文。

③充分发挥中青年编委会的特点与力量办刊。办刊工作中积极寻找愿意直接参与办刊的青年科学家，并及时将其纳入中青年编委会，逐渐形成编委会组约稿制度化是当前诸多优秀学术期刊提升专家组约稿效果的重要举措。如《中国有色金属学报》从长江学者、国家杰出青年基金学者、"973计划"首席科学家和"863计划"首席科学家中遴选一批对期刊工作热心的、工作在科研一线的优秀中青年专家充实编委会队伍，增强编委会的活力，并委以相应的组稿工

作。《植物学报》编制了《编委会章程》《编委手册》等制度化规范，特别对主编和编委的审稿、约稿工作任务和考核要求做了详细规定。

7.4.3 着力质量控制对象的优选与传播加工，充分发挥微笑曲线理论作用

微笑曲线理论(Smiling Curve)是 1992 年施振荣先生为"再造宏基"提出的一种发展战略。通俗地说，即在两端朝上的微笑嘴型曲线上，处于曲线两端的是研发与设计、营销与服务环节，这两个环节可以创造出更高的附加价值。[①] 微笑曲线理论产生后，在实践中不断丰富与发展。学术期刊出版流程质量控制的对象包括获取的稿源(作者所投稿件及组稿稿件质量)、稿件质量把关、稿件编校、数字内容传播，根据微笑曲线理论，获取优质稿源和学术期刊内容传播工作处于曲线两端，可以着力加强。

第一，围绕国家重大方针决策、重要时间节点、行业热点难点问题开展选题策划。《出版科学》近年来先后围绕深入学习贯彻党的二十大精神、改革开放 40 周年、新中国成立 70 周年、出版学学科建设以及教材建设等问题，先后策划、设立了《深入学习贯彻党的二十大精神·出版人才培养专栏》《出版学学科建设专栏》《"一带一路"出版合作进展专栏》《建党百年专栏》等重点专栏和《中国古代科技文献整理出版七十年回望(1949—2019)》《新中国稿酬制度变迁：历程、动因及启示》《我国中小学数字教材开发现状及发展建议：基于中小学数字教材典型产品调研的分析》《国外中小学数字教材发展与研究综述》《路径与特征：改革开放 40 年中国期刊业发展回望》《改革开放 40 年：出版人才转型成长之路》《与改革同行：武汉大学出版学高等教育发展研究》《出版硕士专业学位的由来、现状与发展》等重要文章，其中，《建党百年专栏》《深入学习贯彻党的二十大精神·出版人才培养专栏》先后获湖北省期刊发展扶持基金资助，《新中国稿酬制度变迁：历程、动因及启示》《国外中小

[①] 施振荣 . 微笑曲线，缔造永续企业的王道[M]. 上海：复旦大学出版社，2014：15-17.

学数字教材发展与研究综述》《出版硕士专业学位的由来、现状与发展》等多篇文章被中国人民大学复印报刊资料全文转载。

第二，锁定同类期刊高被引论文作者，建立高水平作者组稿数据库。高质量的组稿工作需要追踪了解同类期刊的影响力、高被引论文分布特征，以更好地指导组约稿工作。如《植物学报》锁定国际植物学同类期刊《实验植物学杂志》(*Journal of Experimental Botany*)的高被引论文作者，并对《植物》(*Plant*)、《植物细胞》(*The Plant Cell*)、《植物杂志》(*The Plant Journal*)等国际植物学领域高水平期刊的作者进行追踪，将高水平作者纳入组稿数据库，拓展高水平学者约稿范围和力度。① 《颗粒学报》则利用 ScienceDirect、Springer Link 等平台，查询相关期刊中本专业方向的高影响力论文及作者，有针对性地向目标作者约稿。

第三，实地走访国内重点高校、研究所及各级重点实验室，深入科研一线组稿。为吸纳更多的优质稿件，学术期刊编辑应根据自身办刊实际，参照学科平台布局、稿源分布、审稿人及读者兴趣等有计划地访问国内外重点高校、科研机构及其他重点研发平台，与专家、读者面对面交流，通过一系列宣传活动提高期刊的显示度，广泛组织优质稿源。如《中国药理学报》走进多所高校、研究所及重点实验室开展宣讲活动，访问过的科研单位半年内来稿平均增加了近1/3，稿件质量明显提升。② 《中国航空学报》编辑团队则在近年来走访了近40家航空航天科研单位和重点高校。期刊宣讲后，相关单位的投稿数量涨幅明显，访问单位撰稿质量和规范也有了显著提升。③ 此外，通过与科研人员面对面的交流，办刊人员在组织优质稿源的同时，也广泛收集了专家和读者的诸多意见和建议，为下一步提升期刊质量指明了方向。

① 张广萌，张昕. 英文科技期刊组约稿优化路径探索：以"中国科技期刊国际影响力提升计划"A类期刊为例[J]. 出版广角，2019(5)：21-24.
② 郁林羲. 科技期刊客座编辑制度实践与探索：以《中国天然药物》为例[J]. 中国科技期刊研究，2019，30(12)：1330-1335.
③ 李明敏，张晗，蔡斐. 中文学术期刊作者群分类培养策略：以《航空学报》为例[J]. 中国科技期刊研究，2019，30(1)：60-63.

第四，应用国际主流传播技术增强数字内容身份识别。第三方推广软件酷多(Kudos)和社媒影响计量学软件(Altmetrics)是当前国际主流出版商广泛应用的论文推广与阅读、引用跟踪软件。酷多是一款文献推广软件，服务于作者、出版机构和资助机构，受到学术出版领域的极大肯定。① 研究人员通过免费注册和简单操作，即可实现论文的多渠道推广，并通过酷多获得文献的阅读、下载、被引和来自社交媒体的计量数据。② 在互联网环境下，每天有数以万计的学术交流发生，这些交流包括阅读、转发、引用等行为，社媒影响计量软件(Altmetric)能将这些数据进行跟踪，形成一篇完整翔实的社交媒体计量报告，并向出版商、作者、研究机构和资金资助单位提供。③ 海量数据的出现使得学术期刊不仅要通过元数据标识符来对数字内容进行规范与管理，更是帮助研究人员鉴别信息来源和信息质量的重要途径。目前，在数字对象标识符、出版记录、开放者和研究者贡献标识符、开放式参考文献链接系统、基金资助者信息查询5项应用较为广泛、具有国际规范性的元数据标识符中，我国学术期刊可通过第三方代理机构分批、分步骤实施。

第五，加强数字内容加工意识提升数字内容质量。目前，我国除少部分与国外出版商合作的学术期刊借助国外出版商成熟的数字出版技术开展语义出版外，由于排版软件的限制，大部分学术期刊鲜有开展。当下，我国学术期刊应加快排版软件的升级，使其尽快实现 XML、HTML 排版。尽管语义出版的发展存在诸多障碍，但期刊编辑部仍应注重改进出版流程、关注语义技术在丰富期刊论文表现形式、提高内容的可操作性和交互功能以及增强信息和知识的关联度方面发挥的作用。④

---

① the MIT Press Partners with Kudos[EB/OL].[2023-01-24]. http://www. mitpressjournals. org/page/kudos.

② How does Kudos Work?[EB/OL].[2023-01-24]. https://growkudos. com/about.

③ Who's Talking About Your Research?[EB/OL].[2023-01-24]. http://www. altmetric. com/.

④ 尚丽娜，刘改换，牛晓勇. 提升网络学术期刊传播能力的实践与思考[J]. 出版科学，2016(1)：82-85.

7.4.4 系统优化出版流程中的出版管理机制

(1)建立快速发稿机制

发表时滞或出版周期的长短,是作者投稿时最为看重的因素之一。高效的出版周期对于科研竞争激烈的科技类学术期刊来说,在争取优质稿源上的意义更为重要。作者将稿件投稿于学术期刊后,希望以较短的周期收到审稿结果、尽快见刊。在提高刊物出版效率、建立快速发稿机制上,具体可从以下几个方面着手:第一,加快稿件处理效率,缩短稿件审稿周期;第二,根据刊物实际情况,考虑缩短刊期;第三,针对优质稿件,建立绿色通道与快速通道。国际同行十分重视论文的出版效率,如牛津大学出版社期刊在其330多种学术期刊中,80%的牛津期刊被 JCR 收录,超过50%的期刊在其学科领域排名前25%。① 尽管如此,它仍然将为研究人员提供最高效的学术交流活动视其为牛津大学出版社出版使命中的重要组成部分。②《细胞研究》在用稿机制上,为优质稿件开设"绿色通道"与"快速通道"服务,为刊物赢得了大批优质稿件,并因此赢得了良好的期刊声望。其具体做法是为来稿中国内外的优秀原创论文以及在国外期刊评审时受到不公正待遇的优秀论文提供快速审稿服务,最快72小时可以返回审稿意见。③ 刊物要让"绿色通道"和"快速通道"真正发挥作用,需要有一支专业素质过硬且敬业的编辑,能及时发现和受理且能辨别优质稿件;同时,还需要有关系良好的审稿专家队伍,能在繁忙的学术工作中,及时抽身为刊物作出认真负责的稿件审理工作。因此,建立绿色通道与快速通道,实质上是建立一支技能过硬的编辑与审稿团队。

---

① 立足于卓越的学术,致力于专业的服务[EB/OL]. [2023-01-24]. https://www.docin.com/p-1931781780.html.

② Oxford Journals Expanding the Press's Collection of High-quality Research Titles. Annual Report of the Delegates of the University Press 2012/13[R]. [2015-09-05].

③ 中国科协学会学术部. 中国科协优秀国际科技期刊典型事例汇编[M]. 北京:中国科协技术出版社,2013:4.

（2）建立审稿工作激励与认证机制

目前，审稿专家的审稿工作处于一种志愿工作状态。要激发审稿专家的审稿意愿和主观能动性，需在短期内建立审稿工作的激励机制，同时建立审稿工作的长期认证机制。①审稿工作激励机制。在网络不发达以前，审稿人可以通过审稿要比普通读者至少提前半年、第一时间接触最新的科学思想与科学发现①；很多审稿人的审稿数量较多，常常占据大量的工作和休息时间，学术贡献未得到正式认可。② 因此，审稿工作激励机制急需根据时代的变化进行调整。在每年年末的刊物中公布优秀审稿人名单并给予证书奖励，同时还可将部分优秀专家审稿人充实到编委会团队中。③《力学进展》是中国国际影响力优秀学术期刊，该刊每两个月进行一次常务编委定稿会，会议对审稿专家的工作进行打分，针对审稿态度端正、审稿质量较高的审稿专家进行奖励，奖励方式包括审稿费提高50%、赠送刊物、在刊物上公布优秀审稿专家名单等，极大地激发了审稿专家工作的积极性与责任心。④ ②审稿工作认证。传统酬谢专家的方式，局限之一便是付出的劳动不能得到所在学术群体的适当认可。⑤ 审稿工作认证能有效弥补审稿专家在审稿工作中获得学术认可的缺陷，国内已有部分学术期刊作出了有益尝试。⑥

---

① 黄秀清. 揭开审稿人的神秘面纱[EB/OL].[2015-12-27]. http：//blog. sciencenet. cn/home. php？ do＝blog&id＝421431&mod＝space&uid＝480705.

② 陈晓峰，蔡敬羽，刘永坚. 科技期刊同行评议中审稿人激励措施研究[J]. 中国科技期刊研究，2019，30(11)：1157.

③ 曾思红. 论学术期刊审稿专家队伍的素质培养[J]. 中国科技期刊研究，2009，20(5)：923-924.

④ 中国科协学会学术部. 中国科协精品科技期刊典型事例汇编[M]. 北京：中国科学技术出版社，2013：23.

⑤ Fay Ling. Improving Peer Review：Increasing Reviewer Participation[J]. Learned Publishing，2011，24(3)：231-233.

⑥ 《编辑学报》表彰优秀编委、优秀审稿人、优秀论文[EB/OL].[2023-01-24]. https：//mp. weixin. qq. com/s/M0B2zgJ45gU04GbOY18SCw.

（3）充实审稿专家数据库

可通过编辑部自建审稿专家数据库与审稿专家资源共享两种途径实现。①自建审稿专家数据库。自建审稿专家数据库并非简单地将审稿专家的数据进行机械罗列，而是对其审稿偏好、审稿工作品质等内容进行详细记载、动态更新的综合记录。审稿专家数据库的建立具有"吐故纳新"的功能，能增强审稿队伍的肌体活力。②审稿专家资源共享。Publons 是当下较为创新的审稿期刊专家联盟解决方案。审稿意见是审稿人的学术劳动成果，但在文章发表后，他们的审稿意见被彻底淹没了，造成专家审读意见的浪费。① Publons 通过专家资源共享思想提供了解决方案：平台建立了详尽的审稿人档案数据库，对审稿人工作进行统计和认证，并且对审稿人进行定期培训；Publons 制定规范的审稿制度，使同行评审更加开放，能够帮助期刊寻找合适的审稿人；Publons 制定了完善的审稿人激励机制，还与大学科研成果管理系统合作，将审稿人的评审工作纳入科研绩效。② 目前，审稿专家联盟作为审稿专家资源共享的形式，尚处于发展的起步阶段，仅作为审稿专家数据库的补充使用，但未来随着一系列机制的建立，如审稿工作的积累、存档、认证等，这种形式将会得到广泛应用与推广。我国学术期刊编辑部应尽快发展基于第三方软件平台的审稿专家资源共享模式，以应对互联网环境对同行评议的挑战，提高审稿质量与审稿效率。

7.4.5 在学术期刊高质量发展生态环境优化建设中主动作为

第一，积极融入主流期刊质量评价体系彰显期刊影响力。尽管不能将进入国内外主流学术期刊评价体系视为期刊质量上升的代名词，但不可否认的是，大部分进入其中的学术期刊，无论在论文的

①　赵萌. 让审稿人成为幕前英雄的 Publons：国际学术同行认可的评审记录平台[J]. 中国组织工程研究，2017，21（4）：490.

②　刘丽萍，刘春丽. Publons 管理模式对我国同行评审制度的启示[J]. 中国科技期刊研究，2018，29（7）：685.

规范性、内容质量以及刊物影响力方面，要优于尚未进入其中的同类期刊。进入国内外主流学术期刊评价体系，从某种程度上看，可以将其视为"期刊质量认证"体系的入围，既是对刊物过去一段时间学术影响力的肯定，更有利于刊物吸引优质稿源从而进一步提升刊物影响力。

第二，建立新型作者关系重塑学术生产主体地位。在当前的国内外学术期刊出版市场的竞争形式和数字环境下的学术交流与出版活动下，急须改善传统的坐等稿件上门、缺少主动性和经营意识的被动、松散状态，通过嵌入学术生产过程、跟踪学术前沿、了解专家的研究动态、主动约稿来建立互惠共赢的新型作者关系。优质稿源来源于作者，尤其是优秀的科研机构的一线研究者。学术期刊作为特殊的精神商品，应在生产过程中主动寻找优质"原材料"——论文。将学科一线的拜访、互动纳入工作日程，通过了解和跟踪本领域的前沿和有影响力的科学家，主动涉入论文创作环节。期刊编辑要深入科研一线，与优秀的科学家、专家建立密切联系，使他们愿意将优秀的稿件发表在刊物上。刊物的主编和编委由于其学术影响力，在了解学术前沿和科研动态上具有得天独厚的优势，如能加强对刊物的精力投入，主动为刊物约请和撰写优质稿源，则能达到事半功倍的效果。电子技术与信息科学工程师协会（The Institute of Electronic and Electronics Engineers，IEEE）的会员制做法可以为我国学术期刊在留住优秀作者资源方面提供借鉴。IEEE 将会员进行分级，通过晋升制实现会员升级，且在刊物上将作者会员等级进行标注。对应地，IEEE 为会员提供与其会员等级相称的服务，包括免费获得 IEEE 的 1~2 种学术期刊，以会员价订阅 IEEE 刊物；帮助会员与国际同行专家取得联系；拓展学术交流与合作；不定期发布专业领域的最新技术信息与会议消息。鉴于此，我国学术期刊可根据实际情况与作者建立长期合作关系。在作者投稿时，给予作者选择是否愿意成为会员的机会；在文章发表后阶段，根据会员对期刊贡献的大小，赋予权重分值，给予积分晋升。其贡献形态可包括文章被引频次、被转载频次、被摘编情况、获奖情况、投稿次数、引用本刊论文次数、帮助审稿次数、帮助组稿次数等，并分别给予论文同等质量下优先发表、赠送数字期刊、订阅优惠、推荐论文的机会等激励性增值服务回报。①

通过开展优秀论文评比遴选优秀研究成果、优秀编辑形成更加丰富的学术期刊质量评价体系和编辑激励机制。《细胞研究(英文版)》自 2009 年开始会同全球知名药企赛诺菲安万特评选上一年度刊登于该刊印刷版上的优秀原创论文(2 篇)和优秀综述论文(1 篇),并设置 5000 欧元、3000 欧元的奖金。在论文评奖的同时,还举行小型学术研讨会,邀请国内科学家到场报告交流,对于提升刊物影响力和凝聚优质作者都有较大助益。②《纳米研究(英文)》创立"纳米研究奖",举行一系列"纳米研究奖"宣传、征集和评选活动,2018 年的获奖人为美国西北大学教授查德·米尔金(Chad Mirkin)院士和中国科学院理化技术研究所江雷院士。《中国物理 B》设立优秀论文奖励制度,编辑部对已经发表的论文进行评奖,给获奖论文作者进行颁奖,极大地激发了获奖作者的撰稿热情。《岩石力学与岩土工程学报(英文版)》为培养和帮助青年学者健康成长,鼓励他们把最好的成果发表在我国英文期刊上,特为优秀学者和优秀论文设立了"钱七虎讲座"和"钱七虎论文奖",这些奖项的设置不仅调动了诸多科学家的赐稿和办刊热情,还能提升期刊的宣传力度,提高期刊国际国内知名度和影响力,促进优秀科研成果的及时、有效传播。优秀论文评选工作不仅能吸引优秀作者、作者的优秀成果从而增强刊物影响力,还能为打造"文章不写一句空"的学问环境形成积极影响。同时,当评价优秀论文形成学术氛围时,也形成了以学术质量为评价导向的学术期刊质量评价基石,从而成为扭转当前以影响因子评价为核心的学术期刊质量评价体系的重要基础。值得指出的是,优秀论文的遴选不应遗忘编辑在其中付出的努力与心血。

---

① 徐玲英. 我国科技期刊可以向 IEEE 学习的办刊策略[J]. 出版发行研究,2015(9):58-61.

② 中国科协学会学术部. 中国科协优秀国际科技期刊典型事例汇编[M]. 北京:中国科学技术出版社,2013:6.

完善学术不端防控与追惩机制以净化学术环境。国际学术出版伦理委员会对疑似学术不端的 13 种具体情况制定了清晰、明确的流程处理解决方案①，我国学术期刊编辑部可根据期刊实际有针对性地借鉴、应用，制定与国际接轨、条款明确的出版伦理制度并发布于官方网站上，以提醒作者在论文撰写过程中的伦理规范，有效防控学术不端。同时，作为配套方案，应尽快建立中文学术不端解决方案的第三方集成平台，营造惩处学术不端的社会氛围；引进具有版本更新功能(如 CrossMark)的元数据处理技术，便于读者在线阅读时，智能化检索修订本。

此外，以上路径需补充建立学术期刊质量反馈机制，包括各项路径建设的数据记录、数据反馈及定期质量检测与分析，以实现学术期刊质量控制的可持续改进。

---

① Flowcharts［EB/OL］.［2023-01-25］. http：//publicationethics. org/re-sources/flowcharts.

8 研究不足与展望

本书在已有研究的基础上，对面向出版流程的学术期刊质量控制问题展开了较为系统、深入的探究：从微观和宏观两个层面界定学术期刊质量控制的概念；通过 585 种 CSSCI 来源期刊的新媒体建设调研来探讨其融合出版建设概貌及学术期刊质量评价体系对学术期刊建设的导向作用；深度梳理我国学术期刊开展质量控制所处的外部生态环境；基于全国 28 个省、自治区、直辖市的 225 份有效问卷的数据基础形成我国学术期刊质量控制的现实基础；对学术期刊出版各环节的质量控制问题开展内涵、影响因素及典型案例(发展前沿)分析，针对我国学术期刊质量控制的现实基础、建设现状、取得成绩和存在问题，通过学术期刊高质量发展目标、学术期刊质量控制主体、学术期刊质量控制对象、学术期刊出版管理机制和学术期刊高质量发展外部生态环境两个层次、4 个维度提出可行性建设路径。

8.1 研究不足

本书主要的不足之处在于以下三点。

一是未能进一步从生态环境视角揭示学术期刊质量控制问题的深层次原因。面向出版流程的学术期刊质量控制得以充分发挥作用，需要一些必要条件，包括学术期刊主体克服倦怠与困难的强烈意愿、保障学术期刊流畅出版的各项机制以及取得阶段性胜利后获得认可使得学术期刊质量控制得以保持持续状态。这些必要条件，均离不开学术期刊外部生态系统对办刊主体和办刊活动的直接与间接影响。本书梳理并简要分析了当前我国学术期刊高质量发展外部生态环境中的宏观发展政策、产业政策以及人才政策，科研诚信问题以及治理进展，多元、互为补充但仍需进一步完善的学术期刊质量评价环境和学术期刊肩负的时代使命三大体系建设与一流期刊建设，但学术期刊质量控制活动在整个学术生产生态系统中的深层次运作规律有待进一步揭示。

二是本书仍缺少一定的数据基础和充分的研究案例。如我国各类学术期刊名录数据、编辑队伍建设数据、发行数据、新媒体建设数据缺乏，优秀的编校案例、策划案例以及优秀的编辑人才案例较为缺乏，其中，学术期刊主编及其出版工作探究的案例尤为缺乏。

三是本书研究展开的前提条件是学术期刊以当前形势得以稳定地存续下去。在学术出版领域，在既有的各环节已经出现了一些令人瞩目的创新：跨学科出版，如巨型期刊；审稿脱离学术期刊而以第三方平台为依托，如 Publons；去编辑化的尝试，如 eLife。开放获取及开放科学则是更早的关于盈利模式和发行方式的创新了。重要的创新已在本书中作了突出和专题介绍，尽管如此，学术期刊仍需对未来的学术出版创新保持密切关注，并不断加强自身的革新以不断满足用户需求、肩负时代使命。

由于个人水平和科研能力以及研究条件所限，本书仍存在诸多本节还未提及的不足之处。

8.2 研究展望

当前，学术期刊在全球范围内的发展呈现一定的阶段性特征，主要表现为数字出版已进入饱和状态，学术期刊的发展进入相对静止的阶段；学术期刊出版环节中的痛点在技术的助力下成为创新的增长点，创新的出版模式和平台仍未取代既有的学术期刊交流体系；期刊发展的步伐呈现出鲜明的类别差异，科技期刊在技术应用和全球化上普遍远超社科期刊的步伐。与此同时，我国学术期刊在强大的政策推动下，近年在一流期刊建设、科技期刊影响力提升和编辑人才队伍建设发展中取得了显著成绩、开展了有益探索；学术期刊质量评价产品不断推陈出新，形成互补态势；新媒体和新技术应用在传播工作中进展较为明显。综上，我国学术期刊基于自身生态环境和发展特点，在高质量发展问题上迎来了新的发展空间与机遇。我国学术期刊高质量发展作为一项基础性研究，未来 5 年可以从以下 6 个角度开展进一步探索。

一是生态环境建设应引起进一步关注。学术期刊的高质量发展离不开健康、良好、可持续的生态圈土壤，同时，学术期刊自身也是生态圈的重要成员。一方面，应加强学术生产生态环境的关注与研究，充分挖掘促进学术期刊高质量发展的生态环境特点；另一方面，我国学术期刊也应通过自身努力，为良好的生态环境形成作出应有的贡献，包括提供源源不断的期刊高质量发展、三大体系建设和一流期刊建设的卓越案例，加强学术出版伦理规范与追惩机制建设。

二是学术期刊质量评价方式与评价产品的进一步丰富。当前，我国学术期刊在影响因子数据上提供较为充分，但在编校质量、参考文献差错率等基本数据的获取上极为匮乏，导致开展具有健康引导价值的学术期刊质量评价困难重重。在当前政务公开、政府数据开放获取的大背景下，可考虑呼吁加强我国学术期刊编校质量审读结果公开、加强参考文献著录质量的检查与公开，为开发引导功能更加全面的学术期刊质量评价产品奠定坚实的基础。

三是平台建设应进一步扩充、丰富。包括一流期刊成果的发布平台和奖优罚汰数据平台应建立。一流的学术成果需要一流的平台支撑方能彰显其影响力，通过集约化平台追求更大的传播效益和更广泛的影响力。同时，关于期刊质量的公开数据应由第三方信息集成平台公布，以便于用户随时查阅，如负面清单共享、期刊名录、核心期刊来源期刊收录名单的信息集成、人力资源信息、获奖信息等。在数字经济和大数据环境下，平台建设应成为我国学术期刊建设的基础数字设施。

四是我国学术期刊出版创新应有进一步探索。云编辑、人工智能校对软件、人工智能参考文献校对软件、学术不端查重软件、青年编委建设、期刊分级目录、微信公众号传播等在出版流程、技术应用、新媒体传播、期刊质量评价以及主体建设领域的本土创新与成功探索，充分说明了我国学术期刊出版人的创新精神、对期刊事业发展倾注的执着与热爱，值得进一步发扬光大，广大学术期刊出版工作者应进一步探索在学术期刊出版流程中可能存在的创新空间和模式。

五是编辑职业研究应拓展创新精神和工作主动性的内涵。学术期刊编辑工作的隐匿性、助人性特征已得到较为充分的关注和研究，已成为大家广为接纳的编辑工作特征。但编辑工作中还有开拓性、创新性和思想性的一面，编辑职业的研究范畴应扩大编辑职业的研究内涵，将编辑工作深层次的特点予以观察和研究，从而更加全面、深刻地揭示编辑工作的价值所在。

六是主编作为学术期刊出版工作的研究主体、出版主体应进一步凸显。当前，无论是研究主体还是案例主体，我国学术期刊中活跃的主编身影过于稀缺。主编作为学术期刊高质量发展的关键主体，发挥的主观能动作用应进一步得到凸显。

参 考 文 献

一、中文文献

1. 专著

[1][苏]А. Я. 列尔涅尔. 控制论基础[M]. 刘定一，译. 北京：科学出版社，1980.

[2]李欣午. 工程概论[M]. 北京：首都经济贸易大学出版社，2013.

[3][美]迈克尔·波特. 波特竞争三部曲之竞争优势[M]. 陈小悦，译. 北京：华夏出版社，2005.

[4][美]J. 佩帕德，[美]P. 罗兰. 业务流程再造[M]. 高俊山，译. 北京：中信出版社，1999.

[5][美]弗雷德里克·赫茨伯格，[美]伯纳德·莫斯纳，[美]巴巴拉·斯奈德曼. 赫茨伯格的双因素理论[M]. 张湛，译. 北京：中国人民大学出版社，2009.

[6]杨建良. 人的动力激励[M]. 上海：同济大学出版社，1994.

[7]郭庆光. 传播学教程[M]. 北京：中国人民大学出版社，1999.

[8]匡文波. 网络传播学概论[M]. 北京：高等教育出版社，2015.

[9]中国科学技术协会学会学术部. 国外科技社团期刊运行机制与发展环境[M]. 北京：中国科学技术出版社，2007.

[10]中国科协学会学术部. 中国科协优秀国际科技期刊典型事例汇编[M]. 北京：中国科学技术出版社，2014.

[11]中国科学技术协会.中国科协科技期刊发展报告(2011)[M].北京：中国科学技术出版社，2011.

[12]中国科协学会学术部.中国科协精品科技期刊典型事例汇编[M].北京：中国科学技术出版社，2013.

[13]中国科协学会学术部.中国科协优秀国际科技期刊典型事例汇编[M].北京：中国科学技术出版社，2013.

[14]中国科学技术协会.中国科协科技期刊发展报告(2014)[M].北京：中国科学技术出版社，2014.

[15]中国科协学会学术部.中国科协优秀国际期刊典型事例汇编.北京：中国科学技术出版社，2014.

[16]中国科学技术协会.中国科技期刊发展蓝皮书2018[M].北京：科学出版社，2018.

[17]中国科学技术协会.中国科技期刊发展蓝皮书2019[M].北京：中国科学出版社，2019.

[18]中国科学技术协会.中国科技期刊发展蓝皮书(2021)：开放科学环境下的学术出版专题[M].北京：科学出版社，2021.

[19]曾彦修.编辑工作二十讲[M].北京：人民出版社，1986.

[20]阙道隆.实用编辑学[M].北京：中国书籍出版社，1986.

[21]徐柏容.编辑创意论[M].天津：天津古籍出版社，1999.

[22]徐柏容.期刊编辑学概论[M].沈阳：辽海出版社，2005.

[23]宋应离.中国大学学报简史[M].郑州：中州古籍出版社，1988.

[24]邵益文.编辑的心力所向编辑工作和编辑学探索[M].贵阳：贵州人民出版社，2004.

[25]周国清.编辑学导论[M].长沙：湖南师范大学出版社，2008.

[26]吴平.编辑本论[M].武汉：武汉大学出版社，2005.

[27]吴平，钱荣贵.中国编辑思想史(上)[M].北京：学习出版社，2014.

[28]邵益文，周蔚华.普通编辑学[M].北京：中国人民大学出版社，2011.

[29]张积玉.编辑学新论[M].西安：陕西师范大学出版社，2003.

［30］向新阳. 编辑学概论［M］. 武汉：武汉大学出版社，1995.

［31］王振铎，赵运通. 编辑学原理［M］. 北京：中国书籍出版社，
1997.

［32］蒋学东. 学术期刊生态系统构建与治理［M］. 北京：经济科学
出版社，2022.

［33］崔建民.“作嫁衣者”说［M］. 北京：社会科学文献出版社，
2022.

［34］［英］IreneHames. 科技期刊的同行评议与稿件管理良好实践指
南［M］. 张向谊，译. 北京：清华大学出版社，2012.

［35］戴利华. 国外科技期刊出版案例研究［M］//国外科技期刊发展
环境. 北京：社会科学文献出版社，2007.

［36］阎现章. 中国古代编辑家评传［M］. 开封：河南大学出版社，
1996.

［37］邱炯友，林瑞慧. 学术期刊罗马化［M］. 新北：淡江大学出版
中心，2014.

［38］龚维忠. 现代期刊编辑学［M］. 北京：北京大学出版社，2007.

［39］邱均平，燕今伟，刘霞，等. 中国学术期刊评价研究报告：
RCCSE 权威期刊、核心期刊排行榜与指南［M］. 北京：科学出
版社，2011.

［40］陈建龙，等. 中文核心期刊要目总览(2020 年版)［M］. 北京：
北京大学出版社，2021.

［41］余树华. 学术期刊转型导论［M］. 北京：世界图书出版公司，
2013.

［42］孙中一. 新编质量管理学［M］. 北京：中国经济出版社，1990.

［43］徐佳宁. 数字环境下科学交流系统重组与功能实现［M］. 北
京：光明日报出版社，2010.

［44］李武. 开放存取的两种实现途径：OA 期刊和 OA 知识库［M］.
上海：上海交通大学出版社，2012.

［45］张聪. 大牌期刊路在何方：国际著名期刊的融合发展战略
［M］. 北京：清华大学出版社，2016.

［46］郝丹. 学术期刊传播模式的变迁与重构［M］. 北京：中国社会

科学科学出版社，2022.

[47]丁强. 高校学报编辑学研究[M].昆明：云南人民出版社，2007.

[48]张耀铭. 学术期刊与学术创新[M].郑州：大象出版社，2021.

[49]蔡鸿程，朱象清，陈瑞藻，等. 编辑作者实用手册[M].北京：中国标准出版社，2009.

[50]方卿，徐丽芳. 科学信息交流研究：载体整合与过程重构[M].武汉：武汉大学出版社，2005.

[51]徐丽芳，刘锦宏，丛挺. 数字出版概论[M].北京：电子工业出版社，2013.

[52]王晓光. 数字资产管理[M].北京：电子工业出版社，2013.

[53]施振荣. 微笑曲线，缔造永续企业的王道[M].上海：复旦大学出版社，2014.

[54]李德顺. 价值论：一种主体性的研究[M].北京：中国人民大学出版社，1987.

[55]默顿. 科学社会学[M].北京：商务印书馆，2003.

[56]全国哲学社会科学办公室. 中国特色哲学社会科学发展报告[M].北京：中国社会科学出版社，2021.

2. 学位论文

[1]冯蓓. 开放存取期刊质量控制研究[D].武汉：武汉大学，2010.

[2]郭钧. 整车制造企业生产过程质量控制及评价方法研究[D].武汉：武汉理工大学，2012.

[3]蓝华. 基于过程的科技学术期刊质量控制系统研究[D].哈尔滨：哈尔滨大学，2009.

[4]胡小洋. 国内学术期刊资助政策实施效果评价研究[D].武汉：武汉大学，2019.

[5]梁帅. 科学造价的成因分析与制度防控[D].北京：中国科学技术大学，2014.

3. 期刊论文

[1]邬书林. 坚持高质量发展服务创新型国家战略加快推进出版强

国建设[J]. 中国出版，2021(1).

[2]任胜利. 培育世界一流科技期刊背景下我国学术期刊国际竞争力的提升[J]. 科学通报，2019，64(33).

[3]王景周，崔建英，谭春林，等. COVID-19 研究成果在中国知网网络首发状况的调查与思考[J]. 中国科技期刊研究，2020，31(4).

[4]郎志正. 质量与标准漫谈[J]. 中国标准化，2000(5).

[5]周传敬. 借鉴 ISO9000 的管理思想加强科技期刊全面质量管理[J]. 中国科技期刊研究，2001，12(4).

[6]哀锋. CIMS 环境下车间级集成质量系统研究[J]. 计算机工程与应用，2006(31).

[7]杨保华，伍锦花，陈灿华. "卓越计划"背景下中文科技期刊编辑能力建设[J]. 编辑学报，2020，32(5).

[8]张之晔，张品纯，李伟. 新时代科技期刊编辑的核心素养要求是又红又专[J]. 编辑学报，2021，33(3).

[9]伍连德医学杂志之关系[J]. 中华医学杂志，1915，1(1).

[10]卢嘉锡. 既是"龙尾"也是"龙头"：要重视并做好科技期刊工作[J]. 中国科技期刊研究，1990，1(1).

[11]刘岭. 学术交流需求变化环境下的科技期刊服务趋势及策略[J]. 中国科技期刊研究，2015，26(3).

[12]张志强. 高质量发展视域下核心期刊评价体系完善之我见[J]. 河南大学学报(社会科学版)，2020(4).

[13]丛挺. 技术与商业视角下数字出版发展阶段研究[J]. 出版发行研究，2015(9).

[14]何琳，常颖聪. 国内外科学数据出版研究进展[J]. 图书情报工作，2014，58(5).

[15]欧阳峥峥，青秀玲，顾立平，等. 国际数据期刊出版的案例分析及其特征[J]. 中国科技期刊研究，2015，26(5).

[16]张彤，周云霞，蔡斐，等. 学术期刊同行评议的历史演进[J]. 中国科技期刊研究，2019，30(6).

[17]邱均平，陶雯. 国内外开放存取期刊质量研究现状探析[J].

情报杂志，2009(2).

[18] 王丰年. 论我国数字学术期刊的评价[J]. 出版发行研究，2015(7).

[19] 任翔. 学术出版的开放变局：2014 年欧美开放获取发展评述[J]. 科技与出版，2015(2).

[20] 徐丽芳，方卿. 基于出版流程的开放存取期刊学术质量控制[J]. 出版科学，2011(6).

[21] 卫晓婧. 科技期刊传播力提升研究：以《中国农村水利水电》网络首发为例[J]. 出版科学，2022，30(5).

[22] 蔡雯，王学文. 角度 视野 轨迹：试析有关"媒介融合"的研究[J]. 国际新闻界，2009(11).

[23] 蔡雯. "专家型"记者和"融合型"编辑：浅谈美国新闻人才培养模式的变化[J]. 今传媒，2005(10).

[24] 朱琳，张晓宇，刘静，等. 中国科学院科技期刊融合出版现状调研与分析[J]. 中国科技期刊研究，2019，30(6).

[25] 刘永强，杨嘉蕾，杨乐，等. 科技期刊网络首发的实践与思考：以《热力发电》为例[J]. 编辑学报，2019，31(6).

[26] 张海生，蔡宗模，吴朝平. 学术期刊媒体融合发展：历程、问题与展望[J]. 中国编辑，2018(1).

[27] 朱琳，张晓宇，刘静，等. 中国科学院科技期刊融合出版现状调研与分析[J]. 中国科技期刊研究，2019，30(6).

[28] 杜焱，蒋伟，季淑娟，等. 中国高水平科技期刊微信公众号运营现状及提升策略[J]. 编辑学报，2020，32(2).

[29] 周小玲，侯春梅，黄爱华，等. 我国百强中文科技期刊 XML/HTML 出版现状调研与分析[J]. 中国科技期刊研究，2019，30(1).

[30] 林穗芳. "编辑"词义从古到今的演变(上)[J]. 编辑学刊，2001(2).

[31] 程晶晶，赵玉山. 出版业薪酬福利现状与影响因素调查分析[J]. 现代出版，2021(2).

[32] 徐前进，彭国庆. 编辑"替人作嫁"精神探析[J]. 武汉科技大

学学报(社会科学版)，2000（3）.

[33]沈园园，仇瑶琴，袁长蓉.上海市部分高校学报编辑职业倦怠与睡眠质量的相关性[J].中华医学图书情报杂志，2013，22（4）.

[34]姬建敏.改革开放40年高校哲学社科学术期刊的分期、特征与经验[J].河南大学学报(社会科学版)，2018(6).

[35]毛红霞.教育部"名栏建设工程"的分布及未来建设走向分析[J].出版科学，2016，24(2).

[36]秦前红，陶军.学术视域中的国家科研资助：以人文社会科学资助为主的考察[J].现代法学，2017，39(5).

[37]刘瑞明，赵仁杰.政府支持、制度变革与学术期刊进步：来自中国"名刊工程"的经验证据[J].经济学(季刊)，2020，19（2）.

[38]王岩，刘容光，董尔丹.国家自然科学基金重点学术期刊专项基金资助效果浅析[J].中国科学基金，2007(4).

[39]佘诗刚，曹启花，王琳，等.基于CI值的"中国科技期刊国际影响力提升计划"资助效果分析：以中国科学院英文科技期刊为例[J].中国科技期刊研究，2020，31(2).

[40]甘可建，刘清海，李扬杵.中国科技期刊国际影响力提升计划实施效果调查与对策建议[J].编辑学报，2018，30(2).

[41]许晓阳，马峥，顾泆玮."中国科技期刊国际影响力提升计划"1期绩效分析：以SCI收录期刊为例[J].中国科技期刊研究，2017，28(11).

[42]张月红.科学家喜欢什么样的学术期刊：试以国家自然科学基金重点学术期刊资助项目——《浙江大学学报》(英文版)创办10周年为例[J].中国科学基金，2010(5).

[43]程维红.国家自然科学基金重点学术期刊专项基金强有力推动《作物学报》发展[J].中国科学基金，2007(3).

[44]朱剑，王文军.国家社科基金资助学术期刊的作用与前景：基于CSSCI数据的分析[J].社会科学战线，2017(7).

[45]尚利娜，牛晓勇，刘改换.我国"双一流"建设高校学术期刊

与一流学科建设关系分析[J]. 中国科技期刊研究，2019，30（9）.

[46] 魏众，蒋颖. 中国人文社会科学期刊撤稿问题研究[J]. 澳门理工学报（人文社会科学版），2020（4）.

[47] 姚长青，田瑞强，杨冬雨，等. 撤销论文及其学术影响研究[J]. 中国科技期刊研究，2014，25（5）.

[48] 魏众，蒋颖. 中国人文社会科学期刊撤稿问题研究[J]. 澳门理工学报（人文社会科学版），2020（4）.

[49] 温凤英. 高校科技期刊网站出版伦理制度建设研究[J]. 中国科技期刊研究，2020，31（2）.

[50] 常唯，张莹，白雨虹. 期刊编辑部在做好出版伦理防控中的责任：Light：Science & Applications 的实践探索[J]. 中国科技期刊研究，2019，30（1）.

[51] 孟美任，彭希珺，华宁，等. 中文学术期刊学术诚信控制机制应用现状调查[J]. 中国科技期刊研究，2015，26（12）.

[52] 张朝军. 读者群落：学术期刊面向对象的科学传播[J]. 编辑学报，2018，30（5）.

[53] 王奕. 人文社会科学学术期刊评价指标体系研究多元化开放的新思路[J]. 图书馆学刊，2010（11）.

[54] 朱兵. 特征因子及其在 JCR Web 中与影响因子的比较[J]. 情报杂志，2010（5）.

[55] 赵星. 期刊引文评价新指标 Eignfactor 的特性研究：基于我国期刊的实证[J]. 情报理论与实践，2009（8）.

[56] Ronald Rousseau. The Journal Impact Fact, the DOARA Declaration and the Leiden Manifesto：Comments and Observations[J]. 图书情报知识，2016（1）.

[57] 韩启德. 中国要办自己的学术期刊[J]. 科学通报，2009，54（18）.

[58] 高福. 建设中英文兼顾的世界一流科技期刊体系：在中国科学技术期刊编辑学会 2019 年学术年会上的报告[J]. 编辑学报，2019，31（5）.

［59］中国离国际一流期刊有多远？［J］.科技传播，2018（17）.

［60］张海生.世界一流科技期刊的建设模式与中国抉择［J］.编辑学报，2021，33（5）.

［61］程磊，张爱兰，李党生.国际化视角：Cell Research 办刊经验点滴［J］.中国科技期刊研究，2010，21（5）.

［62］刘天星，武文，任胜利，等.中文科技期刊的现状与困境：问卷调查分析的启示［J］.中国科学院院刊，2019，34（6）.

［63］吴晓丽，陈广仁.建设世界一流科技期刊的策略：基于 Nature、Science、The Lancet 和 Cell 的分析［J］.中国科技期刊研究，2020，31（7）.

［64］吴晓丽，陈广仁.建设世界一流科技期刊的策略：基于 Nature、Science、The Lancet 和 Cell 的分析［J］.中国科技期刊研究，2020，31（7）.

［65］魏佩芳，包靖玲，沈锡宾，等.国外顶级医学期刊的数字化及新媒体平台发展现状：以《柳叶刀》系列期刊为例［J］.中国科技期刊研究，2020，31（2）.

［66］程磊，汪劼，徐晶，等.eLife 期刊特点及其学术质量［J］.中国科技期刊研究，2015，26（3）.

［67］王燕."中国科技期刊国际影响力提升计划"对科技期刊影响力提升效果的评价研究［J］.中国科技期刊研究，2018，29（10）.

［68］陈振英，刘梦琪."中国科技期刊国际影响力提升计划"实施效果分析：基于近 6 年期刊计量指标的分析［J］.中国科技期刊研究，2019，30（10）.

［69］裴栓保.谈学术期刊编辑选稿的五个视角［J］.编辑之友，2014（11）.

［70］任全娥.中国人文社会科学论文评价指标体系实证研究［J］.社会科学管理与评论，2011（2）.

［71］刘荣军.论当前学术期刊困境的编辑主体性原因及对策［J］.编辑之友，2005（1）.

［72］莫京，马建.中国科技期刊质量评价与存在问题：基于科学家

问卷调查[J].中国科技期刊研究，2012，23(6).

[73]梁春慧，孙艳，万跃华.高被引论文的参考文献特征研究：以化学领域为例的实证分析[J].科技与出版，2014(7).

[74]王德.如何选择合适的杂志投稿[J].中国医师杂志，2003.

[75]徐刘靖，张剑.电子预印本系统隐性质量控制机制研究[J].图书情报工作，2007(5).

[76]龙协涛.学术繁荣与期刊主编[J].北京行政学院学报，2007(4).

[77]高虹.大数据时代学术期刊高质量发展问题透视[J].中国科技期刊研究，2020，31(12).

[78]韩燕丽.主编在学术期刊建设中的作用：以 Nano Research 为例[J].科技与出版，2012(9).

[79]冯韬.国际合作出版英文科技期刊的现状和未来[J].出版广角，2015(8)(上).

[80]陈翔.学术期刊编委会履行职责中常见问题分析[J].编辑学报，2007，19(6).

[81]耿璐，杨萍，陈惠，等.高质量的研究才能出高水平的论文："美国—中国专业作者工作坊"记实[J].中华临床营养杂志，2012，20(5).

[82]朱大明.审稿对科技期刊论文质量的创造性贡献[J].中国科技期刊研究，2008，19(5).

[83]张晓林.提高学术期刊的合规标杆[J].中国科技期刊研究，2015，26(1).

[84]宫福满.科技期刊提高专家审稿质量的编辑措施[J].中国科技期刊研究，2003，14(3).

[85]金伟.审稿人谈审稿[J].中国科技期刊研究，2002，13(2).

[86]占莉娟.科技期刊审稿人的审稿动因分析[J].中国科技期刊研究，2015，26(4).

[87]刘潇.如何让专家欣然、高效、准确地审稿[J].中国科技期刊研究，2013，24(4).

[88]李秀敏.实现科技论文高质量快速审稿的一点体会[J].中国

科技期刊研究，2012，23(4).

[89]巢乃鹏，胡菲. 学术期刊的同行评议：基于审稿专家和作者的
比较研究[J]. 中国科技期刊研究，2012，23(4).

[90]周星群，柳燕，李莉. 论期刊的科学精神及科学价值[J]. 编
辑学报，2002，14(2).

[91]徐海丽，刘志强，陈光宇. 美国 SIAM 期刊的审稿机制及对中
国应用数学类期刊的启示和改进建议[J]. 中国科技期刊研究，
2013，24(5).

[92]荆卉.《Science》的选稿标准、审稿过程及其电子版[J]. 中国
科技期刊研究，1998，9(2).

[93]李群，袁桂清. 科技期刊审稿偏倚及其控制[J]. 中国科技期
刊研究，2001，12(4).

[94]王颖，孔爱英，朱蓓. 科技期刊审稿标准一致性的影响因素及
对策[J]. 2014，25(12).

[95]罗伟清. 同行专家审稿行为的后评价分析[J]. 中国科技期刊
研究，2015，26(6).

[96]朱美香. 遏制审稿失范，提高审稿质量[J]. 编辑学报，2004，
16(3).

[97]陈斌. 专家审稿中存在的问题和解决对策[J]. 编辑学报，
2006，18(6).

[98]朱大明. 同行专家审稿质量复合控制机制的探讨[J]. 中国科
技期刊研究，2011，22(5).

[99]彭凌. 双向匿名审稿制度在医学期刊审稿中的缺陷和对策[J].
中国科技期刊研究，2012，23(1).

[100]彭洁，贺德方，张英杰. 数字出版环境中科学数据引用的实
现路径及策略调查分析[J]. 出版发行研究，2014(4).

[101]李小燕，田欣，郑军卫，等. 我国数据出版前景探析[J]. 中
国科技期刊研究，2015，26(8).

[102]吴立宗，王亮绪，南卓铜，等. 科学数据出版现状及其体系
框架[J]. 遥感技术与应用，2013，28(3).

[103]黄晓磊，乔格侠. 生物多样性数据共享和发表：进展和建

议[J]. 生物多样性, 2014, 22(3).

[104] 曾思红. 论学术期刊审稿专家队伍的素质培养[J]. 中国科技期刊研究, 2009, 20(5).

[105] 李晓. 影响科技期刊论文专家审稿质量的因素分析[J]. 中国科技期刊研究, 2014, 25(11).

[106] 施才能. 选准审稿专家是确保审稿质量的关键[J]. 编辑学报, 1995, 7(4).

[107] 赵丽莹, 冯树民, 刘彤, 等. 如何选择"小同行"审稿专家[J]. 编辑学报, 2007, 19(1).

[108] 朱大明. 略论专家审稿的责任意识[J]. 中国科技期刊研究, 2007, 18(1).

[109] 巢乃鹏, 何椿. 学术出版研究新进展: 基于 Journal of Scholarly Publishing 和 Learned Publishing 的内容分析[J]. 现代出版, 2012(7).

[110] 杨丽君. 关于审稿制度的思考[J]. 中国科技期刊研究, 2003, 14(1).

[111] 李亚卓. 处以学术期刊出版中的同行评议制度[J]. 出版广角, 2015(8).

[112] 李晓. 影响科技期刊论文专家审稿质量的因素分析[J]. 中国科技期刊研究, 2014, 25(11).

[113] 张元芬, 俞军, 杨志明. 正确认识和处理科技期刊编校合一[J]. 中国科技期刊研究, 2000, 11(6).

[114] 董子源. 数字化时代科技类学术期刊编校质量控制浅析[J]. 出版与印刷, 2015(2).

[115] 李俊勇, 吴群. 中国古代编辑特征浅论[J]. 编辑之友, 1995(3).

[116] 饶华. 提高科技期刊编校质量的几点想法[J]. 医学情报工作, 2003(6).

[117] 邓建元. 也谈怎样避免编校错误[J]. 中国科技期刊研究, 2005, 16(4).

[118] 李文洁. 社会科学期刊编辑校对工作刍议[J]. 辽宁行政学院

学报，2011(9).

[119]贾翠娟. 发动作者共把文章编校质量关[J]. 中国科技期刊研究，2013，24(3).

[120]柯文辉，林海清，翁志辉. 学术期刊清样作者校对环节中编辑的工作要点[J]. 编辑学报，2013，25(1).

[121]叶继元. 学术期刊与学术规范[J]. 学术界，2005(4).

[122]王珍. 学术期刊论文摘要撰写与著录规范调查分析：以编辑出版类 CSSCI 期刊为例[J]. 科技与出版，2013(11).

[123]付中静，刘雪立，张新，等. 河南省 105 种科技期刊编校质量审读差错分析[J]. 中国科技期刊研究，2011，22(5).

[124]李丽，陈雪峰，袁建平. 编辑的主体性与期刊质量[J]. 经济研究导刊，2008(6).

[125]李玉恒. 编辑职业倦怠产生的原因及应对策略[J]. 河南大学学报(社会科学版)，2005，45(5).

[126]徐前进，彭国庆. 编辑"替人作嫁"精神探析[J]. 武汉科技大学学报(社会科学版)，2000(3).

[127]沈园园，仇瑶琴，袁长蓉. 上海市部分高校学报编辑职业倦怠与睡眠质量的相关性[J]. 中华医学图书情报杂志，2013，22(4).

[128]程磊，徐佳珺，姜姝姝，等. 我国英文科技期刊编辑人才队伍现状及对策[J]. 中国科技期刊研究，2019，30(9).

[129]翁彦琴，靳炜，岳凌生，等. 中国科学院科技期刊青年编辑队伍现状及发展对策[J]. 中国科技期刊研究，2019，30(3).

[130]刘德生，俞敏. 新媒体环境中科技期刊编辑人才培养的探索研究[J]. 编辑学报，2018，30(3).

[131]于海琴. 问渠哪得清如许：记国际著名期刊《Applied Energy》主编严晋跃教授的办刊理念与智慧[J]. 编辑学报，2017，29(4).

[132]方卿，曾元祥. 基于技术视角的开放存取期刊学术质量控制框架[J]. 信息资源管理学报，2012(4).

[133]刘岭. 学术交流需求变化环境下的科技期刊服务趋势及策

略[J].中国科技期刊研究,2015,26(3).

[134]张晓林.科研环境对信息服务的挑战[J].中国信息导报,2003(9).

[135]董成悌,周维彬.面向服务的Web3.0网络[J].情报探索,2010(10).

[136]谢文亮,王石榴.学术期刊的传播力与传播力建设策略[J].中国科技期刊研究,2015,26(4).

[137]孙坦,黄金霞,张建勇,等.科学家国际化识别研究[J].图书情报工作,2015,59(1).

[138]赵庆峰,鞠英杰.国内元数据研究综述[J].现代情报,2003(11).

[139]尚丽娜,刘改换,牛晓勇.提升网络学术期刊传播能力的实践与思考[J].出版科学,2016(1).

[140]周阳.国内外预印本系统调研与启示[J].图书馆界,2021(3).

[141]刘凤红,彭琳.国际数据期刊的发展现状调查与分析[J].中国科技期刊研究,2019,30(11).

[142]魏航.商学教育的"三力":硬实力、软实力、巧实力[J].哈佛商业评论,2022(11).

[143]朱邦芬.高质量发展中国科技期刊是中国科技界和期刊界的使命:在"2020中国学术期刊未来论坛"的发言[J].编辑学报,2020,32(6).

[144]肖宏.论新时代科技期刊的质量要素与高质量发展[J].中国科技期刊研究,2020,31(10).

[145]喻阳.问题与愿景:当前我国人文社会科学学术生态暨期刊高质量发展刍议[J].中国编辑,2020(9).

[146]王晴,袁鹤.新形势下科技期刊发展路径:基于教育部、科技部印发的两文件的思考[J].编辑学报,2020,32(2).

[147]姬建敏.改革开放40年高校哲学社科学术期刊的分期、特征与经验[J].河南大学学报(社会科学版),2018(6).

[148]丁佐奇,郑晓南,吴晓明,等.《中国天然药物》被SCI收录

感言[J]. 编辑学报，2012，24(4).

[149]丁佐奇，郑晓南，吴晓明. 编委贡献源于编辑部做好编委服务工作：以《中国天然药物》为例[J]. 编辑学报，2011，23(4).

[150]郁林義，郑晓南，丁佐奇. 爱思唯尔出版集团全球设奖情况及策略评述[J]. 出版科学，2020，28(2).

[151]李明敏，张晗，蔡斐. 中文学术期刊作者群分类培养策略：以《航空学报》为例[J]. 中国科技期刊研究，2019，30(1).

[152]杨鑫浩，李云霞，岳梅. 综合性期刊专刊出版的实践：以《中国农业科学》为例[J]. 中国科技期刊研究，2020，31(3).

[153]陈禾. 英文科技期刊专题策划实践探索：以《清华大学学报自然科学版(英文版)》为例[J]. 科技与出版，2018(10).

[154]张广萌，张昕. 英文科技期刊组约稿优化路径探索：以"中国科技期刊国际影响力提升计划"A 类期刊为例[J]. 出版广角，2019(5).

[155]郁林義. 科技期刊客座编辑制度实践与探索：以《中国天然药物》为例[J]. 中国科技期刊研究，2019，30(12).

[156]李明敏，张晗，蔡斐. 中文学术期刊作者群分类培养策略：以《航空学报》为例[J]. 中国科技期刊研究，2019，30(1).

[157]陈晓峰，蔡敬羽，刘永坚. 科技期刊同行评议中审稿人激励措施研究[J]. 中国科技期刊研究，2019，30(11).

[158]曾思红. 论学术期刊审稿专家队伍的素质培养[J]. 中国科技期刊研究，2009，20(5).

[159]赵萌. 让审稿人成为幕前英雄的 Publons：国际学术同行认可的评审记录平台[J]. 中国组织工程研究，2017，21(4).

[160]刘丽萍，刘春丽. Publons 管理模式对我国同行评审制度的启示[J]. 中国科技期刊研究，2018，29(7).

[161]徐玲英. 我国科技期刊可以向 IEEE 学习的办刊策略[J]. 出版发行研究，2015(9).

4. 报纸

[1]詹媛. 29 种科技期刊进入国际前 10% 意味着什么[N]. 光明日

报，2021-05-17.

[2]松林. 英皇家学会《哲学会刊》：世界最早同行评议期刊[N].
中国社会科学报，2011-11-11.

[3]林炎. 光明谈：推动学术期刊繁荣发展，提高学术研究水
平[N]. 光明日报客户端，2021-06-26.

[4]国家新闻出版署. 报纸期刊质量管理规定[N]. 中国新闻出版
报，2020-06-19.

[5]张春海. 去痾扶正，学术期刊治理势在必行[N]. 中国社会科学
报，2012-07-04.

[6]曹秀英. 坚定方向完善评价面向国际：专家学者论道学术期刊
高质量发展[N]. 科技日报，2020-12-18.

5. 报告

[1]习近平. 高举中国特色社会主义伟大旗帜 为全面建设社会主义
现代化国家而团结奋斗：在中国共产党第二十次全国代表大会
上的报告[R]. 2022-10-16.

二、英文文献

1. 专著

[1]McQuail D, Windahl S. Communication Models for the Study of
Mass Communications[M]. London & New York，Longman 1981.

[2]L. Borgman. Scholarly Communication and Bibliometrics[M].
Newbury Park：Sage，1990.

[3]Martin Fishbein Icek Ajzen. Predicting and Changing Behavior：the
Reasoned Action Approach[M]. Psychology Press，2010.

[4]The Oxford English Dictionary（8d）[S]. Oxford：The Clarendon
Press，1978.

[5]Fredriksson. A Century of Science Publishing：A Collection of Es-
says[M]. Amsterdam：IOS Press，2001.

2. 期刊论文

[1]Pippa Smart. The past, Present and Future of Publishing：Obser-
vations to Celebrate ALPSP's 50th Year[J]. Learned Publishing,

2022(35).

[2]Christine L. Borgman, Jonathan Furner. Scholarly Communication and Bibliometrics[J]. Annual Review of Information Science and Technology, 2001(36).

[3]He Xiaojun, Chen Zhenying, Shen Huiyun. Chinese Scientific Journals: How They Can Survive[J]. Learned Publishing, 2012, 25(3).

[4]J. C. Burnham. The Evolution of Editorial Peer Review[J]. JAMA, 1990(263).

[5]Jefferson T., Wager E., Davidoff F. Measuring the Quality of Editorial Peer Review[J]. Journal of American Medical Association, 2002(287).

[6]Tella, A. Nigerian Academics Patronizing Predatory Journals Implications for Scholarly Communication[J]. Journal of Scholarly Publishing, 2020, 51 (3).

[7]Shehata, AMK and Elgllab, MFM. Where Arab social science and humanities scholars choose to publish: Falling in the Predatory Journals Trap[J]. Learned Publishing, 2018, 31 (3).

[8]Kurt, S. Why do Authors Publish in Predatory Journals? [J]. Learned Pubsihing, 2018, 31 (2).

[9]Matumba, L; Maulidi, F; Kaunda, E. Blacklisting or Whitelisting? Deterring Faculty in Developing Countries from Publishing in Substandard Journals[J]. Journal of Scholarly Publishing, 2019, 50 (2).

[10]Zhiwu Xu, Dandan Yang, and Bing Chen. Career Difficulties That Chinese Academic Journal Editors Face and Their Causes[J]. Journal of Scholarly Publishing, 2021(7).

[11]M Boor. The citation impact factor: Another Dubious Index of Journal Quality[J]. American Psychologist, 1982, 37(8).

[12]Chris Cradock, Paul Meehan, Paul Needham. JUSP in Time: a Partnership Approach to Developing a Journal Usage Statistics Por-

tal[J]. Learned Publishing, 2011, 24(2).

[13] Gai Shuangshuang, Liu Xueli, Zhang Shile, etc. Comparing 'Paperscitedrates' with Other Measures for Science Journal Evaluation[J]. Learned Publishing, 2014, 27(4).

[14] Bo-Christer Björk, Jonas Holmström. Benchmarking Scientific Journals from the Submitting Author's Viewpoint [J]. Learned Publishing, 2006, 19(2).

[15] Regazzi John J. The Association of Learned and Professional Society Publishers, Author-perceived Quality Characteristics of STM Journals[J]. Learned Publishing, 2009, 22(1).

[16] Simon Thomson, Robert Kurn. Open Access Key: a New System for Managing Author Publication Payments[J]. Learned publishing, 2012, 25(3).

[17] Ioannidis, J. P. A., Boyack, K. W., & Klavans, R. Estimates of the Continuously Publishing Core in the Scientific Workforce[J]. PLOS ONE, 2014, 9(7).

[18] Roger Chun-Man, Ho Kwok-KeiMak, RenTao. Views on the Peer Review System of Biomedical Journals: an Online Survey of Academics from High-ranking Universities [J]. Medical Research Methodology, 2013, 13.

[19] David Kaplan M. D. How to Fix Peer Review: Separating Its Two Functions — Improving Manuscripts and Judging Their Scientific Merit—Would Help [J]. Journal of Child and Family Studies, 2005, 14(3).

[20] Remya Nambiar, Priyanka Tilak, Clarinda Cerejo. Quality of Author Guidelines of Journals in the Biomedical and Physical Science[J]. Learned publishing, 2014, 27(3).

[21] Lutz Bornmann, HannaHerich, HannaJoos etc. In public Peer Review of Submitted Manuscripts How do Reviewer Comments Differ from Comments Written by Interested Member Softhe Scientific Community? A Content Analysis of Comments Written for Atmos-

pheric Chemistry and Physics[J]. Scientometrics, 2012(93).

[22]Carol AnneMeyer. Distinguishing Published Scholarly Content With Cross Mark[J]. Learned Publishing, 2011, 24(2).

[23] Alvaro Cabezas-clavijo. Ranking journals: Could Google Scholar Metrics be an Alternative to Journal Citation Reports and Scimago Journal Rank? [J]. Learned Publishing, 2013, 26(2).

[24]Lin Songqing, Zhan Lijuan. Trash Journals in China[J]. Learned Publishing, 2014, 27(2).

[25]Fay Ling. Improving Peer Review: Increasing Reviewer Participation[J]. Learned Publishing, 2011, 24(3).

附　录

附表 1　2000—2012 年国家自然科学基金重点学术
期刊专项资助期刊一览表

序号	期刊名称	2000	2002	2004	2006	2008	2010	2012	资助频次
1	《电力系统自动化》	✓	✓	✓	✓	✓	✓	✓	7
2	《物理化学学报》	✓	✓	✓	✓	✓	✓	✓	7
3	《岩石力学与工程学报》	✓	✓	✓	✓	✓			6
4	《环境科学学报（英文版）》	✓	✓	✓	✓	✓	✓		6
5	《新型碳材料》	✓	✓	✓	✓	✓	✓		6
6	《世界胃肠病学杂志（英文版）》	✓	✓	✓	✓		✓	✓	6
7	《亚洲男性学杂志》		✓	✓	✓	✓	✓	✓	6
8	《细胞与分析免疫学（英文版）》	✓	✓	✓	✓	✓	✓		6
9	《遗传学报（英文版）》		✓	✓	✓	✓	✓	✓	6
10	《分子植物（英文版）》			✓	✓	✓		✓	5
11	《中国科学：信息科学（英文版）》	✓	✓	✓	✓		✓		5
12	《应用数学学报》	✓	✓	✓	✓	✓			5

序号	期刊名称	2000	2002	2004	2006	2008	2010	2012	资助频次
13	《中草药》	✓	✓	✓	✓			✓	5
14	《理论物理通讯（英文版)》	✓	✓	✓	✓			✓	5
15	《中国电机工程学报》		✓	✓	✓	✓		✓	5
16	《地理学报》	✓	✓	✓	✓	✓			5
17	《硅酸盐学报》		✓	✓	✓		✓	✓	5
18	《中华外科杂志》		✓	✓	✓	✓		✓	5
19	《环境科学与共创前沿（英文版)》	✓	✓		✓	✓	✓		5
20	《岩土工程学报》		✓	✓	✓	✓		✓	5
21	《系统工程理论与实践》	✓	✓	✓	✓	✓			5
22	《中国机械工程学报》	✓			✓	✓	✓		4
23	《软件学报》	✓	✓	✓			✓		4
24	《稀有金属(英文版)》	✓	✓	✓			✓		4
25	《中国化学(英文版)》	✓			✓			✓	3
26	《中国化学快报（英文版)》	✓		✓			✓		3
27	《中国地理科学（英文版)》		✓	✓			✓		3
28	《稀土学报(英文版)》				✓	✓		✓	3
29	《食品科学》	✓		✓		✓			3
30	《系统科学与复杂性学报（英文版)》				✓		✓	✓	3
31	《昆虫科学(英文版)》					✓		✓	3
32	《浙江大学学报(英文版)B 辑》						✓	✓	✓	3

续表

序号	期刊名称	2000	2002	2004	2006	2008	2010	2012	资助频次
33	《中国数学前沿（英文版）》					✓	✓	✓	3
34	《中国科学：数学（中、英文版）》					✓	✓	✓	3
35	《中国科学：生命科学（英文版）》		✓	✓	✓				3
36	《物理前沿（英文版）》		✓			✓			2
37	《电力系统自动化》		✓	✓					2
38	《物理化学学报》		✓	✓					2
39	《岩石力学与工程学报》				✓		✓		2
40	《环境科学学报（英文版）》				✓	✓			2
41	《新型碳材料》		✓		✓				2
42	《世界胃肠病学杂志（英文版）》					✓	✓		2
43	《亚洲男性学杂志》					✓	✓		2
44	《细胞与分析免疫学（英文版）》						✓	✓	2
45	《遗传学报（英文版）》				✓	✓			2
46	《分子植物（英文版）》		✓	✓					2
47	《中国科学：信息科学（英文版）》					✓		✓	2
48	《应用数学学报》					✓		✓	2
49	《中草药》	✓						✓	2
50	《理论物理通讯（英文版）》						✓	✓	2
51	《中国电机工程学报》						✓	✓	2

序号	期刊名称	2000	2002	2004	2006	2008	2010	2012	资助频次
52	《地理学报》				✓				1
53	《硅酸盐学报》							✓	1
54	《中华外科杂志》		✓						1
55	《环境科学与共创前沿（英文版）》						✓		1
56	《岩土工程学报》			✓					1
57	《系统工程理论与实践》	✓							1
58	《中国机械工程学报》	✓							1
59	《软件学报》							✓	1
60	《稀有金属（英文版）》							✓	1
61	《中国化学（英文版）》							✓	1
62	《中国化学快报（英文版）》							✓	1
63	《中国地理科学（英文版）》					✓			1
64	《稀土学报（英文版）》							✓	1
65	《食品科学》						✓		1
66	《系统科学与复杂性学报（英文版）》	✓							1
67	《昆虫科学（英文版）》							✓	1
68	《浙江大学学报（英文版）B辑》		✓						1
69	《中国数学前沿（英文版）》						✓		1
70	《中国科学：数学（中、英文版）》							✓	1

续表

序号	期刊名称	2000	2002	2004	2006	2008	2010	2012	资助频次
71	《中国科学：生命科学（英文版）》					✓			1
72	《物理前沿（英文版）》					✓			1
73	《电力系统自动化》						✓		1
74	《物理化学学报》						✓		1
75	《岩石力学与工程学报》						✓		1
76	《环境科学学报（英文版）》	✓						✓	1
项目数量合计(项)		24	32	31	31	31	36	33	218
资助经费合计(万元)		520	676	696	700	700	836	740	4868

数据来源：本表统计依据国家自然科学基金委公开信息及胡小洋．国内学术期刊资助政策实施效果评价研究([D].武汉：武汉大学，2019：55-58)综合获取。

附表 2　2010—2018 年中国科协中文精品科技期刊
建设计划项目资助一览表

项目期数	时间	设置类型	设置项目数	资助金额（万元/年）
第一期	2006—2008	A（冲击国际知名科技期刊项目）	5	30
		B（争创国内精品科技期刊项目）	40	15
		C（精品科技期刊能力培育项目）	61	5
第二期	2009—2011	A（培育国际知名科技期刊）	5	25
		B（培育国内领衔科技期刊）	40	15
		C（非资助类项目）	100	0
		英文版期刊国际化推广项目	7	8
第三期	2012—2014	期刊学术质量提升项目	85	15
		期刊出版质量提升项目	20	10
		科技期刊数字建设项目	5	10
		期刊出版人才培育项目	4	30
		期刊资源集约建设项目	3	10
		建立期刊国际培训机制项目	2	20
		期刊国际出版人才保障项目	5	15
		科技期刊发展能力建设平台	3	15
第四期	2015—2017	Top50	50	30
		学术质量提升项目	120	15
		期刊数字出版建设项目	11	15
		期刊集群（联盟）建设项目	11	15
		期刊出版人才培育项目	2	15
		精品科普期刊项目	5	15
第五期	2018	学术创新引领项目	77	15 或 20
		产业发展服务项目	13	15 或 20
		科学素质培育项目	5	15 或 20

数据来源：本表统计依据中国科协公开信息及综合获取（胡小洋．国内学术期刊资助政策实施效果评价研究[D]．武汉：武汉大学，2019：60-61）。

附表3　2013—2018年中国科技期刊国际影响力提升
计划ABC类项目资助一览表

序号	期刊名称	一期	二期
1	《癌症》	B	
2	《半导体学报》	C	
3	《材料科学技术(英文版)》	C	A
4	《畜牧与生物技术杂志(英文版)》	C	B
5	《催化学报》		B
6	《大气科学进展》	C	B
7	《蛋白质与细胞》	C	C
8	《地理学报(英文版)》	C	B
9	《地球化学学报(英文版)》		C
10	《地球科学学刊》		C
11	《地球空间信息科学学报(英文版)》	B	
12	《地学前缘(英文版)》	A	
13	《地震工程与工程振动(英文版)》	B	B
14	《地震学报(英文版)》	C	
15	《地质学报》	A	
16	《动物学报》		B
17	《动物学研究》		B
18	《动物营养(英文版)》		B
19	《防务技术(英文版)》		B
20	《仿生工程学报》	B	B
21	《分子细胞生物学报》	B	
22	《分子植物》	B	A
23	《干旱区科学》		C
24	《高等学校计算数学学报(英文版)》	B	C

序号	期刊名称	一期	二期
25	《高等学校学术文摘·化学科学与工程前沿(英文版)》	B	
26	《高等学校学术文摘·机械工程前沿(英文版)》		B
27	《高等学校学术文摘·物理学前沿(英文版)》	B	C
28	《高等学校学术文摘·医学前沿(英文版)》	C	B
29	《高分子科学(英文版)》	C	C
30	《高功率激光科学与工程(英文版)》		C
31	《骨研究(英文版)》		C
32	《固体力学学报(英文版)》		B
33	《光：科学与应用》	C	A
34	《硅酸盐学报》	C	
35	《国际口腔科学杂志(英文版)》	A	A
36	《国际泥沙研究(英文版)》		B
37	《国际数字地球学报》	C	
38	《国际灾害风险科学学报(英文版)》	C	B
39	《国际自动化与计算杂志》	B	B
40	《国家科学评论(英文版)》		A
41	《哈尔滨工程大学学报(英文版)》		C
42	《哈尔滨工业大学学报(英语版)》		C
43	《海洋学报(英文版)》	C	
44	《环境科学学报(英文版)》	A	A
45	《环境科学与工程前沿(英文版)》	C	C
46	《基因组蛋白质组与生物信息学报》	B	C
47	《计算机科学技术学报(英文版)》	C	
48	《计算机科学前沿(英文版)》	C	C
49	《计算数学(英文版)》	A	B

序号	期刊名称	一期	二期
50	《建筑模拟(英文版)》		B
51	《结构与土木工程前沿(英文版)》	C	C
52	《结合医学学报(英文版)》	C	C
53	《金属学报(英文版)》	B	C
54	《科学通报(英文版)》	A	
55	《颗粒学报》	A	
56	《控制理论与技术(英文版)》		C
57	《控制理论与应用(英文版)》	B	
58	《矿物冶金与材料学报(英文版)》	C	C
59	《矿业科学技术学报(英文版)》	B	B
60	《昆虫科学(英文版)》	C	B
61	《老年心脏病杂志》		C
62	《理论物理》	B	C
63	《力学快报(英文版)》	C	C
64	《力学学报》	B	
65	《林业研究(英文版)》	A	B
66	《煤炭学报(英文版)》	C	
67	《摩擦(英文版)》		B
68	《纳米研究(英文版)》	A	A
69	《纳微快报(英文版)》		B
70	《能源化学(英文版)》		B
71	《能源前沿(英文版)》		C
72	《农业科学学报(英文版)》		B
73	《气象学报(英文版)》	B	C
74	《清华大学学报自然科学版(英文版)》	B	B

序号	期刊名称	一期	二期
75	《山地科学学报(英文版)》	C	C
76	《神经科学通报》		C
77	《生物化学与生物物理学报(英文版)》	C	C
78	《生物医学研究杂志(英文版)》		C
79	《石油科学(英文版)》	C	B
80	《世界儿科杂志(英文版)》		C
81	《数学物理学报(英文版)》		B
82	《数学学报(英文版》	C	
83	《水稻科学(英文版)》	C	C
84	《水科学与水工程》	C	
85	《天津大学学报(英文版)》		C
86	《天文和天体物理学研究》	B	B
87	《土壤圈(英文版)》		B
88	《微系统与纳米工程(英文版)》		C
89	《稀土学报(英文版)》	B	B
90	《稀有金属(英文版)》	C	C
91	《稀有金属材料与工程》	C	
92	《系统科学与复杂性(英文版)》		C
93	《系统科学与信息学报》	C	
94	《细胞研究》	A	A
95	《先进陶瓷(英文版)》		C
96	《信息与电子工程前沿(英文版)》		C
97	《亚洲男性学杂志(英文版)》	B	B
98	《岩石力学与岩土工程学报(英文版)》		B
99	《药物分析学报(英文版)》		C

续表

序号	期刊名称	一期	二期
100	《药学学报》	C	
101	《仪器仪表学报》	C	
102	《遗传学报(英文版)》	B	B
103	《应用数学和力学(英文版)》	B	B
104	《运动与健康科学(英文版)》		B
105	《浙江大学学报(英文版)A 辑》	A	
106	《整合动物学(英文版)》	B	B
107	《植物分类学报》	B	C
108	《植物生态学报(英文版)》	C	C
109	《植物学报(英文版)》	B	A
110	《中国癌症研究(英文版)》	C	C
111	《中国病毒学(英文版)》	C	C
112	《中国地理科学(英文版)》		C
113	《中国地球化学(英文版)》	C	
114	《中国光学快报(英文版)》	B	B
115	《中国海洋工程(英文版)》	C	
116	《中国海洋湖沼学报(英文4117版)》	C	C
117	《中国焊接(英文版)》	C	
118	《中国航空学报(英文版)》		A
119	《中国化学(英文版)》	B	C
120	《中国化学工程学报》	B	
121	《中国化学快报》	B	
122	《中国机械工程学报(英文版)》	C	C
123	《中国结合医学杂志(英文版)》	C	
124	《中国科学：地球科学(英文版)》	A	

续表

序号	期刊名称	一期	二期
125	《中国科学：化学(英文版)》	B	
126	《中国科学：技术科学(英文版)》	A	
127	《中国科学：数学(英文版)》	C	
128	《中国科学：物理学力学天文学(英文版)》	C	
129	《中国科学：信息科学(英文版)》	B	A
130	《中国免疫学杂志(英文版)》	B	B
131	《中国天然药物》	B	
132	《中国物理 B》	A	A
133	《中国物理 C》		B
134	《中国物理快报(英文版)》	B	C
135	《中国牙科研究杂志》	C	
136	《中国药理学报》	A	A
137	《中国药学(英文版)》	C	
138	《中国有色金属学报(英文版)》	A	A
139	《中国运筹学会会刊(英文版)》	C	C
140	《中华创伤杂志(英文版)》	B	
141	《中华医学杂志(英文版)》	B	B
142	《中南大学学报(英文版)》	B	
143	《中医杂志(英文版)》	C	B
144	《自动化学报》	C	
145	《自然科学进展·国际材料(英文版)》	C	B
146	《作物学报(英文版)》		C

附表 4　2013—2018 年中国科技期刊国际影响力提升计划
项目 D 类实际资助一览表

序号	入选年度	期刊
1	2013	《摩擦》
2	2013	《概率、不确定性与定量风险》
3	2013	《电子学报（英文）》
4	2013	《中国科学：材料科学》
5	2013	《信号转导和靶向治疗》
6	2013	《慢性疾病与转化医学》
7	2013	《国际肝胆胰疾病杂志》
8	2013	《儿童临床与基础》
9	2013	《纳微快报》
10	2013	《国际耳鼻咽喉头颈外科杂志(英文)》
11	2014	《数学研究进展》
12	2014	《环境核算与管理(英文)》
13	2014	《管理科学学报(英文)》
14	2014	《眼与视觉》
15	2014	《中华神经外科杂志(英文)》
16	2014	《临床转化神经科学》
17	2014	《计算可视媒体》
18	2014	《分析检测(英文)》
19	2015	《光子学研究(英文)》
20	2015	《极端条件下的物质与辐射(英文)》
21	2015	《国际创新研究学报(英文)》
22	2015	《肝脏研究(英文)》
23	2015	《世界中医药杂志(英文)》
24	2015	《绿色能源与环境(英文)》
25	2015	《地下空间(英文)》
26	2016	《中国电工技术学会电机与系统学报(英文)》
27	2015	《亚洲泌尿外科杂志(英文)》

续表

序号	入选年度	期刊
28	2016	《儿科学(英文)》
29	2016	《汽车创新工程(英文)》
30	2016	《地球与行星物理(英文)》
31	2016	《创新与发展政策(英文)》
32	2016	《大数据挖掘与分析(英文)》
33	2014	《应用天然产物(英文)》
34	2016	《食品品质与安全研究(英文)》
35	2017	《光电进展(英文)》
36	2016	《科学文化(英文)》
37	2016	《卒中与血管神经病学(英文)》
38	2016	《石油勘探与开发(英文)》
39	2016	《计算材料学(英文)》
40	2016	《亚洲药物制剂科学(英文)》
41	2016	《数字中医药(英文)》
42	2016	《网络空间安全科学与技术(英文)》
43	2016	《世界急诊医学杂志(英文)》
44	2016	《生物表面与生物摩擦学(英文)》
45	2016	《精准临床医学(英文)》
46	2016	《动物模型与实验医学(英文)(原中国实验动物学报)》
47	2017	《胰腺病学杂志(英文)》
48	2017	《生物设计与制造(英文)》
49	2017	《生物组学研究杂志(英文)》
50	2017	《油气(英文)》
51	2017	《中国化学会会刊(英文)》
52	2014	《现代电力系统与清洁能源学报(英文)》
53	2017	《海洋生命科学与技术(英文)》

数据来源：根据中国科协公开信息显示，中国科技期刊国际影响力提升计划自2013年实施以来，已累计遴选D类新创刊项目90个，其中已有53种期刊成功创办并得到项目经费支持。

附表5　2016年中国科技期刊登峰行动计划入选期刊一览表

序号	期刊名称
1	《中国机械工程学报(英文版)》
2	《中华医学杂志(英文版)》
3	《科学通报(英文版)》
4	《纳米研究(英文版)》
5	《光：科学与应用(英文)》
6	《中国航空学报(英文版)》
7	《农业科学学报(英文版)》
8	《颗粒学报(英文版)》
9	《工程(英文)》
10	《地质学报(英文版)》
11	《中国科学：材料科学(英文版)》
12	《中国科学：化学(英文版)》
13	《中国科学：数学(英文版)》
14	《中国物理快报(英文版)》
15	《分子细胞生物学报(英文版)》
16	《中国电机工程学会电力与能源系统学报(英文)》

附表6　2019—2022 年中国科技期刊卓越行动计划入选期刊一览表

序　号	中文刊名/资助单位	资助类别(时间)	资助金额(万元)
1	《分子植物》	领军期刊(2019)	200
2	《工程》	领军期刊(2019)	480
3	《光：科学与应用》	领军期刊(2019)	500
4	《国际口腔科学杂志(英文版)》	领军期刊(2019)	120
5	《国家科学评论(英文)》	领军期刊(2019)	260
6	《科学通报(英文版)》	领军期刊(2019)	330
7	《昆虫科学(英文)》	领军期刊(2019)	150
8	《镁合金学报(英文)》	领军期刊(2019)	100
9	《摩擦(英文)》	领军期刊(2019)	200
10	《纳米研究(英文版)》	领军期刊(2019)	520
11	《石油科学(英文版)》	领军期刊(2019)	100
12	《微系统与纳米工程(英文)》	领军期刊(2019)	270
13	《细胞研究》	领军期刊(2019)	300
14	《信号转导与靶向治疗》	领军期刊(2019)	200
15	《畜牧与生物技术杂志(英文版)》	领军期刊(2019)	170
16	《岩石力学与岩土工程学报(英文版)》	领军期刊(2019)	150
17	《药学学报(英文)》	领军期刊(2019)	100
18	《园艺研究(英文)》	领军期刊(2019)	300
19	《中国航空学报(英文版)》	领军期刊(2019)	300
20	《中国科学：数学(英文版)》	领军期刊(2019)	180
21	《中国免疫学杂志(英文版)》	领军期刊(2019)	200
22	《中华医学杂志(英文版)》	领军期刊(2019)	280
23	《癌症生物学与医学》	重点期刊(2019)	100
24	《材料科学技术(英文版)》	重点期刊(2019)	100
25	《催化学报》	重点期刊(2019)	100
26	《地球科学学刊》	重点期刊(2019)	60

续表

序　号	中文刊名/资助单位	资助类别(时间)	资助金额(万元)
27	《地学前缘(英文版)》	重点期刊(2019)	100
28	《动物学报》	重点期刊(2019)	100
29	《高功率激光科学与工程(英文)》	重点期刊(2019)	100
30	《古地理学报(英文版)》	重点期刊(2019)	100
31	《光子学研究(英文)》	重点期刊(2019)	100
32	《环境科学与工程前沿(英文)》	重点期刊(2019)	100
33	《基因组蛋白质组与生物信息学报》	重点期刊(2019)	100
34	《计算材料学》	重点期刊(2019)	100
35	《计算数学(英文版)》	重点期刊(2019)	100
36	《能源化学(英文)》	重点期刊(2019)	100
37	《农业科学学报(英文)》	重点期刊(2019)	100
38	《神经科学通报》	重点期刊(2019)	100
39	《现代电力系统与清洁能源学报》	重点期刊(2019)	65
40	《药物分析学报(英文)》	重点期刊(2019)	100
41	《应用数学和力学(英文版)》	重点期刊(2019)	100
42	《运动与健康科学(英文)》	重点期刊(2019)	100
43	《中国机械工程学报》	重点期刊(2019)	100
44	《中国科学：生命科学(英文版)》	重点期刊(2019)	100
45	《中国科学：信息科学(英文版)》	重点期刊(2019)	100
46	《中国物理 C》	重点期刊(2019)	100
47	《中国药理学报》	重点期刊(2019)	100
48	《中国有色金属学报(英文版)》	重点期刊(2019)	100
49	《转化神经变性病(英文)》	重点期刊(2019)	100
50	《自动化学报(英文版)》	重点期刊(2019)	100
51	《作物学报(英文版)》	重点期刊(2019)	100
52	《半导体学报》	梯队期刊(2019)	40

序 号	中文刊名/资助单位	资助类别(时间)	资助金额(万元)
53	《北京中医药大学学报》	梯队期刊(2019)	40
54	《测绘学报》	梯队期刊(2019)	40
55	《大地测量与地球动力学(英)》	梯队期刊(2019)	40
56	《大气科学进展》	梯队期刊(2019)	40
57	《蛋白质与细胞》	梯队期刊(2019)	40
58	《当代医学科学》	梯队期刊(2019)	40
59	《地理学报》	梯队期刊(2019)	40
60	《地理学报(英文版)》	梯队期刊(2019)	40
61	《地球化学学报(英文)》	梯队期刊(2019)	40
62	《地球空间信息科学学报》	梯队期刊(2019)	40
63	《地球物理学报》	梯队期刊(2019)	40
64	《地球与行星物理(英文)》	梯队期刊(2019)	40
65	《地学前缘》	梯队期刊(2019)	40
66	《地震工程与工程振动(英文版)》	梯队期刊(2019)	40
67	《地质学报》	梯队期刊(2019)	40
68	《地质学报(英文版)》	梯队期刊(2019)	40
69	《电力系统自动化》	梯队期刊(2019)	40
70	《电网技术》	梯队期刊(2019)	40
71	《电子测量与仪器学报》	梯队期刊(2019)	40
72	《动物学研究》	梯队期刊(2019)	40
73	《动物营养(英文)》	梯队期刊(2019)	40
74	《动物营养学报》	梯队期刊(2019)	40
75	《防务技术(英文)》	梯队期刊(2019)	40
76	《仿生工程学报》	梯队期刊(2019)	40
77	《纺织学报》	梯队期刊(2019)	40
78	《复合材料学报》	梯队期刊(2019)	40

续表

序　号	中文刊名/资助单位	资助类别(时间)	资助金额（万元）
79	《干旱区科学》	梯队期刊(2019)	40
80	《钢铁》	梯队期刊(2019)	40
81	《高等学校化学学报》	梯队期刊(2019)	40
82	《高等学校计算数学学报(英文版)》	梯队期刊(2019)	40
83	《高等学校学术文摘·物理学前沿(英文)》	梯队期刊(2019)	40
84	《高电压技术》	梯队期刊(2019)	40
85	《高分子科学(英文版)》	梯队期刊(2019)	40
86	《高校应用数学学报 B 辑(英文版)》	梯队期刊(2019)	40
87	《工程力学》	梯队期刊(2019)	40
88	《光电子前沿(英文)》	梯队期刊(2019)	40
89	《光学学报》	梯队期刊(2019)	40
90	《硅酸盐学报》	梯队期刊(2019)	40
91	《国际肝胆胰疾病杂志(英文)》	梯队期刊(2019)	40
92	《国际煤炭科学技术学报(英文)》	梯队期刊(2019)	40
93	《国际泥沙研究(英文版)》	梯队期刊(2019)	40
94	《国际皮肤性病学杂志(英文)》	梯队期刊(2019)	40
95	《国际灾害风险科学学报(英文版)》	梯队期刊(2019)	40
96	《国际自动化与计算杂志》	梯队期刊(2019)	40
97	《哈尔滨工程大学学报(英文版)》	梯队期刊(2019)	40
98	《海洋学报》	梯队期刊(2019)	40
99	《航空学报》	梯队期刊(2019)	40
100	《航空知识》	梯队期刊(2019)	40
101	《核技术》	梯队期刊(2019)	40
102	《核技术(英文版)》	梯队期刊(2019)	40
103	《华西口腔医学杂志》	梯队期刊(2019)	40

序　号	中文刊名/资助单位	资助类别（时间）	资助金额（万元）
104	《华中科技大学学报（自然科学版）》	梯队期刊（2019）	40
105	《化工进展》	梯队期刊（2019）	40
106	《化工学报》	梯队期刊（2019）	40
107	《化学学报》	梯队期刊（2019）	40
108	《环境科学》	梯队期刊（2019）	40
109	《机械工程学报》	梯队期刊（2019）	40
110	《计算机科学前沿（英文）》	梯队期刊（2019）	40
111	《计算机学报》	梯队期刊（2019）	40
112	《计算可视媒体（英文）》	梯队期刊（2019）	40
113	《建筑模拟（英文）》	梯队期刊（2019）	40
114	《交通运输工程学报》	梯队期刊（2019）	40
115	《交通运输工程学报（英文）》	梯队期刊（2019）	40
116	《交通运输系统工程与信息》	梯队期刊（2019）	40
117	《结构与土木工程前沿（英文版）》	梯队期刊（2019）	40
118	《金属学报》	梯队期刊（2019）	40
119	《精细化工》	梯队期刊（2019）	40
120	《军事医学研究（英文）》	梯队期刊（2019）	40
121	《科学大众》	梯队期刊（2019）	40
122	《科学通报》	梯队期刊（2019）	40
123	《控制与决策》	梯队期刊（2019）	40
124	《矿业科学技术学报（英文）》	梯队期刊（2019）	40
125	《老年心脏病杂志》	梯队期刊（2019）	40
126	《理论物理》	梯队期刊（2019）	40
127	《力学学报（英文版）》	梯队期刊（2019）	40
128	《林业研究（英文版）》	梯队期刊（2019）	40
129	《绿色能源与环境（英文）》	梯队期刊（2019）	40

序　号	中文刊名/资助单位	资助类别(时间)	资助金额（万元）
130	《煤炭学报》	梯队期刊(2019)	40
131	《棉纺织技术》	梯队期刊(2019)	40
132	《南方医科大学学报》	梯队期刊(2019)	40
133	《鸟类学研究(英文)》	梯队期刊(2019)	40
134	《农业工程学报》	梯队期刊(2019)	40
135	《贫困所致传染病(英文)》	梯队期刊(2019)	40
136	《清华大学学报自然科学版(英文版)》	梯队期刊(2019)	40
137	《森林生态系统(英文)》	梯队期刊(2019)	40
138	《山地科学学报(英文版)》	梯队期刊(2019)	40
139	《陕西师范大学学报(自然科学版)》	梯队期刊(2019)	40
140	《生态系统健康与可持续性(英文)》	梯队期刊(2019)	40
141	《生态学报》	梯队期刊(2019)	40
142	《生物多样性》	梯队期刊(2019)	40
143	《生物工程学报》	梯队期刊(2019)	40
144	《生物化学与生物物理学报》	梯队期刊(2019)	40
145	《生物技术通报》	梯队期刊(2019)	40
146	《生物医学与环境科学(英文版)》	梯队期刊(2019)	40
147	《石油学报》	梯队期刊(2019)	40
148	《石油与天然气地质》	梯队期刊(2019)	40
149	《食品科学》	梯队期刊(2019)	40
150	《世界儿科杂志(英文)》	梯队期刊(2019)	40
151	《世界急诊医学杂志(英文)》	梯队期刊(2019)	40
152	《数据与情报科学学报(英文)》	梯队期刊(2019)	40
153	《数学物理学报(英文版)》	梯队期刊(2019)	40
154	《数学学报英文版》	梯队期刊(2019)	40
155	《水稻科学》	梯队期刊(2019)	40

序　号	中文刊名/资助单位	资助类别(时间)	资助金额(万元)
156	《水动力学研究与进展 B 辑》	梯队期刊(2019)	40
157	《水科学进展》	梯队期刊(2019)	40
158	《天津大学学报(英文版)》	梯队期刊(2019)	40
159	《天然气工业》	梯队期刊(2019)	40
160	《铁道科学与工程学报》	梯队期刊(2019)	40
161	《通信学报》	梯队期刊(2019)	40
162	《同济大学学报(自然科学版)》	梯队期刊(2019)	40
163	《土壤学报》	梯队期刊(2019)	40
164	《推进技术》	梯队期刊(2019)	40
165	《无机材料学学报(英文)》	梯队期刊(2019)	40
166	《无线电》	梯队期刊(2019)	40
167	《武汉大学学报·信息科学版》	梯队期刊(2019)	40
168	《物理学报》	梯队期刊(2019)	40
169	《西安交通大学学报》	梯队期刊(2019)	40
170	《稀土学报(英文版)》	梯队期刊(2019)	40
171	《稀有金属(英文版)》	梯队期刊(2019)	40
172	《系统工程理论与实践》	梯队期刊(2019)	40
173	《系统工程与电子技术(英文版)》	梯队期刊(2019)	40
174	《系统科学与复杂性(英文版)》	梯队期刊(2019)	40
175	《先进陶瓷(英文)》	梯队期刊(2019)	40
176	《信息与电子工程前沿(英文)》	梯队期刊(2019)	40
177	《压力容器》	梯队期刊(2019)	40
178	《亚洲泌尿外科杂志(英文)》	梯队期刊(2019)	40
179	《亚洲男性学杂志》	梯队期刊(2019)	40
180	《亚洲药物制剂科学》	梯队期刊(2019)	40
181	《岩石力学与工程学报》	梯队期刊(2019)	40

序 号	中文刊名/资助单位	资助类别(时间)	资助金额(万元)
182	《岩土力学》	梯队期刊(2019)	40
183	《仪器仪表学报》	梯队期刊(2019)	40
184	《遗传学报》	梯队期刊(2019)	40
185	《油气》	梯队期刊(2019)	40
186	《宇航学报》	梯队期刊(2019)	40
187	《园艺学报》	梯队期刊(2019)	40
188	《浙江大学学报(英文版)A 辑：应用物理与工程》	梯队期刊(2019)	40
189	《知识就是力量》	梯队期刊(2019)	40
190	《植物保护学报》	梯队期刊(2019)	40
191	《植物分类学报》	梯队期刊(2019)	40
192	《植物生态学报》	梯队期刊(2019)	40
193	《植物生态学报(英文版)》	梯队期刊(2019)	40
194	《植物学报(英文版)》	梯队期刊(2019)	40
195	《植物营养与肥料学报》	梯队期刊(2019)	40
196	《中草药(英文版)》	梯队期刊(2019)	40
197	《中国癌症研究(英文版)》	梯队期刊(2019)	40
198	《中国安全科学学报》	梯队期刊(2019)	40
199	《中国病理生理杂志》	梯队期刊(2019)	40
200	《中国地理科学(英文版)》	梯队期刊(2019)	40
201	《中国电机工程学报》	梯队期刊(2019)	40
202	《中国电机工程学会电力与能源系统学报(英文)》	梯队期刊(2019)	40
203	《中国高等学校学术文摘·数学》	梯队期刊(2019)	40
204	《中国工程科学》	梯队期刊(2019)	40
205	《中国公路学报》	梯队期刊(2019)	40

序　号	中文刊名/资助单位	资助类别(时间)	资助金额 (万元)
206	《中国光学快报》	梯队期刊(2019)	40
207	《中国国家地理》	梯队期刊(2019)	40
208	《中国海洋工程》	梯队期刊(2019)	40
209	《中国化学》	梯队期刊(2019)	40
210	《中国化学工程学报(英文版)》	梯队期刊(2019)	40
211	《中国化学快报(英文版)》	梯队期刊(2019)	40
212	《中国激光》	梯队期刊(2019)	40
213	《中国结合医学杂志》	梯队期刊(2019)	40
214	《中国科学：材料科学(英文版)》	梯队期刊(2019)	40
215	《中国科学：地球科学(英文版)》	梯队期刊(2019)	40
216	《中国科学：化学(英文版)》	梯队期刊(2019)	40
217	《中国科学：技术科学(英文版)》	梯队期刊(2019)	40
218	《中国科学：物理学力学天文学(英文版)》	梯队期刊(2019)	40
219	《中国科学院院刊》	梯队期刊(2019)	40
220	《中国矿业大学学报》	梯队期刊(2019)	40
221	《中国农业科学》	梯队期刊(2019)	40
222	《中国神经再生研究(英文版)》	梯队期刊(2019)	40
223	《中国天然药物》	梯队期刊(2019)	40
224	《中国通信(英文版)》	梯队期刊(2019)	40
225	《中国物理 B》	梯队期刊(2019)	40
226	《中国物理快报(英文版)》	梯队期刊(2019)	40
227	《中国有色金属学报》	梯队期刊(2019)	40
228	《中国中药杂志》	梯队期刊(2019)	40
229	《中华创伤杂志(英文版)》	梯队期刊(2019)	40
230	《中华儿科杂志》	梯队期刊(2019)	40

序 号	中文刊名/资助单位	资助类别(时间)	资助金额 (万元)
231	《中华耳鼻咽喉头颈外科杂志》	梯队期刊(2019)	40
232	《中华放射学杂志》	梯队期刊(2019)	40
233	《中华放射医学与防护杂志》	梯队期刊(2019)	40
234	《中华肝脏病杂志》	梯队期刊(2019)	40
235	《中华护理杂志》	梯队期刊(2019)	40
236	《中华结核和呼吸杂志》	梯队期刊(2019)	40
237	《中华流行病学杂志》	梯队期刊(2019)	40
238	《中华内科杂志》	梯队期刊(2019)	40
239	《中华神经外科杂志(英文)》	梯队期刊(2019)	40
240	《中华心血管病杂志》	梯队期刊(2019)	40
241	《中华血液学杂志》	梯队期刊(2019)	40
242	《中华预防医学杂志》	梯队期刊(2019)	40
243	《中华中医药杂志》	梯队期刊(2019)	40
244	《中南大学学报(英文版)》	梯队期刊(2019)	40
245	《中南大学学报(自然科学版)》	梯队期刊(2019)	40
246	《中医杂志》	梯队期刊(2019)	40
247	《自动化学报》	梯队期刊(2019)	40
248	《自然科学进展·国际材料(英文)》	梯队期刊(2019)	40
249	《综合精神医学》	梯队期刊(2019)	40
250	《作物学报》	梯队期刊(2019)	40
251	《e 光学》	高起点期刊(2019)	50
252	《超快科学》	高起点期刊(2019)	50
253	《磁共振快报》	高起点期刊(2019)	50
254	《仿生智能与机器人》	高起点期刊(2019)	50
255	《复杂系统建模与仿真(英文)》	高起点期刊(2019)	50
256	《感染性疾病与免疫(英文)》	高起点期刊(2019)	50

续表

序　号	中文刊名/资助单位	资助类别(时间)	资助金额(万元)
257	《国际肝胆健康(英文)》	高起点期刊(2019)	50
258	《国际遥感学报》	高起点期刊(2019)	50
259	《寒带医学杂志》	高起点期刊(2019)	50
260	《合成和系统生物技术》	高起点期刊(2019)	50
261	《化学物理材料》	高起点期刊(2019)	50
262	《基因与疾病》	高起点期刊(2019)	50
263	《急危重症医学》	高起点期刊(2019)	50
264	《类生命系统》	高起点期刊(2019)	50
265	《绿色化学工程(英文)》	高起点期刊(2019)	50
266	《农业人工智能》	高起点期刊(2019)	50
267	《农业信息处理》	高起点期刊(2019)	50
268	《区域可持续发展》	高起点期刊(2019)	50
269	《全球变化数据仓储》	高起点期刊(2019)	50
270	《生物活性材料》	高起点期刊(2019)	50
271	《生物医学工程前沿》	高起点期刊(2019)	50
272	《食品科学与人类健康》	高起点期刊(2019)	50
273	《碳能源》	高起点期刊(2019)	50
274	《统计理论及其应用》	高起点期刊(2019)	50
275	《无人系统》	高起点期刊(2019)	50
276	《心血管病探索(英文)》	高起点期刊(2019)	50
277	《再生生物材料(英文版)》	高起点期刊(2019)	50
278	《针灸和草药》	高起点期刊(2019)	50
279	《智慧医学(英文)》	高起点期刊(2019)	50
280	《中医药文化》	高起点期刊(2019)	50
281	《中国机械工程学报：增材制造前沿》	高起点期刊(2020)	50

序　号	中文刊名/资助单位	资助类别(时间)	资助金额 (万元)
282	《新能源与智能载运》	高起点期刊(2020)	50
283	《空天：科学与技术》	高起点期刊(2020)	50
284	《光电科学(英文)》	高起点期刊(2020)	50
285	《数学与统计通讯》	高起点期刊(2020)	50
286	《深地科学》	高起点期刊(2020)	50
287	《空气动力学进展》	高起点期刊(2020)	50
288	《e科学》	高起点期刊(2020)	50
289	《能源材料前沿》	高起点期刊(2020)	50
290	《材料研究述评(英文)》	高起点期刊(2020)	50
291	《国家科学进展》	高起点期刊(2020)	50
292	《信息材料》	高起点期刊(2020)	50
293	《芯片》	高起点期刊(2020)	50
294	《CAAI人工智能汇刊》	高起点期刊(2020)	50
295	《智能建造》	高起点期刊(2020)	50
296	《生物安全和生物安保杂志》	高起点期刊(2020)	50
297	《生态过程》	高起点期刊(2020)	50
298	《废弃物处置与可持续能源》	高起点期刊(2020)	50
299	《植物表型组学》	高起点期刊(2020)	50
300	《草地，饲草和生态系统》	高起点期刊(2020)	50
301	《新兴污染物》	高起点期刊(2020)	50
302	《生物炭》	高起点期刊(2020)	50
303	《传染病建模》	高起点期刊(2020)	50
304	《中华医学杂志英文版呼吸与危重症医学》	高起点期刊(2020)	50
305	《重症医学(英文)》	高起点期刊(2020)	50
306	《放射医学与防护》	高起点期刊(2020)	50

序 号	中文刊名/资助单位	资助类别(时间)	资助金额(万元)
307	《感染医学(英文)》	高起点期刊(2020)	50
308	《健康数据科学》	高起点期刊(2020)	50
309	《国家医学评论》	高起点期刊(2020)	50
310	《腔镜、内镜与机器人外科》	高起点期刊(2020)	50
311	《癌症发生与治疗(英文)》	高起点期刊(2021)	50
312	《超导》	高起点期刊(2021)	50
313	《储能与节能(英文)》	高起点期刊(2021)	50
314	《电磁:科学与技术(英文)》	高起点期刊(2021)	50
315	《风湿病与自身免疫(英文)》	高起点期刊(2021)	50
316	《感染控制》	高起点期刊(2021)	50
317	《管理分析学报》	高起点期刊(2021)	50
318	《光:先进制造》	高起点期刊(2021)	50
319	《国际机械系统动力学学报》	高起点期刊(2021)	50
320	《计算物理通讯》	高起点期刊(2021)	50
321	《精准泌尿学》	高起点期刊(2021)	50
322	《可持续发展材料》	高起点期刊(2021)	50
323	《可再生能源(英文)》	高起点期刊(2021)	50
324	《链》	高起点期刊(2021)	50
325	《量子前沿》	高起点期刊(2021)	50
326	《临床补充医学和药理学(英文)》	高起点期刊(2021)	50
327	《npj-柔性电子》	高起点期刊(2021)	50
328	《生命:代谢》	高起点期刊(2021)	50
329	《生物设计研究》	高起点期刊(2021)	50
330	《碳资源转化》	高起点期刊(2021)	50
331	《推进与动力》	高起点期刊(2021)	50
332	《微生物》	高起点期刊(2021)	50

序 号	中文刊名/资助单位	资助类别(时间)	资助金额(万元)
333	《先进纤维材料》	高起点期刊(2021)	50
334	《信息与智能学报》	高起点期刊(2021)	50
335	《血液科学(英文)》	高起点期刊(2021)	50
336	《一体化安全》	高起点期刊(2021)	50
337	《医学+》	高起点期刊(2021)	50
338	《植物通讯》	高起点期刊(2021)	50
339	《智能材料》	高起点期刊(2021)	50
340	《自主智能系统》	高起点期刊(2021)	50
341	《材料基因工程学报》	高起点期刊(2022)	50
342	《应用数学与力学进展》	高起点期刊(2022)	50
343	《动物疾病》	高起点期刊(2022)	50
344	《生物医学工程材料》	高起点期刊(2022)	50
345	《脑网络疾病》	高起点期刊(2022)	50
346	《肿瘤创新》	高起点期刊(2022)	50
347	《细胞进化》	高起点期刊(2022)	50
348	《细胞再生》	高起点期刊(2022)	50
349	《化学与生物医学影像》	高起点期刊(2022)	50
350	《土木工程科学》	高起点期刊(2022)	50
351	《临床癌症通报》	高起点期刊(2022)	50
352	《交通研究通讯》	高起点期刊(2022)	50
353	《数字孪生》	高起点期刊(2022)	50
354	《消化病学进展》	高起点期刊(2022)	50
355	《工程微生物学》	高起点期刊(2022)	50
356	《环境与健康》	高起点期刊(2022)	50
357	《岩土灾变力学》	高起点期刊(2022)	50
358	《制导、导航与控制》	高起点期刊(2022)	50

序 号	中文刊名/资助单位	资助类别(时间)	资助金额 (万元)
359	《中医规范与标准》	高起点期刊(2022)	50
360	《高速铁路》	高起点期刊(2022)	50
361	《健康科学》	高起点期刊(2022)	50
362	《整合肿瘤学》	高起点期刊(2022)	50
363	《无机化学前沿》	高起点期刊(2022)	50
364	《集成电路与系统》	高起点期刊(2022)	50
365	《智能材料与系统》	高起点期刊(2022)	50
366	《交叉学科材料》	高起点期刊(2022)	50
367	《国际流体工程》	高起点期刊(2022)	50
368	《国际智能和纳米材料杂志》	高起点期刊(2022)	50
369	《先进电介质学报》	高起点期刊(2022)	50
370	《自动化与人工智能》	高起点期刊(2022)	50
371	《临床与转化肝脏病学杂志》	高起点期刊(2022)	50
372	《低碳材料与绿色建造》	高起点期刊(2022)	50
373	《肿瘤学全景》	高起点期刊(2022)	50
374	《材料展望》	高起点期刊(2022)	50
375	《医学中新技术与新装备》	高起点期刊(2022)	50
376	《生医工交叉与探索》	高起点期刊(2022)	50
377	《元资源》	高起点期刊(2022)	50
378	《纳米能源研究》	高起点期刊(2022)	50
379	《海洋-陆地-大气研究》	高起点期刊(2022)	50
380	《表型组学》	高起点期刊(2022)	50
381	《岩石力学通报》	高起点期刊(2022)	50
382	《中医药科学》	高起点期刊(2022)	50
383	《种子生物学》	高起点期刊(2022)	50
384	《智慧电力与能源安全》	高起点期刊(2022)	50

续表

序 号	中文刊名/资助单位	资助类别(时间)	资助金额 (万元)
385	《逆境生物学》	高起点期刊(2022)	50
386	《国际智能控制与系统学报》	高起点期刊(2022)	50
387	《变革性化学》	高起点期刊(2022)	50
388	《视觉智能》	高起点期刊(2022)	50
389	《水生生物与安全》	高起点期刊(2022)	50
390	《动物学研究:多样性与保护》	高起点期刊(2022)	50
391	中国科技出版传媒股份有限公司	集群化试点项目 (2019)	576.25
392	《中国激光》杂志社有限公司	集群化试点项目 (2019)	576.25
393	高等教育出版社有限公司	集群化试点项目 (2019)	500
394	有研博翰(北京)出版有限公司	集群化试点项目 (2019)	576.25
395	中华医学会	集群化试点项目 (2019)	576.25

数据来源:表中数据根据中国科协公开资料获取、整理所得。

附表7　2003—2011 年教育部高校哲学社会科学"名刊工程"
建设项目资助一览表

序号	刊名	主办单位	立项批次（年度）
1	《北京大学学报》（哲学社会科学版）	北京大学	第一批（2003）
2	《文史哲》	山东大学	第一批（2003）
3	《南京大学学报》（哲学·人文科学·社会科学）	南京大学	第一批（2003）
4	《中国人民大学学报》	中国人民大学	第一批（2003）
5	《复旦学报》（社会科学版）	复旦大学	第一批（2003）
6	《北京师范大学学报》（社会科学版）	北京师范大学	第一批（2003）
7	《思想战线》	云南大学	第一批（2003）
8	《厦门大学学报》（哲学社会科学版）	厦门大学	第一批（2003）
9	《吉林大学社会科学学报》	吉林大学	第一批（2003）
10	《南开学报》（哲学社会科学版）	南开大学	第一批（2003）
11	《陕西师范大学学报》（哲学社会科学版）	陕西师范大学	第一批（2003）
12	《武汉大学学报》（人文科学版）	武汉大学	第二批（2006）
13	《华东师范大学学报》（哲学社会科学版）	华东师范大学	第二批（2006）
14	《浙江大学学报》（人文社会科学版）	浙江大学	第二批（2006）
15	《求是学刊》	黑龙江大学	第二批（2006）
16	《广西民族大学学报》（哲学社会科学版）	广西民族大学	第二批（2006）
17	《当代经济科学》	西安交通大学	第二批（2006）

续表

序号	刊名	主办单位	立项批次(年度)
18	《现代传播》	中国传媒大学	第二批(2006)
19	《华中师范大学学报》(人文社会科学版)	华中师范大学	第二批(2006)
20	《清华大学学报》(哲学社会科学版)	清华大学	第三批(2011)
21	《外语教学与研究》	北京外国语大学	第三批(2011)
22	《政法论坛》	中国政法大学	第三批(2011)
23	《中央音乐学院学报》	中央音乐学院	第三批(2011)
24	《四川大学学报》(哲学社会科学版)	四川大学	第三批(2011)
25	《兰州大学学报》(社会科学版)	兰州大学	第三批(2011)
26	《南京师大学报》(社会科学版)	南京师范大学	第三批(2011)
27	《中山大学学报》(社会科学版)	中山大学	第三批(2011)
28	《经济学家》	西南财经大学	第三批(2011)
29	《中国青年政治学院学报》	中国青年政治学院	第三批(2011)
30	《社会》	上海大学	第三批(2011)
31	《史学月刊》	河南大学	第三批(2011)

附表8 2004—2014 年教育部高校哲学社会科学
学报名栏建设名单一览表

序号	期刊	主办单位	栏目	批次（年度）
1	《武汉大学学报（人文科学版）》	武汉大学	哲学	第一批（2004）
2	《求是学刊》	黑龙江大学	文化哲学研究	第一批（2004）
3	《华东师范大学学报（哲社版）》	华东师范大学	世界史研究	第一批（2004）
4	《财经问题研究》	东北财经大学	理论研究	第一批（2004）
5	《外语教学与研究》	北京外国语大学	外语教育	第一批（2004）
6	《海南师范学院学报（人文社科版）》	海南师范学院	20 世纪中国文学研究	第一批（2004）
7	《经济学家》	西南财经大学	面向 21 世纪的中国经济学	第一批（2004）
8	《西安交通大学学报（社会科学版）》	西安交通大学	经济与管理研究	第一批（2004）
9	《教学与研究》	中国人民大学	当代中国社会发展研究	第一批（2004）
10	《中国青年政治学院学报》	中国青年政治学院	青少年研究	第一批（2004）
11	《西北师大学报（社会科学版）》	西北师范大学	教育学、心理学	第一批（2004）
12	《湖南大学学报（社科版）》	湖南大学	岳麓书院与传统文化	第一批（2004）
13	《东疆学刊》	延边大学	东北亚文化研究	第一批（2004）

序号	期刊	主办单位	栏目	批次（年度）
14	《广西民族学院学报（哲学社会科学版)》	广西民族学院	人类学研究	第一批（2004)
15	《内蒙古大学学报（人文社会科学版)》	内蒙古大学	蒙古学研究	第一批（2004)
16	《中央音乐学院学报》	中央音乐学院	民族音乐研究	第一批（2004)
17	《齐鲁学刊》	曲阜师范大学	孔子·儒家·齐鲁文化研究	第二批（2012)
18	《江苏师范大学学报（哲学社会科学版)》	江苏师范大学	留学生与近代中国研究	第二批（2012)
19	《殷都学刊》	安阳师范学院	殷商文化研究	第二批（2012)
20	《北京联合大学学报（人文社会科学版)》	北京联合大学	北京学研究	第二批（2012)
21	《滨州学院学报》	滨州学院	孙子研究	第二批（2012)
22	《江汉大学学报》（人文科学版)	江汉大学	现当代诗学研究	第二批（2012)
23	《福建师范大学学报（哲学社会科学版)》	福建师范大学	修辞学大视野	第二批（2012)
24	《东南大学学报》（哲学社会科学版)	东南大学	艺术学研究	第二批（2012)
25	《重庆大学学报》（社会科学版)	重庆大学	区域开发	第二批（2012)
26	《当代财经》	江西财经大学	理论经济	第二批（2012)
27	《浙江树人大学学报》	浙江树人大学	民办高等教育	第二批（2012)

序号	期刊	主办单位	栏目	批次（年度）
28	《北京交通大学学报》（社会科学版）	北京交通大学	物流研究	第二批（2012）
29	《华南师范大学学报》（社会科学版）	华南师范大学	教育学/心理学论坛	第二批（2012）
30	《中国地质大学学报》	中国地质大学	资源环境研究	第二批（2012）
31	《衡阳师范学院学报》	衡阳师范学院	船山研究	第二批（2012）
32	《闽江学院学报》	闽江学院	闽文化研究	第二批（2012）
33	《郑州大学学报（哲学与社会科学版）》	郑州大学	美学·环境美学研究	第二批（2012）
34	《河北大学学报（哲学社会科学版）》	河北大学	宋史研究	第二批（2012）
35	《法律科学——西北政法大学学报》	西北政法大学	法律文化与法律价值	第二批（2012）
36	《装饰》	清华大学	特别策划	第二批（2012）
37	《广州大学学报（社会科学版）》	广州大学	廉政论坛	第二批（2012）
38	《财经研究》	上海财经大学	公共经济与管理	第三批（2014）
39	《云南师范大学学报（哲学社会科学版）》	云南师范大学	中国边疆学研究	第三批（2014）
40	《湘潭大学学报（哲学社会科学版）》	湘潭大学	毛泽东思想研究	第三批（2014）
41	《邯郸学院学报》	邯郸学院	赵文化研究	第三批（2014）

续表

序号	期刊	主办单位	栏目	批次（年度）
42	《安徽大学学报（哲学社会科学版）》	安徽大学	徽学	第三批（2014）
43	《上海交通大学学报（哲学社会科学版）》	上海交通大学	科学文化	第三批（2014）
44	《苏州大学学报（哲学社会科学版）》	苏州大学	明清近代诗文研究	第三批（2014）
45	《中国人民公安大学学报》（社会科学版）	中国人民公安大学	犯罪研究	第三批（2014）
46	《南京农业大学学报（社会科学版）》	南京农业大学	农村·农民·农业研究	第三批（2014）
47	《经济理论与经济管理》	中国人民大学	经济热点	第三批（2014）
48	《许昌学院学报》	许昌学院	魏晋史研究	第三批（2014）
49	《赤峰学院学报（哲学社会科学版）》	赤峰学院	红山文化·契丹辽文化研究	第三批（2014）
50	《暨南学报（哲学社会科学版）》	暨南学报	海外及台港澳华文文学研究	第三批（2014）
51	《云梦学刊》	湖南理工学院	当代学术史研究	第三批（2014）
52	《湖北工程学院学报》	湖北工程学院	中华孝文化研究	第三批（2014）
53	《河北师范大学学报（教育科学版）》	河北师范大学	教育史研究	第三批（2014）
54	《中华女子学院学报》	中华女子学院	女性与法律	第三批（2014）
55	《河南大学学报（社会科学版）》	河南大学	编辑学研究	第三批（2014）

序号	期刊	主办单位	栏目	批次（年度）
56	《渭南师范学院学报》	渭南师范学院	司马迁与《史记》研究	第三批（2014）
57	《湖北大学学报（哲学社会科学版）》	湖北大学	价值论与伦理学研究	第三批（2014）
58	《嘉兴学院学报》	嘉兴学院	嘉兴名人与嘉兴文化	第三批（2014）
59	《中南民族大学学报（人文社会科学版）》	中南民族大学	民族理论与政策	第三批（2014）
60	《语言教学与研究》	北京语言大学	对外汉语教学	第三批（2014）
61	《思想教育研究》	中国高等教育学会思想政治教育分会	学科建设	第三批（2014）
62	《东北亚论坛》	吉林大学与吉林大学东北亚研究中心	东北亚区域合作	第三批（2014）

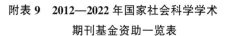

附表 9　2012—2022 年国家社会科学学术
期刊基金资助一览表

序号	期刊	主办单位	批次	备注
1	《东南学术》	福建省社科联	第一批	
2	《东岳论丛》	山东社科院	第一批	
3	《国外社会科学》	中国社科院信息情报研究院	第一批	
4	《河北学刊》	河北省社科院	第一批	
5	《江海学刊》	江苏省社科院	第一批	
6	《江汉论坛》	湖北省社科院	第一批	淘汰
7	《江苏社会科学》	江苏省社科联	第一批	
8	《经济社会体制比较》	中央编译局、世界发展战略研究部	第一批	
9	《人文杂志》	陕西省社科院	第一批	
10	《社会科学》	上海社科院	第一批	
11	《社会科学辑刊》	辽宁省社科院	第一批	
12	《社会科学研究》	四川省社科院	第一批	
13	《社会科学战线》	吉林省社科院	第一批	
14	《天府新论》	四川省社科联	第一批	淘汰
15	《天津社会科学》	天津社科院	第一批	
16	《学术界》	安徽省社科联	第一批	
17	《学术研究》	广东省社科联	第一批	
18	《学术月刊》	上海市社科联	第一批	
19	《学习与探索》	黑龙江省社科院	第一批	
20	《浙江社会科学》	浙江省社科联	第一批	
21	《浙江学刊》	浙江省社科院	第一批	
22	《中共中央党校学报》	中共中央党校	第一批	
23	《中国社会科学》	中国社科院、中国社会科学杂志社	第一批	

24	《北京大学学报（哲学社会科学版）》	北京大学	第一批	
25	《北京师范大学学报（社会科学版）》	北京师范大学	第一批	
26	《复旦学报(社会科学版)》	复旦大学	第一批	
27	《华中师范大学学报》	华中师范大学	第一批	淘汰
28	《吉林大学社会科学学报》	吉林大学	第一批	
29	《旅游学刊》	北京联合大学	第一批	
30	《南京大学学报》	南京大学	第一批	
31	《南开学报（哲学社会科学版）》	南开大学	第一批	淘汰
32	《清华大学学报（哲学社会科学版）》	清华大学	第一批	
33	《四川大学学报（哲学社会科学版）》	四川大学	第一批	
34	《文史哲》	山东大学	第一批	
35	《武汉大学学报（哲学社会科学版）》	武汉大学	第一批	
36	《浙江大学学报（人文社会科学版）》	浙江大学	第一批	
37	《中国人民大学学报》	中国人民大学	第一批	
38	《中山大学学报（社会科学版）》	中山大学	第一批	
39	《财贸经济》	中国社科院财政与贸易经济研究所	第一批	
40	《改革》	重庆社科院	第一批	淘汰
41	《国际贸易问题》	对外经济贸易大学	第一批	
42	《金融研究》	中国金融学会	第一批	
43	《经济科学》	北京大学	第一批	

44	《经济理论与经济管理》	中国人民大学	第一批	
45	《经济研究》	中国社科院经济研究所	第一批	淘汰
46	《会计研究》	中国会计学会	第一批	淘汰
47	《南开经济研究》	南开大学	第一批	
48	《世界经济》	中国社科院世界经济与政治研究所	第一批	
49	《数量经济技术经济研究》	中国社科院数量经济与技术经济研究所	第一批	
50	《中国工业经济》	中国社科院工业经济研究所	第一批	
51	《中国农村经济》	中国社科院农村发展研究所	第一批	
52	《法学》	华东政法大学	第一批	淘汰
53	《法学研究》	中国社科院法学研究所	第一批	
54	《政法论坛》	中国政法大学	第一批	
55	《中国法学》	中国法学会	第一批	
56	《中外法学》	北京大学	第一批	
57	《北京大学教育评论》	北京大学	第一批	
58	《比较教育研究》	北京师范大学	第一批	
59	《高等教育研究》	华中科技大学、中国高等教育学会	第一批	
60	《教育研究》	中国教育科学研究院	第一批	
61	《课程·教材·教法》	人民教育出版社	第一批	
62	《外国语(上海外国语大学学报)》	上海外国语大学	第一批	
63	《外语教学与研究》	北京外国语大学	第一批	
64	《语言科学》	江苏师范大学	第一批	

65	《中国语文》	中国社科院语言研究所	第一批	
66	《文艺研究》	中国艺术研究院	第一批	
67	《音乐研究》	人民音乐出版社有限公司	第一批	
68	《中央音乐学院学报》	中央音乐学院	第一批	
69	《近代史研究》	中国社科院近代史研究所	第一批	
70	《历史研究》	中国社科院中国社会科学杂志社	第一批	
71	《史学月刊》	河南大学	第一批	
72	《教学与研究》	中国人民大学	第一批	
73	《马克思主义研究》	中国社科院马克思主义研究院	第一批	
74	《马克思主义与现实》	中央编译局马克思主义研究部	第一批	
75	《广西民族研究》	广西民族问题研究中心	第一批	淘汰
76	《民族研究》	中国社科院民族学与人类研究所	第一批	
77	《中央民族大学学报(哲学社会科学版)》	中央民族大学	第一批	
78	《文学评论》	中国社科院文学研究所	第一批	
79	《文艺理论研究》	中国文艺理论学会、华东师范大学	第一批	
80	《世界经济与政治》	中国社科院世界经济与政治研究所	第一批	
81	《现代国际关系》	中国现代国际关系研究院	第一批	

续表

82	《大学图书馆学报》	北京大学	第一批	淘汰
83	《中国图书馆学报》	中国图书馆学会、国家图书馆	第一批	
84	《管理世界》	国务院发展研究中心	第一批	
85	《经济管理》	中国社科院工业经济研究所	第一批	
86	《外国文学评论》	中国社科院外国文学研究所	第一批	
87	《外国文学研究》	华中师范大学	第一批	淘汰
88	《体育与科学》	江苏省体育科学研究所	第一批	
89	《武汉体育学院学报》	武汉体育学院	第一批	
90	《政治学研究》	中国社科院政治学研究所	第一批	
91	《中国行政管理》	中国行政管理学会	第一批	
92	《人口研究》	中国人民大学	第一批	
93	《中国人口科学》	中国社科院人口与劳动经济研究所	第一批	
94	《国际新闻界》	中国人民大学	第一批	
95	《考古》	中国社科院考古研究所	第一批	
96	《社会学研究》	中国社科院社会研究所	第一批	
97	《世界历史》	中国社科院世界历史研究所	第一批	淘汰
98	《世界宗教研究》	中国社科院世界宗教研究所	第一批	淘汰
99	《哲学研究》	中国社科院哲学研究所	第一批	

100	《中共党史研究》	中共中央党史研究室	第一批	
101	《北京社会科学》	北京市社会科学院	第二批	淘汰
102	《高校理论战线》	教育部高等学校社会科学发展研究中心	第二批	淘汰
103	《广东社会科学》	广东省社会科学院	第二批	
104	《贵州社会科学》	贵州省社会科学院	第二批	
105	《江西社会科学》	江西省社会科学院	第二批	淘汰
106	《内蒙古社会科学》	内蒙古社会科学院	第二批	
107	《南京社会科学》	南京市社会科学界联合会南京市社会科学院	第二批	
108	《宁夏社会科学》	宁夏社科院	第二批	
109	《青海社会科学》	青海省社会科学院	第二批	
110	《求索》	湖南省社会科学院	第二批	
111	《山东社会科学》	山东省社科联	第二批	
112	《思想战线》	云南大学	第二批	
113	《探索与争鸣》	上海市社会科学界联合会	第二批	
114	《学海》	江苏省社会科学院	第二批	
115	《中州学刊》	河南省社会科学院	第二批	
116	《东北师大学报（哲学社会科学版）》	东北师范大学	第二批	
117	《河北大学学报（哲学社会科学版）》	河北大学	第二批	
118	《湖北大学学报》	湖北大学	第二批	
119	《湖南师范大学社会科学学报》	湖南师范大学	第二批	
120	《华东师范大学学报（哲学社会科学版）》	华东师范大学	第二批	

121	《兰州大学学报》	兰州大学	第二批	
122	《南京农业大学学报（社会科学版）》	南京农业大学	第二批	
123	《齐鲁学刊》	曲阜师范大学	第二批	淘汰
124	《求是学刊》	黑龙江大学	第二批	
125	《山东大学学报（哲学社会科学版）》	山东大学	第二批	
126	《山西大学学报（哲学社会科学版）》	山西大学	第二批	淘汰
127	《陕西师范大学学报（哲学社会科学版）》	陕西师范大学	第二批	
128	《四川师范大学学报（社会科学版）》	四川师范大学	第二批	
129	《西藏大学学报（社会科学版）》	西藏大学	第二批	
130	《厦门大学学报（哲学社会科学版）》	厦门大学	第二批	
131	《新疆师范大学学报（汉文哲学社会科学版）》	新疆师范大学	第二批	
132	《财经问题研究》	东北财经大学	第二批	
133	《财经研究》	上海财经大学	第二批	
134	《国际金融研究》	中国国际金融学会	第二批	
135	《国际贸易》	中国商务出版社	第二批	
136	《经济评论》	武汉大学	第二批	
137	《经济学家》	西南财经大学	第二批	
138	《审计研究》	中国审计学会	第二批	
139	《中国经济史研究》	经济研究所	第二批	淘汰
140	《当代中国史研究》	当代中国研究所	第二批	
141	《清史研究》	中国人民大学	第二批	

续表

142	《西域研究》	新疆社会科学院	第二批	
143	《殷都学刊》	安阳师范学院	第二批	淘汰
144	《中国边疆史地研究》	中国边疆史地研究中心	第二批	
145	《中国史研究》	历史研究所	第二批	
146	《东北亚论坛》	吉林大学	第二批	
147	《国际问题研究》	中国国际问题研究所	第二批	
148	《美国研究》	美国研究所	第二批	
149	《欧洲研究》	欧洲研究所	第二批	
150	《外交评论》	外交学院	第二批	
151	《道德与文明》	中国伦理学会 天津社会科学院	第二批	
152	《科学技术哲学研究》	山西大学山西省自然辩证法研究会	第二批	淘汰
153	《伦理学研究》	湖南师范大学	第二批	
154	《哲学动态》	哲学研究所	第二批	
155	《周易研究》	山东大学	第二批	
156	《敦煌研究》	敦煌研究院	第二批	
157	《考古学报》	考古研究所	第二批	
158	《考古与文物》	陕西省考古研究院	第二批	淘汰
159	《文物》	文物出版社	第二批	
160	《红楼梦学刊》	中国艺术研究院	第二批	淘汰
161	《民族文学研究》	民族文学研究所	第二批	
162	《文学遗产》	文学研究所	第二批	
163	《中国现代文学研究丛刊》	中国现代文学馆	第二批	淘汰
164	《教育与经济》	全国教育经济学研究会、华中师范大学	第二批	
165	《清华大学教育研究》	清华大学	第二批	淘汰

166	《心理科学》	中国心理学会	第二批	
167	《科学社会主义》	中国科学社会主义学会	第二批	淘汰
168	《社会主义研究》	华中师范大学	第二批	
169	《中国特色社会主义研究》	北京市社科联	第二批	
170	《方言》	语言研究所	第二批	淘汰
171	《民族语文》	民族学与人类研究所	第二批	淘汰
172	《世界汉语教学》	北京语言大学	第二批	
173	《法学家》	中国人民大学	第二批	
174	《法制与社会发展》	吉林大学	第二批	
175	《现代法学》	西南政法大学	第二批	
176	《广西民族大学学报(哲学社会科学版)》	广西民族大学	第二批	
177	《西北民族研究》	西北民族大学	第二批	
178	《中国藏学》	中国藏学研究中心	第二批	
179	《现代传播》	中国传媒大学	第二批	
180	《新闻与传播研究》	新闻与传播研究所	第二批	
181	《中国图书评论》	中国图书评论学会	第二批	
182	《当代亚太》	亚太与全球战略研究院	第二批	
183	《国际政治研究》	北京大学	第二批	
184	《中国青年研究》	中国青少年研究中心	第二批	淘汰
185	《民族艺术》	广西壮族自治区、民族文化艺术研究院	第二批	
186	《音乐艺术》	上海音乐学院	第二批	
187	《管理科学》	哈尔滨工业大学	第二批	
188	《南开管理评论》	南开大学	第二批	淘汰
189	《人口学刊》	吉林大学	第二批	

续表

190	《人口与经济》	首都经济贸易大学	第二批	
191	《北京体育大学学报》	北京体育大学	第二批	淘汰
192	《体育科学》	中国体育科学学会	第二批	
193	《当代外国文学》	南京大学	第二批	
194	《国外文学》	北京大学	第二批	
195	《档案学通讯》	中国人民大学	第二批	淘汰
196	《图书情报知识》	武汉大学	第二批	
197	《党的文献》	中共中央文献研究室	第二批	
198	《社会》	上海大学	第二批	
199	《统计研究》	中国统计学会	第二批	
200	《宗教学研究》	四川大学	第二批